本书编写人员

习近平　李克强　王沪宁　韩　正

（以下按姓氏笔画为序）

丁国文	丁薛祥	于培伟	马　慧	马兴瑞
马晓伟	王　晨	王志刚	王志军	王晓晖
王蒙徽	尹艳林	邓茂生	叶剑良	白春礼
宁吉喆	朱　泽	任　珑	刘　昆	刘　鹏
刘　鹤	江金权	许　惊	许其亮	孙国峰
孙金龙	孙春兰	纪伟昕	李　航	李小鹏
李纪恒	李志农	李晓红	杨伟民	杨洁篪
肖　捷	肖亚庆	肖炎舜	吴树林	何立峰
何绪权	何毅亭	沈春耀	张　力	张　勇
张纪南	张来明	陆　昊	陈一新	陈亚军
陈宝生	苗　圩	林尚立	易　纲	易会满
周爱兵	周新群	郑　臻	赵　鹏	赵少钦
赵志敏	郝　鹏	郝　磊	胡春华	胡祖才
钟　山	钟绍军	施芝鸿	姜信治	祝卫东
祝丹涛	徐必久	徐李孙	徐善长	郭声琨
郭树清	唐方裕	黄守宏	黄坤明	鄂竟平
彭清华	韩长赋	韩文秀	舒启明	谢伏瞻
蒙　剑	詹成付	雒树刚	穆　虹	

《中共中央关于制定国民经济和社会发展第十四个五年规划和二〇三五年远景目标的建议》

辅导读本

本书编写组　编著

人民出版社

目　　录

中国共产党第十九届中央委员会第五次

　　全体会议公报 ……………………………… / 001

中共中央关于制定国民经济和社会发展

　　第十四个五年规划和二〇三五年远景

　　目标的建议 ……………………………… / 012

关于《中共中央关于制定国民经济和社会

　　发展第十四个五年规划和二〇三五年

　　远景目标的建议》的说明 …………… 习近平 / 050

"十四五"时期经济社会发展指导方针 ………… 李克强 / 001

到二〇三五年基本实现社会主义现代化远景

　　目标 ……………………………………… 韩　正 / 009

坚持和完善党领导经济社会发展的体制机制 … 丁薛祥 / 019

推进中国特色社会主义政治制度自我完善和

　　发展 ……………………………………… 王　晨 / 028

加快构建以国内大循环为主体、国内国际

　　双循环相互促进的新发展格局 …………… 刘　鹤 / 038

加快国防和军队现代化 …………………………… 许其亮 / 046

全面推进健康中国建设 …………………… 孙春兰 / 053

积极营造良好外部环境 …………………… 杨洁篪 / 061

加快农业农村现代化 …………………… 胡春华 / 068

建设更高水平的平安中国 …………………… 郭声琨 / 077

推进社会主义文化强国建设 …………………… 黄坤明 / 086

加快转变政府职能 …………………… 肖　捷 / 095

"十四五"时期经济社会发展主要目标 ………… 何立峰 / 103

决胜全面建成小康社会取得决定性成就 ………… 宁吉喆 / 113

"十四五"规划是开启全面建设社会主义现代化

　　国家新征程的第一个五年规划 …………… 施芝鸿 / 120

我国发展环境面临深刻复杂变化 …………… 何毅亭 / 130

善于在危机中育先机、于变局中开新局 ………… 张来明 / 137

以高质量发展为主题推动"十四五"经济社会

　　发展 …………………………………… 韩文秀 / 144

"十四五"时期经济社会发展要以深化供给侧

　　结构性改革为主线 …………………… 黄守宏 / 151

把新发展理念贯穿发展全过程和各领域 ………… 林尚立 / 158

坚持系统观念谋划推动"十四五"经济社会发展 … 彭清华 / 165

强化国家战略科技力量 …………………… 白春礼 / 172

提升企业技术创新能力 …………………… 李晓红 / 179

完善科技创新体制机制 …………………… 王志刚 / 185

提升产业链供应链现代化水平 …………… 苗　圩 / 192

发展战略性新兴产业 …………………… 王志军 / 198

统筹推进基础设施建设 …………………… 归　桦 / 205

加快建设交通强国 …………………… 李小鹏 / 212

加快数字化发展 …………………………………………… 马兴瑞 / 219

加快培育完整内需体系 …………………………………… 谢伏瞻 / 226

激发各类市场主体活力 …………………………………… 郝　鹏 / 233

完善宏观经济治理 ………………………………………… 穆　虹 / 240

建立现代财税体制 ………………………………………… 刘　昆 / 246

建设现代中央银行制度 …………………………………… 易　纲 / 254

完善现代金融监管体系 …………………………………… 郭树清 / 260

提高直接融资比重 ………………………………………… 易会满 / 268

建设高标准市场体系 ……………………………………… 肖亚庆 / 274

提高农业质量效益和竞争力 ……………………………… 韩长赋 / 282

构建国土空间开发保护新格局 …………………………… 杨伟民 / 289

推动区域协调发展 ………………………………………… 尹艳林 / 296

推进以人为核心的新型城镇化 …………………………… 胡祖才 / 303

实施城市更新行动 ………………………………………… 王蒙徽 / 310

提升公共文化服务水平 …………………………………… 王晓晖 / 318

推动文化和旅游融合发展 ………………………………… 雒树刚 / 325

持续改善环境质量 ………………………………………… 孙金龙 / 333

提升生态系统质量和稳定性 ……………………………… 鄂竟平 / 339

全面提高资源利用效率 …………………………………… 陆　昊 / 348

开拓合作共赢新局面 ……………………………………… 钟　山 / 355

提高人民收入水平 ………………………………………… 詹成付 / 362

强化就业优先政策 ………………………………………… 张纪南 / 369

建设高质量教育体系 ……………………………………… 陈宝生 / 375

提高应对突发公共卫生事件能力 ………………………… 马晓伟 / 381

实施积极应对人口老龄化国家战略 ……………………… 李纪恒 / 387

加强和创新社会治理 ……………………………………… 陈一新 / 394

确保国家经济安全 ……………………………………… 林　波 / 401

确保实现建军百年奋斗目标……………………………… 钟　新 / 410

促进国防实力和经济实力同步提升 ……………… 叶剑良 / 416

以高质量党建推动高质量发展 ……………… 江金权 / 423

以正确用人导向引领干事创业导向 ……………… 姜信治 / 430

加强人民政协专门协商机构建设 ……………… 舒启明 / 436

有效发挥法治固根本、稳预期、利长远的保障

　　作用 ………………………………………… 沈春耀 / 443

保持香港、澳门长期繁荣稳定 ……………………… 樊　文 / 451

推进两岸关系和平发展和祖国统一 ……………… 童　乙 / 457

确保党中央关于"十四五"规划决策部署落到

　　实处 ……………………………………………… 唐方裕 / 464

中国共产党第十九届中央委员会第五次全体会议公报

（2020 年 10 月 29 日中国共产党第十九届
中央委员会第五次全体会议通过）

中国共产党第十九届中央委员会第五次全体会议，于2020 年 10 月 26 日至 29 日在北京举行。

出席这次全会的有，中央委员 198 人，候补中央委员166 人。中央纪律检查委员会常务委员会委员和有关方面负责同志列席会议。党的十九大代表中的部分基层同志和专家学者也列席会议。

全会由中央政治局主持。中央委员会总书记习近平作了重要讲话。

全会听取和讨论了习近平受中央政治局委托作的工作报告，审议通过了《中共中央关于制定国民经济和社会发展第十四个五年规划和二〇三五年远景目标的建议》。习近平就《建议（讨论稿）》向全会作了说明。

全会充分肯定党的十九届四中全会以来中央政治局的工作。一致认为，一年来，中央政治局高举中国特色社会主义伟大旗帜，坚持以马克思列宁主义、毛泽东思想、邓小平理论、"三个代表"重要思想、科学发展观、习近平新时代中国特色社会主义思想为指导,全面贯彻党的十九大和十九届二中、三中、四中全会精神,增强"四个意识"、坚定"四个自信"、做到"两个维护",统筹推进"五位一体"总体布局,协调推进"四个全面"战略布局,坚持稳中求进工作总基调,坚持新发展理念,坚定不移推进改革开放,沉着有力应对各种风险挑战,统筹新冠肺炎疫情防控和经济社会发展工作,把人民生命安全和身体健康放在第一位,把握扩大内需这个战略基点,深化供给侧结构性改革,加大宏观政策应对力度,扎实做好"六稳"工作、全面落实"六保"任务,坚决维护国家主权、安全、发展利益,疫情防控工作取得重大战略成果,三大攻坚战扎实推进,经济增长好于预期,人民生活得到有力保障,社会大局保持稳定,中国特色大国外交积极推进,党和国家各项事业取得新的重大成就。

全会一致认为,面对错综复杂的国际形势、艰巨繁重的国内改革发展稳定任务特别是新冠肺炎疫情严重冲击,以习近平同志为核心的党中央不忘初心、牢记使命,团结带领全党全国各族人民砥砺前行、开拓创新,奋发有为推进党和国家各项事业,战胜各种风险挑战,中国特色社会主义的航船继续乘风破浪、坚毅前行。实践再次证明,有习近平同志作为党中央的核心、全党的核心领航掌舵,有全党全国各族人民团结一心、顽强奋斗,我们就一定能够战胜前进道路上出现的各种艰难险阻,一定能够在新时代把中国特色社会主义更加有力地推向前进。

全会高度评价决胜全面建成小康社会取得的决定性成就。"十三五"时期，全面深化改革取得重大突破，全面依法治国取得重大进展，全面从严治党取得重大成果，国家治理体系和治理能力现代化加快推进，中国共产党领导和我国社会主义制度优势进一步彰显；经济实力、科技实力、综合国力跃上新的大台阶，经济运行总体平稳，经济结构持续优化，预计二〇二〇年国内生产总值突破一百万亿元；脱贫攻坚成果举世瞩目，五千五百七十五万农村贫困人口实现脱贫；粮食年产量连续五年稳定在一万三千亿斤以上；污染防治力度加大，生态环境明显改善；对外开放持续扩大，共建"一带一路"成果丰硕；人民生活水平显著提高，高等教育进入普及化阶段，城镇新增就业超过六千万人，建成世界上规模最大的社会保障体系，基本医疗保险覆盖超过十三亿人，基本养老保险覆盖近十亿人，新冠肺炎疫情防控取得重大战略成果；文化事业和文化产业繁荣发展；国防和军队建设水平大幅提升，军队组织形态实现重大变革；国家安全全面加强，社会保持和谐稳定。"十三五"规划目标任务即将完成，全面建成小康社会胜利在望，中华民族伟大复兴向前迈出了新的一大步，社会主义中国以更加雄伟的身姿屹立于世界东方。

全会强调，全党全国各族人民要再接再厉、一鼓作气，确保如期打赢脱贫攻坚战，确保如期全面建成小康社会、实现第一个百年奋斗目标，为开启全面建设社会主义现代化国家新征程奠定坚实基础。

　　全会深入分析了我国发展环境面临的深刻复杂变化，认为当前和今后一个时期，我国发展仍然处于重要战略机遇期，但机遇和挑战都有新的发展变化。当今世界正经历百年未有之大变局，新一轮科技革命和产业变革深入发展，国际力量对比深刻调整，和平与发展仍然是时代主题，人类命运共同体理念深入人心，同时国际环境日趋复杂，不稳定性不确定性明显增加。我国已转向高质量发展阶段，制度优势显著，治理效能提升，经济长期向好，物质基础雄厚，人力资源丰富，市场空间广阔，发展韧性强劲，社会大局稳定，继续发展具有多方面优势和条件，同时我国发展不平衡不充分问题仍然突出，重点领域关键环节改革任务仍然艰巨，创新能力不适应高质量发展要求，农业基础还不稳固，城乡区域发展和收入分配差距较大，生态环保任重道远，民生保障存在短板，社会治理还有弱项。全党要统筹中华民族伟大复兴战略全局和世界百年未有之大变局，深刻认识我国社会主要矛盾变化带来的新特征新要求，深刻认识错综复杂的国际环境带来的新矛盾新挑战，增强机遇意识和风险意识，立足社会主义初级阶段基本国情，保持战略定力，办好自己的事，认识和把握发展规律，发扬斗争精神，树立底线思维，准确识变、科学应变、主动求变，善于在危机中育先机、于变局中开新局，抓住机遇，应对挑战，趋利避害，奋勇前进。

　　全会提出了到二〇三五年基本实现社会主义现代化远景目标，这就是：我国经济实力、科技实力、综合国力将大幅跃升,经济总量和城乡居民人均收入将再迈上新的大台阶,关键核心技术实现重大突破,进入创新型国家前列;基本实现新型工业化、信息化、城镇化、农业现代化,建成现代化经济体系;基本实现国家治理体系和治理能力现代化,人民平等参与、平等发展权利得到充分保障,基本建成法治国家、法治政府、法治社会;建成文化强国、教育强国、人才强国、体育强国、健康中国,国民素质和社会文明程度达到新高度,国家文化软实力显著增强;广泛形成绿色生产生活方式,碳排放达峰后稳中有降,生态环境根本好转,美丽中国建设目标基本实现;形成对外开放新格局,参与国际经济合作和竞争新优势明显增强;人均国内生产总值达到中等发达国家水平,中等收入群体显著扩大,基本公共服务实现均等化,城乡区域发展差距和居民生活水平差距显著缩小;平安中国建设达到更高水平,基本实现国防和军队现代化;人民生活更加美好,人的全面发展、全体人民共同富裕取得更为明显的实质性进展。

全会提出了"十四五"时期经济社会发展指导思想和必须遵循的原则,强调要高举中国特色社会主义伟大旗帜,深入贯彻党的十九大和十九届二中、三中、四中、五中全会精神,坚持以马克思列宁主义、毛泽东思想、邓小平理论、"三个代表"重要思想、科学发展观、习近平新时代中国特色社会主义思想为指导,全面贯彻党的基本理论、基本路线、基本方略,统筹推进经济建设、政治建设、文化建设、社会建设、生态文明建设的总体布局,协调推进全面建设社会

主义现代化国家、全面深化改革、全面依法治国、全面从严
治党的战略布局,坚定不移贯彻创新、协调、绿色、开放、共
享的新发展理念,坚持稳中求进工作总基调,以推动高质量
发展为主题,以深化供给侧结构性改革为主线,以改革创新
为根本动力,以满足人民日益增长的美好生活需要为根本
目的,统筹发展和安全,加快建设现代化经济体系,加快构
建以国内大循环为主体、国内国际双循环相互促进的新发
展格局,推进国家治理体系和治理能力现代化,实现经济行
稳致远、社会安定和谐,为全面建设社会主义现代化国家开
好局、起好步。坚持党的全面领导,坚持和完善党领导经济
社会发展的体制机制,坚持和完善中国特色社会主义制度,
不断提高贯彻新发展理念、构建新发展格局能力和水平,为
实现高质量发展提供根本保证。坚持以人民为中心,坚持
新发展理念,坚持深化改革开放,坚持系统观念。

全会提出了"十四五"时期经济社会发展主要目标,这
就是:经济发展取得新成效,在质量效益明显提升的基础上
实现经济持续健康发展,增长潜力充分发挥,国内市场更加
强大,经济结构更加优化,创新能力显著提升,产业基础高
级化、产业链现代化水平明显提高,农业基础更加稳固,城
乡区域发展协调性明显增强,现代化经济体系建设取得重
大进展;改革开放迈出新步伐,社会主义市场经济体制更加
完善,高标准市场体系基本建成,市场主体更加充满活力,
产权制度改革和要素市场化配置改革取得重大进展,公平
竞争制度更加健全,更高水平开放型经济新体制基本形成;

社会文明程度得到新提高,社会主义核心价值观深入人心,人民思想道德素质、科学文化素质和身心健康素质明显提高,公共文化服务体系和文化产业体系更加健全,人民精神文化生活日益丰富,中华文化影响力进一步提升,中华民族凝聚力进一步增强;生态文明建设实现新进步,国土空间开发保护格局得到优化,生产生活方式绿色转型成效显著,能源资源配置更加合理、利用效率大幅提高,主要污染物排放总量持续减少,生态环境持续改善,生态安全屏障更加牢固,城乡人居环境明显改善;民生福祉达到新水平,实现更加充分更高质量就业,居民收入增长和经济增长基本同步,分配结构明显改善,基本公共服务均等化水平明显提高,全民受教育程度不断提升,多层次社会保障体系更加健全,卫生健康体系更加完善,脱贫攻坚成果巩固拓展,乡村振兴战略全面推进;国家治理效能得到新提升,社会主义民主法治更加健全,社会公平正义进一步彰显,国家行政体系更加完善,政府作用更好发挥,行政效率和公信力显著提升,社会治理特别是基层治理水平明显提高,防范化解重大风险体制机制不断健全,突发公共事件应急能力显著增强,自然灾害防御水平明显提升,发展安全保障更加有力,国防和军队现代化迈出重大步伐。

全会提出,坚持创新在我国现代化建设全局中的核心地位,把科技自立自强作为国家发展的战略支撑,面向世界科技前沿、面向经济主战场、面向国家重大需求、面向人民生命健康,深入实施科教兴国战略、人才强国战略、创新驱动发展战略,完善国家创新体系,加快建设科技强国。要强化国家战略科技力量,提升企业技术创新能力,激发人才创新活力,完善科技创新体制机制。

全会提出,加快发展现代产业体系,推动经济体系优化升级。坚持把发展经济着力点放在实体经济上,坚定不移建设制造强国、质量强国、网络强国、数字中国,推进产业基础高级化、产业链现代化,提高经济质量效益和核心竞争力。要提升产业链供应链现代化水平,发展战略性新兴产业,加快发展现代服务业,统筹推进基础设施建设,加快建设交通强国,推进能源革命,加快数字化发展。

全会提出,形成强大国内市场,构建新发展格局。坚持扩大内需这个战略基点,加快培育完整内需体系,把实施扩大内需战略同深化供给侧结构性改革有机结合起来,以创新驱动、高质量供给引领和创造新需求。要畅通国内大循环,促进国内国际双循环,全面促进消费,拓展投资空间。

全会提出,全面深化改革,构建高水平社会主义市场经济体制。坚持和完善社会主义基本经济制度,充分发挥市场在资源配置中的决定性作用,更好发挥政府作用,推动有效市场和有为政府更好结合。要激发各类市场主体活力,完善宏观经济治理,建立现代财税金融体制,建设高标准市场体系,加快转变政府职能。

全会提出,优先发展农业农村,全面推进乡村振兴。坚持把解决好"三农"问题作为全党工作重中之重,走中国特色社会主义乡村振兴道路,全面实施乡村振兴战略,强化以工补农、以城带乡，推动形成工农互促、城乡互补、协调发展、共同繁荣的新型工农城乡关系，加快农业农村现代化。要保障国家粮食安全，提高农业质量效益和竞争力，实施乡村建设行动，深化农村改革，实现巩固拓展脱贫攻坚成果同乡村振兴有效衔接。

全会提出，优化国土空间布局，推进区域协调发展和新型城镇化。坚持实施区域重大战略、区域协调发展战略、主体功能区战略，健全区域协调发展体制机制，完善新型城镇化战略，构建高质量发展的国土空间布局和支撑体系。要构建国土空间开发保护新格局，推动区域协调发展，推进以人为核心的新型城镇化。

全会提出，繁荣发展文化事业和文化产业，提高国家文化软实力。坚持马克思主义在意识形态领域的指导地位，坚定文化自信，坚持以社会主义核心价值观引领文化建设，加强社会主义精神文明建设，围绕举旗帜、聚民心、育新人、兴文化、展形象的使命任务，促进满足人民文化需求和增强人民精神力量相统一，推进社会主义文化强国建设。要提高社会文明程度，提升公共文化服务水平，健全现代文化产业体系。

全会提出，推动绿色发展，促进人与自然和谐共生。坚持绿水青山就是金山银山理念，坚持尊重自然、顺应自然、保护自然，坚持节约优先、保护优先、自然恢复为主，守住自然生态安全边界。深入实施可持续发展战略，完善生态文明领域统筹协调机制，构建生态文明体系，促进经济社会发展全面绿色转型,建设人与自然和谐共生的现代化。要加快推动绿色低碳发展,持续改善环境质量,提升生态系统质量和稳定性,全面提高资源利用效率。

全会提出,实行高水平对外开放,开拓合作共赢新局面。坚持实施更大范围、更宽领域、更深层次对外开放,依托我国大市场优势,促进国际合作,实现互利共赢。要建设更高水平开放型经济新体制,全面提高对外开放水平,推动贸易和投资自由化便利化,推进贸易创新发展,推动共建"一带一路"高质量发展,积极参与全球经济治理体系改革。

全会提出,改善人民生活品质,提高社会建设水平。坚持把实现好、维护好、发展好最广大人民根本利益作为发展的出发点和落脚点,尽力而为、量力而行,健全基本公共服务体系,完善共建共治共享的社会治理制度,扎实推动共同富裕,不断增强人民群众获得感、幸福感、安全感,促进人的全面发展和社会全面进步。要提高人民收入水平,强化就业优先政策,建设高质量教育体系,健全多层次社会保障体系,全面推进健康中国建设,实施积极应对人口老龄化国家战略,加强和创新社会治理。

全会提出,统筹发展和安全,建设更高水平的平安中国。坚持总体国家安全观,实施国家安全战略,维护和塑造国家安全,统筹传统安全和非传统安全,把安全发展贯穿国家发展各领域和全过程,防范和化解影响我国现代化进程的各种风险,筑牢国家安全屏障。要加强国家安全体系和能力建设,确保国家经济安全,保障人民生命安全,维护社会稳定和安全。

全会提出,加快国防和军队现代化,实现富国和强军相统一。贯彻习近平强军思想,贯彻新时代军事战略方针,坚持党对人民军队的绝对领导,坚持政治建军、改革强军、科技强军、人才强军、依法治军,加快机械化信息化智能化融合发展,全面加强练兵备战,提高捍卫国家主权、安全、发展利益的战略能力,确保二〇二七年实现建军百年奋斗目标。要提高国防和军队现代化质量效益,促进国防实力和经济实力同步提升,构建一体化国家战略体系和能力,推动重点区域、重点领域、新兴领域协调发展,优化国防科技工业布局,巩固军政军民团结。

全会强调,实现"十四五"规划和二〇三五年远景目标,必须坚持党的全面领导,充分调动一切积极因素,广泛团结一切可以团结的力量,形成推动发展的强大合力。要加强党中央集中统一领导,推进社会主义政治建设,健全规划制定和落实机制。要保持香港、澳门长期繁荣稳定,推进两岸关系和平发展和祖国统一。要高举和平、发展、合作、共赢旗帜,积极营造良好外部环境,推动构建新型国际关系和人类命运共同体。

全会号召,全党全国各族人民要紧密团结在以习近平同志为核心的党中央周围,同心同德,顽强奋斗,夺取全面建设社会主义现代化国家新胜利!

中 共 中 央
关于制定国民经济和社会发展第十四个五年规划和二〇三五年远景目标的建议

（2020 年 10 月 29 日中国共产党第十九届
中央委员会第五次全体会议通过）

"十四五"时期是我国全面建成小康社会、实现第一个百年奋斗目标之后,乘势而上开启全面建设社会主义现代化国家新征程、向第二个百年奋斗目标进军的第一个五年。中国共产党第十九届中央委员会第五次全体会议深入分析国际国内形势,就制定国民经济和社会发展"十四五"规划和二〇三五年远景目标提出以下建议。

一、全面建成小康社会,开启全面建设社会主义现代化国家新征程

1.决胜全面建成小康社会取得决定性成就。"十三

五"时期是全面建成小康社会决胜阶段。面对错综复杂的国际形势、艰巨繁重的国内改革发展稳定任务特别是新冠肺炎疫情严重冲击,以习近平同志为核心的党中央不忘初心、牢记使命,团结带领全党全国各族人民砥砺前行、开拓创新,奋发有为推进党和国家各项事业。全面深化改革取得重大突破,全面依法治国取得重大进展,全面从严治党取得重大成果,国家治理体系和治理能力现代化加快推进,中国共产党领导和我国社会主义制度优势进一步彰显;经济实力、科技实力、综合国力跃上新的大台阶,经济运行总体平稳,经济结构持续优化,预计二〇二〇年国内生产总值突破一百万亿元;脱贫攻坚成果举世瞩目,五千五百七十五万农村贫困人口实现脱贫;粮食年产量连续五年稳定在一万三千亿斤以上;污染防治力度加大,生态环境明显改善;对外开放持续扩大,共建"一带一路"成果丰硕;人民生活水平显著提高,高等教育进入普及化阶段,城镇新增就业超过六千万人,建成世界上规模最大的社会保障体系,基本医疗保险覆盖超过十三亿人,基本养老保险覆盖近十亿人,新冠肺炎疫情防控取得重大战略成果;文化事业和文化产业繁荣发展;国防和军队建设水平大幅提升,军队组织形态实现重大变革;国家安全全面加强,社会保持和谐稳定。"十三五"规划目标任务即将完成,全面建成小康社会胜利在望,中华民族伟大复兴向前迈出了新的一大步,社会主义中国以更加雄伟的身姿屹立于世界东方。全党全国各族人民要再接再厉、一鼓作气,确保如期打赢脱贫攻坚战,确保如期全面建成小康社会、实现第一个百年奋斗目标,为开启全面建设社会主义现代化国家新征程奠定坚实基础。

2. 我国发展环境面临深刻复杂变化。当前和今后一个时期,我国发展仍然处于重要战略机遇期,但机遇和挑战都有新的发展变化。当今世界正经历百年未有之大变局,新一轮科技革命和产业变革深入发展,国际力量对比深刻调整,和平与发展仍然是时代主题,人类命运共同体理念深入人心,同时国际环境日趋复杂,不稳定性不确定性明显增加,新冠肺炎疫情影响广泛深远,经济全球化遭遇逆流,世界进入动荡变革期,单边主义、保护主义、霸权主义对世界和平与发展构成威胁。我国已转向高质量发展阶段,制度优势显著,治理效能提升,经济长期向好,物质基础雄厚,人力资源丰富,市场空间广阔,发展韧性强劲,社会大局稳定,继续发展具有多方面优势和条件,同时我国发展不平衡不充分问题仍然突出,重点领域关键环节改革任务仍然艰巨,创新能力不适应高质量发展要求,农业基础还不稳固,城乡区域发展和收入分配差距较大,生态环保任重道远,民生保障存在短板,社会治理还有弱项。全党要统筹中华民族伟大复兴战略全局和世界百年未有之大变局,深刻认识我国社会主要矛盾变化带来的新特征新要求,深刻认识错综复杂的国际环境带来的新矛盾新挑战,增强机遇意识和风险意识,立足社会主义初级阶段基本国情,保持战略定力,办好自己的事,认识和把握发展规律,发扬斗争精神,树立底线思维,准确识变、科学应变、主动求变,善于在危机中育先机、于变局中开新局,抓住机遇,应对挑战,趋利避害,奋勇前进。

3. 到二〇三五年基本实现社会主义现代化远景目标。党的十九大对实现第二个百年奋斗目标作出分两个阶段推进的战略安排,即到二〇三五年基本实现社会主义现代化,到本世纪中叶把我国建成富强民主文明和谐美丽的社会主义现代化强国。展望二〇三五年,我国经济实力、科技实力、综合国力将大幅跃升,经济总量和城乡居民人均收入将再迈上新的大台阶,关键核心技术实现重大突破,进入创新型国家前列;基本实现新型工业化、信息化、城镇化、农业现代化,建成现代化经济体系;基本实现国家治理体系和治理能力现代化,人民平等参与、平等发展权利得到充分保障,基本建成法治国家、法治政府、法治社会;建成文化强国、教育强国、人才强国、体育强国、健康中国,国民素质和社会文明程度达到新高度,国家文化软实力显著增强;广泛形成绿色生产生活方式,碳排放达峰后稳中有降,生态环境根本好转,美丽中国建设目标基本实现;形成对外开放新格局,参与国际经济合作和竞争新优势明显增强;人均国内生产总值达到中等发达国家水平,中等收入群体显著扩大,基本公共服务实现均等化,城乡区域发展差距和居民生活水平差距显著缩小;平安中国建设达到更高水平,基本实现国防和军队现代化;人民生活更加美好,人的全面发展、全体人民共同富裕取得更为明显的实质性进展。

二、"十四五"时期经济社会发展指导方针和主要目标

4."十四五"时期经济社会发展指导思想。高举中国特色社会主义伟大旗帜,深入贯彻党的十九大和十九届二中、三中、四中、五中全会精神,坚持以马克思列宁主义、毛泽东思想、邓小平理论、"三个代表"重要思想、科学发展观、习近平新时代中国特色社会主义思想为指导,全面贯彻党的基本理论、基本路线、基本方略,统筹推进经济建设、政治建设、文化建设、社会建设、生态文明建设的总体布局,协调推进全面建设社会主义现代化国家、全面深化改革、全面依法治国、全面从严治党的战略布局,坚定不移贯彻创新、协调、绿色、开放、共享的新发展理念,坚持稳中求进工作总基调,以推动高质量发展为主题,以深化供给侧结构性改革为主线,以改革创新为根本动力,以满足人民日益增长的美好生活需要为根本目的,统筹发展和安全,加快建设现代化经济体系,加快构建以国内大循环为主体、国内国际双循环相互促进的新发展格局,推进国家治理体系和治理能力现代化,实现经济行稳致远、社会安定和谐,为全面建设社会主义现代化国家开好局、起好步。

5."十四五"时期经济社会发展必须遵循的原则。

——坚持党的全面领导。坚持和完善党领导经济社会

发展的体制机制,坚持和完善中国特色社会主义制度,不断提高贯彻新发展理念、构建新发展格局能力和水平,为实现高质量发展提供根本保证。

——坚持以人民为中心。坚持人民主体地位,坚持共同富裕方向,始终做到发展为了人民、发展依靠人民、发展成果由人民共享,维护人民根本利益,激发全体人民积极性、主动性、创造性,促进社会公平,增进民生福祉,不断实现人民对美好生活的向往。

——坚持新发展理念。把新发展理念贯穿发展全过程和各领域,构建新发展格局,切实转变发展方式,推动质量变革、效率变革、动力变革,实现更高质量、更有效率、更加公平、更可持续、更为安全的发展。

——坚持深化改革开放。坚定不移推进改革,坚定不移扩大开放,加强国家治理体系和治理能力现代化建设,破除制约高质量发展、高品质生活的体制机制障碍,强化有利于提高资源配置效率、有利于调动全社会积极性的重大改革开放举措,持续增强发展动力和活力。

——坚持系统观念。加强前瞻性思考、全局性谋划、战略性布局、整体性推进,统筹国内国际两个大局,办好发展安全两件大事,坚持全国一盘棋,更好发挥中央、地方和各方面积极性,着力固根基、扬优势、补短板、强弱项,注重防范化解重大风险挑战,实现发展质量、结构、规模、速度、效益、安全相统一。

6."十四五"时期经济社会发展主要目标。锚定二〇

三五年远景目标,综合考虑国内外发展趋势和我国发展
条件,坚持目标导向和问题导向相结合,坚持守正和创新
相统一,今后五年经济社会发展要努力实现以下主要
目标。

——经济发展取得新成效。发展是解决我国一切问题
的基础和关键,发展必须坚持新发展理念,在质量效益明显
提升的基础上实现经济持续健康发展,增长潜力充分发挥,
国内市场更加强大,经济结构更加优化,创新能力显著提
升,产业基础高级化、产业链现代化水平明显提高,农业基
础更加稳固,城乡区域发展协调性明显增强,现代化经济体
系建设取得重大进展。

——改革开放迈出新步伐。社会主义市场经济体制更
加完善,高标准市场体系基本建成,市场主体更加充满活
力,产权制度改革和要素市场化配置改革取得重大进展,公
平竞争制度更加健全,更高水平开放型经济新体制基本
形成。

——社会文明程度得到新提高。社会主义核心价值观
深入人心,人民思想道德素质、科学文化素质和身心健康素
质明显提高,公共文化服务体系和文化产业体系更加健全,
人民精神文化生活日益丰富,中华文化影响力进一步提升,
中华民族凝聚力进一步增强。

——生态文明建设实现新进步。国土空间开发保护格
局得到优化,生产生活方式绿色转型成效显著,能源资源配
置更加合理、利用效率大幅提高,主要污染物排放总量持续

减少,生态环境持续改善,生态安全屏障更加牢固,城乡人居环境明显改善。

——民生福祉达到新水平。实现更加充分更高质量就业,居民收入增长和经济增长基本同步,分配结构明显改善,基本公共服务均等化水平明显提高,全民受教育程度不断提升,多层次社会保障体系更加健全,卫生健康体系更加完善,脱贫攻坚成果巩固拓展,乡村振兴战略全面推进。

——国家治理效能得到新提升。社会主义民主法治更加健全,社会公平正义进一步彰显,国家行政体系更加完善,政府作用更好发挥,行政效率和公信力显著提升,社会治理特别是基层治理水平明显提高,防范化解重大风险体制机制不断健全,突发公共事件应急能力显著增强,自然灾害防御水平明显提升,发展安全保障更加有力,国防和军队现代化迈出重大步伐。

三、坚持创新驱动发展,全面塑造发展新优势

坚持创新在我国现代化建设全局中的核心地位,把科技自立自强作为国家发展的战略支撑,面向世界科技前沿、面向经济主战场、面向国家重大需求、面向人民生命健康,深入实施科教兴国战略、人才强国战略、创新驱动发展战

略,完善国家创新体系,加快建设科技强国。

7.强化国家战略科技力量。制定科技强国行动纲要,健全社会主义市场经济条件下新型举国体制,打好关键核心技术攻坚战,提高创新链整体效能。加强基础研究、注重原始创新,优化学科布局和研发布局,推进学科交叉融合,完善共性基础技术供给体系。瞄准人工智能、量子信息、集成电路、生命健康、脑科学、生物育种、空天科技、深地深海等前沿领域,实施一批具有前瞻性、战略性的国家重大科技项目。制定实施战略性科学计划和科学工程,推进科研院所、高校、企业科研力量优化配置和资源共享。推进国家实验室建设,重组国家重点实验室体系。布局建设综合性国家科学中心和区域性创新高地,支持北京、上海、粤港澳大湾区形成国际科技创新中心。构建国家科研论文和科技信息高端交流平台。

8.提升企业技术创新能力。强化企业创新主体地位,促进各类创新要素向企业集聚。推进产学研深度融合,支持企业牵头组建创新联合体,承担国家重大科技项目。发挥企业家在技术创新中的重要作用,鼓励企业加大研发投入,对企业投入基础研究实行税收优惠。发挥大企业引领支撑作用,支持创新型中小微企业成长为创新重要发源地,加强共性技术平台建设,推动产业链上中下游、大中小企业融通创新。

9.激发人才创新活力。贯彻尊重劳动、尊重知识、尊重人才、尊重创造方针,深化人才发展体制机制改革,全方位培养、引进、用好人才,造就更多国际一流的科技领军人才和创新团队,培养具有国际竞争力的青年科技人才后备军。健全以创新能力、质量、实效、贡献为导向的科技人才评价体系。加强学风建设,坚守学术诚信。深化院士制度改革。健全创新激励和保障机制,构建充分体现知识、技术等创新要素价值的收益分配机制,完善科研人员职务发明成果权益分享机制。加强创新型、应用型、技能型人才培养,实施知识更新工程、技能提升行动,壮大高水平工程师和高技能人才队伍。支持发展高水平研究型大学,加强基础研究人才培养。实行更加开放的人才政策,构筑集聚国内外优秀人才的科研创新高地。

10. 完善科技创新体制机制。深入推进科技体制改革,完善国家科技治理体系,优化国家科技规划体系和运行机制,推动重点领域项目、基地、人才、资金一体化配置。改进科技项目组织管理方式,实行"揭榜挂帅"等制度。完善科技评价机制,优化科技奖励项目。加快科研院所改革,扩大科研自主权。加强知识产权保护,大幅提高科技成果转移转化成效。加大研发投入,健全政府投入为主、社会多渠道投入机制,加大对基础前沿研究支持。完善金融支持创新体系,促进新技术产业化规模化应用。弘扬科学精神和工匠精神,加强科普工作,营造崇尚创新的社会氛围。健全科技伦理体系。促进科技开放合作,研究设立面向全球的科学研究基金。

四、加快发展现代产业体系，
推动经济体系优化升级

坚持把发展经济着力点放在实体经济上，坚定不移建设制造强国、质量强国、网络强国、数字中国，推进产业基础高级化、产业链现代化，提高经济质量效益和核心竞争力。

11. 提升产业链供应链现代化水平。保持制造业比重基本稳定，巩固壮大实体经济根基。坚持自主可控、安全高效，分行业做好供应链战略设计和精准施策，推动全产业链优化升级。锻造产业链供应链长板，立足我国产业规模优势、配套优势和部分领域先发优势，打造新兴产业链，推动传统产业高端化、智能化、绿色化，发展服务型制造。完善国家质量基础设施，加强标准、计量、专利等体系和能力建设，深入开展质量提升行动。促进产业在国内有序转移，优化区域产业链布局，支持老工业基地转型发展。补齐产业链供应链短板，实施产业基础再造工程，加大重要产品和关键核心技术攻关力度，发展先进适用技术，推动产业链供应链多元化。优化产业链供应链发展环境，强化要素支撑。加强国际产业安全合作，形成具有更强创新力、更高附加值、更安全可靠的产业链供应链。

12. 发展战略性新兴产业。加快壮大新一代信息技术、生物技术、新能源、新材料、高端装备、新能源汽车、绿色环保以及航空航天、海洋装备等产业。推动互联网、大数据、人工智能等同各产业深度融合,推动先进制造业集群发展,构建一批各具特色、优势互补、结构合理的战略性新兴产业增长引擎,培育新技术、新产品、新业态、新模式。促进平台经济、共享经济健康发展。鼓励企业兼并重组,防止低水平重复建设。

13.加快发展现代服务业。推动生产性服务业向专业化和价值链高端延伸,推动各类市场主体参与服务供给,加快发展研发设计、现代物流、法律服务等服务业,推动现代服务业同先进制造业、现代农业深度融合,加快推进服务业数字化。推动生活性服务业向高品质和多样化升级,加快发展健康、养老、育幼、文化、旅游、体育、家政、物业等服务业,加强公益性、基础性服务业供给。推进服务业标准化、品牌化建设。

14.统筹推进基础设施建设。构建系统完备、高效实用、智能绿色、安全可靠的现代化基础设施体系。系统布局新型基础设施,加快第五代移动通信、工业互联网、大数据中心等建设。加快建设交通强国,完善综合运输大通道、综合交通枢纽和物流网络,加快城市群和都市圈轨道交通网络化,提高农村和边境地区交通通达深度。推进能源革命,完善能源产供储销体系,加强国内油气勘探开发,加快油气储备设施建设,加快全国干线油气管道建设,建设智慧能源系统,优化电力生产和输送通道布局,提升新能源消纳和存储能力,提升向边远地区输配电能力。加强水利基础设施建设,提升水资源优化配置和水旱灾害防御能力。

15. 加快数字化发展。发展数字经济,推进数字产业化和产业数字化,推动数字经济和实体经济深度融合,打造具有国际竞争力的数字产业集群。加强数字社会、数字政府建设,提升公共服务、社会治理等数字化智能化水平。建立数据资源产权、交易流通、跨境传输和安全保护等基础制度和标准规范,推动数据资源开发利用。扩大基础公共信息数据有序开放,建设国家数据统一共享开放平台。保障国家数据安全,加强个人信息保护。提升全民数字技能,实现信息服务全覆盖。积极参与数字领域国际规则和标准制定。

五、形成强大国内市场,构建新发展格局

坚持扩大内需这个战略基点,加快培育完整内需体系,把实施扩大内需战略同深化供给侧结构性改革有机结合起来,以创新驱动、高质量供给引领和创造新需求。

16. 畅通国内大循环。依托强大国内市场,贯通生产、分配、流通、消费各环节,打破行业垄断和地方保护,形成国民经济良性循环。优化供给结构,改善供给质量,提升供给体系对国内需求的适配性。推动金融、房地产同实体经济均衡发展,实现上下游、产供销有效衔接,促进农业、制造业、服务业、能源资源等产业门类关系协调。破除妨碍生产

要素市场化配置和商品服务流通的体制机制障碍,降低全社会交易成本。完善扩大内需的政策支撑体系,形成需求牵引供给、供给创造需求的更高水平动态平衡。

17.促进国内国际双循环。立足国内大循环,发挥比较优势,协同推进强大国内市场和贸易强国建设,以国内大循环吸引全球资源要素,充分利用国内国际两个市场两种资源,积极促进内需和外需、进口和出口、引进外资和对外投资协调发展,促进国际收支基本平衡。完善内外贸一体化调控体系,促进内外贸法律法规、监管体制、经营资质、质量标准、检验检疫、认证认可等相衔接,推进同线同标同质。优化国内国际市场布局、商品结构、贸易方式,提升出口质量,增加优质产品进口,实施贸易投资融合工程,构建现代物流体系。

18.全面促进消费。增强消费对经济发展的基础性作用,顺应消费升级趋势,提升传统消费,培育新型消费,适当增加公共消费。以质量品牌为重点,促进消费向绿色、健康、安全发展,鼓励消费新模式新业态发展。推动汽车等消费品由购买管理向使用管理转变,促进住房消费健康发展。健全现代流通体系,发展无接触交易服务,降低企业流通成本,促进线上线下消费融合发展,开拓城乡消费市场。发展服务消费,放宽服务消费领域市场准入。完善节假日制度,落实带薪休假制度,扩大节假日消费。培育国际消费中心城市。改善消费环境,强化消费者权益保护。

19.拓展投资空间。优化投资结构,保持投资合理增

长,发挥投资对优化供给结构的关键作用。加快补齐基础
设施、市政工程、农业农村、公共安全、生态环保、公共卫生、
物资储备、防灾减灾、民生保障等领域短板,推动企业设备
更新和技术改造,扩大战略性新兴产业投资。推进新型基
础设施、新型城镇化、交通水利等重大工程建设,支持有利
于城乡区域协调发展的重大项目建设。实施川藏铁路、西
部陆海新通道、国家水网、雅鲁藏布江下游水电开发、星际
探测、北斗产业化等重大工程,推进重大科研设施、重大生
态系统保护修复、公共卫生应急保障、重大引调水、防洪减
灾、送电输气、沿边沿江沿海交通等一批强基础、增功能、利
长远的重大项目建设。发挥政府投资撬动作用,激发民间
投资活力,形成市场主导的投资内生增长机制。

六、全面深化改革,构建高水平社会主义市场经济体制

坚持和完善社会主义基本经济制度,充分发挥市场在
资源配置中的决定性作用,更好发挥政府作用,推动有效市
场和有为政府更好结合。

20. 激发各类市场主体活力。毫不动摇巩固和发展公
有制经济,毫不动摇鼓励、支持、引导非公有制经济发展。
深化国资国企改革,做强做优做大国有资本和国有企业。
加快国有经济布局优化和结构调整,发挥国有经济战略支

撑作用。加快完善中国特色现代企业制度,深化国有企业混合所有制改革。健全管资本为主的国有资产监管体制,深化国有资本投资、运营公司改革。推进能源、铁路、电信、公用事业等行业竞争性环节市场化改革。优化民营经济发展环境,构建亲清政商关系,促进非公有制经济健康发展和非公有制经济人士健康成长,依法平等保护民营企业产权和企业家权益,破除制约民营企业发展的各种壁垒,完善促进中小微企业和个体工商户发展的法律环境和政策体系。弘扬企业家精神,加快建设世界一流企业。

21. 完善宏观经济治理。健全以国家发展规划为战略导向,以财政政策和货币政策为主要手段,就业、产业、投资、消费、环保、区域等政策紧密配合,目标优化、分工合理、高效协同的宏观经济治理体系。完善宏观经济政策制定和执行机制,重视预期管理,提高调控的科学性。加强国际宏观经济政策协调,搞好跨周期政策设计,提高逆周期调节能力,促进经济总量平衡、结构优化、内外均衡。加强宏观经济治理数据库等建设,提升大数据等现代技术手段辅助治理能力。推进统计现代化改革。

22. 建立现代财税金融体制。加强财政资源统筹,加强中期财政规划管理,增强国家重大战略任务财力保障。深化预算管理制度改革,强化对预算编制的宏观指导。推进财政支出标准化,强化预算约束和绩效管理。明确中央和地方政府事权与支出责任,健全省以下财政体制,增强基层公共服务保障能力。完善现代税收制度,健全地方税、直接税体系,优化税制结构,适当提高直接税比重,深化税收征管制度改革。健全政府债务管理制度。建设现代中央银行制度,完善货币供应调控机制,稳妥推进数字货币研发,健全市场化利率形成和传导机制。构建金融有效支持实体经济的体制机制,提升金融科技水平,增强金融普惠性。深化国有商业银行改革,支持中小银行和农村信用社持续健康发展,改革优化政策性金融。全面实行股票发行注册制,建立常态化退市机制,提高直接融资比重。推进金融双向开放。完善现代金融监管体系,提高金融监管透明度和法治化水平,完善存款保险制度,健全金融风险预防、预警、处置、问责制度体系,对违法违规行为零容忍。

23. **建设高标准市场体系。**健全市场体系基础制度,坚持平等准入、公正监管、开放有序、诚信守法,形成高效规范、公平竞争的国内统一市场。实施高标准市场体系建设行动。健全产权执法司法保护制度。实施统一的市场准入负面清单制度。继续放宽准入限制。健全公平竞争审查机制,加强反垄断和反不正当竞争执法司法,提升市场综合监管能力。深化土地管理制度改革。推进土地、劳动力、资本、技术、数据等要素市场化改革。健全要素市场运行机制,完善要素交易规则和服务体系。

24. **加快转变政府职能。**建设职责明确、依法行政的政府治理体系。深化简政放权、放管结合、优化服务改革,全面实行政府权责清单制度。持续优化市场化法治化国际化营商环境。实施涉企经营许可事项清单管理,加强事中事后监管,对新产业新业态实行包容审慎监管。健全重大政策事前评估和事后评价制度,畅通参与政策制定的渠道,提高决策科学化、民主化、法治化水平。推进政务服务标准化、规范化、便利化,深化政务公开。深化行业协会、商会和中介机构改革。

七、优先发展农业农村,全面推进乡村振兴

坚持把解决好"三农"问题作为全党工作重中之重,走中国特色社会主义乡村振兴道路,全面实施乡村振兴战略,强化以工补农、以城带乡,推动形成工农互促、城乡互补、协调发展、共同繁荣的新型工农城乡关系,加快农业农村现代化。

25.提高农业质量效益和竞争力。适应确保国计民生要求,以保障国家粮食安全为底线,健全农业支持保护制度。坚持最严格的耕地保护制度,深入实施藏粮于地、藏粮于技战略,加大农业水利设施建设力度,实施高标准农田建设工程,强化农业科技和装备支撑,提高农业良种化水平,健全动物防疫和农作物病虫害防治体系,建设智慧农业。强化绿色导向、标准引领和质量安全监管,建设农业现代化示范区。推动农业供给侧结构性改革,优化农业生产结构和区域布局,加强粮食生产功能区、重要农产品生产保护区和特色农产品优势区建设,推进优质粮食工程。完善粮食

主产区利益补偿机制。保障粮、棉、油、糖、肉等重要农产品供给安全,提升收储调控能力。开展粮食节约行动。发展县域经济,推动农村一二三产业融合发展,丰富乡村经济业态,拓展农民增收空间。

26.实施乡村建设行动。把乡村建设摆在社会主义现代化建设的重要位置。强化县城综合服务能力,把乡镇建成服务农民的区域中心。统筹县域城镇和村庄规划建设,保护传统村落和乡村风貌。完善乡村水、电、路、气、通信、广播电视、物流等基础设施,提升农房建设质量。因地制宜推进农村改厕、生活垃圾处理和污水治理,实施河湖水系综合整治,改善农村人居环境。提高农民科技文化素质,推动乡村人才振兴。

27.深化农村改革。健全城乡融合发展机制,推动城乡要素平等交换、双向流动,增强农业农村发展活力。落实第二轮土地承包到期后再延长三十年政策,加快培育农民合作社、家庭农场等新型农业经营主体,健全农业专业化社会化服务体系,发展多种形式适度规模经营,实现小农户和现代农业有机衔接。健全城乡统一的建设用地市场,积极探索实施农村集体经营性建设用地入市制度。建立土地征收公共利益用地认定机制,缩小土地征收范围。探索宅基地所有权、资格权、使用权分置实现形式。保障进城落户农民土地承包权、宅基地使用权、集体收益分配权,鼓励依法自愿有偿转让。深化农村集体产权制度改革,发展新型农村集体经济。健全农村金融服务体系,发展农业保险。

28. 实现巩固拓展脱贫攻坚成果同乡村振兴有效衔接。建立农村低收入人口和欠发达地区帮扶机制，保持财政投入力度总体稳定，接续推进脱贫地区发展。健全防止返贫监测和帮扶机制，做好易地扶贫搬迁后续帮扶工作，加强扶贫项目资金资产管理和监督，推动特色产业可持续发展。健全农村社会保障和救助制度。在西部地区脱贫县中集中支持一批乡村振兴重点帮扶县，增强其巩固脱贫成果及内生发展能力。坚持和完善东西部协作和对口支援、社会力量参与帮扶等机制。

八、优化国土空间布局，推进区域协调发展和新型城镇化

坚持实施区域重大战略、区域协调发展战略、主体功能区战略，健全区域协调发展体制机制，完善新型城镇化战略，构建高质量发展的国土空间布局和支撑体系。

29. 构建国土空间开发保护新格局。立足资源环境承载能力，发挥各地比较优势，逐步形成城市化地区、农产品主产区、生态功能区三大空间格局，优化重大基础设施、重大生产力和公共资源布局。支持城市化地区高效集聚经济和人口、保护基本农田和生态空间，支持农产品主产区增强农业生产能力，支持生态功能区把发展重点放到保护生态环境、提供生态产品上，支持生态功能区的人口逐步有序转

移,形成主体功能明显、优势互补、高质量发展的国土空间
开发保护新格局。

30. 推动区域协调发展。推动西部大开发形成新格局,
推动东北振兴取得新突破,促进中部地区加快崛起,鼓励东
部地区加快推进现代化。支持革命老区、民族地区加快发
展,加强边疆地区建设,推进兴边富民、稳边固边。推进京
津冀协同发展、长江经济带发展、粤港澳大湾区建设、长三
角一体化发展,打造创新平台和新增长极。推动黄河流域
生态保护和高质量发展。高标准、高质量建设雄安新区。
坚持陆海统筹,发展海洋经济,建设海洋强国。健全区域战
略统筹、市场一体化发展、区域合作互助、区际利益补偿等
机制,更好促进发达地区和欠发达地区、东中西部和东北地
区共同发展。完善转移支付制度,加大对欠发达地区财力
支持,逐步实现基本公共服务均等化。

31. 推进以人为核心的新型城镇化。实施城市更新行
动,推进城市生态修复、功能完善工程,统筹城市规划、建
设、管理,合理确定城市规模、人口密度、空间结构,促进大中
小城市和小城镇协调发展。强化历史文化保护、塑造城市风
貌,加强城镇老旧小区改造和社区建设,增强城市防洪排涝
能力,建设海绵城市、韧性城市。提高城市治理水平,加强特
大城市治理中的风险防控。坚持房子是用来住的、不是用来
炒的定位,租购并举、因城施策,促进房地产市场平稳健康发
展。有效增加保障性住房供给,完善土地出让收入分配机
制,探索支持利用集体建设用地按照规划建设租赁住房,完

善长租房政策,扩大保障性租赁住房供给。深化户籍制度改革,完善财政转移支付和城镇新增建设用地规模与农业转移人口市民化挂钩政策,强化基本公共服务保障,加快农业转移人口市民化。优化行政区划设置,发挥中心城市和城市群带动作用,建设现代化都市圈。推进成渝地区双城经济圈建设。推进以县城为重要载体的城镇化建设。

九、繁荣发展文化事业和文化产业, 提高国家文化软实力

坚持马克思主义在意识形态领域的指导地位,坚定文化自信,坚持以社会主义核心价值观引领文化建设,加强社会主义精神文明建设,围绕举旗帜、聚民心、育新人、兴文化、展形象的使命任务,促进满足人民文化需求和增强人民精神力量相统一,推进社会主义文化强国建设。

32.提高社会文明程度。推动形成适应新时代要求的思想观念、精神面貌、文明风尚、行为规范。深入开展习近平新时代中国特色社会主义思想学习教育,推进马克思主义理论研究和建设工程。推动理想信念教育常态化制度化,加强党史、新中国史、改革开放史、社会主义发展史教育,加强爱国主义、集体主义、社会主义教育,弘扬党和人民在各个历史时期奋斗中形成的伟大精神,推进公民道德建设,实施文明创建工程,拓展新时代文明实践中心建设。健

全志愿服务体系,广泛开展志愿服务关爱行动。弘扬诚信文化,推进诚信建设。提倡艰苦奋斗、勤俭节约,开展以劳动创造幸福为主题的宣传教育。加强家庭、家教、家风建设。加强网络文明建设,发展积极健康的网络文化。

33.提升公共文化服务水平。全面繁荣新闻出版、广播影视、文学艺术、哲学社会科学事业。实施文艺作品质量提升工程,加强现实题材创作生产,不断推出反映时代新气象、讴歌人民新创造的文艺精品。推进媒体深度融合,实施全媒体传播工程,做强新型主流媒体,建强用好县级融媒体中心。推进城乡公共文化服务体系一体建设,创新实施文化惠民工程,广泛开展群众性文化活动,推动公共文化数字化建设。加强国家重大文化设施和文化项目建设,推进国家版本馆、国家文献储备库、智慧广电等工程。传承弘扬中华优秀传统文化,加强文物古籍保护、研究、利用,强化重要文化和自然遗产、非物质文化遗产系统性保护,加强各民族优秀传统手工艺保护和传承,建设长城、大运河、长征、黄河等国家文化公园。广泛开展全民健身运动,增强人民体质。筹办好北京冬奥会、冬残奥会。

34.健全现代文化产业体系。坚持把社会效益放在首位、社会效益和经济效益相统一,深化文化体制改革,完善文化产业规划和政策,加强文化市场体系建设,扩大优质文化产品供给。实施文化产业数字化战略,加快发展新型文化企业、文化业态、文化消费模式。规范发展文化产业园区,推动区域文化产业带建设。推动文化和旅游融合发展,建设一批富有文化底蕴的世界级旅游景区和度假区,打造一批文化特色鲜明的国家级旅游休闲城市和街区,发展红色旅游和乡村旅游。以讲好中国故事为着力点,创新推进国际传播,加强对外文化交流和多层次文明对话。

十、推动绿色发展,促进人与自然和谐共生

坚持绿水青山就是金山银山理念,坚持尊重自然、顺应自然、保护自然,坚持节约优先、保护优先、自然恢复为主,守住自然生态安全边界。深入实施可持续发展战略,完善生态文明领域统筹协调机制,构建生态文明体系,促进经济社会发展全面绿色转型,建设人与自然和谐共生的现代化。

35.加快推动绿色低碳发展。强化国土空间规划和用途管控,落实生态保护、基本农田、城镇开发等空间管控边界,减少人类活动对自然空间的占用。强化绿色发展的法律和政策保障,发展绿色金融,支持绿色技术创新,推进清洁生产,发展环保产业,推进重点行业和重要领域绿色化改造。推动能源清洁低碳安全高效利用。发展绿色建筑。开展绿色生活创建活动。降低碳排放强度,支持有条件的地方率先达到碳排放峰值,制定二〇三〇年前碳排放达峰行动方案。

36.持续改善环境质量。增强全社会生态环保意识,深入打好污染防治攻坚战。继续开展污染防治行动,建立地

上地下、陆海统筹的生态环境治理制度。强化多污染物协同控制和区域协同治理,加强细颗粒物和臭氧协同控制,基本消除重污染天气。治理城乡生活环境,推进城镇污水管网全覆盖,基本消除城市黑臭水体。推进化肥农药减量化和土壤污染治理,加强白色污染治理。加强危险废物医疗废物收集处理。完成重点地区危险化学品生产企业搬迁改造。重视新污染物治理。全面实行排污许可制,推进排污权、用能权、用水权、碳排放权市场化交易。完善环境保护、节能减排约束性指标管理。完善中央生态环境保护督察制度。积极参与和引领应对气候变化等生态环保国际合作。

37. 提升生态系统质量和稳定性。坚持山水林田湖草系统治理,构建以国家公园为主体的自然保护地体系。实施生物多样性保护重大工程。加强外来物种管控。强化河湖长制,加强大江大河和重要湖泊湿地生态保护治理,实施好长江十年禁渔。科学推进荒漠化、石漠化、水土流失综合治理,开展大规模国土绿化行动,推行林长制。推行草原森林河流湖泊休养生息,加强黑土地保护,健全耕地休耕轮作制度。加强全球气候变暖对我国承受力脆弱地区影响的观测,完善自然保护地、生态保护红线监管制度,开展生态系统保护成效监测评估。

38. 全面提高资源利用效率。健全自然资源资产产权制度和法律法规,加强自然资源调查评价监测和确权登记,建立生态产品价值实现机制,完善市场化、多元化生态补偿,推进资源总量管理、科学配置、全面节约、循环利用。实施国家节水行动,建立水资源刚性约束制度。提高海洋资源、矿产资源开发保护水平。完善资源价格形成机制。推行垃圾分类和减量化、资源化。加快构建废旧物资循环利用体系。

十一、实行高水平对外开放, 开拓合作共赢新局面

坚持实施更大范围、更宽领域、更深层次对外开放,依托我国大市场优势,促进国际合作,实现互利共赢。

39. 建设更高水平开放型经济新体制。全面提高对外开放水平,推动贸易和投资自由化便利化,推进贸易创新发展,增强对外贸易综合竞争力。完善外商投资准入前国民待遇加负面清单管理制度,有序扩大服务业对外开放,依法保护外资企业合法权益,健全促进和保障境外投资的法律、政策和服务体系,坚定维护中国企业海外合法权益,实现高质量引进来和高水平走出去。完善自由贸易试验区布局,赋予其更大改革自主权,稳步推进海南自由贸易港建设,建设对外开放新高地。稳慎推进人民币国际化,坚持市场驱动和企业自主选择,营造以人民币自由使用为基础的新型互利合作关系。发挥好中国国际进口博览会等重要展会平台作用。

40. 推动共建"一带一路"高质量发展。坚持共商共建共享原则,秉持绿色、开放、廉洁理念,深化务实合作,加强

安全保障,促进共同发展。推进基础设施互联互通,拓展第
三方市场合作。构筑互利共赢的产业链供应链合作体系,
深化国际产能合作,扩大双向贸易和投资。坚持以企业为
主体,以市场为导向,遵循国际惯例和债务可持续原则,健
全多元化投融资体系。推进战略、规划、机制对接,加强政
策、规则、标准联通。深化公共卫生、数字经济、绿色发展、
科技教育合作,促进人文交流。

41. 积极参与全球经济治理体系改革。坚持平等协商、
互利共赢,推动二十国集团等发挥国际经济合作功能。维
护多边贸易体制,积极参与世界贸易组织改革,推动完善更
加公正合理的全球经济治理体系。积极参与多双边区域投
资贸易合作机制,推动新兴领域经济治理规则制定,提高参
与国际金融治理能力。实施自由贸易区提升战略,构建面
向全球的高标准自由贸易区网络。

十二、改善人民生活品质,
提高社会建设水平

坚持把实现好、维护好、发展好最广大人民根本利益作
为发展的出发点和落脚点,尽力而为、量力而行,健全基本
公共服务体系,完善共建共治共享的社会治理制度,扎实推
动共同富裕,不断增强人民群众获得感、幸福感、安全感,促
进人的全面发展和社会全面进步。

42. 提高人民收入水平。坚持按劳分配为主体、多种分配方式并存，提高劳动报酬在初次分配中的比重，完善工资制度，健全工资合理增长机制，着力提高低收入群体收入，扩大中等收入群体。完善按要素分配政策制度，健全各类生产要素由市场决定报酬的机制，探索通过土地、资本等要素使用权、收益权增加中低收入群体要素收入。多渠道增加城乡居民财产性收入。完善再分配机制，加大税收、社保、转移支付等调节力度和精准性，合理调节过高收入，取缔非法收入。发挥第三次分配作用，发展慈善事业，改善收入和财富分配格局。

43. 强化就业优先政策。千方百计稳定和扩大就业，坚持经济发展就业导向，扩大就业容量，提升就业质量，促进充分就业，保障劳动者待遇和权益。健全就业公共服务体系、劳动关系协调机制、终身职业技能培训制度。更加注重缓解结构性就业矛盾，加快提升劳动者技能素质，完善重点群体就业支持体系，统筹城乡就业政策体系。扩大公益性岗位安置，帮扶残疾人、零就业家庭成员就业。完善促进创业带动就业、多渠道灵活就业的保障制度，支持和规范发展新就业形态，健全就业需求调查和失业监测预警机制。

44. 建设高质量教育体系。全面贯彻党的教育方针，坚持立德树人，加强师德师风建设，培养德智体美劳全面发展的社会主义建设者和接班人。健全学校家庭社会协同育人机制，提升教师教书育人能力素质，增强学生文明素养、社会责任意识、实践本领，重视青少年身体素质和心理健康教育。坚持教育公益性原则,深化教育改革,促进教育公平,推动义务教育均衡发展和城乡一体化,完善普惠性学前教育和特殊教育、专门教育保障机制,鼓励高中阶段学校多样化发展。加大人力资本投入,增强职业技术教育适应性,深化职普融通、产教融合、校企合作,探索中国特色学徒制,大力培养技术技能人才。提高高等教育质量,分类建设一流大学和一流学科,加快培养理工农医类专业紧缺人才。提高民族地区教育质量和水平,加大国家通用语言文字推广力度。支持和规范民办教育发展,规范校外培训机构。发挥在线教育优势,完善终身学习体系,建设学习型社会。

45. 健全多层次社会保障体系。健全覆盖全民、统筹城乡、公平统一、可持续的多层次社会保障体系。推进社保转移接续,健全基本养老、基本医疗保险筹资和待遇调整机制。实现基本养老保险全国统筹,实施渐进式延迟法定退休年龄。发展多层次、多支柱养老保险体系。推动基本医疗保险、失业保险、工伤保险省级统筹,健全重大疾病医疗保险和救助制度,落实异地就医结算,稳步建立长期护理保险制度,积极发展商业医疗保险。健全灵活就业人员社保制度。健全退役军人工作体系和保障制度。健全分层分类的社会救助体系。坚持男女平等基本国策,保障妇女儿童合法权益。健全老年人、残疾人关爱服务体系和设施,完善帮扶残疾人、孤儿等社会福利制度。完善全国统一的社会保险公共服务平台。

46. 全面推进健康中国建设。把保障人民健康放在优先发展的战略位置,坚持预防为主的方针,深入实施健康中国行动,完善国民健康促进政策,织牢国家公共卫生防护网,为人民提供全方位全周期健康服务。改革疾病预防控制体系,强化监测预警、风险评估、流行病学调查、检验检测、应急处置等职能。建立稳定的公共卫生事业投入机制,加强人才队伍建设,改善疾控基础条件,完善公共卫生服务项目,强化基层公共卫生体系。落实医疗机构公共卫生责任,创新医防协同机制。完善突发公共卫生事件监测预警处置机制,健全医疗救治、科技支撑、物资保障体系,提高应对突发公共卫生事件能力。坚持基本医疗卫生事业公益属性,深化医药卫生体制改革,加快优质医疗资源扩容和区域均衡布局,加快建设分级诊疗体系,加强公立医院建设和管理考核,推进国家组织药品和耗材集中采购使用改革,发展高端医疗设备。支持社会办医,推广远程医疗。坚持中西医并重,大力发展中医药事业。提升健康教育、慢病管理和残疾康复服务质量,重视精神卫生和心理健康。深入开展爱国卫生运动,促进全民养成文明健康生活方式。完善全民健身公共服务体系。加快发展健康产业。

47.实施积极应对人口老龄化国家战略。制定人口长期发展战略,优化生育政策,增强生育政策包容性,提高优生优育服务水平,发展普惠托育服务体系,降低生育、养育、教育成本,促进人口长期均衡发展,提高人口素质。积极开发老龄人力资源,发展银发经济。推动养老事业和养老产业协同发展,健全基本养老服务体系,发展普惠型养老服务和互助性养老,支持家庭承担养老功能,培育养老新业态,构建居家社区机构相协调、医养康养相结合的养老服务体系,健全养老服务综合监管制度。

48.加强和创新社会治理。完善社会治理体系,健全党组织领导的自治、法治、德治相结合的城乡基层治理体系,完善基层民主协商制度,实现政府治理同社会调节、居民自治良性互动,建设人人有责、人人尽责、人人享有的社会治理共同体。发挥群团组织和社会组织在社会治理中的作用,畅通和规范市场主体、新社会阶层、社会工作者和志愿者等参与社会治理的途径。推动社会治理重心向基层下移,向基层放权赋能,加强城乡社区治理和服务体系建设,减轻基层特别是村级组织负担,加强基层社会治理队伍建设,构建网格化管理、精细化服务、信息化支撑、开放共享的基层管理服务平台。加强和创新市域社会治理,推进市域社会治理现代化。

十三、统筹发展和安全,建设更高水平的平安中国

坚持总体国家安全观,实施国家安全战略,维护和塑造国家安全,统筹传统安全和非传统安全,把安全发展贯穿国家发展各领域和全过程,防范和化解影响我国现代化进程的各种风险,筑牢国家安全屏障。

49. 加强国家安全体系和能力建设。完善集中统一、高效权威的国家安全领导体制,健全国家安全法治体系、战略体系、政策体系、人才体系和运行机制,完善重要领域国家安全立法、制度、政策。健全国家安全审查和监管制度,加强国家安全执法。加强国家安全宣传教育,增强全民国家安全意识,巩固国家安全人民防线。坚定维护国家政权安全、制度安全、意识形态安全,全面加强网络安全保障体系和能力建设。严密防范和严厉打击敌对势力渗透、破坏、颠覆、分裂活动。

50. 确保国家经济安全。加强经济安全风险预警、防控机制和能力建设,实现重要产业、基础设施、战略资源、重大科技等关键领域安全可控。实施产业竞争力调查和评价工程,增强产业体系抗冲击能力。确保粮食安全,保障能源和战略性矿产资源安全。维护水利、电力、供水、油气、交通、通信、网络、金融等重要基础设施安全,提高水资源集约安全利用水平。维护金融安全,守住不发生系统性风险底线。确保生态安全,加强核安全监管,维护新型领域安全。构建海外利益保护和风险预警防范体系。

51. 保障人民生命安全。坚持人民至上、生命至上,把保护人民生命安全摆在首位,全面提高公共安全保障能力。完善和落实安全生产责任制,加强安全生产监管执法,有效遏制危险化学品、矿山、建筑施工、交通等重特大安全事故。强化生物安全保护,提高食品药品等关系人民健康产品和服务的安全保障水平。提升洪涝干旱、森林草原火灾、地质灾害、地震等自然灾害防御工程标准,加快江河控制性工程建设,加快病险水库除险加固,全面推进堤防和蓄滞洪区建设。完善国家应急管理体系,加强应急物资保障体系建设,发展巨灾保险,提高防灾、减灾、抗灾、救灾能力。

52. 维护社会稳定和安全。正确处理新形势下人民内部矛盾,坚持和发展新时代"枫桥经验",畅通和规范群众诉求表达、利益协调、权益保障通道,完善信访制度,完善各类调解联动工作体系,构建源头防控、排查梳理、纠纷化解、应急处置的社会矛盾综合治理机制。健全社会心理服务体系和危机干预机制。坚持专群结合、群防群治,加强社会治安防控体系建设,坚决防范和打击暴力恐怖、黑恶势力、新型网络犯罪和跨国犯罪,保持社会和谐稳定。

十四、加快国防和军队现代化,
实现富国和强军相统一

贯彻习近平强军思想,贯彻新时代军事战略方针,坚持党对人民军队的绝对领导,坚持政治建军、改革强军、科技强军、人才强军、依法治军,加快机械化信息化智能化融合发展,全面加强练兵备战,提高捍卫国家主权、安全、发展利益的战略能力,确保二〇二七年实现建军百年奋斗目标。

53. 提高国防和军队现代化质量效益。加快军事理论现代化,与时俱进创新战争和战略指导,健全新时代军事战略体系,发展先进作战理论。加快军队组织形态现代化,深化国防和军队改革,推进军事管理革命,加快军兵种和武警部队转型建设,壮大战略力量和新域新质作战力量,打造高水平战略威慑和联合作战体系,加强军事力量联合训练、联合保障、联合运用。加快军事人员现代化,贯彻新时代军事教育方针,完善三位一体新型军事人才培养体系,锻造高素质专业化军事人才方阵。加快武器装备现代化,聚力国防科技自主创新、原始创新,加速战略性前沿性颠覆性技术发展,加速武器装备升级换代和智能化武器装备发展。

54. 促进国防实力和经济实力同步提升。同国家现代化发展相协调,搞好战略层面筹划,深化资源要素共享,强化政策制度协调,构建一体化国家战略体系和能力。推动重点区域、重点领域、新兴领域协调发展,集中力量实施国防领域重大工程。优化国防科技工业布局,加快标准化通用化进程。完善国防动员体系,健全强边固防机制,强化全民国防教育,巩固军政军民团结。

十五、全党全国各族人民团结起来,为实现"十四五"规划和二〇三五年远景目标而奋斗

实现"十四五"规划和二〇三五年远景目标,必须坚持党的全面领导,充分调动一切积极因素,广泛团结一切可以

团结的力量,形成推动发展的强大合力。

55.加强党中央集中统一领导。贯彻党把方向、谋大局、定政策、促改革的要求,推动全党深入学习贯彻习近平新时代中国特色社会主义思想,增强"四个意识"、坚定"四个自信"、做到"两个维护",完善上下贯通、执行有力的组织体系,确保党中央决策部署有效落实。落实全面从严治党主体责任、监督责任,提高党的建设质量。深入总结和学习运用中国共产党一百年的宝贵经验,教育引导广大党员、干部坚持共产主义远大理想和中国特色社会主义共同理想,不忘初心、牢记使命,为党和人民事业不懈奋斗。全面贯彻新时代党的组织路线,加强干部队伍建设,落实好干部标准,提高各级领导班子和干部适应新时代新要求抓改革、促发展、保稳定水平和专业化能力,加强对敢担当善作为干部的激励保护,以正确用人导向引领干事创业导向。完善人才工作体系,培养造就大批德才兼备的高素质人才。把严的主基调长期坚持下去,不断增强党自我净化、自我完善、自我革新、自我提高能力。锲而不舍落实中央八项规定精神,持续纠治形式主义、官僚主义,切实为基层减负。完善党和国家监督体系,加强政治监督,强化对公权力运行的制约和监督。坚持无禁区、全覆盖、零容忍,一体推进不敢腐、不能腐、不想腐,营造风清气正的良好政治生态。

56.推进社会主义政治建设。坚持党的领导、人民当家作主、依法治国有机统一,推进中国特色社会主义政治制度自我完善和发展。坚持和完善人民代表大会制度,加强人大对"一府一委两院"的监督,保障人民依法通过各种途径和形式管理国家事务、管理经济文化事业、管理社会事务。坚持和完善中国共产党领导的多党合作和政治协商制度,加强人民政协专门协商机构建设,发挥社会主义协商民主独特优势,提高建言资政和凝聚共识水平。坚持和完善民族区域自治制度,全面贯彻党的民族政策,铸牢中华民族共同体意识,促进各民族共同团结奋斗、共同繁荣发展。全面贯彻党的宗教工作基本方针,积极引导宗教与社会主义社会相适应。健全基层群众自治制度,增强群众自我管理、自我服务、自我教育、自我监督实效。发挥工会、共青团、妇联等人民团体作用,把各自联系的群众紧紧凝聚在党的周围。完善大统战工作格局,促进政党关系、民族关系、宗教关系、阶层关系、海内外同胞关系和谐,巩固和发展大团结大联合局面。全面贯彻党的侨务政策,凝聚侨心、服务大局。坚持法治国家、法治政府、法治社会一体建设,完善以宪法为核心的中国特色社会主义法律体系,加强重点领域、新兴领域、涉外领域立法,提高依法行政水平,完善监察权、审判权、检察权运行和监督机制,促进司法公正,深入开展法治宣传教育,有效发挥法治固根本、稳预期、利长远的保障作用,推进法治中国建设。促进人权事业全面发展。

57.保持香港、澳门长期繁荣稳定。全面准确贯彻"一国两制"、"港人治港"、"澳人治澳"、高度自治的方针,坚持依法治港治澳,维护宪法和基本法确定的特别行政区宪制秩序,落实中央对特别行政区全面管治权,落实特别行政区维护国家安全的法律制度和执行机制,维护国家主权、安全、发展利益和特别行政区社会大局稳定。支持特别行政区巩固提升竞争优势,建设国际创新科技中心,打造"一带一路"功能平台,实现经济多元可持续发展。支持香港、澳门更好融入国家发展大局,高质量建设粤港澳大湾区,完善便利港澳居民在内地发展政策措施。增强港澳同胞国家意识和爱国精神。支持香港、澳门同各国各地区开展交流合作。坚决防范和遏制外部势力干预港澳事务。

58. 推进两岸关系和平发展和祖国统一。坚持一个中国原则和"九二共识",以两岸同胞福祉为依归,推动两岸关系和平发展、融合发展,加强两岸产业合作,打造两岸共同市场,壮大中华民族经济,共同弘扬中华文化。完善保障台湾同胞福祉和在大陆享受同等待遇的制度和政策,支持台商台企参与"一带一路"建设和国家区域协调发展战略,支持符合条件的台资企业在大陆上市,支持福建探索海峡两岸融合发展新路。加强两岸基层和青少年交流。高度警惕和坚决遏制"台独"分裂活动。

59. 积极营造良好外部环境。高举和平、发展、合作、共赢旗帜,坚持独立自主的和平外交政策,推进各领域各层级对外交往,推动构建新型国际关系和人类命运共同体。推进大国协调和合作,深化同周边国家关系,加强同发展中国家团结合作,积极发展全球伙伴关系。坚持多边主义和共商共建共享原则,积极参与全球治理体系改革和建设,加强涉外法治体系建设,加强国际法运用,维护以联合国为核心的国际体系和以国际法为基础的国际秩序,共同应对全球性挑战。积极参与重大传染病防控国际合作,推动构建人类卫生健康共同体。

60.健全规划制定和落实机制。按照本次全会精神,制定国家和地方"十四五"规划纲要和专项规划,形成定位准确、边界清晰、功能互补、统一衔接的国家规划体系。健全政策协调和工作协同机制,完善规划实施监测评估机制,确保党中央关于"十四五"发展的决策部署落到实处。

实现"十四五"规划和二〇三五年远景目标,意义重大,任务艰巨,前景光明。全党全国各族人民要紧密团结在以习近平同志为核心的党中央周围,同心同德,顽强奋斗,夺取全面建设社会主义现代化国家新胜利!

关于《中共中央关于制定国民经济和社会发展第十四个五年规划和二〇三五年远景目标的建议》的说明

习 近 平

受中央政治局委托,我就《中共中央关于制定国民经济和社会发展第十四个五年规划和二〇三五年远景目标的建议》起草的有关情况向全会作说明。

一、建议稿起草过程

"十四五"时期是我国在全面建成小康社会、实现第一个百年奋斗目标之后,乘势而上开启全面建设社会主义现代化国家新征程、向第二个百年奋斗目标进军的第一个五年。

今年3月,中央政治局决定,党的十九届五中全会审议"十四五"规划建议,成立文件起草组,由我担任组长,李克强同志、王沪宁同志、韩正同志担任副组长,有关部门和地方负责同志参加,在中央政治局常委会领导下承担建议稿起草工作。

3月30日,党中央发出《关于对党的十九届五中全会研究"十四五"规划建议征求意见的通知》,在党内外一定范围征求意见。4月13日,文件起草组召开第一次全体会议,建议稿起草工作正式启动。

从各方面反馈的意见看,大家一致认为,在"两个一百年"历史交汇点上,党的十九届五中全会重点研究"十四五"规划问题并提出建议,将"十四五"规划与2035年远景目标统筹考虑,对动员和激励全党全国各族人民,战胜前进道路上各种风险挑战,为全面建设社会主义现代化国家开好局、起好步,具有十分重要的意义。

大家认为,我国发展仍然处于重要战略机遇期,但面临的国内外环境正在发生深刻复杂变化。我国有独特的政治优势、制度优势、发展优势和机遇优势,经济社会发展依然有诸多有利条件,我们完全有信心、有底气、有能力谱写"两大奇迹"新篇章。大家普遍希望,通过制定建议,明确"十四五"时期经济社会发展的基本思路、主要目标以及2035年远景目标,突出新发展理念的引领作用,提出一批具有标志性的重大战略,实施富有前瞻性、全局性、基础性、针对性的重大举措,统筹谋划好重要领域的接续改革,为实现第二个百年奋斗目标、实现中华民族伟大复兴的中国梦奠定坚实基础。

这次建议稿起草的一个重要特点是坚持发扬民主、开门问策、集思广益。我就"十四五"规划编制明确提出一系列要求，强调要把加强顶层设计和坚持问计于民统一起来，鼓励广大人民群众和社会各界以各种方式为"十四五"规划建言献策。从 7 月下旬到 9 月下旬，我先后主持召开企业家座谈会、扎实推进长三角一体化发展座谈会、经济社会领域专家座谈会、科学家座谈会、基层代表座谈会、教育文化卫生体育领域专家代表座谈会，当面听取各方面对制定"十四五"规划的意见和建议。8 月 16 日至 29 日，"十四五"规划编制工作开展网上征求意见。广大人民群众踊跃参与，留言 100 多万条，有关方面从中整理出 1000 余条建议。

文件起草组广泛听取各方面意见和建议，反复进行讨论修改，认真做好建议稿起草工作。

根据中央政治局会议决定，8 月 10 日，建议稿下发党内一定范围征求意见，包括征求党内部分老同志意见，还专门听取了各民主党派中央、全国工商联负责人和无党派人士代表意见。

从征求意见情况看，各地区各部门对建议稿给予充分肯定。大家一致认为，建议稿形势判断科学清醒，目标要求高远务实，指导方针旗帜鲜明，任务部署指向明确，为编制"十四五"规划《纲要》指明了前进方向、提供了重要遵循。建议稿坚持立足国内和全球视野相统筹，坚持问题导向和目标导向相统一，坚持中长期目标和短期目标相贯通，坚持全面规划和突出重点相协调,聚焦突出问题和明显短板,回应人民群众诉求和期盼,有利于把"十四五"规划编制好、实施好。

在征求意见过程中,各方面提出了许多好的意见和建议,主要有以下几个方面。一是充分总结经验,补充全面从严治党、农业发展、文化建设、国家安全等方面内容。二是深化形势环境分析,补充改革任务仍然艰巨、办好自己的事、树立底线思维等方面内容。三是丰富指导思想和原则,强化以人民为中心、扩大对外开放、全面依法治国、统筹发展和安全等方面内容。四是完善"十四五"发展目标和2035年远景目标,补充缩小发展差距、促进共同富裕等方面内容。五是强化推进创新驱动发展的重大举措,充实有关完善国家创新体系、强化国家战略科技力量、健全创新激励机制和改革科技体制等方面内容。六是更加突出实体经济在国民经济中的重要地位,充实加快建设现代化经济体系、加快构建新发展格局等方面内容。七是更好坚持和完善社会主义基本经济制度,充实促进各类所有制经济共同发展、完善重要财税金融制度等方面内容。八是完善新型城镇化战略,充实城市规划建设管理等方面内容。九是更加重视促进人的全面发展和社会全面进步,强化建设高质量教育体系、健全社会保障体系、全面推进健康中国建设等方面内容。十是把维护国家安全放在更加突出的位置,筑牢国家安全屏障,充实保障国家经济安全、维护社会稳定和安全等方面内容。

文件起草组逐条分析各方面意见和建议,做到了能吸收的尽量吸收,对建议稿增写、改写、精简文字共计 366 处,覆盖各方面意见和建议 546 条。这是我国党内民主和社会主义民主的生动实践。

建议稿起草期间,中央政治局常委会召开 3 次会议、中央政治局召开 2 次会议分别进行审议,形成了提交这次全会审议的建议稿。

二、建议稿的主要考虑和基本框架

建议稿起草的总体考虑是,按照党的十九大对实现第二个百年奋斗目标作出的分两个阶段推进的战略安排,综合考虑未来一个时期国内外发展趋势和我国发展条件,紧紧抓住我国社会主要矛盾,深入贯彻新发展理念,对"十四五"时期我国发展作出系统谋划和战略部署。

在建议稿起草过程中,注意把握了以下原则。一是处理好继承和创新的关系,做好"两个一百年"奋斗目标有机衔接。二是处理好政府和市场的关系,更好发挥我国制度优势。三是处理好开放和自主的关系,更好统筹国内国际两个大局。四是处理好发展和安全的关系,有效防范和应对可能影响现代化进程的系统性风险。五是处理好战略和战术的关系,制定出一个高瞻远瞩、务实管用的规划建议。

建议稿由 15 个部分构成,分为三大板块。第一板块为总论,包括第一、第二两个部分,主要阐述决胜全面建成小康社会取得决定性成就、我国发展环境面临深刻复杂变化、到 2035 年基本实现社会主义现代化远景目标、"十四五"时期经济社会发展指导思想、必须遵循的原则和主要目标。第二板块为分论,总体上按照新发展理念的内涵来组织,分领域阐述"十四五"时期经济社会发展和改革开放的重点任务,安排了 12 个部分,明确了从科技创新、产业发展、国内市场、深化改革、乡村振兴、区域发展,到文化建设、绿色发展、对外开放、社会建设、安全发展、国防建设等重点领域的思路和重点工作,作出工作部署。第三板块为结尾,包括第十五部分和结束语,主要阐述加强党中央集中统一领导、推进社会主义政治建设、健全规划制定和落实机制等内容。

三、需要说明的几个重点问题

建议稿提出了一些重要观点和论述。这里,就其中几点作个简要说明。

第一,关于以推动高质量发展为主题。建议稿提出,"十四五"时期经济社会发展要以推动高质量发展为主题,这是根据我国发展阶段、发展环境、发展条件变化作出的科学判断。我国仍处于并将长期处于社会主义初级阶段,我国仍然是世界上最大的发展中国家,发展仍然是我们党执政兴国的第一要务。必须强调的是,新时代新阶段的发展必须贯彻新发展理念，必须是高质量发展。当前，我国社会主要矛盾已经转化为人民日益增长的美好生活需要和不平衡不充分的发展之间的矛盾，发展中的矛盾和问题集中体现在发展质量上。这就要求我们必须把发展质量问题摆在更为突出的位置，着力提升发展质量和效益。

当今世界正经历百年未有之大变局，我国发展的外部环境日趋复杂。防范化解各类风险隐患，积极应对外部环境变化带来的冲击挑战，关键在于办好自己的事，提高发展质量，提高国际竞争力，增强国家综合实力和抵御风险能力，有效维护国家安全，实现经济行稳致远、社会和谐安定。经济、社会、文化、生态等各领域都要体现高质量发展的要求。

以推动高质量发展为主题，必须坚定不移贯彻新发展理念，以深化供给侧结构性改革为主线，坚持质量第一、效益优先，切实转变发展方式，推动质量变革、效率变革、动力变革，使发展成果更好惠及全体人民，不断实现人民对美好生活的向往。

第二，关于构建以国内大循环为主体、国内国际双循环相互促进的新发展格局。构建新发展格局，是与时俱进提升我国经济发展水平的战略抉择，也是塑造我国国际经济合作和竞争新优势的战略抉择。改革开放以来特别是加入世贸组织后，我国加入国际大循环，市场和资源"两头在外"，形成"世界工厂"发展模式，对我国快速提升经济实力、改善人民生活发挥了重要作用。近几年，随着全球政治经济环境变化,逆全球化趋势加剧,有的国家大搞单边主义、保护主义,传统国际循环明显弱化。在这种情况下,必须把发展立足点放在国内,更多依靠国内市场实现经济发展。我国有14亿人口,人均国内生产总值已经突破1万美元,是全球最大和最有潜力的消费市场,具有巨大增长空间。改革开放以来,我们遭遇过很多外部风险冲击,最终都能化险为夷,靠的就是办好自己的事、把发展立足点放在国内。

构建新发展格局,要坚持扩大内需这个战略基点,使生产、分配、流通、消费更多依托国内市场,形成国民经济良性循环。要坚持供给侧结构性改革的战略方向,提升供给体系对国内需求的适配性,打通经济循环堵点,提升产业链、供应链的完整性,使国内市场成为最终需求的主要来源,形成需求牵引供给、供给创造需求的更高水平动态平衡。新发展格局决不是封闭的国内循环,而是开放的国内国际双循环。推动形成宏大顺畅的国内经济循环,就能更好吸引全球资源要素,既满足国内需求,又提升我国产业技术发展水平,形成参与国际经济合作和竞争新优势。

第三,关于"十四五"和到2035年经济发展目标。在征求意见过程中,一些地方和部门建议,明确提出"十四五"经济增长速度目标,明确提出到2035年实现经济总量或人均收入翻一番目标。文件起草组经过认真研究和测算,认为从经济发展能力和条件看,我国经济有希望、有潜力保持长期平稳发展,到"十四五"末达到现行的高收入国家标准、到 2035 年实现经济总量或人均收入翻一番,是完全有可能的。同时,考虑到未来一个时期外部环境中不稳定不确定因素较多,存在不少可能冲击国内经济发展的风险隐患,新冠肺炎疫情全球大流行影响深远,世界经济可能持续低迷,中长期规划目标要更加注重经济结构优化,引导各方面把工作重点放在提高发展质量和效益上。

党中央的建议主要是管大方向、定大战略的。综合考虑各方面因素,建议稿对"十四五"和到 2035 年经济发展目标采取了以定性表述为主、蕴含定量的方式。编制规划《纲要》时可以在认真测算基础上提出相应的量化目标。

第四,关于促进全体人民共同富裕。共同富裕是社会主义的本质要求,是人民群众的共同期盼。我们推动经济社会发展,归根结底是要实现全体人民共同富裕。新中国成立以来特别是改革开放以来,我们党团结带领人民向着实现共同富裕的目标不懈努力,人民生活水平不断提高。党的十八大以来,我们把脱贫攻坚作为重中之重,使现行标准下农村贫困人口全部脱贫,就是促进全体人民共同富裕的一项重大举措。当前,我国发展不平衡不充分问题仍然突出,城乡区域发展和收入分配差距较大,促进全体人民共同富裕是一项长期任务,但随着我国全面建成小康社会、开启全面建设社会主义现代化国家新征程,我们必须把促进全体人民共同富裕摆在更加重要的位置,脚踏实地,久久为功,向着这个目标更加积极有为地进行努力。为此,建议稿在到 2035 年基本实现社会主义现代化远景目标中提出"全体人民共同富裕取得更为明显的实质性进展",在改善人民生活品质部分突出强调了"扎实推动共同富裕",提出了一些重要要求和重大举措。这样表述,在党的全会文件中还是第一次,既指明了前进方向和奋斗目标,也是实事求是、符合发展规律的,兼顾了需要和可能,有利于在工作中积极稳妥把握,在促进全体人民共同富裕的道路上不断向前迈进。

第五,关于统筹发展和安全。我们越来越深刻地认识到,安全是发展的前提,发展是安全的保障。当前和今后一个时期是我国各类矛盾和风险易发期,各种可以预见和难以预见的风险因素明显增多。我们必须坚持统筹发展和安全,增强机遇意识和风险意识,树立底线思维,把困难估计得更充分一些,把风险思考得更深入一些,注重堵漏洞、强弱项,下好先手棋、打好主动仗,有效防范化解各类风险挑战,确保社会主义现代化事业顺利推进。

基于上述认识,建议稿设置专章对统筹发展和安全、加快国防和军队现代化等作出战略部署,强调要坚持总体国家安全观,加强国家安全体系和能力建设,筑牢国家安全屏障。

第六,关于坚持系统观念。建议稿提出,"十四五"时期经济社会发展必须遵循坚持系统观念的原则。党的十八大以来,党中央坚持系统谋划、统筹推进党和国家各项事业,根据新的实践需要,形成一系列新布局和新方略,带领全党全国各族人民取得了历史性成就。在这个过程中,系统观念是具有基础性的思想和工作方法。

全面建成小康社会后，我们将开启全面建设社会主义现代化国家新征程，我国发展环境面临深刻复杂变化，发展不平衡不充分问题仍然突出，经济社会发展中矛盾错综复杂，必须从系统观念出发加以谋划和解决，全面协调推动各领域工作和社会主义现代化建设。

第七，关于全面建成小康社会的完成情况和宣布时机。到建党100周年时，全面建成惠及十几亿人口的更高水平的小康社会，是我们党进入新世纪后，在基本建成小康社会基础上提出的奋斗目标，是对人民的庄严承诺。自改革开放之初党中央提出小康社会的战略构想以来，我们把人民对美好生活的向往作为奋斗目标，几代人一以贯之、接续奋斗。"十三五"时期是全面建成小康社会决胜阶段，我们突出抓重点、补短板、强弱项，坚决打好防范化解重大风险、精准脱贫、污染防治的攻坚战，取得一系列新的重大成就。突如其来的新冠肺炎疫情对我国经济社会发展带来了很大不利影响。在党中央坚强领导下，经过全国人民共同努力，新冠肺炎疫情防控取得重大战略成果，我国经济社会恢复走在全球前列，主要经济指标趋好，社会民生得到有效保障。预计今年我国国内生产总值超过100万亿元人民币，人民生活水平显著提高，现行标准下农村贫困人口全面脱贫，"十三五"规划确定的发展目标可以如期完成，全面建成小康社会目标可以如期实现。

考虑到目前仍是全面建成小康社会进行时，建议稿表

述为"决胜全面建成小康社会取得决定性成就"。明年上
半年党中央将对全面建成小康社会进行系统评估和总结，
然后正式宣布我国全面建成小康社会。

同志们！审议通过"十四五"规划和 2035 年远景目标
建议，是这次全会的主要任务。大家要认真思考、深入讨
论，提出建设性意见和建议，制定出一份高水平的规划建
议。让我们同心协力、集思广益，共同把这次全会开好！

"十四五"时期经济社会发展指导方针

李 克 强

党的十九届五中全会通过的《中共中央关于制定国民经济和社会发展第十四个五年规划和二〇三五年远景目标的建议》（以下简称《建议》），明确提出了"十四五"时期经济社会发展指导方针，这为做好未来五年经济社会发展工作指明了方向、提供了遵循。要深刻领会、全面贯彻，制定和实施好"十四五"规划，推动经济社会持续健康发展。

一 "十四五"将开启全面建设社会主义现代化国家新征程

建设社会主义现代化国家，一直是党和国家的奋斗目标。2020年是"十三五"规划收官之年，规划确定的目标任务即将完成，全面建成小康社会胜利在望。过去五年，面对错综复杂的国际形势、艰巨繁重的国内改革发展稳定任务特别是新冠肺炎疫情严重冲击，以习近平同志为核心的党中央团结带领全党全国各族人民，统筹推进"五位一体"总体布局、协调推进"四个全面"战略布局，坚定不移贯彻新发展理念，推动高质量发展，沉着有力应对各种风险挑战，我国经济社会发展取得重大成就。2016 年至 2019 年我国国内生产总值

年均增长 6.7%，2019 年人均国内生产总值超过 1 万美元，预计 2020
年我国经济能够实现正增长、总量突破 100 万亿元。经济结构持续
优化、质量效益不断提升，消费持续发挥经济增长主拉动作用，粮食
产量稳定在 1.3 万亿斤以上，先进制造业、现代服务业较快增长，常
住人口城镇化率超过 60%，区域协调发展战略深入实施。发展新动
能成长壮大，科技创新取得一批重大成果，新兴产业快速发展，传统
产业加快升级，大众创业万众创新蓬勃开展，各类市场主体超过 1.3
亿户，新动能正在深刻改变着生产生活方式、塑造中国发展新优势。
全面深化改革取得重大突破，供给侧结构性改革持续深化，简政放
权、放管结合、优化服务改革纵深推进，大规模减税降费政策有效实
施。对外开放持续扩大，共建"一带一路"成果丰硕，外商投资准入
负面清单管理制度全面实行，自由贸易试验区在更大范围拓展，对外
贸易和利用外资总体保持稳定。脱贫攻坚成果举世瞩目，现行标准
下农村贫困人口即将全部脱贫。污染防治力度不断加大，生态环境
明显改善。防范化解重大风险取得积极成效，金融运行总体平稳、抵
御风险能力进一步增强。人民生活水平显著提高，城镇新增就业超
过 6000 万人，教育事业全面发展，基本养老、基本医疗、城乡低保等
社会保障水平明显提高。全面建成小康社会、实现第一个百年奋斗
目标，在我国社会主义现代化建设进程中具有里程碑意义，标志着我
们站到了新的历史交汇点，即将开启全面建设社会主义现代化国家
新征程、向第二个百年奋斗目标进军。

　　党的十九大综合分析国际国内形势和我国发展条件，将实现第
二个百年奋斗目标分为两个阶段安排。第一个阶段，从 2020 年到
2035 年，基本实现社会主义现代化；第二个阶段，从 2035 年到本世
纪中叶，把我国建成富强民主文明和谐美丽的社会主义现代化强国。
"十四五"时期是我国开启全面建设社会主义现代化国家新征程的
第一个五年，保持经济社会持续健康发展至关重要。从外部环境看，

和平与发展仍是时代主题,但世界经济格局正在深刻调整,经济全球化遭遇逆流,全球产业链供应链面临冲击,不稳定性不确定性明显增加。受新冠肺炎疫情等多种因素影响,2020年世界经济陷入深度衰退,恢复正常增长水平需要时间。从国内发展看,我国经济已由高速增长阶段转向高质量发展阶段,正处在转变发展方式、优化经济结构、转换增长动力的攻关期。发展不平衡不充分问题仍然突出,结构性、体制性、周期性问题相互交织,创新能力不适应高质量发展要求,生态环保任重道远,民生保障、社会治理等方面还有明显不足。受多重因素影响,当前保持经济平稳运行难度很大,需求不足制约经济稳定恢复,企业特别是中小微企业、个体工商户生产经营困难较多,稳就业保民生面临很大压力。我国发展具有多方面的优势和条件,有独特政治和制度优势、雄厚经济基础、巨大市场潜力,亿万人民勤劳智慧、人力人才资源丰富,发展具有强劲韧性,经济长期向好的基本面没有也不会改变。只要我们坚定发展信心,直面困难挑战,维护和用好我国发展重要战略机遇期,就一定能不断开创全面建设社会主义现代化国家的新局面。

二 深刻领会"十四五"时期经济社会发展指导方针

《建议》明确提出了"十四五"时期经济社会发展指导思想和必须遵循的原则。强调要高举中国特色社会主义伟大旗帜,深入贯彻党的十九大和十九届二中、三中、四中、五中全会精神,坚持以马克思列宁主义、毛泽东思想、邓小平理论、"三个代表"重要思想、科学发展观、习近平新时代中国特色社会主义思想为指导,全面贯彻党的基本理论、基本路线、基本方略,统筹推进经济建设、政治建设、文化建设、社会建设、生态文明建设的总体布局,协调推进全面建设社会主义现代化国家、全面深化改革、全面依法治国、全面从严治党的战略布局,坚定不移贯彻创新、协调、绿色、开放、共享的新发展理念,坚持稳中求进工作总基调,以推动高质量发展为主题,以深化供给侧结构性改革为主线,以改革创新为根本动力,以满足人民日益增长的美好生活需要为根本目的,统筹发展和安全,加快建设现代化经济体系,加快构建以国内大循环为主体、国内国际双循环相互促进的新发展格局,推进国家治理体系和治理能力现代化,实现经济行稳致远、社会安定和谐,为全面建设社会主义现代化国家开好局、起好步。坚持党的全面领导,坚持和完善党领导经济社会发展的体制机制,坚持和完善中国特色社会主义制度,不断提高贯彻新发展理念、构建新发展格局能力和水平,为实现高质量发展提供根本保证。坚持以人民为中心,坚持新发展理念,坚持深化改革开放,坚持系统观念。

上述指导思想和原则,共同构成了"十四五"时期经济社会发展指导方针。这是党中央在全面总结中国特色社会主义发展实践经验、准确把握当前和今后一个时期国内外发展大势、深入分析我国发展环境面临的深刻复杂变化、统筹考虑2035年远景目标和未来五年发展目标的基础上提出来的。指导方针内涵丰富、意义重大,要认真学习领会、全面贯彻落实。要把指导方针作为一个有机整体,深刻理解其精神实质、核心要义、创新观点、实践要求,掌握内在逻辑和相互关系,更好指导实际工作。要结合党中央提出的一系列战略思想和工作部署,从更宽视野、更深层次理解把握指导方针,使各项工作有机衔接、协同推进。要将指导方针与《建议》提出的发展目标、战略任务、重大举措融会贯通,增强领会和贯彻《建议》精神的系统性整体性。

三 全面贯彻"十四五"时期 经济社会发展指导方针

指导方针是总体要求和行动指南,必须贯彻到"十四五"时期经济社会发展的方方面面。在实际工作中,要注意切实把指导方针落到实处,贯彻好新发展理念。

要立足国情、聚力发展,着力办好自己的事。党的十九大明确指出,我国仍处于并将长期处于社会主义初级阶段的基本国情没有变,我国是世界最大发展中国家的国际地位没有变。我国虽然是世界第二大经济体,但人均水平并不高,农业基础还不稳固,制造业和服务业正在向中高端水平迈进。我国要在现代产业、人民生活、生态环境等领域接近或者达到发达国家水平,还需要付出长期艰苦的努力。发展是解决我国一切问题的基础和关键,我们必须牢牢把握基本国情、立足最大实际,坚持以经济建设为中心,坚定不移把发展作为党执政兴国的第一要务。但发展必须是科学发展和高质量发展,要贯彻好新发展理念,切实转变发展方式,推动质量变革、效率变革、动力变革。特别是要坚持创新驱动发展,发展现代产业体系,构建新发展格局。作为有 14 亿人口的发展中大国,中国把自己的事办好,就是对世界的最大贡献,也会给各国带来机遇。

要稳中求进、务求实效,协调推进各方面工作。稳中求进工作总基调是治国理政的重要原则。在国际经济政治格局复杂多变的情况下,对于我们这么大的经济体量而言,一定意义上讲稳就是进。要增强风险意识、强化底线思维,注重防范化解重大风险挑战,牢牢把握发展主动权,以自身发展的稳定性应对外部环境的不确定性。2020年面对新冠肺炎疫情冲击和世界经济深度衰退,我们在"六稳"基础上提出要"保居民就业、保基本民生、保市场主体、保粮食能源安全、保产业链供应链稳定、保基层运转"。做到"六保"特别是"前三保"，就能稳住经济基本盘、兜住民生底线。保粮食能源安全、保产业链供应链稳定,事关经济发展、社会稳定和国家安全,保基层运转是国家治理体系有效运转的重要保障。"六保"不仅是当前工作的着力点,也是"十四五"时期要面临和解决的重大课题。以保促稳、稳中求进,就能为实现更高目标夯实基础。经济社会是个大系统。要增强发展的整体性协同性,着力固根基、扬优势、补短板、强弱项,促进城乡区域平衡发展、产业合理布局和结构优化、经济和社会协调发展、人与自然和谐共生。我国经济已经深度融入世界经济,要统筹国内国际两个大局,充分利用国内国际两个市场两种资源。我们强调构建以国内大循环为主体、国内国际双循环相互促进的新发展格局,决不是要关起门来搞封闭运行,而是既要坚定实施扩大内需战略,也要更大力度扩大对外开放,构筑国际合作和竞争新优势。

要践行宗旨、施政为民,在发展中更好保障和改善民生。全心全意为人民服务是我们党的根本宗旨,发展的根本目的也是增进民生福祉。当前,人民群众在教育、医疗、养老、住房、食品药品安全、收入分配等方面,还有不少不满意的地方。随着全面建成小康社会,人民对美好生活的需要将更加广泛并且日益多元化,对经济社会发展各方面工作提出了新要求。民之所望就是施政所向。要把以人民为中心的发展思想落到实处,解决好人民最关心最直接最现实的利益问题,促进社会公平,不断增强人民群众获得感、幸福感、安全感。要合理区分基本公共服务和非基本公共服务,尽力而为、量力而行,健全基本公共服务体系,创新公共服务提供方式,支持社会力量增加非基本公共服务供给,满足群众多层次、多样化需求。保障和改善民生也有利于扩大内需,要突出民生导向,强化就业优先政策,提高人民收入水平,扩大居民消费和有效投资,拓展市场空间、拉动经济增长,走出一条经济良性循环的新路子。

《建议》已经全会审议通过,国务院将据此制定"十四五"规划纲要。要把指导方针真正体现到"十四五"规划纲要制定中,从主要指标设置到重点任务谋划,从重大工程确定到重大政策提出,都要鲜明体现《建议》提出的经济社会发展指导方针,全面贯彻新发展理念,紧扣推动高质量发展,着力构建新发展格局,制定出一个符合我国实际、顺应人民期盼、引领未来发展的好纲要。在制定专项规划、区域规划、空间规划以及地方规划时,要坚持全国一盘棋,切实增强大局意识和系统观念,找准切入点和着力点,把指导方针的各项要求贯彻到相关规划中去,形成定位准确、边界清晰、功能互补、统一衔接的国家规划体系。要健全政策协调和工作协同机制,完善规划实施监测评估机制,确保党中央关于"十四五"发展的决策部署落到实处。

中国改革发展的巨大成就,是广大干部群众筚路蓝缕、千辛万苦干出来的。把规划变成现实,要把指导方针真正体现到实际行动中,仍然要靠苦干实干。各地区、各部门要强化责任担当,发扬实干精神,力戒形式主义、官僚主义,扎实做好经济社会发展各项工作。我们国家大,各地情况千差万别,要坚持实事求是,一切从实际出发,更好发挥中央、地方和各方面积极性。要不断提高在复杂形势下谋发展、抓落实的能力,善于用改革创新办法破解难题、化解风险,创造性地开展工作。要坚决破除制约发展的体制机制障碍,充分发挥市场在资源配置中的决定性作用,更好发挥政府作用,深化"放管服"改革,打造市场化法治化国际化营商环境,为创业创新松绑减负降门槛,充分激发上亿市场主体活力和全社会创造力,汇聚推动发展的强大动能。

蓝图已经绘就,使命催人奋进。我们要更加紧密地团结在以习近平同志为核心的党中央周围,以习近平新时代中国特色社会主义

思想为指导，增强"四个意识"、坚定"四个自信"、做到"两个维护"，
迎难而上，开拓进取，充分调动一切积极因素，为把我国建设成为富
强民主文明和谐美丽的社会主义现代化强国、实现中华民族伟大复
兴的中国梦作出新的更大贡献。

到二〇三五年基本实现
社会主义现代化远景目标

　　党的十九届五中全会通过的《中共中央关于制定国民经济和社会发展第十四个五年规划和二〇三五年远景目标的建议》(以下简称《建议》),高举中国特色社会主义伟大旗帜,深入贯彻党的十九大和十九届二中、三中、四中全会精神,坚持以马克思列宁主义、毛泽东思想、邓小平理论、"三个代表"重要思想、科学发展观、习近平新时代中国特色社会主义思想为指导,对我国全面建成小康社会、实现第一个百年奋斗目标之后,乘势而上开启全面建设社会主义现代化国家新征程、向第二个百年奋斗目标进军作出战略部署,是指导今后一个时期国民经济和社会发展的纲领性文件。《建议》描绘的到2035年基本实现社会主义现代化远景目标,立足现实、与时俱进,鼓舞人心、切实可行,对于团结动员全党全国各族人民万众一心为全面建设社会主义现代化国家而奋斗具有重大意义。

一　准确把握新时代中国特色
社会主义发展的战略安排

　　习近平总书记指出,从全面建成小康社会到基本实现现代化,再到全面建成社会主义现代化强国,是新时代中国特色社会主义发展的战略安排。新时代"两步走"战略安排,明确了到本世纪中叶把我国建成富强民主文明和谐美丽的社会主义现代化强国的时间表、路线图,确立了党和国家事业长远发展的宏伟目标,进一步展现了实现中华民族伟大复兴中国梦的光明前景。

(一)到2035年基本实现社会主义现代化是党和国家在新时代"两步走"战略安排的关键一步。新中国成立以后,我们党对社会主义现代化建设进行了艰辛探索。在上世纪80年代末和上世纪末这两个时间节点上,我们先后实现了解决人民温饱问题、人民生活总体上达到小康水平的发展目标。在这个基础上,我们党高瞻远瞩地提出,到建党100年时全面建成小康社会,然后再奋斗30年,到新中国成立100年时,基本实现现代化,把我国建成社会主义现代化国家。党的十九大站在新的历史起点上,综合分析国际国内形势和我国发展条件,对新时代推进社会主义现代化建设作出新的顶层设计,并对实现第二个百年奋斗目标作出分两个阶段推进的战略安排,即到2035年基本实现社会主义现代化,到本世纪中叶把我国建成富强民主文明和谐美丽的社会主义现代化强国。这个战略安排,把基本实现现代化的时间比原先提前了15年。这一既体现历史发展延续性又符合实践发展新要求的动员令,向全党全国人民发出了实现中华民族伟大复兴中国梦的时代最强音。到2035年基本实现社会主义现代化,是我国全面建成小康社会、实现第一个百年奋斗目标之后,向第二个百年奋斗目标进军的关键一步,是"十四五"以至未来15年引领我国发展的总目标,具有十分重要和深远的战略意义。

(二)全面建成小康社会为开启全面建设社会主义现代化国家新征程奠定了坚实基础。党的十八大以来,以习近平同志为核心的党中央提出全面建成小康社会新的目标要求,团结带领全党全国各族人民持续奋斗,奋发有为推进党和国家各项事业。特别是"十三五"时期决胜全面建成小康社会取得决定性成就,我国经济实力、科技实力、综合国力跃上新的大台阶,预计 2020 年国内生产总值突破 100 万亿元,5575 万农村贫困人口实现脱贫,生态环境明显改善,全面深化改革取得重大突破,对外开放持续扩大,人民生活水平显著提高,城镇新增就业超过 6000 万人,建成世界上规模最大的社会保障体系,新冠肺炎疫情防控取得重大战略成果,国防和军队建设水平大幅提升,社会保持和谐稳定。全面建成小康社会胜利在望,中华民族伟大复兴向前迈出了新的一大步,社会主义中国以更加雄伟的身姿屹立于世界东方。到 2035 年基本实现社会主义现代化,并为到本世纪中叶把我国建成社会主义现代化强国奠定坚实基础,这一战略安排充分考虑了我国发展的巨大潜力,是实事求是、符合实际的。在以习近平同志为核心的党中央坚强领导下,充分发挥中国特色社会主义制度的显著优势,我们有信心有能力保持稳中求进、稳中向好的发展态势,努力实现更高质量、更有效率、更加公平、更可持续、更为安全的发展,蹄疾步稳实现党和国家奋斗目标。

(三)以辩证思维看待全面建设社会主义现代化国家面临的新机遇新挑战。进入新发展阶段,国内外环境的深刻变化既带来一系列新机遇,也带来一系列新挑战。从国际看,当今世界正经历百年未有之大变局,新一轮科技革命和产业变革深入发展,人类命运共同体理念深入人心。同时国际环境日趋复杂,不稳定性不确定性明显增加,新冠肺炎疫情影响广泛深远,经济全球化遭遇逆流,国际经济政治格局复杂多变,世界进入动荡变革期,单边主义、保护主义、霸权主义对世界和平与发展构成威胁。从国内看,我国已转向高质量发展阶段,制度优势显著,治理效能提升,经济长期向好,物质基础雄厚,人力资源丰厚,市场空间广阔,发展韧性强劲,社会大局稳定,继续发展具有多方面优势和条件。同时我国发展不平衡不充分问题仍然突出,重点领域关键环节改革任务仍然艰巨,特别是创新能力不适应高质量发展要求,关键核心技术受制于人的局面没有得到根本性改变,多个领域如高端芯片、基础元器件等存在"卡脖子"问题,在科技发展面临外部打压和遏制加剧的形势下,亟待加快自主创新步伐。当前和今后一个时期,我国发展仍然处于重要战略机遇期。我们要辩证认识和把握国内外大势,增强机遇意识和风险意识,善于在危机中育先机、于变局中开新局,加快构建以国内大循环为主体、国内国际双循环相互促进的新发展格局,推进国家治理体系和治理能力现代化,坚定朝着 2035 年基本实现社会主义现代化和到本世纪中叶把我国建成社会主义现代化强国的宏伟目标不断前进。

二 深刻领会到 2035 年基本实现社会主义现代化远景目标的科学内涵

党的十九大在对实现第二个百年奋斗目标作出"两步走"战略安排时,对两个阶段发展目标分别进行了展望和提出了要求。在即将开启全面建设社会主义现代化国家新征程的历史时刻,《建议》展望 2035 年,进一步从九个方面明确了基本实现社会主义现代化远景目标,丰富了目标内涵,提出了新的更高要求。制定这些目标,既充分考虑了我国继续发展具有多方面优势和有利条件,也充分考虑了各种风险和挑战,因而实现这些目标是有基础、有条件、有把握的。

(一)我国经济实力、科技实力、综合国力将大幅跃升,经济总量和城乡居民人均收入将再迈上新的大台阶,关键核心技术实现重大突破,进入创新型国家前列。《建议》重申发展是解决我国一切问题的基础和关键,同时强调发展必须是高质量发展。从 2020 年到 2035 年,我国经济将保持持续稳定健康发展,经济总量再迈上新的大台阶,实现经济发展从数量和规模扩张向质量和效益提升的根本转变,加快从经济大国迈向经济强国。在经济增长的同时实现居民收入同步增长、在劳动生产率提高的同时实现劳动报酬同步提高,城乡居民人均收入也将再迈上新的大台阶。作为引领发展的第一动力,创新在现代化建设全局中居于核心地位。我们将深入实施创新驱动发展战略,坚持走中国特色自主创新道路,在关键共性技术、前沿引领技术、现代工程技术、颠覆性技术创新等方面取得重大突破,实现关键核心技术自主可控,进入创新型国家前列,把发展主动权牢牢掌握在自己手中。经过未来 15 年的奋斗,我国经济实力、科技实力、综合国力将大幅跃升,社会生产力、国际竞争力、国际影响力将再迈上新的大台阶。

(二)基本实现新型工业化、信息化、城镇化、农业现代化,建成现代化经济体系。我国实现社会主义现代化,"新四化"的同步发展是基本路径,也是重要目标。我们将持续推动新型工业化、信息化、城镇化、农业现代化同步发展,到 2035 年基本实现"新四化"。从制造大国迈向制造强国,形成若干世界级先进制造业集群,产业链供应链现代化水平大幅提升。互联网、大数据、人工智能和实体经济深度融合,形成一批具有国际竞争力的数字产业集群,公共服务、社会治理等领域数字化智能化水平也将大幅提升。以城市群为主体、大中小城市和小城镇协调发展的城镇化格局基本形成,城市品质明显提升,人口城镇化率提高到新水平,以人为核心的新型城镇化基本实现。补齐"新四化"同步发展的短板,将使乡村振兴取得决定性进展,农业农村现代化基本实现。建成现代化经济体系,转变发展方式、优化经济结构、转换增长动力实现重大突破,制造强国、质量强国、网络强国、数字中国建设取得明显成效,实现产业基础高级化、产业链现代化,实体经济与金融、房地产均衡发展,全要素生产率明显提高,经济质量效益和核心竞争力显著增强。

(三)基本实现国家治理体系和治理能力现代化,人民平等参

与、平等发展权利得到充分保障,基本建成法治国家、法治政府、法治
社会。党的十九大明确提出,到2035年我国制度建设和治理能力建
设的目标是,"各方面制度更加完善,国家治理体系和治理能力现代
化基本实现"。党的十九届四中全会对坚持和完善中国特色社会主
义制度、推进国家治理体系和治理能力现代化作出了全面部署。实
现2035年制度建设和治理能力建设目标,支撑中国特色社会主义制
度的根本制度、基本制度、重要制度等各方面制度都将更加完善。人
民当家作主制度体系更加健全,人民民主更加充分发展,人民平等参
与、平等发展权利得到充分保障,人民积极性、主动性、创造性进一步
发挥。建设法治国家、法治政府、法治社会,是制度建设和治理能力
建设的重要内容。到2035年基本建成法治国家、法治政府、法治社
会,我国依法治国将得到全面落实,形成完备的法律规范体系、高效
的法治实施体系、严密的法治监督体系、有力的法治保障体系,形成
科学立法、严格执法、公正司法、全民守法的良好格局。

（四）建成文化强国、教育强国、人才强国、体育强国、健康中国,
国民素质和社会文明程度达到新高度,国家文化软实力显著增强。
党的十八大以来,党中央对建设文化强国、教育强国、人才强国、体育
强国、健康中国作出一系列重大战略部署。《建议》在此基础上,明
确提出到2035年"建成文化强国、教育强国、人才强国、体育强国、健
康中国",丰富了基本实现社会主义现代化远景目标内涵。建成社
会主义文化强国,我们将坚持马克思主义在意识形态领域的指导地
位,培育和践行社会主义核心价值观,加强思想道德建设,加强爱国
主义、集体主义、社会主义教育,使全体人民的文化自信、文化自觉和
文化凝聚力显著提高,国家文化软实力明显增强,中华文化影响力进
一步提升。建成教育强国、人才强国、体育强国、健康中国,我国将总
体实现教育现代化,成为学习大国、人力资源强国,国民思想道德素
质、科学文化素质明显提高,社会文明程度达到新高度,人民身体素

养和健康水平、体育综合实力和国际影响力居于世界前列,建成与社会主义现代化国家相适应的健康国家。

(五)广泛形成绿色生产生活方式,碳排放达峰后稳中有降,生态环境根本好转,美丽中国建设目标基本实现。我们要建设的现代化是人与自然和谐共生的现代化。到2035年基本实现美丽中国建设目标,我国将广泛形成绿色生产生活方式,清洁低碳、安全高效的能源体系和绿色低碳循环发展的经济体系基本建立,能源、水等资源利用效率达到国际先进水平。生态环境质量实现根本好转,大气、水、土壤等环境状况明显改观,生态安全屏障体系基本建立,生产空间安全高效、生活空间舒适宜居、生态空间山青水碧的国土开发格局形成,森林、河湖、湿地、草原、海洋等自然生态系统质量和稳定性明显改善。碳排放总量在2030年前达到峰值后稳中有降,在应对全球气候变化中发挥更加重要作用。

(六)形成对外开放新格局,参与国际经济合作和竞争新优势明显增强。中国开放的大门不会关闭,只会越开越大。我们将坚定不移实施对外开放基本国策,奉行互利共赢的开放战略,遵守和维护世界贸易规则体系,推动经济全球化朝着更加开放、包容、普惠、平衡、共赢的方向发展。我国对外开放水平将全面提高,建设更高水平开放型经济新体制取得新的重大进展,共建"一带一路"走深走实,形成对外开放新格局,参与国际经济合作和竞争新优势明显增强。由贸易大国迈向贸易强国,贸易结构更加优化。实行高水平贸易和投资自由化便利化政策,完善外商投资准入前国民待遇加负面清单管理制度,大幅放宽市场准入,市场化、法治化、国际化营商环境更加完善。创新对外投资方式,促进国际产能合作,形成面向全球的贸易、投融资、生产、服务网络。自由贸易试验区、自由贸易港等对外开放高地实现高质量发展。

(七)人均国内生产总值达到中等发达国家水平,中等收入群体显著扩大,基本公共服务实现均等化,城乡区域发展差距和居民生活水平差距显著缩小。到 2035 年人均国内生产总值达到中等发达国家水平,意味着我国将成功跨越中等收入阶段,并在高收入阶段继续向前迈进一大步。我国中等收入群体将显著扩大,形成橄榄型分配格局,为经济社会持续健康发展提供有力支撑。基本公共服务实现均等化,现代化水平不断提升,确保基本公共服务覆盖全民、兜住底线、均等享有。城乡融合发展体制机制更加完善,区域发展的协同性整体性明显增强,城乡区域发展差距和居民生活水平差距显著缩小。

(八)平安中国建设达到更高水平,基本实现国防和军队现代化。社会治理是国家治理的重要方面。党的十九大提出,建设平安中国,加强和创新社会治理,维护社会和谐稳定,确保国家长治久安、人民安居乐业。到 2035 年平安中国建设达到更高水平,我国党委领导、政府负责、民主协商、社会协同、公众参与、法治保障、科技支撑的社会治理体系将更加完善,社会治理能力明显提升,完善共建共治共享的社会治理制度,确保人民安居乐业、社会安定有序。党的十九大对全面推进国防和军队现代化作出了战略安排,提出力争到 2035 年基本实现国防和军队现代化,到本世纪中叶把人民军队全面建成世界一流军队。我们将坚持政治建军、改革强军、科技强军、人才强军、依法治军,全面推进军事理论、军队组织形态、军事人员、武器装备现代化,加快机械化信息化智能化融合发展,全面加强练兵备战,确保实现国防和军队现代化目标任务。

(九)人民生活更加美好,人的全面发展、全体人民共同富裕取得更为明显的实质性进展。进入新时代,我们走上了创造美好生活、逐步实现全体人民共同富裕的新征程。到 2035 年人民生活将更加美好、更加幸福,有更好的教育、更稳定的工作、更满意的收入、更可靠的社会保障、更高水平的医疗服务、更舒适的居住条件、更优美的环境、更丰富的精神文化生活。共同富裕是中国特色社会主义的根本原则,实现共同富裕是我们党的重要使命。我们将在不断发展的基础上把促进社会公平正义的事情做好,把不断做大的"蛋糕"分好,让改革发展成果更多更公平惠及全体人民,促进人的全面发展,朝着实现全体人民共同富裕迈出坚实步伐。

三 奋力谱写新时代全面建设社会主义现代化国家新征程的壮丽篇章

《建议》擘画的蓝图是宏伟的,目标是远大的。我们要以习近平新时代中国特色社会主义思想为指导,在以习近平同志为核心的党中央坚强领导下,咬定青山不放松,真抓实干、善作善成,为实现"十四五"规划和2035年远景目标而不懈奋斗。

(一)深入学习贯彻习近平新时代中国特色社会主义思想,为全面建设社会主义现代化国家提供科学理论指引。习近平新时代中国特色社会主义思想开辟了当代中国马克思主义、21世纪马克思主义发展新境界,是新的历史起点上坚持和发展中国特色社会主义的根本指针,是指引当代中国一切发展进步的强大思想武器,是全党全国人民为实现中华民族伟大复兴而奋斗的行动指南。要把习近平新时代中国特色社会主义思想贯彻到社会主义现代化建设全过程和各领域,引领新时代中国特色社会主义伟大事业不断开创新局面。

(二)坚持和加强党的全面领导,为全面建设社会主义现代化国家提供坚强政治保证。中国共产党领导是中国特色社会主义最本质的特征,是中国特色社会主义制度的最大优势。我们要增强"四个意识"、坚定"四个自信"、做到"两个维护",始终在思想上政治上行动上同以习近平同志为核心的党中央保持高度一致,确保党中央决策部署有效落地落实。要坚持和完善党领导经济社会发展的体制机

制,不断提高贯彻新发展理念、构建新发展格局能力和水平,为实现
高质量发展提供根本保证。

(三)立足当下踏踏实实地干,把全面建设社会主义现代化国家
宏伟蓝图变为现实。全面建成小康社会靠的是实干,基本实现现代
化也要靠实干,实现中华民族伟大复兴更要靠实干。空谈误国、实干
兴邦。面对新形势新任务新要求,要在全社会大力弘扬脚踏实地、真
抓实干的良好风尚,特别是各级领导干部要带头发扬实干精神,更加
奋发有为地投身全面建设社会主义现代化国家的伟大实践。扎实做
好"六稳"工作、全面落实"六保"任务,确保如期打赢脱贫攻坚战,确
保如期全面建成小康社会。要坚持目标导向和问题导向相统一,做
好"十四五"时期经济社会发展工作,实现经济行稳致远、社会和谐
安定,为全面建设社会主义现代化国家开好局、起好步。要认识和把
握发展规律,发扬斗争精神,树立底线思维,积极应对挑战,趋利避
害,奋勇前进,不断夺取全面建设社会主义现代化国家新胜利。

坚持和完善党领导
经济社会发展的体制机制

丁 薛 祥

党的十九届五中全会把坚持党的全面领导作为"十四五"时期发展必须遵循的第一位原则和根本政治保证,强调要坚持和完善党领导经济社会发展的体制机制。落实这一要求,要充分认识加强党对经济社会发展领导的重大意义,从体制机制上保证党对经济社会发展的集中统一领导,切实提高各级领导干部推动经济社会发展的能力。

一 充分认识加强党对经济社会 发展领导的重大意义

党政军民学、东西南北中,党是领导一切的。加强党对经济社会发展的领导,是坚持党的全面领导的题中应有之义。正如习近平总书记所深刻指出的:"党是总揽全局、协调各方的,经济工作是中心工作,党的领导当然要在中心工作中得到充分体现","能不能保持经济社会持续健康发展,从根本上讲取决于党在经济社会发展中的领导核心作用发挥得好不好。"

任何一个马克思主义政党取得政权后,都应当着眼于巩固执政地位、夯实执政基础,领导好经济社会发展。坚持党对经济社会发展的领导，是我们党在革命、建设、改革长期实践中确立的重大政治原则。新民主主义革命时期，我们党在领导武装斗争的同时，十分重视在根据地和解放区"进行各项必要和可能的经济建设事业"，为赢得革命战争胜利创造了物质条件。新中国成立后，我们党团结带领人民确立社会主义基本制度，在一穷二白基础上初步建立起门类较为齐全的工业体系和国民经济体系，发展了社会主义的经济、政治和文化。改革开放后，我们党排除各种干扰，鲜明提出并坚持"一个中心、两个基本点"，坚持和完善党对经济社会发展的领导，成功开创和发展中国特色社会主义，取得举世瞩目的经济社会发展成就，使中国大踏步赶上了时代。

党的十八大以来，以习近平同志为核心的党中央科学把握世界发展大势，不断深化对经济社会发展规律的认识，作出我国经济发展进入新常态的重大判断，坚持稳中求进工作总基调，形成以新发展理念为指导、以供给侧结构性改革为主线的政策框架，优化宏观调控，实施一系列重大战略，推动我国经济社会发展取得历史性成就、发生历史性变革。实践充分证明，坚持党的领导，是我国经济社会持续健康发展的根本保证。

当今世界正经历百年未有之大变局，新冠肺炎疫情影响广泛深远，世界进入动荡变革期，我国发展面临的内外环境发生深刻复杂变化。越是形势严峻复杂，越是矛盾风险挑战增多，越要有坚强的领导核心来保证我国经济行稳致远、社会安定和谐。实现"十四五"规划和2035年远景目标，必须按照党的十九届五中全会要求，自觉坚持党的全面领导，充分调动一切积极因素，广泛团结一切可以团结的力量，推动党中央关于经济社会发展各项决策部署落到实处。在这个重大原则问题上，我们务必头脑清醒、立场坚定，决不能有任何含糊和动摇。

二 从体制机制上保证党对经济社会发展的集中统一领导

加强党对经济社会发展的领导,需要解决好认识问题,更需要解决好体制机制问题。根据全会精神,从体制机制上保证党对经济社会发展的集中统一领导,要重点把握以下几个方面。

(一)在经济社会发展各领域各方面切实贯彻"两个维护"的要求。"两个维护"是党的领导的最高政治原则和根本政治规矩,坚持党对经济社会发展的领导,首先要做到"两个维护"。当前,经济社会领域落实"两个维护"总体是好的,同时也存在一些值得注意的问题。比如,有的认为"两个维护"主要是政治态度问题,与经济社会发展的具体工作关系不大;有的对党中央决策部署表态快、调门高,但当地方利益、部门利益与全局利益、整体利益发生矛盾冲突时,当中央要求与自己的习惯思维、习惯做法不一致时,贯彻落实就迟疑犹豫、不够坚决,甚至变着花样搞"上有政策、下有对策"。这些问题,都要防止和纠正。"两个维护"是全方位的而不只是某个领域的,是具体的而不是抽象的,各级党组织和广大党员、干部要付诸实践、见之于行动,而不能空喊口号、搞形式走过场。对习近平总书记关于经济社会发展的重要指示批示、对党中央各项决策部署,要严肃认真贯彻落实,做到闻令而动、令行禁止。在涉及经济社会发展的方向性原则性问题上,要自觉向党中央看齐、向党的理论和路线方针政策看齐、向党中央决策部署看齐,切实把"两个维护"落实到经济社会发展各领域各方面各环节,体现到扎扎实实做好经济社会发展工作的实际行动中。

(二)从体制机制上保证党在领导经济社会发展中把方向、谋大局、定政策、促改革。经过这些年探索实践,我们党已形成一整套成

熟的领导经济社会发展的体制机制。比如,中央全会每五年对今后
一个时期经济社会发展作出系统部署,中央政治局常委会、中央政治
局定期研究分析经济社会形势、决定重大事项,中央财经委员会及时
研究经济社会发展重大问题,中央全面深化改革委员会及时研究经
济社会领域重大改革,其他中央决策议事协调机构对涉及经济社会
发展的相关重大工作进行顶层设计、总体布局、统筹协调、整体推进、
督促落实。同时,按照党中央要求,各地区加强党委领导经济社会发
展的体制机制建设,党委集体讨论决定经济社会发展规划、重大政策
措施、工作总体部署以及关系国计民生的重要事项,党领导经济社会
发展的制度化规范化水平不断提高。党中央和地方各级党委领导经
济社会发展的这些体制机制,经过实践检验是科学合理、行之有效
的,要长期坚持。下一步,要适应经济社会发展新形势新任务,进一
步把党中央集中统一领导落实到统筹推进"五位一体"总体布局、协
调推进"四个全面"战略布局各方面,坚持和完善党领导经济社会发
展的体制机制,为实现高质量发展提供根本保证。

(三)坚持和完善党中央关于经济社会发展重大决策部署贯彻
落实的具体制度。党中央关于经济社会发展的重大决策部署,是从
党和国家事业发展全局和战略高度谋划和作出的,各地区各部门要
结合实际认真贯彻落实。党的十八大以来,围绕贯彻落实党中央关
于经济社会发展决策部署,党中央及有关部门建立完善了任务分工、
督促检查、情况通报、监督问责等一系列制度,有力推动了贯彻落实
工作。要总结实践经验,完善这些制度,进一步形成一级抓一级、层
层抓落实的工作机制。具体来说,要完善上下贯通、执行有力的严密
组织体系,使中央和国家机关承担起"最初一公里"的职责,使地方
党委履行好"中间段"的职责,使基层党组织完成好"最后一公里"的
任务,确保党中央关于经济社会发展的每项决策部署都得到全程无
缝落实;要严格执行向党中央请示报告制度,各地区各部门涉及经济

社会发展的全局问题和贯彻落实中的重大问题,必须及时如实向党中央请示报告,决不能弄虚作假、掩盖问题、欺上瞒下;要完善贯彻落实党中央决策部署的督查考核机制,建立健全推动高质量发展的指标体系、政策体系、考评体系等,发挥督查考核指挥棒作用,确保党中央决策部署有效落实。

(四)注重激发地方和基层抓经济社会发展的创造精神。党中央的决策部署来自于实践,很多是对地方和基层经验的提炼。鼓励地方和基层探索创造,是党对经济社会发展集中统一领导的一项重要机制。习近平总书记强调:"中央和地方关系历来是我国政治生活中一对举足轻重的关系……发挥好两个积极性,始终是我们在处理中央和地方关系时把握的根本原则。"现在,党中央关于今后一个时期经济社会发展的部署已经明确,要把美好蓝图一步步变为现实,就要注重激发地方和基层的创造精神,形成顶层设计与基层探索良性互动的格局。要进一步理顺中央和地方的权责关系,构建从中央到地方各级机构政令统一、运行顺畅、充满活力的工作体系。地方各级党委要切实负起贯彻落实党中央决策部署、推动本地区经济社会发展的政治责任,自觉服从和顾全大局,围绕党中央整体部署进行差别化探索,努力走出一条符合自身实际的高质量发展路子。要尊重基层首创精神,鼓励支持基层创造更多可复制、可推广的经验。要持续纠治形式主义、官僚主义,切实为地方和基层减负松绑,让基层干部更好轻装上阵。

三 切实提高各级领导干部推动经济社会发展的能力

加强党对经济社会发展的领导,各级领导干部是关键。要按照党的十九大提出的增强执政本领的要求，切实抓好干部队伍建设，强化思想淬炼、政治历练、实践锻炼、专业训练，不断提高各级领导干部贯彻落实习近平新时代中国特色社会主义思想，贯彻新发展理念、构建新发展格局的能力和水平。

（一）提高认识和把握经济社会发展形势的能力。分析把握形势，是明确方向、作出决策、推进工作的前提和基础。面对严峻复杂的国内外形势和全面建设社会主义现代化国家的繁重任务，各级领导干部抓经济社会发展，必须坚持正确的历史观、大局观、发展观，胸怀中华民族伟大复兴战略全局和世界百年未有之大变局，全面分析面临的"时"和"势"，善于在纷繁复杂的现象中抓住本质和主流，提高观大势、谋大局、抓大事的能力。要牢固树立战略思维、历史思维、辩证思维、创新思维、法治思维、底线思维，增强机遇意识、风险意识，准确识变、科学应变、主动求变，用大概率思维应对小概率事件，从最坏处准备、向最好处努力，做到临危不乱、危中寻机、开拓进取、开辟新局。要始终关注党中央在关心什么、强调什么，始终关注人民群众在期盼什么、向往什么，把思想和行动统一到党中央对经济社会发展形势的科学判断和决策部署上来，推动经济社会发展更加符合人民愿望和期待。

（二）提高从整体上推进经济发展和社会发展的能力。经济发展和社会发展相互牵动、互为条件，是紧密联系的统一整体，应当整体谋划和推进。党的十九届五中全会通过的《中共中央关于制定国民经济和社会发展第十四个五年规划和二〇三五年远景目标的建议》，对整体推进我国经济发展和社会发展进行了全面部署，各级领导干部要深刻领会、准确把握。实际工作中，要坚持系统观念，加强前瞻性思考、全局性谋划、战略性布局、整体性推进，使经济发展和社会发展各环节有效对接、紧密协同、相互促进。要抓住主要矛盾和矛盾的主要方面，着力扬优势、补短板，着力解决一些地方发展活力不足、一些领域创新能力不强和收入差距过大、公共卫生体系不完善等突出问题。要处理好改革发展稳定、人口资源环境、城乡、区域等重大关系，努力实现发展质量、结构、规模、速度、效益、安全相统一。

（三）提高改革创新经济社会发展思路举措的能力。形势在变，任务在变，工作思路举措也应当变。各级领导干部抓经济社会发展，既要总结运用长期管用的经验，又要善于根据新的形势任务谋划创新之举，做到有识变之智、应变之方、求变之勇。要增强创新的胆识，敢于第一个吃螃蟹，不因循守旧、故步自封。要全面把握新发展阶段，着力构建以国内大循环为主体、国内国际双循环相互促进的新发展格局，深入研究经济社会领域的重大问题，就如何加快培育完整内需体系，如何加快科技自立自强，如何推动产业链供应链优化升级，如何推进农业农村现代化，如何提高人民生活品质，如何牢牢守住安全发展这条底线等，全面吃透情况，找准关键点，把对策思路想明白。要坚持不懈攻坚克难，破除影响高质量发展、高品质生活的体制机制障碍，为经济社会发展注入强大动力。要弘扬实事求是的作风，加强调查研究，多向群众学习，善于解剖麻雀，及时推广先进典型，使各项工作体现时代性、把握规律性、富于创造性。

（四）提高综合运用经济手段、行政手段、法治手段推动经济社会发展的能力。经济社会发展是一个复杂的系统工程，需要综合运用经济手段、行政手段、法治手段。各级领导干部抓经济社会发展，要善于综合施治、靶向施策。要处理好政府和市场的关系，遵循市场经济规律，灵活运用财政、税收、信贷、价格等杠杆调节经济社会活动，减少政府对资源的直接配置、对微观经济活动的直接干预，让市场主体有更多活力和更大空间去发展经济、创造财富。要创新行政管理方式，运用行政许可、行政执法、行政监督等手段引导和规范经济社会运行，坚决克服政府职能错位、越位、缺位。要善于运用法治思维、法治方式开展工作，坚持依法决策、依法推进改革、依法加强治

理,推动经济社会发展在法治轨道上运行。综合运用经济手段、行政
手段、法治手段,要充分发扬民主,加强科学论证,规范实施过程,使
每种手段都服务于目的,努力达到最佳效果。

(五)提高统筹发展和安全的能力。安全是发展的前提,发展是
安全的保障。牢牢守住安全发展这条底线,是构建新发展格局的重
要前提和保障,也是畅通国内大循环的题中应有之义。这次中央全
会对统筹发展和安全作出战略部署,对在复杂环境下更好推进我国
经济社会发展具有重大指导意义。各级领导干部抓经济社会发展,
要坚持总体国家安全观,坚持国家利益至上,以人民安全为宗旨,以
政治安全为根本,把安全发展贯穿国家发展各领域和全过程,坚定维
护国家政权安全、制度安全、意识形态安全。要加强经济安全风险预
警、防控机制和能力建设,实现重要产业、基础设施、战略资源、重大
科技等关键领域安全可控。要把保护人民生命安全摆在首位,全面
提高公共安全保障能力,完善和落实安全生产责任制,完善国家应急
管理体系,构建社会矛盾综合治理机制,加强社会治安防控体系建
设,促进人民安居乐业、社会安定有序、国家长治久安。要把握好开
放和安全的关系,织密织牢开放安全网,增强在对外开放环境中动态
维护国家安全的本领。要着力防范化解各种重大风险,加强综合研
判、统筹谋划、有力应对,尽可能将其消除在萌芽状态。统筹发展和
安全,不是把砝码只放在安全上、把发展摆在次要位置,而是要在发
展中更多考虑安全因素,在确保安全的同时努力推动高质量发展。
为了发展而不顾及潜在风险挑战,是不对的;为了安全而在发展上裹
足不前,也是不对的。

(六)提高营造经济社会发展良好环境的能力。发展环境直接
关乎竞争力、生产力。近年来,我国整体发展环境明显改善,但一些
地方发展环境仍然欠佳,以致出现发展活力不足、人才流失等问题。
各级领导干部抓经济社会发展,要着眼于广泛聚集资源要素、推动高

质量发展,在进一步营造良好的政策环境、市场环境、法治环境、人文环境上下功夫。要深化简政放权、放管结合、优化服务改革,健全惠企便民的高效服务网络,推进政务服务标准化、规范化、便利化。要提高依法行政水平,推进公正司法,切实保护人民群众和一切经营主体的合法权益。要深化人才发展体制机制改革,全方位培养、引进、用好人才。要健全基本公共服务体系,完善共建共治共享的社会治理制度,增强人民群众获得感、幸福感、安全感。要创新群众工作体制机制和方式方法,把党的正确主张及时转化为群众的自觉行动。要培育和践行社会主义核心价值观,推进社会公德、职业道德、家庭美德、个人品德建设,使遵纪守法、艰苦奋斗、诚信守约、勇于担当蔚然成风。

推进中国特色社会主义政治制度自我完善和发展

王　晨

党的十九届五中全会通过的《中共中央关于制定国民经济和社会发展第十四个五年规划和二〇三五年远景目标的建议》(以下简称《建议》),对我国经济社会发展作出新的战略部署,同时提出推进中国特色社会主义政治制度自我完善和发展的重大任务。这对推动和保障我国顺利实现经济社会发展新的目标任务、推动和保障国家政治建设和各项事业全面协调发展,具有十分重要的意义。

一　中国特色社会主义政治制度为党和国家兴旺发达、长治久安提供有力政治保证和制度保障

政治是经济的集中体现。政治属于上层建筑范畴,是由物质的经济社会关系决定的。马克思曾指出:"法的关系正像国家的形式一样,既不能从它们本身来理解,也不能从所谓人类精神的一般发展来理解,相反,它们根源于物质的生活关系"。政治产生和发展的根源在于社会的物质生产活动和生产关系,在于社会的经济基础;同时,政治上层建筑又会能动地反作用于经济基础,顺应、推动或者迟滞、阻碍经济社会发展。这是马克思主义揭示的人类社会政治现象

和政治生活的基本原理。

政治制度是特定历史条件和环境的产物,是对建立政治秩序、调节政治关系、宣示政治价值、实现政治目标、推动政治发展、维护政治稳定的一整套原则、规则、规范、架构、体制、机制的总称。习近平总书记指出:"设计和发展国家政治制度,必须注重历史和现实、理论和实践、形式和内容有机统一。要坚持从国情出发、从实际出发,既要把握长期形成的历史传承,又要把握走过的发展道路、积累的政治经验、形成的政治原则,还要把握现实要求、着眼解决现实问题,不能割断历史,不能想象突然就搬来一座政治制度上的'飞来峰'。"世界上不存在完全相同的政治制度,也不存在适用于一切国家的政治制度模式。每个国家的政治制度都是独特的,都是长期发展、渐进形成、内生演化的结果。

中国特色社会主义政治制度是在长期实践探索中形成的。建立什么样的国家政治制度,是近代以后中国人民、中华民族面临的一个历史性课题。鸦片战争以后,延续了2000多年的封建专制制度已经腐朽不堪,难以应对日益深重的政治危机和民族危机。无数仁人志士上下求索改变中华民族前途命运的道路,先后尝试了君主立宪制、议会制、总统制、多党制、分权制等各种政治制度模式,但都以失败告终。

中国共产党自成立之日起就致力于建立人民当家作主的新社会。土地革命时期,在中央苏区建立了中华苏维埃共和国。抗日战争时期,在陕甘宁边区建立了抗日民主政权。新中国成立后,我们党进而致力于社会主义建设,创造性地运用马克思主义国家学说,为建设社会主义国家政治制度进行了积极努力。从1949年中国人民政治协商会议第一届全体会议和具有临时宪法作用的《中国人民政治协商会议共同纲领》,到1954年第一届全国人民代表大会第一次会议和新中国第一部宪法,再到1978年党的十一届三中全会和 1982 年宪法及此后的五个宪法修正案,逐步确立和形成了国家政治制度,人民共和国的国体、政体、根本领导制度、根本政治制度、基本政治制度和各方面重要制度在实践中愈益成熟、定型,中国特色社会主义政治制度不断完善和发展。

中国特色社会主义政治制度具有独特的优势和功效。为党和国家兴旺发达、长治久安提供了有力政治保证和制度保障的中国特色社会主义政治制度,在推动中国特色社会主义事业发展的历史进程中展现了并将继续展现出显著的政治优势和巨大的制度功效。主要体现在:(1)拥有能够团结带领全国各族人民不懈奋斗、从胜利走向新的胜利的中国共产党,成为被历史证明和人民公认的中国特色社会主义的坚强领导力量。(2)拥有能够凝聚全国各族人民意志和力量的共同思想基础和理想追求,成为坚持和完善中国特色社会主义政治制度的科学指导思想。(3)确立人民当家作主的政治主体地位,坚持全面依法治国,保证人民依法享有广泛的权利和自由。(4)动员和组织全体人民以国家主人翁地位投身中国特色社会主义事业,齐心协力建设国家,有领导、有秩序地朝着国家发展目标持续前进。(5)实行民主集中制,正确处理民主与集中、分工与协同、监督与支持、制约与配合、程序与实体、局部与整体等一系列政治关系,保证国家机关和各类组织依法协调高效运转。(6)调动一切积极因素,妥善协调社会成员各方面利益关系和诉求,广泛凝聚社会政治正能量,及时化解消极因素。(7)维护国家统一、民族团结和社会和谐,维护国家主权、安全、发展利益,巩固和发展生动活泼、安定团结的政治局面。(8)适应经济社会发展要求,坚持并不断完善政治制度和相关制度,推进国家治理体系和治理能力现代化。

新中国成立 70 多年来,我们党把马克思主义基本原理同中国具体实际相结合,在古老的东方大国建立、巩固、完善和发展了能够切实保证亿万人民当家作主、不断实现人民对美好生活向往的中国特色社会主义政治制度。这是人类政治文明制度史上的伟大创造,不但为当代中国创造出经济快速发展、社会长期稳定两大奇迹提供了坚强政治保证和坚实制度保障,也为人类探索建设更好政治制度贡献了中国智慧和中国方案。

二 中国特色社会主义政治制度在推动国家经济社会发展中与时俱进实现自我完善和发展

我国政治制度的完善发展是国家全面发展进步事业的重要组成部分。马克思主义唯物史观揭示了人类社会结构及其运动规律。人类社会的发展进步,是经济、政治、文化、社会、生态诸领域有机结合、相互作用的整体运动和系统演进,是不断地从低级走向高级、从不发达走向发达的历史过程。以往有一种观点片面认为,社会主义制度基本确立以后,发展主要是经济方面的任务,只要把经济搞上去了,其他方面就不会有什么问题了。这既不符合马克思主义关于人类社会发展的基本原理,也不符合我国社会主义现代化建设的具体实际。社会主义社会是一个需要并且能够实现全面发展、全面进步的社会。我们党在新时代开启全面建设社会主义现代化国家新征程、向第二个百年奋斗目标进军,统筹推进经济建设、政治建设、文化建设、社会建设、生态文明建设的总体布局,协调推进全面建设社会主义现代化国家、全面深化改革、全面依法治国、全面从严治党的战略布局,这必然是物质文明、政治文明、精神文明、社会文明、生态文明全面发展、协调发展的历史进程。中国特色社会主义政治制度作为上层建筑,在为国家经济社会发展提供政治保证和制度保障的同时,作为国家全面发展进步事业的重要组成部分,也必将在这一历史进程中不断实现自我完善和发展。

坚定不移走中国特色社会主义政治发展道路。中国特色社会主义政治发展道路,是近代以来中国人民长期奋斗历史逻辑、理论逻辑、实践逻辑的必然结果,为当代中国政治发展确立了正确方向、开辟了广阔空间、展现了光明前景。其基本要求是:(1)始终坚持党的领导、人民当家作主、依法治国有机统一,发展更加广泛、更加充分、更加健全的人民民主,实行民主选举、民主协商、民主决策、民主管理、民主监督。人民民主是一种全过程的民主,不仅需要完整的制度程序,而且需要完整的参与实践。必须始终保证人民当家作主的本质要求在国家和社会生活中实现过程与结果、程序与实体、形式与内容、间接与直接相统一。(2)始终坚持和完善中国共产党领导这一根本领导制度,人民代表大会制度这一根本政治制度,中国共产党领导的多党合作和政治协商制度、民族区域自治制度、基层群众自治制度的基本政治制度,马克思主义在意识形态领域指导地位的根本制度。(3)始终坚持全面依法治国,建设中国特色社会主义法治体系,建设社会主义法治国家,依法维护人民权益、维护社会公平正义、维护国家安全稳定,坚决维护国家法制统一、尊严、权威。(4)始终以保证人民当家作主为根本,以增强党和国家活力、调动人民积极性为目标,积极稳妥推进政治体制改革,推进中国特色社会主义制度不断实现自我完善和发展、永葆生机和活力。

新时期和新时代推进社会主义政治制度自我完善和发展取得重大成就。党的十一届三中全会以来,我们党深刻总结正反两方面历史经验,在推进我国政治制度改革创新、兴利除弊、完善发展等方面勇于自我革命,成功地发展社会主义民主、健全社会主义法治、建设社会主义政治文明,中国特色社会主义政治制度焕发出巨大优越性、展现出蓬勃的生机活力。党的十八大以来,以习近平同志为核心的党中央以前所未有的决心、举措和力度推进改革。习近平总书记指出:"推进改革的目的是要不断推进我国社会主义制度自我完善和发展,赋予社会主义新的生机活力。"在以习近平同志为核心的党中央坚强领导下,通过紧紧围绕坚持党的领导、人民当家作主、依法治国有机统一深化政治体制改革,推进我国政治制度自我完善和发展,取得了一系列重大成果和成效。健全了党的集中统一领导和全面领导体制机制,推动了党和国家指导思想与时俱进,加强人民当家作主制度建设,推动人民代表大会制度完善发展,将全面依法治国纳入"四个全面"战略布局并大力推进,完成宪法部分内容修改,推动社会主义协商民主广泛多层制度化发展,深化党和国家机构改革,深化司法体制综合配套改革,深化国防和军队改革,深化国家监察体制改革,推进群团组织改革,坚持和完善"一国两制"制度体系,有效推进了国家治理体系和治理能力现代化。中国特色社会主义政治制度和相关制度在新时代的伟大实践中,更加趋于成熟和定型。

与时俱进不断实现自我完善和发展是中国特色社会主义政治制度的内在逻辑和必然要求。中国特色社会主义政治制度之所以成为行得通、真管用、有效率、充满生机活力的好制度,就在于它是从中国的社会土壤中生长起来的;同时还在于它具有面向现代化、面向未来、面向实践,与时俱进、开拓创新、兼收并蓄、包容开放,善于总结、自我修正的制度品格,不断从新的实践中获得生机活力,是能够持续推动国家发展进步、实现人民对美好生活向往的好制度。

新中国成立70多年特别是改革开放40多年成功实践形成的多方面宝贵经验,深化了我们党对国家政治制度建设和政治发展规律的认识,回答了面向未来我国政治制度"坚持和巩固什么、完善和发展什么"这一重大课题,为新时代推进中国特色社会主义政治制度自我完善和发展提供了基本遵循。对此,我们必须长期坚持、全面贯彻、不断发展。

三 推进社会主义政治建设、推进我国政治制度自我完善和发展的总体要求和重点任务

在新时代和新发展阶段，要做到统筹中华民族伟大复兴战略全局和世界百年未有之大变局，深刻认识我国社会主要矛盾发展变化带来的新特征新要求，深刻认识错综复杂的国际环境带来的新矛盾新挑战，发挥我国政治制度的保证保障作用并推动这个制度完善和发展，具有非同寻常的重要意义。

实现"十四五"时期和今后更长时期我国经济社会发展新的战略部署和目标任务，必须推进中国特色社会主义政治制度自我完善和发展。总体要求是：高举中国特色社会主义伟大旗帜，深入贯彻党的十九大和十九届二中、三中、四中、五中全会精神，坚持以马克思列宁主义、毛泽东思想、邓小平理论、"三个代表"重要思想、科学发展观、习近平新时代中国特色社会主义思想为指导，围绕统筹推进经济建设、政治建设、文化建设、社会建设、生态文明建设的总体布局，协调推进全面建设社会主义现代化国家、全面深化改革、全面依法治国、全面从严治党的战略布局，适应把握新发展阶段、贯彻新发展理念、形成新发展格局的要求，坚持党的领导、人民当家作主、依法治国有机统一，坚定不移走中国特色社会主义政治发展道路，加快建设社会主义法治国家，团结一切可以团结的力量，调动一切可以调动的积极因素，广泛动员和组织全社会成员和各方面力量投身全面建设社会主义现代化国家的伟大事业，为"十四五"时期和未来 15 年经济社会发展、全面建设社会主义现代化国家开好局起好步提供有力政治保证和制度保障。

按照《建议》的顶层设计和全面部署，当前和今后一个时期推进

社会主义政治建设、推进我国政治制度自我完善和发展的重点任务和工作要求，主要有以下九个方面。

——坚持和完善人民代表大会制度。坚持国家的一切权力属于人民，支持和保证人民通过人民代表大会行使国家权力，保证各级人大都由民主选举产生、对人民负责、受人民监督，保证各级国家机关都由人大产生、对人大负责、受人大监督，加强人大对"一府一委两院"的监督，保障人民依法通过各种途径和形式管理国家事务、管理经济文化事业、管理社会事务。支持和保证人大及其常委会依法行使立法权、监督权、决定权、任免权，密切人大代表同人民群众的联系，健全代表联络机制，更好发挥人大代表作用。健全人大组织制度、选举制度和议事规则，适当增加基层人大代表数量，加强地方人大及其常委会建设。

——坚持和完善中国共产党领导的多党合作和政治协商制度。贯彻长期共存、互相监督、肝胆相照、荣辱与共的方针，加强中国特色社会主义政党制度建设。发挥社会主义协商民主独特优势，提高建言资政和凝聚共识水平。统筹推进政党协商、人大协商、政府协商、政协协商、人民团体协商、基层协商以及社会组织协商。加强人民政协专门协商机构建设，丰富协商形式，健全协商规则，推动协商民主广泛多层制度化发展，形成完整的制度程序和参与实践，保证人民在日常政治生活中有广泛持续深入参与的权利。

——坚持和完善民族区域自治制度。全面贯彻党的民族政策，坚持走中国特色解决民族问题的道路。铸牢中华民族共同体意识，不断增强各族群众对伟大祖国、中华民族、中华文化、中国共产党、中国特色社会主义的认同。高举中华民族大团结的旗帜，促进各民族共同团结奋斗、共同繁荣发展。全面贯彻落实民族区域自治法，依法管理民族事务，依法保障各民族合法权益。

——全面贯彻党的宗教工作基本方针。全面贯彻党的宗教信仰自由政策,依法管理宗教事务,坚持独立自主自办原则,积极引导宗教与社会主义社会相适应。坚持我国宗教的中国化方向,发挥宗教界人士和信教群众在促进经济社会发展中的积极作用,努力调动积极因素、抑制消极因素。

——健全基层群众自治制度。健全基层党组织领导的基层群众自治机制,增强群众自我管理、自我服务、自我教育、自我监督实效。健全企事业单位民主管理制度,保障职工群众的知情权、参与权、表达权、监督权,维护职工合法权益。

——发挥工会、共青团、妇联等人民团体作用。推动人民团体等群团组织增强政治性、先进性、群众性,健全联系广泛、服务群众的群团工作体系,把各自联系的群众紧紧凝聚在党的周围,更好发挥联系群众的桥梁和纽带作用。

——完善大统战工作格局。巩固和发展最广泛的爱国统一战线,坚持一致性和多样性统一,谋求最大公约数,画出最大同心圆,促进政党关系、民族关系、宗教关系、阶层关系、海内外同胞关系和谐,巩固和发展大团结大联合局面。全面贯彻党的侨务政策,凝聚侨心、服务大局。

——坚持法治国家、法治政府、法治社会一体建设。完善以宪法为核心的中国特色社会主义法律体系,加强重点领域、新兴领域、涉外领域立法,提高依法行政水平,完善监察权、审判权、检察权运行和监督机制,促进司法公正,深入开展法治宣传教育,有效发挥法治固根本、稳预期、利长远的保障作用,推进法治中国建设。

——促进人权事业全面发展。走符合国情的人权发展道路,奉行以人民为中心的人权理念,把生存权、发展权作为首要的基本人权,协调推进经济、政治、社会、文化、环境权利,努力维护社会公平正义,促进人的全面发展。

站在“十四五”开启的全面建设社会主义现代化国家新征程上,

我们要更加紧密地团结在以习近平同志为核心的党中央周围,增强"四个意识",坚定"四个自信",做到"两个维护",毫不动摇走中国特色社会主义政治发展道路,推进中国特色社会主义政治制度自我完善和发展,为实现"两个一百年"奋斗目标、实现中华民族伟大复兴中国梦而努力奋斗。

加快构建以国内大循环为主体、国内国际双循环相互促进的新发展格局

刘　鹤

党的十九届五中全会通过的《中共中央关于制定国民经济和社会发展第十四个五年规划和二〇三五年远景目标的建议》(以下简称《建议》)提出,要加快构建以国内大循环为主体、国内国际双循环相互促进的新发展格局。这是对"十四五"和未来更长时期我国经济发展战略、路径作出的重大调整完善,是着眼于我国长远发展和长治久安作出的重大战略部署,对于我国实现更高质量、更有效率、更加公平、更可持续、更为安全的发展,对于促进世界经济繁荣,都会产生重要而深远的影响。构建新发展格局的思想在《建议》中具有重要地位,起到纲举目张的作用,要深入理解、准确把握、全面贯彻。

一　充分认识加快构建新发展格局的重大意义

当今世界正经历百年未有之大变局,我国发展仍然处于重要战略机遇期,但机遇和挑战都有新的发展变化。我们遇到的诸多问题是中长期的,不少问题以前未曾经历,需要从战略角度深化认识和有效应对。从某种意义上说,化解挑战就是机遇。《建议》提出加快构建新发展格局,是以习近平同志为核心的党中央根据我国新发展阶

段、新历史任务、新环境条件作出的重大战略决策，是习近平新时代中国特色社会主义经济思想的又一重大理论成果。

第一，这是适应我国经济发展阶段变化的主动选择。经济发展是螺旋式上升的过程，也是分阶段的。不同阶段对应不同的需求结构、产业结构、技术体系和关联方式，要求发展方式与时俱进。改革开放以后相当时间内，我国人均收入水平较低，我们发挥劳动力等要素低成本优势，抓住经济全球化的重要机遇，充分利用国际分工机会，形成市场和资源"两头在外"发展模式，参与国际经济大循环，推动了经济高速增长，人民生活从温饱不足到全面小康。经过长期努力，我国人均国内生产总值超过1万美元，需求结构和生产函数发生重大变化，生产体系内部循环不畅和供求脱节现象显现，"卡脖子"问题突出，结构转换复杂性上升。解决这一矛盾，要求发展转向更多依靠创新驱动，不断提高供给质量和水平，推动高质量发展。这是大国经济发展的关口，我们要主动适应变化，努力攻坚克难，加快构建新发展格局。

第二，这是应对错综复杂的国际环境变化的战略举措。新世纪以来，新一轮科技革命和产业变革加速发展，世界贸易和产业分工格局发生重大调整，国际力量对比呈现趋势性变迁。2008年国际金融危机后，全球市场收缩，世界经济陷入持续低迷，国际经济大循环动能弱化。近年来，西方主要国家民粹主义盛行、贸易保护主义抬头，经济全球化遭遇逆流。新冠肺炎疫情影响广泛深远，逆全球化趋势更加明显，全球产业链、供应链面临重大冲击，风险加大。面对外部环境变化带来的新矛盾新挑战，必须顺势而为调整经济发展路径，在努力打通国际循环的同时，进一步畅通国内大循环，提升经济发展的自主性、可持续性，增强韧性，保持我国经济平稳健康发展。

第三，这是发挥我国超大规模经济体优势的内在要求。大国经济的重要特征,就是必须实现内部可循环,并且提供巨大国内市场和供给能力,支撑并带动外循环。经过改革开放以来40多年发展,我国经济快速成长,国内大循环的条件和基础日益完善。从需求潜力看,我国已经形成拥有14亿人口、4亿多中等收入群体的全球最大最有潜力市场,随着向高收入国家行列迈进,规模巨大的国内市场不断扩张。从供给能力看,我国储蓄率仍然较高,拥有全球最完整、规模最大的工业体系和完善的配套能力,拥有1.3亿户市场主体和1.7亿多受过高等教育或拥有各种专业技能的人才,研发能力不断提升。从供求双方看,我们具备实现内部大循环、促进内外双循环的诸多条件,必须利用好大国经济纵深广阔的优势,使规模效应和集聚效应充分发挥。市场是全球最稀缺的资源,我们构建新发展格局和扩大内需,可以释放巨大而持久的动能,推动全球经济稳步复苏和增长。

经济发展战略的导向,是我国经济长期稳定健康发展的重要保障。改革开放以来,我们顺应经济全球化态势,实施出口导向型发展战略,取得经济发展的重大成就。面对亚洲金融危机和国际金融危机两次大冲击,我们实施扩大内需战略,有效应对了外部风险,推动经济发展向国内需求主导转变。党的十八大以来,基于国内外形势发展变化,党中央及时作出我国经济发展进入新常态的判断,提出推进供给侧结构性改革的重大战略性思路,按照"三去一降一补"和"巩固、增强、提升、畅通"八字方针推进和深化供给侧结构性改革,有效改善了供求关系。面对全球政治经济环境出现的重大变化,适应我国发展阶段性新特征,党中央准确研判大势,立足当前,着眼长远,提出了构建新发展格局的战略。这既是供给侧结构性改革的递进深化,也是我国以往发展战略的整合提升,具有重大现实意义和深远历史意义。

二 准确把握构建新发展格局的科学内涵

"十四五"时期经济社会发展,要以推动高质量发展为主题,以深化供给侧结构性改革为主线,以改革创新为根本动力,加快构建新发展格局。构建新发展格局,关键在于实现经济循环流转和产业关联畅通。根本要求是提升供给体系的创新力和关联性,解决各类"卡脖子"和瓶颈问题,畅通国民经济循环。而做到这一点,必须深化改革、扩大开放、推动科技创新和产业结构升级。要以实现国民经济体系高水平的完整性为目标,突出重点,抓住主要矛盾,着力打通堵点,贯通生产、分配、流通、消费各环节,实现供求动态均衡。

深入理解新发展格局的内涵,科学指导实践,需要把握好几个重大关系。

从供给和需求的关系看,要坚持深化供给侧结构性改革这条主线。当前和今后一个时期,我国经济运行面临的主要矛盾仍然在供给侧,供给结构不能适应需求结构变化,产品和服务的品种、质量难以满足多层次、多样化市场需求。必须坚持深化供给侧结构性改革,提高供给体系对国内需求的满足能力,以创新驱动、高质量供给引领和创造新需求。在坚持以供给侧结构性改革为主线的过程中,要高度重视需求侧管理,坚持扩大内需这个战略基点,始终把实施扩大内需战略同深化供给侧结构性改革有机结合起来。

从国内大循环与国内国际双循环的关系看,国内循环是基础,两者是统一体。国际市场是国内市场的延伸,国内大循环为国内国际双循环提供坚实基础。发挥我国超大规模市场优势,将为世界各国提供更加广阔的市场机会,依托国内大循环吸引全球商品和资源要素,打造我国新的国际合作和竞争优势。国内大循环绝不是自我封闭、自给自足,也不是各地区的小循环,更不可能什么都自己做,放弃国际分工与合作。要坚持开放合作的双循环,通过强化开放合作,更加紧密地同世界经济联系互动,提升国内大循环的效率和水平。可以说,推动双循环必须坚持实施更大范围、更宽领域、更深层次对外开放。

从深化改革和推动发展的关系看,构建新发展格局必须全面深化改革。构建新发展格局是发展问题,但本质上是改革问题。我们必须运用改革思维和改革办法,形成充满活力的市场主体,建立有效的激励机制,营造鼓励创新的制度环境,扫除阻碍国内大循环和国内国际双循环畅通的制度、观念和利益羁绊,破除妨碍生产要素市场化配置和商品服务流通的体制机制障碍,形成高效规范、公平竞争、充分开放的国内统一大市场,形成高标准的市场化、法治化、国际化营商环境,降低全社会交易成本,构建高水平社会主义市场经济体制,实现社会生产力大发展。

三 全面落实加快构建新发展格局的决策部署

构建新发展格局需要付出长期艰苦的努力,各地区各部门必须把思想和行动统一到党中央决策部署上来,找准自己在国内大循环和国内国际双循环中的位置和比较优势,提高贯彻新发展理念、构建新发展格局的能力,制定具体的规划、政策和措施,使新发展格局变为现实、落到实处。

(一)推动科技创新在畅通循环中发挥关键作用。加快科技自立自强是畅通国内大循环、塑造我国在国际大循环中主动地位的关键。要强化国家战略科技力量,发扬科学家精神,鼓励大胆探索和合理质疑,加强基础研究、注重原始创新。要坚持问题导向,面向国民经济和社会发展重大问题,加强应用研究。要强化企业创新主体地位,集中力量打好关键核心技术攻坚战,锻造产业链供应链长板,补齐产业链供应链短板。要发挥我国市场优势,促进新技术产业化规模化应用,发展先进适用技术,实现技术沿着从可用到好用的路径发展。创新驱动最终取决于人才和教育。要充分激发人才创新活力,全方位培养、引进、用好人才,造就更多国际一流的科技领军人才和创新团队,培养具有国际竞争力的青年科技人才后备军。要建设高质量教育体系,推动全社会加大人力资本投入,加强基础研究人才培养,加强创新型、应用型、技能型人才培养。要加强国际科技交流与合作,在开放条件下促进科技能力提升。

(二)推动供给创造和引领需求,实现供需良性互动。畅通国民经济循环要着力优化供给结构,改善供给质量,坚定不移建设制造强国、质量强国、网络强国、数字中国,优先改造传统产业,发展战略性新兴产业,加快发展现代服务业。微观市场主体活力在优化供给体系中处于核心地位。要依法平等保护产权,为企业家捕捉新需求、发展新技术、研发新产品、创造新模式提供良好环境,提升企业核心竞争力。要加快培育完整内需体系,完善扩大内需的政策支撑体系。增强消费对经济发展的基础性作用,全面促进消费,提升传统消费,培育新型消费,发展服务消费。发挥投资对优化供给结构的关键作用,拓展投资空间,优化投资结构,推动企业设备更新和技术改造,推进一批强基础、增功能、利长远的重大项目建设。房地产业影响投资和消费,事关民生和发展。要坚持房子是用来住的、不是用来炒的定位,坚持租购并举、因城施策,完善长租房政策,促进房地产市场平稳健康发展。

(三)推动金融更好服务实体经济,健全现代流通体系。金融是实体经济的血脉。坚持以服务实体经济为方向,对金融体系进行结构性调整,大力提高直接融资比重,改革优化政策性金融,完善金融支持创新的政策,发挥资本市场对于推动科技、资本和实体经济高水

平循环的枢纽作用,提升金融科技水平。流通是畅通经济循环的重
要基础。要构建现代物流体系,完善综合运输大通道、综合交通枢纽
和物流网络。要实施高标准市场体系建设行动,健全要素市场运行
机制,加强社会信用体系和结算体系建设,降低制度性交易成本。

(四)推动新型城镇化和城乡区域协调发展。我国正处于城镇化
快速发展时期,这个过程既创造巨大需求,也提升有效供给。要发挥
中心城市和城市群带动作用,实施区域重大战略,建设现代化都市圈,
形成一批新增长极。城乡区域经济循环是国内大循环的重要方面。
要推动农业供给侧结构性改革,确保粮食等重要农产品安全,将经济
发展的底盘牢牢托住。要全面实施乡村振兴战略,强化以工补农、以
城带乡,释放农村农民的需求。要推动城乡要素平等交换、双向流动,
增强农业农村发展活力。要推动城市化地区、农产品主产区、生态功能
区三大空间格局发挥各自比较优势,提供优势产品。要健全区域战略统
筹、市场一体化发展等机制,优化区域分工,深化区域合作,更好促进发达
地区和欠发达地区、东中西部和东北地区共同发展。

(五)推动扩大就业和提高收入水平。要坚持经济发展就业导
向,扩大就业容量,提升就业质量,促进更充分就业。中等收入群体
的扩大对于形成强大国内市场、拉动结构升级具有基础作用。要坚
持共同富裕方向,改善收入分配格局,扩大中等收入群体,努力使居
民收入增长快于经济增长。要坚持按劳分配为主体、多种分配方式
并存,提高劳动报酬在初次分配中的比重,着力提高低收入群体收
入。完善再分配机制,加大税收、社会保障、转移支付等调节精准度,
改善收入和财富分配格局。健全多层次社会保障体系,支撑投资和
消费。要贯彻尊重劳动、尊重知识、尊重人才、尊重创造方针,健全各
类生产要素由市场评价贡献、按贡献决定报酬机制,完善按要素分配
政策制度,多渠道增加城乡居民财产性收入。完善营商环境,促进中
小微企业和个体工商户健康发展。

（六）推动更高水平的对外开放，更深度融入全球经济。要进一步扩大市场准入，创造更加公平的市场环境，在更高水平上引进外资。要加快推进贸易创新发展，提升出口质量，扩大进口，促进经常项目和国际收支基本平衡。推进共建"一带一路"高质量发展，实现高质量引进来和高水平走出去。要用顺畅联通的国内国际循环，推动建设开放型世界经济，推动构建人类命运共同体，形成更加紧密稳定的全球经济循环体系，促进各国共享全球化深入发展机遇和成果。

构建新发展格局是事关全局的系统性、深层次变革。位处"两个一百年"奋斗目标的历史交汇期，我们要面向未来，主动实施新的发展战略，坚定不移深化改革、扩大开放、推动创新，牢牢把握百年未有之大变局提供的战略机遇，加快构建新发展格局，全面推进社会主义现代化国家建设，向第二个百年奋斗目标进军。

加快国防和军队现代化

许其亮

《中共中央关于制定国民经济和社会发展第十四个五年规划和二〇三五年远景目标的建议》（以下简称《建议》），基于对中华民族伟大复兴战略全局、世界百年未有之大变局的深刻把握，在新的历史起点上对加快国防和军队现代化作出战略部署，充分体现了党中央、习主席推进强国强军的战略决心和深远筹谋。我们要深入领会贯彻《建议》部署要求，坚定不移走好中国特色强军之路，不断开创强军事业新局面。

一 深刻理解国防和军队现代化的时代特征

我们党始终把国防和军队现代化作为孜孜以求的奋斗目标，在各个历史时期都深刻把握军队建设规律，立足战略安全环境和国情军情实际，科学标定国防和军队现代化的发展方向和突破重点。党的十八大以来，习主席围绕实现党在新时代的强军目标，提出一系列重大方针原则、作出一系列重大决策部署、推进一系列重大工作，引领军队现代化在波澜壮阔的强军实践中大步迈进。特别是党的十九大以来，习主席就国防和军队现代化作出一系列新的战略决策，明确了奋斗目标、战略步骤和基本任务，推动我军现代化全面进入新时代新征程。

（一）新时代的现代化，是为实现中华民族伟大复兴提供战略支撑的现代化。强国必须强军，军强才能国安。这是由近代中国落后挨打的惨痛历史教训得来的，也是我们党领导中国人民站起来、富起来、强起来的重要历史经验。中华民族伟大复兴必然会面对各种重大挑战、重大风险、重大阻力、重大矛盾，新时代我国安全的内涵外延、时空领域、内外因素发生深刻变化，安全需求的综合性、全域性、外向性特征更加突出。维护国家安全，军事手段始终是保底的，是起定海神针作用的，国防和军队现代化进程必须同国家现代化进程相适应，军事实力必须同中华民族伟大复兴的战略需求相适应。习主席着眼国家安全和发展全局需要，在作出2035年、本世纪中叶国防和军队现代化战略筹划和安排基础上，历史性提出建军百年奋斗目标，根本指向是提高捍卫国家主权、安全、发展利益的战略能力。我们要深刻领会统帅意图、坚定贯彻战略要求，强化忧患意识，坚持底线思维，以更优策略、更高效益、更快速度推进现代化，充分发挥军事力量塑造态势、管控危机、遏制战争、打赢战争的战略功能，坚决维护中国共产党领导和我国社会主义制度，坚决维护国家主权、安全、发展利益，坚决维护地区和世界和平，积极履行同我国国际地位相称的责任和义务，为推动构建人类命运共同体贡献力量，切实完成好党和人民赋予的新时代使命任务。

（二）新时代的现代化，是机械化信息化智能化融合发展的现代化。国防和军队现代化是动态发展的，不同历史时期有不同内涵。上世纪50年代，我军提出的现代化发展目标主要是实现机械化。上世纪90年代以来，适应信息化发展趋势，又提出建设信息化军队、打赢信息化战争。进入新时代，习主席敏锐洞察新一轮科技革命和军事革命发展趋势，基于对现代战争信息化程度不断提高、智能化特征日益显现的机理性变化，明确提出要坚持以机械化为基础、信息化为主导、智能化为方向，推动"三化"融合发展。这一重大战略思想和战略要求,赋予国防和军队现代化新的时代内涵,指明了发展方向、发展路子、发展模式。机械化信息化智能化起源于不同时代,前者孕育后者、后者改造前者,智能化并不排斥机械化信息化,而是"三化"相互叠加、相互渗透、相互支撑,共同催生新的战争形态和作战方式。在智能化军事体系萌芽之际,必须紧紧跟上时代步伐,强化以智能科技为主导因素的跨领域融合创新,加快实现由"三化"梯次发展向融合并进、由点状积累向体系突破转变,在推进智能化进程中发展高度发达的机械化和更高水平的信息化。

(三)新时代的现代化,是永葆人民军队性质宗旨本色的现代化。我军在 90 多年的军事斗争和建设实践中,始终在党的旗帜下前进,形成一整套建军治军原则,发展了人民战争的战略战术,培育了特有的光荣传统和优良作风。党的领导,是人民军队始终保持强大凝聚力、向心力、创造力、战斗力的根本保证。党对军队的绝对领导是中国特色社会主义的本质特征,是党和国家的重要政治优势,是人民军队永远不能变的军魂、永远不能丢的命根子。无论形势如何变化、现代化如何发展,在人民军队性质宗旨本色这个根本性问题上,绝不能有任何动摇和偏移。新的时代条件下,必须全面贯彻党领导军队的一系列根本原则和制度,增强"四个意识"、坚定"四个自信"、做到"两个维护",贯彻军委主席负责制,坚决听从习主席指挥,坚持全心全意为人民服务的根本宗旨,坚持艰苦奋斗、牺牲奉献的革命精神,确保军队绝对忠诚、绝对纯洁、绝对可靠。

二　准确把握加快国防和军队现代化的基本任务

习主席立起了加快国防和军队现代化的战略总纲,《建议》明确了总体思路和目标任务。在推进落实上,根本的是贯彻习近平强军思想,贯彻新时代军事战略方针,坚持党对人民军队的绝对领导,坚持政治建军、改革强军、科技强军、人才强军、依法治军;关键是围绕到2035年基本实现国防和军队现代化,全面推进军事理论、军队组织形态、军事人员、武器装备现代化;"十四五"时期,重点是聚焦实现建军百年奋斗目标,搞好筹划设计,推开体系建设,抓实关键举措,走好国防和军队现代化新征程的第一步。

(一)加快军事理论现代化。科学的军事理论就是战斗力。人民军队之所以不断发展壮大、从胜利走向胜利,关键在于党的先进军事指导理论引领。同时也要看到,伴随新兴领域和战场空间的不断拓展,新的战争和作战理论层出不穷,加快军事理论现代化势在必行、迫在眉睫。首要的是深化习近平强军思想学习研究,深刻领悟贯彻习近平军事战略思想,坚持面向战场、面向部队、面向未来,大力推进马克思主义军事理论创新。"兵无常势,水无常形",军事战略指导的生命力就在于应时而变、应时而动。要积极跟踪现代战争演变趋势,加强对手研究、敌情研究,前瞻认识智能化战争特点规律和制胜机理,与时俱进创新战争和战略指导。要抓好新时代军事战略方针学习贯彻,配套完善战区战略、重大安全领域军事战略和军兵种、武警部队发展战略,健全新时代军事战略体系。要聚焦基于网络信息体系的联合作战、全域作战,推行"技术+谋略"的作战理论生成模式,开发颠覆传统对抗规则的作战概念,发展具有我军特色、符合现代战争规律的先进作战理论。要聚合各领域研究力量和智慧,建立形成跨域融合、充分开放、深入实践的军事理论科研新格局,打通"研"、"训"、"战"的链条,推动构建具有时代性、引领性、独特性的军事理论体系。

(二)加快军队组织形态现代化。先进的组织形态,是发挥人与武器整体优势的倍增器。通过深化国防和军队改革,我军实现了组织架构和力量体系整体性、革命性重塑,要坚持方向不变、道路不偏、力度不减,突出军事政策制度改革这个重点,加快推进深化改革和释能增效,不断解放和发展战斗力、解放和增强军队活力。现代化的组织形态,必然要求现代化的管理模式。要深入推进军事管理革命,更新管理理念,健全制度机制,畅通"需求—规划—预算—执行—评估"的战略管理链路,健全科学决策、全程监管、精细评估、精准调控的管理体系,提高军事系统运行效能和国防资源使用效益。先进军事力量是国防和军队现代化的重要基础,要围绕体系支撑、精兵作战、联合制胜,加快军兵种和武警部队转型建设,按照充实、合成、多能、灵活的要求调整优化力量结构布局,巩固提升战略威慑能力,壮大新域新质作战力量。强化体系作战能力,必须一体化配置、发展和运用战斗力诸要素,加强军事力量联合训练、联合保障、联合运用,推动各种力量和手段攥指成拳,形成体系对抗优势。

(三)加快军事人员现代化。强军之道,要在得人。人才竞争是最为根本、最具决定性的竞争,必须牢固树立人才资源是第一资源的理念,全面实施人才强军战略,推进军事人员能力素质全面升级、结构布局全面优化、管理模式全面转型。要贯彻新时代军事教育方针,以联合作战指挥人才、新型作战力量人才、高层次科技创新人才、高水平战略管理人才为重点,加快打造德才兼备的高素质、专业化新型军事人才方阵。要聚焦立德树人、为战育人,完善军队院校教育、部队训练实践、军事职业教育三位一体新型军事人才培养体系,落实院校优先发展战略、推动军队院校内涵式发展,加大参加联演联训和战备行动在人才培养中的权重,推行网络化开放式全覆盖的军事职业教育。同时,要实行更加积极、更加开放、更加有效的人才政策,强化军事人力资源精准配置和管理,扩大用人视野,延揽各方面优秀人才投身强军事业,形成全社会人才竞争比较优势。

(四)加快武器装备现代化。武器装备是国防和军队现代化的重要标志,也是军事能力的重要物质技术基础。"十四五"时期很可能是新一轮科技革命、军事革命质变期,这是不容错过的历史机遇。要聚力国防科技自主创新、原始创新,科学布局和稳定支持基础研究,激发科技创新活力和动能,加快突破关键核心技术。要适应科技创新迭代快、进程短的发展趋势,提升科技敏锐度、认知力和响应速度,深度掌握全球科技发展新方向新应用,捕捉和开辟可能改变战争形态、作战规则、攻防格局的技术方向,打造更多克敌制胜的战略"铁拳"。要加速武器装备升级换代和智能化武器装备发展,牵引带动武器装备建设实现体系跃升。

三 深入贯彻加快国防和军队现代化的战略要求

习主席指出,当前和今后一个时期是国防和军队现代化的关键时期,必须有一个大的发展,也完全有条件实现大的发展。我们要增强使命感紧迫感责任感,以高度的政治自觉、坚强的组织领导、务实的举措办法抓好贯彻落实,努力夺取国防和军队现代化新胜利。

(一)坚决服从服务于党和国家战略全局。国防和军队现代化作为国家现代化的重要组成部分,必须融入强国复兴大局,立足新发展阶段、新发展格局,加强政治性、全局性、战略性运筹,在全局中"谋全域",在长远中"谋一程"。要围绕"基本实现社会主义现代化",着眼"同我国强国地位相称"、"同国家现代化发展相协调",科学编制军队建设"十四五"规划,在更高起点上把目标任务、发展指标和实现路径谋划好。要贯彻总体国家安全观,紧跟综合国力发展军力,紧贴国家重大安全需求发展核心能力,促进国防实力和经济实力同步提升。

（二）坚持向能打仗打胜仗聚焦。始终牢记忘战必危、怠战必败，保持对敌情动向和周边安全态势的高度敏感，以军事斗争准备为龙头带动现代化建设走深走实。要强化练兵备战鲜明导向，牢固树立战斗力这个唯一的根本的标准，做优做强各方向战略布局，切实提升威慑和实战能力，做好反恐维稳和海外安全保障工作，确保召之即来、来之能战、战之能胜。

（三）发挥改革创新的驱动力。打破制约改革创新的一切束缚和禁锢，紧跟战争形态之变、科技发展之变、时代演化之变，积极应变、主动求变，持续深化备战、建设、改革的创新发展。选择发展潜力大、极具竞争力、战略高价值的领域和方向前瞻布局，见之于未萌、动之于先发，拓宽赶超跨越战略途径，加快由被动适应战争向主动设计战争转变，建设创新型人民军队。

（四）推动实现高质量发展。把发展模式转到体系化内涵式发展上来，坚持质量第一、效益优先，构建推动高质量发展的指标体系、标准体系、统计体系、评估体系、监管体系。强化军委管总，搞好顶层设计，创新战略管理，实现战建统筹、跨域统筹、军地统筹，保持发展的战略定力和韧性。以高质量武器装备、高素质军事人才、新型作战力量为重点，增加战斗力有效供给，推动军队现代化由"量"的增值转向"质"的提升。

（五）凝聚加快国防和军队现代化的磅礴力量。我们的军队是人民军队，我们的国防是全民国防。要围绕实现富国和强军相统一，推动经济建设和国防建设协调发展、平衡发展、兼容发展，搞好战略层面筹划，深化资源要素共享，强化政策制度协调，构建一体化国家战略体系和能力。完善国防动员体系，强化全民国防教育，巩固军政军民团结，融合运用一切时代创新成果和社会优质资源，建设巩固的国防和强大的人民军队。

全面推进健康中国建设

孙 春 兰

健康是广大人民群众的期盼和追求,维护人民健康是我们党性质和宗旨的重要体现。党的十九届五中全会通过的《中共中央关于制定国民经济和社会发展第十四个五年规划和二〇三五年远景目标的建议》(以下简称《建议》),提出了"全面推进健康中国建设"的重大任务。这是以习近平同志为核心的党中央从党和国家事业发展全局作出的重大战略部署,充分体现了以人民为中心的发展思想,必将对我国卫生健康事业发展、增进人民健康福祉产生深远的影响。我们要深刻领会精神实质,准确把握基本要求,认真落实各项任务。

一 深刻认识全面推进健康中国建设的重大意义

党的十八大以来,以习近平同志为核心的党中央把保障人民健康摆在优先发展的战略地位,作出了"实施健康中国战略"的重大部署,制定了一系列改革举措,推动卫生健康事业取得新的发展成就,在这次抗击新冠肺炎疫情中发挥了重要作用,经受住了重大考验。当前,中国特色社会主义进入新时代,人民群众对美好生活有了新期盼,对卫生健康事业提出了新要求。我们必须站在党和国家工作全局,深刻认识全面推进健康中国建设的重大意义。

（一）全面推进健康中国建设是关系我国现代化建设全局的战略任务。健康是促进人的全面发展的必然要求，是经济社会发展的基础条件。从国际上看，卫生健康事业在经济社会发展中都处于基础性地位，联合国人类发展指数有三大核心指标，反映健康水平的人均期望寿命位列第一，拥有健康的国民意味着拥有强大的综合国力和可持续的发展能力。大力发展卫生健康事业，既可以增强人民体质，也有利于解除群众看病就医的后顾之忧，积蓄经济发展的长久势能，扩大内需潜力，为推动形成以国内大循环为主体、国内国际双循环相互促进的新发展格局提供重要支撑。《建议》把全面推进健康中国建设与国家整体战略紧密衔接，这是在新的历史起点上开启新征程的重大决策，必将为实现第二个百年奋斗目标和实现中华民族伟大复兴的中国梦注入强大动力。

（二）全面推进健康中国建设是保障人民享有幸福安康生活的内在要求。习近平总书记深刻指出，"经济要发展，健康要上去，人民的获得感、幸福感、安全感都离不开健康"。当前，我国社会主要矛盾已经转化为人民日益增长的美好生活需要和不平衡不充分的发展之间的矛盾，具体到卫生健康领域，主要是群众对健康有了更高需求，要求看得上病、看得好病，看病更舒心、服务更体贴，更希望不得病、少得病。我国已经迈入中高收入国家行列，完全有必要也有基础加快发展卫生健康事业，扩大优质健康资源供给，实现更高质量、更有效率、更加公平、更可持续、更为安全的发展。

（三）全面推进健康中国建设是维护国家公共安全的重要保障。发展卫生健康事业不仅是医疗卫生问题，而且是涉及经济社会发展全局的重大公共安全问题。近年来，全球新发、突发传染病疫情不断涌现，相继暴发了非典、甲型 H1N1 流感、高致病性 H7N9 禽流感、中东呼吸综合征、登革热、埃博拉出血热等重大传染病疫情。及时防范应对，可最大限度降低对经济社会造成的影响。这次抗击新冠肺炎疫情,在以习近平同志为核心的党中央坚强领导下,采取坚决果断措施,疫情防控取得重大战略成果,统筹疫情防控和经济社会发展取得显著成效。我们要站在维护国家公共安全的高度,加快推进健康中国建设,提高公共卫生治理水平,筑牢公共卫生安全屏障,保障国家长治久安。

二 准确把握全面推进健康中国建设的思路和原则

全面推进健康中国建设是我国卫生健康事业发展理念的重大创新、发展方式的重大转变,必须全面、系统、准确地理解其核心要义和思路要求,确保各项工作沿着正确的轨道向前推进。

(一)坚持把保障人民健康放在优先发展的战略位置。发展为了人民,发展依靠人民,发展成果由人民共享。《建议》明确提出把保障人民健康放在优先发展的战略位置,充分体现了以人民为中心的发展思想,凸显了推动卫生健康事业发展的重要意义。我们要切实把保障人民健康融入经济社会发展各项政策,发展理念体现健康优先,发展规划突出健康目标,公共政策制定要评估对健康的影响,推动形成有利于健康的生活方式、生产方式和制度体系,实现健康与经济社会协调发展。

(二)坚持大卫生大健康的理念。党的十八大以来,党中央明确了新时代卫生与健康工作方针,要求把预防为主摆在更加突出位置,推动卫生与健康事业发展从以治病为中心向以人民健康为中心转变。各地各部门要在资源配置和资金投入方面向公共卫生工作倾斜,更多用在疾病前期因素干预、重点人群健康促进和重点疾病防治上。要建立政府、社会和个人共同行动的体制机制,强化每个人是自己健康第一责任人，推进健康中国建设人人参与、人人尽责、人人共享。

（三）坚持基本医疗卫生事业公益属性。我国是人民当家作主的社会主义国家，必须坚持公立医院在我国医疗服务体系中的主体地位，毫不动摇地坚持公益性的导向。在这次抗击疫情中，援鄂医疗队 2 小时集结、24 小时内到达；29 小时建成首批 3 座方舱医院，10 天建成火神山、雷神山医院；不惜一切代价救治每一个患者，生动展示了党的领导和中国特色社会主义的政治优势。《建议》提出要建立稳定的公共卫生事业投入机制，这是维护基本医疗卫生事业公益性的基础。各地各部门要切实担负起卫生健康事业发展的领导、保障、管理和监督责任，同时充分发挥市场机制的作用，鼓励社会力量增加产品和服务供给，更好满足群众多元化卫生健康需求。

（四）坚持以改革创新激发卫生健康事业活力。党的十九大以来，为解决人民群众看病难看病贵问题，我们以降药价为突破口，深化医疗、医保、医药联动改革，取得积极进展。当前，医改已进入深水区，要围绕制约卫生健康领域的体制机制障碍，更加注重医改的系统集成、协同高效，推进卫生与健康领域的供给侧结构性改革，提高健康供给对需求变化的适应性和灵活性。同时，要推进卫生健康领域理论创新、制度创新、管理创新、技术创新，增强卫生健康治理体系整体效能。

（五）坚持补短板强弱项。当前，我国医疗卫生事业发展不平衡不充分，既包括中西部地区卫生与健康事业发展滞后于东部地区，农村地区优质资源短缺，基层服务能力不强等问题，也包括重治疗、轻预防的问题，公共卫生应急体系发展滞后，监测预警、流调溯源、物资储备等难以适应应对重大突发公共卫生事件的需要。要坚持目标导向和问题导向相结合，加快补齐短板和弱项，把基本卫生健康服务体系建设得更加完善,进一步提高服务的公平性和可及性。

三 加快落实全面推进健康 中国建设的重点任务

《建议》提出,今后 5 年,要实现基本公共服务均等化水平明显提高,卫生健康体系更加完善,突发公共事件应急能力显著增强,并明确了到 2035 年基本建成健康中国的远景目标。要围绕上述目标,采取更加有力的举措,把各项任务落到实处。

(一)深入实施健康中国行动。这是推进健康中国建设的重大举措。2019 年国务院印发了《关于实施健康中国行动的意见》,提出实施 15 个专项行动,明确了倡导性、预期性、约束性三大类指标。要针对人民群众主要健康问题和影响因素,完善国民健康促进政策,加强综合干预。普及健康知识,引导人们养成良好的行为和生活方式。实施国民营养计划,因地制宜开展"三减三健"行动(减盐、减油、减糖、健康口腔、健康体重、健康骨骼)。突出抓好中小学健康促进,强化肥胖、视力不良等儿童重点疾病筛查干预。加快实施妇幼健康促进、职业健康保护、老年健康促进等专项行动。完善癌症、高血压、糖尿病等重大疾病防治服务保障机制。继续实施国家扩大免疫规划,加强艾滋病、结核病、病毒性肝炎等重点传染病防控,控制和消除寄生虫病、重点地方病危害。健全社会心理服务体系和危机干预机制。加强全民健身公共服务体系建设,推进实施新一轮全民健身计划。

(二)深化医药卫生体制改革。《建议》对深化医药卫生体制改革作出了重要部署,我们要按照要求,推进国家组织药品和耗材集中采购使用改革,调动医疗机构和医务人员积极性,推动改革成果惠及更多群众。加快建设分级诊疗体系,推广远程医疗,优化医疗卫生资源布局,开展区域医疗中心建设试点,推动优质医疗资源扩容下沉、均衡布局,全面改善县级医院设施设备条件,发展社区医院,推进家庭医生签约服务,促进医疗机构上下联动、分工协作。加强公立医院建设和管理考核,开展预约诊疗和日间服务,优化和规范用药结构,加强基本药物配备使用,推进信息化建设,充分发挥绩效考核的"指挥棒"作用,引导公立医院提高管理水平。深化医疗保障制度改革,健全重大疾病医疗保险和救助制度,逐步将门诊医疗费用纳入基本医疗保险统筹基金支付范围,完善筹资分担和调整机制,巩固提高统筹层次,深入推进支付方式改革,充分发挥医保对医药服务的激励约束作用。积极促进健康与养老、旅游、互联网、健身休闲、食品融合发展,支持社会力量在医疗资源薄弱区域和康复、护理、精神卫生等短缺专科领域举办非营利性医疗机构,满足群众多层次医疗服务需求。

(三)构建强大的公共卫生体系。《建议》对推动公共卫生体系建设、提高应对突发公共卫生事件能力提出了明确的目标和任务。要深入总结新冠肺炎疫情防控中的经验和教训,改革和强化疾病预防控制体系,优化疾控机构职能设置,理顺体制机制,加强人才队伍建设,改善疾控基础条件,提高疾病预防处置能力。完善传染病疫情与突发公共卫生事件的监测系统,强化实验室检测网络建设,健全多渠道监测预警和风险评估机制。完善公共卫生服务项目,强化基层公共卫生体系,提高防治结合和健康管理能力。落实医疗机构公共卫生责任,创新医防协同机制,建立人员通、信息通、资源通和监督监管相互制约的机制。加强重大疫情救治体系建设,完善城乡三级医疗服务网络,强化感染、急诊、重症、检验等专科建设,以及国家紧急医学救援基地和应急医疗队建设,全面提升公立医院传染病救治能力。深入开展爱国卫生运动,加强与基层治理融合,创新社会动员方式,全面改善人居环境,促进全民养成文明健康生活方式。推进城市公共设施应对重大疫情防控"平战"两用改造试点,健全医疗物资储备制度。进一步完善重大突发疫情应急管理法律法规和应急预案，开展经常性的防控演练，健全应急状态下的人民群众动员机制和社会参与协调机制，以疫情防控的成效保障经济社会发展。

（四）促进中医药传承创新发展。中西医结合、中西药并用，在新冠肺炎疫情防控中发挥了重要作用，成为中医药传承精华、守正创新的生动实践。《建议》明确提出，大力发展中医药事业。我们要抓住机遇，深化中医药管理体制机制改革，推动中医药事业和产业高质量发展。要充分发挥中医药优势，建设以国家中医医学中心、区域中医医疗中心为龙头，各级各类中医医疗机构和其他医疗机构中医科室为骨干，基层医疗卫生机构为基础，融预防保健、疾病治疗和康复于一体的中医药服务体系，健全符合中医药特点的服务模式、管理制度和支付机制。加强中医药人才培养，完善以院校教育、师承教育为主要模式的中医药人才培养体系，建立体现中医药特色的人才评价机制。加强中药种植、加工、炮制、流通、使用的全链条质量监管，深化审评审批制度改革，加快构建中医药理论、人用经验和临床试验相结合的中药注册审评证据体系。推进中医药科学研究和技术创新，抓紧布局建设中医药领域的国家重点实验室、临床医学研究中心，加快中药新药、器械设备的研制，力争在重大理论创新、技术攻关等方面实现突破。推进中医药国际合作，推动中医药国际标准制定，建设一批中医药对外交流合作示范基地，加快中医药"走出去"步伐。

（五）积极应对人口老龄化。"十四五"时期是应对人口老龄化的重要窗口期，到"十四五"末，我国预计60岁以上老年人口占总人口的比例将超过20%，从轻度老龄化进入中度老龄化阶段。要加快构建居家社区机构相协调、医养康养相结合的养老服务体系，完善上门医疗卫生服务政策，推动医疗卫生服务向社区、家庭延伸。稳步建立长期护理保险制度，大力实施老年健康促进行动，强化老年失能、老年痴呆等预防干预。健全医疗卫生机构与养老机构合作机制，支持社会力量兴办医养结合机构,为老年人提供治疗期住院、康复期护理、稳定期生活照料、安宁疗护一体化的健康养老服务。优化生育政策,推动相关经济社会政策配套衔接,切实减轻家庭生育养育负担。鼓励各类主体举办老年大学,引导老年人以志愿服务形式参与乡村振兴、社区治理、公益慈善等。

积极营造良好外部环境

杨 洁 篪

　　"十四五"时期是我国全面建成小康社会、实现第一个百年奋斗目标之后,乘势而上开启全面建设社会主义现代化国家新征程、向第二个百年奋斗目标进军的第一个五年,我国将进入新发展阶段。"十四五"时期对外工作要胸怀中华民族伟大复兴的战略全局和世界百年未有之大变局,统筹国内国际两个大局,办好发展安全两件大事,按照《中共中央关于制定国民经济和社会发展第十四个五年规划和二〇三五年远景目标的建议》(以下简称《建议》)的部署,开拓进取,奋发有为,积极营造良好外部环境,为实现新时期我国经济社会发展的战略目标、实现中华民族伟大复兴的中国梦全力作出应有贡献。

一　"十四五"时期国际形势的基本特征

　　《建议》指出,"当今世界正经历百年未有之大变局"。这是习近平总书记立足我国发展新的历史方位,纵观世界发展大势作出的重要论断,科学指出了世界发展变化的动因、趋势和规律,对于我们准确把握中华民族伟大复兴所处国际环境、在应对国际形势风云变幻中推进社会主义现代化强国建设,具有重大指导意义。当前和今后一个时期,新冠肺炎疫情全球大流行使世界大变局加速变化,国际经济、科技、文化、安全、政治等格局都在发生深刻调整,我国发展的外部环境将面临更加深刻复杂变化。

(一)世界多极化加速发展,国际关系分化组合更趋复杂。全球疫情呈现长期化态势,对各国的深层次影响持续发酵,国际格局面临深刻调整,力量对比向更加均衡方向发展。各国加紧谋划在疫后世界格局中的角色地位,大国关系经历新一轮调整互动,国际秩序变革加速推进。同时,我国在全球范围内率先控制住疫情,率先实现全面复工复产,各方对中国期待与借重上升。我国坚持世界多极化主张,倡导国际关系民主化,维护国际公平正义,受到国际社会普遍欢迎和积极评价。

(二)世界经济遭受重创,新的发展动力正在形成。疫情对国际贸易、投资、消费等经济活动造成巨大影响,世界经济陷入深度衰退,各国复苏前景不一。全球金融和经济危机风险升高,能源安全、粮食安全挑战增多。经济全球化遭遇逆流,一些国家保护主义抬头,全球产业链供应链面临冲击,国际宏观经济政策协调难度增大。同时,新技术新产业加速发展,将为新一轮经济增长提供重要驱动力。我国发展的外部经济环境不确定性上升,但我国仍将是世界经济复苏的主要动力源。

(三)国际体系面临新挑战,国际社会加强合作需求上升。疫情肆虐挑战全球治理,单边主义严重冲击国际机制,全球治理体系需要更好适应新形势新要求。国际上要求变革全球治理体系呼声高涨,多边主义与单边主义博弈更加复杂激烈。同时,我国坚定维护以联合国为核心的国际体系,践行人类命运共同体理念,在抗疫国际合作中发挥引领作用,大力倡导构建人类卫生健康共同体,进一步树立负责任大国形象。

(四)国际安全风险点增多,各国政治社会面临新考验。疫情给国际和地区热点问题增添新的复杂因素。生物安全、极端气候、网络攻击、恐怖主义等非传统安全威胁上升，与军控等传统安全热点问题交织叠加，成为影响国际和平与安全的突出因素。部分国家内部治理困境凸显，经济社会脆弱性升高，出现政治和社会动荡可能性加大。同时，各方均不愿国际安全局势动荡失控，总体稳定局面有望保持。我国致力于推动践行共同、综合、合作、可持续的新安全观，维护世界和平稳定作用更加彰显。

（五）国际思潮激荡碰撞，意识形态因素再度突出。疫情加剧有关国家社会撕裂、种族冲突和政治对立，保守主义、民粹主义思潮上升。一些国家为转移国内矛盾，大肆"甩锅"、推责，竭力渲染意识形态对立，借口人权、宗教等问题打击异己。同时，社会信息化、文化多样化进一步发展，加强文明对话与包容互鉴更为迫切。中国特色社会主义制度更加完善，国家治理体系和治理能力现代化持续推进，我国国际影响力感召力不断提升。

二 维护和延长我国发展的重要战略机遇期

"十三五"时期是全面建成小康社会决胜阶段，在以习近平同志为核心的党中央坚强领导下，我国对外工作以习近平新时代中国特色社会主义思想和习近平外交思想为指导，牢牢把握服务民族复兴、促进和平发展这条主线，攻坚克难、锐意进取，开创性推进中国特色大国外交，积极打造全球伙伴关系，推动"一带一路"建设高质量发展，积极参与和引领全球治理体系改革，坚定捍卫国家主权、安全、发展利益，全面提升了我国国际地位和国际影响，为实现第一个百年奋斗目标营造了有利外部环境。2020年以来，对外工作积极践行习近平总书记提出的构建人类命运共同体重要理念，深入开展国际抗疫合作，持续推进全方位外交，为国际社会贡献更多中国智慧、中国方案、中国力量,赢得广泛赞誉和支持。

《建议》指出,"当前和今后一个时期,我国发展仍然处于重要战略机遇期,但机遇和挑战都有新的发展变化。"国内外环境的深刻变化既带来一系列新机遇,也带来一系列新挑战,是危机并存、危中有机、危可转机。一方面,世界进入动荡变革期,单边主义、霸权主义大行其道,冷战思维和强权政治阴魂不散,国际关系中不公正不平等现象依然突出,全球发展中的深层次矛盾仍未得到有效解决。另一方面,和平与发展仍然是时代主题,世界大变局的趋势和方向并未因疫情冲击而改变,国际体系变革在困难挑战中持续深化,多边主义仍是国际关系主流。我国已转向高质量发展阶段,继续发展具有多方面优势和条件,这为民族复兴奠定了更加坚实的基础,为我们引领世界大变局、塑造外部环境提供了重要保障。

国际形势和外部环境的复杂变化,给我国对外工作提出了新的更高要求。进入新发展阶段,对外工作要辩证认识和把握国内外大势,统筹中华民族伟大复兴战略全局和世界百年未有之大变局,深刻认识错综复杂的国际环境带来的新矛盾新挑战,增强机遇意识和风险意识,善于在危机中育先机、于变局中开新局,努力为我国经济社会发展营造良好外部环境和创造更多有利条件。要高举和平、发展、合作、共赢旗帜,坚持独立自主的和平外交政策,推进各领域各层级对外交往,推动构建新型国际关系和人类命运共同体;要从持久战角度出发,更好服务加快构建以国内大循环为主体、国内国际双循环相互促进的新发展格局;要聚焦服务经济高质量发展,深化科技创新,推进国际合作,加强政策协调,维护公平合理的国际秩序和合作共赢的发展环境;要强化底线思维,保持斗争精神,增强斗争本领,有效维护国家利益,在纷繁复杂的国际局势中把对外工作不断推向前进。

三　全力做好新形势下的对外工作

《建议》就积极营造良好外部环境的工作重点作出部署。"十四五"时期,我国对外工作要以习近平新时代中国特色社会主义思想和习近平外交思想为指导,增强"四个意识"、坚定"四个自信"、做到"两个维护",强化必胜信心,勇于担当作为,紧紧围绕党和国家中心工作加强谋划运筹和全面推进,努力维护和延长我国发展的重要战略机遇期,为开启全面建设社会主义现代化国家新征程、夺取新时代中国特色社会主义伟大胜利提供坚实有力保障。

（一）坚持和完善独立自主的和平外交政策,推动构建人类命运共同体。始终不渝走和平发展道路、奉行互利共赢的开放战略,围绕党和国家工作全局和重要节点加强谋篇布局,不断开创中国特色大国外交新局面。坚持在和平共处五项原则基础上发展同各国友好合作,积极开展与世界各国交流互鉴,共同建设持久和平、普遍安全、共同繁荣、开放包容、清洁美丽的世界。积极参与重大传染病防控国际合作,推动构建人类卫生健康共同体。反对一切形式的霸权主义、强权政治,维护全球战略稳定,推动建设相互尊重、公平正义、合作共赢的新型国际关系。

（二）积极发展全球伙伴关系,深化拓展对外工作全方位布局。协调推进我国同不同类型国家关系,扩大同各方利益交汇点。不断完善以周边和大国为重点,以发展中国家为基础,以多边为重要舞台的外交布局,推动同世界各国增进政治互信、加强机制建设、深化务实合作、夯实社会基础。推进大国协调和合作,推动构建总体稳定的大国关系框架。按照亲诚惠容理念和与邻为善、以邻为伴方针,深化同周边国家关系。秉持正确义利观和真实亲诚理念,加强同发展中国家团结合作。

（三）推进合作共赢开放体系建设，服务国内经济建设、促进世界共同发展。坚持共商共建共享原则，秉持绿色、开放、廉洁理念，推动共建"一带一路"高质量发展。加强国际宏观经济政策协调，推动贸易和投资自由化便利化，反对人为制造经济割裂和脱钩，推动建设开放型世界经济。实施自由贸易区提升战略，积极参与双多边区域投资贸易合作机制，维护多边贸易体制，构建面向全球的高标准自贸区网络。加强服务贸易发展对接，支持组建全球服务贸易联盟。加快数字领域国际合作，共同激活创新引领的合作动能。支持发展中国家提高自主发展能力，推动解决全球发展失衡、数字鸿沟等问题。

（四）坚持多边主义，积极参与全球治理体系改革和建设。维护以联合国为核心的国际体系，维护以《联合国宪章》宗旨和原则为核心的国际关系基本准则。倡导国际关系民主化，支持和扩大发展中国家在国际事务中的代表性和发言权。反对单边主义和保护主义，推动完善更加公正合理的国际经济治理体系。支持上海合作组织、金砖国家、二十国集团等平台机制发挥作用。建设性参与国际和地区问题解决进程，积极参与应对气候变化、网络安全、反恐等领域国际合作，提供中国智慧和中国方案。

（五）坚定维护国家主权安全发展利益，为国家发展和民族复兴保驾护航。树立底线思维，增强忧患意识，坚持以人民为中心，贯彻总体国家安全观。坚决捍卫中国共产党的领导和中国特色社会主义制度，坚定维护国家政权安全和制度安全。在台湾问题上坚定维护一个中国原则，在涉港、涉疆、涉藏等问题上坚决反对反华势力的歪曲抹黑，决不允许外部势力干涉中国内政。在南海等问题上，有效维护我国领土主权和海洋权益。妥善应对经贸摩擦，维护我国发展空间和长远利益。贯彻外交为民宗旨，构建海外利益保护和风险预警防范体系，保障海外同胞安全和正当权益。

（六）加强党的集中统一领导，健全党对外事工作领导体制机制。坚持外交大权在党中央，加强中国特色大国外交理论建设，全面贯彻党中央外交大政方针和战略部署。深入推进涉外体制机制建设，统筹协调党、人大、政府、政协、军队、地方、人民团体等的对外交往，强化党总揽全局、协调各方的对外工作大协同格局。统筹推进地方外事工作。积极开展民间外交和对外援助。加强涉外法治体系建设，加强国际法运用，提高涉外工作法治化水平。以政治建设为统领，打造政治坚定、业务精湛、纪律严明、作风过硬的对外工作队伍。

加快农业农村现代化

胡 春 华

推进农业农村现代化是全面建设社会主义现代化国家的重大任务,是解决发展不平衡不充分问题的重要举措,是推动农业农村高质量发展的必然选择。党的十九届五中全会提出,坚持把解决好"三农"问题作为全党工作重中之重,走中国特色社会主义乡村振兴道路,全面实施乡村振兴战略,强化以工补农、以城带乡,推动形成工农互促、城乡互补、协调发展、共同繁荣的新型工农城乡关系,加快农业农村现代化。这充分体现了以习近平同志为核心的党中央对"三农"问题一以贯之的高度重视、对现代化建设规律和工农城乡关系变化特征的科学把握。深入学习贯彻党的十九届五中全会关于加快农业农村现代化的重大决策部署,对做好新时代"三农"工作、推动农业农村同步实现现代化意义重大。

一 加快农业农村现代化的重大意义

加快农业农村现代化是我们党在现代化建设新阶段,对"三农"工作作出的重大部署,具有鲜明的时代特征和重大的实践意义。

(一)加快农业农村现代化是形成新型工农城乡关系的客观要求。习近平总书记强调,在现代化进程中,如何处理好工农关系、城乡关系,在一定程度上决定着现代化的成败。现阶段,城乡发展不平衡、农村发展不充分仍是社会主要矛盾的主要体现,农业农村仍是社会主义现代化建设的突出短板。与快速推进的工业化、城镇化相比,农业农村发展步伐还跟不上,城乡要素交换不平等、基础设施和公共服务差距明显,"一条腿长、一条腿短"的问题比较突出。必须加快农业农村现代化,强化以工补农、以城带乡,投入更多的资源和力量优先发展农业农村,确保在现代化进程中农业农村不掉队、同步赶上来,实现新型工业化、信息化、城镇化、农业现代化同步发展。

(二)加快农业农村现代化是社会主义现代化建设的重大任务。习近平总书记强调,没有农业农村现代化,就没有整个国家现代化。农业农村现代化进程,直接关系到社会主义现代化目标的进度和质量成色。全面建设社会主义现代化国家,大头重头在"三农",基础和潜力也在"三农"。当前和今后一个时期,应对国内外形势复杂变化,把握发展主动权,需要进一步巩固农业基础,守好"三农"这个战略后院。加快构建以国内大循环为主体、国内国际双循环相互促进的新发展格局,扩大内需,同样需要挖掘农村巨大市场潜力。必须加快农业农村现代化,把农业农村现代化摆到现代化建设更加重要的位置,推动农业全面升级、农村全面进步、农民全面发展,为经济社会发展大局提供更加强有力的支撑。

(三)加快农业农村现代化是做好新时代"三农"工作的核心目标。党的十八大以来,以习近平同志为核心的党中央把解决好"三农"问题作为全党工作重中之重,部署实施乡村振兴战略,不断加大强农惠农富农政策力度,推动农业农村发展取得了历史性成就、发生了历史性变革。农业综合生产能力进一步增强,粮食产能迈上1.3万亿斤新台阶。农业现代化水平大幅提升,农业科技进步贡献率达到59.2%。农民收入持续增长,提前一年实现较2010年翻番目标。脱贫攻坚取得决定性成就,农村贫困人口累计脱贫9348万,剩下的551万农村贫困人口也将如期全部脱贫。但也要看到,"三农"发展面临不少新矛盾新挑战,农业结构性矛盾日益凸显,自然风险、市场风险增加,供给保障能力仍需进一步巩固,农村基础设施和公共服务仍然薄弱,农民增收速度放缓。必须加快农业农村现代化,坚持农业现代化和农村现代化一体设计、一并推进,有效克服各种风险挑战,推动农业农村高质量发展。

二　提高农业质量效益和竞争力

"十四五"时期,我国农业发展面临的外部环境更加复杂变化,这就需要把高质量发展贯穿始终,守牢国家粮食安全底线,坚定不移推进农业供给侧结构性改革,推动农业提质增效,加快农业现代化。

(一)切实保障粮食等重要农产品安全。习近平总书记多次强调,要确保中国人的饭碗任何时候都要牢牢端在自己手上,饭碗应该主要装中国粮;要保中华民族的"铁饭碗"。保障国家粮食和重要副食品供给安全是"三农"工作的头等大事。我国粮食连年丰产,2019年粮食产量达到13277亿斤,连续5年在1.3万亿斤以上,肉蛋菜果鱼茶等产量稳居世界第一,粮食和重要农产品供给是有保障的。但要看到,当前外部风险挑战和不确定性明显增多,在粮食安全问题上万不可掉以轻心。要深入实施藏粮于地、藏粮于技战略,落实粮食安全省长责任制,引导农业资源优先保障粮食生产,稳定粮食生产面积和产量,确保谷物基本自给、口粮绝对安全。大力发展现代畜牧业,加快恢复生猪生产,健全动物防疫体系。加大农业水利设施建设力度,实施高标准农田建设工程,强化农业科技和装备支撑,提高农业良种化水平,巩固提升农业综合生产能力。健全农业支持保护制度,保护地方重农抓粮、农民务农种粮积极性。坚持最严格的耕地保护制度,严守耕地红线,严禁耕地非农化、防止耕地非粮化。加强重要农产品供给保障能力建设,提升粮、棉、油、糖、肉等收储调控能力。

(二)推动农业供给侧结构性改革。当前,农业总量不足和结构性问题并存,农业的主要矛盾还是在供给侧。要坚持推动农业供给侧结构性改革不动摇,打造高质量供给体系。优化农业生产结构,在确保必保农产品自给水平的同时,积极扩大紧缺农产品生产,适度调减市场过剩的农产品特别是非食品农产品生产。优化农业生产区域布局,加强粮食生产功能区、重要农产品生产保护区和特色农产品优势区建设,建立健全配套支持政策体系。深入推进农业绿色发展,继续加大农业面源污染治理力度,推行绿色生产方式,促进农业可持续发展。强化示范引领,建设农业现代化示范区。

(三)推动农村一二三产业融合发展。产业兴旺可以提供乡村就业机会、增加农民收入,是解决农村一切问题的前提。要完善利益联结机制,把以农业农村资源为依托的二三产业尽量留在农村,让农民分享产业增值收益。以"粮头食尾"、"农头工尾"为抓手发展现代农产品加工业,健全生产、加工、仓储保鲜、冷链物流等全产业链。乡村农产品加工业要走高质量发展的路子,完善标准体系,加强质量安全监管,打造安全放心的"金字招牌"。大力发展乡村旅游、休闲康养、电子商务等适宜农村发展的现代服务业,丰富乡村经济业态,拓展农民增收空间,培育乡村发展新动能。

三 实施乡村建设行动

乡村建设是实施乡村振兴战略的重要任务,也是国家现代化建设的重要内容。要牢固树立农业农村优先发展政策导向,把乡村建设摆在社会主义现代化建设的重要位置,加快推进乡村全面振兴。

(一)科学推进乡村规划建设。规划是建设的蓝图,乡村建设必须坚持规划引领、有序推进。要统筹县域城镇和村庄规划建设,促进县域内整体提升和均衡发展。综合考虑土地利用、产业发展、居民点布局、生态保护和历史文化传承等因素,适应村庄发展演变规律,科学布局乡村生产生活生态空间,分类推进村庄建设。保护传统村落和乡村风貌,防止盲目大拆大建,注重保留乡土味道,让乡村望得见山、看得见水、留得住乡愁。乡村建设要坚持从实际出发,充分尊重农民意愿,不能搞大跃进、一刀切,不能违背农民意愿强行推进村庄撤并。

(二)持续提升乡村宜居水平。围绕建设更加宜居的现代乡村,全面改善农村生产生活条件,推动实现城乡居民生活基本设施大体相当。要实施村庄基础设施改善工程,完善乡村水、电、路、气、通信、广播电视、物流等基础设施,健全运营管护长效机制。因地制宜推进农村改厕、生活垃圾处理和污水治理,实施河湖水系综合整治,改善农村人居环境。提升农房建设质量,支持新建一批功能现代、风貌乡土、成本经济、结构安全、绿色环保的宜居型示范农房。

(三)推进县乡村公共服务一体化。适应农村人口结构和经济社会形态的变化,强化农村公共服务供给县乡村统筹。要加快推动形成县域统筹规划布局、县乡村功能衔接互补的公共服务体系,提升城乡公共服务均等化水平。强化县城综合服务能力,加强乡镇公共服务功能,推动教育、医疗卫生等公共服务资源在县域内实现优化配置。

(四)全面加强乡村人才队伍建设。没有乡村人才的振兴,乡村振兴就缺乏支撑。要着眼提高农民素质和技能,加大农民教育培训力度,提高农民科技文化素质,培育造就一支适应农业农村现代化发展要求的高素质农民队伍。落实吸引人才返乡留乡政策支持体系,打通城乡人才培养交流通道,解决好人才"引不进"、"留不住"、"用不好"问题,吸引各类人才投身乡村建设,推动乡村人才振兴。

四 深化农村改革

习近平总书记强调,改革是乡村振兴的重要法宝。改革开放之初,正是农村改革的伟大实践,推动我国农业生产、农民生活、农村面貌发生巨大变化,为我国社会主义现代化建设作出了重大贡献。新时代推进农业农村现代化,还是要通过深化农村改革,进一步激活农村资源要素,破除制约农业农村发展的制度障碍,激发强劲内生动力。

(一)健全城乡融合发展机制。加快农业农村现代化不能就乡村论乡村,必须走城乡融合发展之路,强化以工补农、以城带乡,推动形成工农互促、城乡互补、协调发展、共同繁荣的新型工农城乡关系。要强化制度供给,打通城乡要素市场化配置体制机制障碍,推动城乡要素平等交换、双向流动。充分实现乡村资源要素内在价值,挖掘乡村多种功能,改变农村要素单向流出格局,增强农业农村发展活力。

(二)巩固和完善农村基本经营制度。农村基本经营制度是乡村振兴的制度基础。要落实第二轮土地承包到期后再延长三十年政策,稳定农村土地承包关系,给农民吃下长效"定心丸"。加快培育农民合作社、家庭农场等新型农业经营主体,引导健康规范发展,使之成为引领现代农业发展的重要力量。健全农业专业化社会化服务体系,通过服务组织将先进适用的品种、技术、装备、设施导入小农户,实现小农户和现代农业有机衔接。发展多种形式适度规模经营,坚持家庭经营基础性地位,创新农业经营组织方式,推动承包土地经营权规范有序流转。

(三)深化农村土地制度改革。处理好农民与土地的关系是深化农村改革的主线,必须切实保障农民土地权益,更好用活乡村土地资源。要健全城乡统一的建设用地市场,积极探索实施农村集体经营性建设用地入市制度,建立公平合理的增值收益分配机制。建立土地征收公共利益用地认定机制,缩小土地征收范围,规范征地程序,维护被征地农民和农民集体权益。稳慎推进农村宅基地制度改革,探索宅基地所有权、资格权、使用权分置实现形式。加快推进农村宅基地使用权确权登记颁证,探索赋予宅基地使用权作为用益物权更加充分的权能。严格落实"一户一宅"规定,加强宅基地管理。保障进城落户农民土地承包权、宅基地使用权、集体收益分配权,鼓励依法自愿有偿转让,探索自愿有偿退出机制。

（四）深化农村集体产权制度改革。农村集体产权制度改革对于探索农村集体所有制有效实现形式、创新农村集体经济运行机制、增强集体经济发展活力、引领农民逐步实现共同富裕具有深远历史意义。要加快推进农村集体产权制度改革试点,明确农村集体资产所有权,加强集体资产监督管理,推进经营性资产股份合作制改革,切实维护集体经济组织成员权益,建立健全农村集体经济组织。发展新型农村集体经济,以发展特色产业、盘活土地资源等为抓手,拓宽农村集体经济发展路径,增强集体经济组织服务成员能力。

五　实现巩固拓展脱贫攻坚成果
　　同乡村振兴有效衔接

习近平总书记强调,脱贫摘帽不是终点,而是新生活、新奋斗的起点。接下来要做好乡村振兴这篇大文章,推动乡村产业、人才、文化、生态、组织等全面振兴。要做好脱贫攻坚同乡村振兴有效衔接,接续推动脱贫摘帽地区乡村全面振兴,促进经济社会发展和群众生活改善,让脱贫群众过上更加美好的生活,逐步走上共同富裕的道路。

（一）巩固脱贫攻坚成果。打赢脱贫攻坚战之后，一些脱贫户存在返贫致贫风险，巩固"两不愁三保障"成果仍需持续用力，产业扶贫和易地扶贫搬迁的帮扶成效还不稳定，巩固脱贫攻坚成果的任务仍然比较重。要健全防止返贫监测和帮扶机制，对脱贫不稳定户、边缘易致贫户开展常态化监测预警，建立健全快速发现和响应机制，及时纳入帮扶政策范围。做好易地扶贫搬迁后续帮扶工作，加强就业产业扶持和后续配套设施建设，确保搬迁群众住得下、能融入、可致富。加强扶贫项目资金资产管理和监督，确保公益性资产持续发挥作用、经营性资产不流失或被侵占。推动特色产业可持续发展，注重扶贫产业长期培育，扩大支持对象，延长产业链条，抓好产销衔接。

（二）接续推进脱贫摘帽地区乡村全面振兴。贫困地区脱贫摘帽以后，整体发展水平仍然较低，自我发展能力仍然较弱。要保持财政投入力度总体稳定，持续巩固脱贫攻坚成果，推进脱贫摘帽地区乡村全面振兴。西部地区低收入人口较多，集中了大部分的脱贫摘帽地区，且脱贫摘帽时间较晚，发展水平相对较低，缺乏自我帮扶能力，要对乡村振兴重点帮扶县给予集中支持，增强其巩固脱贫成果及内生发展能力。坚持先富带后富，坚持和完善东西部协作和对口支援、社会力量参与帮扶等机制，进一步优化结对帮扶关系和协作帮扶方式。

（三）加强对农村低收入人口分类帮扶。农村低收入人口受身体素质、职业技能、家庭负担、发展环境等制约，获得发展机会、资源要素的能力较差，如果没有政府和社会帮扶，收入增长和生活改善难以跟上全社会步伐。要健全农村社会保障和救助制度，以现有社会救助和社会保障体系为基础，健全农村低收入人口分类帮扶机制。特别是对建档立卡贫困户中完全丧失劳动能力或部分丧失劳动能力、无法通过产业就业获得稳定收入的人口，要应保尽保、应兜尽兜，切实保障他们的基本生活。

　　推进农业农村现代化是一项长期历史任务，我们要进一步增强"四个意识"、坚定"四个自信"、坚决做到"两个维护"，在以习近平同志为核心的党中央坚强领导下，全面加强党对"三农"工作的集中统一领导，坚持以人民为中心，坚守底线、精准施策、真抓实干，推动乡村振兴取得新进展、农业农村现代化迈上新台阶，书写好新时代"三农"工作新篇章。

建设更高水平的平安中国

郭 声 琨

建设更高水平的平安中国,是以习近平同志为核心的党中央作出的战略擘画。习近平总书记高度重视平安建设,在浙江工作期间就创造性地提出并实施了平安浙江建设战略,党的十八大以来对建设平安中国作出一系列重要指示,亲自批准成立平安中国建设协调小组,指引平安中国建设取得显著成就,走出了一条中国特色社会主义社会治理之路。党的十九届五中全会通过的《中共中央关于制定国民经济和社会发展第十四个五年规划和二〇三五年远景目标的建议》(以下简称《建议》)对建设更高水平的平安中国作出重要部署,这是以习近平同志为核心的党中央从构建新发展格局、统筹国内国际两个大局、办好发展安全两件大事出发作出的重大决策,为建设更高水平的平安中国提供了根本遵循。我们要深入学习贯彻习近平新时代中国特色社会主义思想,深入学习贯彻党的十九届五中全会精神,增强"四个意识"、坚定"四个自信"、做到"两个维护",深刻理解、准确把握建设更高水平的平安中国的时代背景、战略意义、总体思路、重点工作,提高谋划和推进平安中国建设的能力水平,确保人民安居乐业、社会安定有序、国家长治久安。

一 深刻理解建设更高水平的平安中国的时代背景和战略意义

平安中国建设是一个动态发展、不断升级的过程。当前正处于"两个一百年"奋斗目标的历史交汇期，我国面临的国内国际环境发生深刻变化，建设更高水平的平安中国具有更加重大而深远的战略意义。

（一）建设更高水平的平安中国，是开创"中国之治"新境界的战略之举。党的十八大以来，在以习近平同志为核心的党中央坚强领导下，我国成为世界上最有安全感的国家之一，"平安中国"成为一张亮丽的国家名片。特别是在这次全球抗击新冠肺炎疫情斗争中，我国在短时间内夺取了全国抗疫斗争重大战略成果，"中国之治"与"西方之乱"形成鲜明对比，"中国之治"优势更加凸显。"天下之势不盛则衰，天下之治不进则退"。我们只有主动适应"中国之治"的新要求，打造平安中国建设的升级版，才能不断增添"中国之治"成色，进一步彰显"中国之制"优势。

（二）建设更高水平的平安中国，是顺应我国社会主要矛盾新变化的长远之策。平安是老百姓亘古不变的期盼，是最基本的民生需要。随着我国社会主要矛盾发生历史性变化，人民群众对平安的需要越来越多样化多层次多方面。平安已经从传统意义上的生命财产安全，上升到安业、安居、安康、安心等各方面，内涵外延不断拓展，标准要求更新更高。我们只有主动适应社会主要矛盾新变化，聚焦人民群众新需要，从更宽领域、以更高标准推进平安中国建设，才能让人民群众获得感、幸福感、安全感更加充实、更有保障、更可持续。

（三）建设更高水平的平安中国，是防范应对各类风险新挑战的制胜之道。当今世界正经历百年未有之大变局,新冠肺炎疫情全球大流行使这个大变局加速演变,世界进入动荡变革期。在中美战略博弈大背景下,我国面临的外部环境不稳定性不确定性更加凸显,传统安全和非传统安全挑战不断增多,各类风险的跨界性、关联性、穿透性、放大性显著增强,处理不好容易形成系统性风险。我们只有准确把握国内外环境深刻变化带来的新挑战,不断增强平安中国建设效能,构建从源头、传导、转化各环节进行防控的完整链条,才能从整体上提升风险防范化解能力水平。

(四)建设更高水平的平安中国,是实现全面建设社会主义现代化国家新目标的强国之基。"十四五"时期,我国将在全面建成小康社会、实现第一个百年奋斗目标的基础上,开启全面建设社会主义现代化国家新征程、向第二个百年奋斗目标进军。在这一进程中,平安中国建设既是重要内容也是重要保障。这要求我们不断提升平安中国建设的层次质效,走安全发展之路,加快构建新发展格局,更好统筹发展和安全,实现更高质量、更有效率、更加公平、更可持续、更为安全的发展。我们只有立足中华民族伟大复兴战略全局,努力建设更高水平的平安中国,才能为实现全面建设社会主义现代化国家的目标提供更加有力的保障。

二　准确把握建设更高水平的平安中国的基本要求

建设更高水平的平安中国,具有丰富的内涵:**一是更高起点**,谱写经济快速发展、社会长期稳定"两大奇迹"的新篇章,要加强顶层设计,提升平安中国建设的层次和质效;**二是更广领域**,突出"大平安"理念,统筹发展和安全,统筹内部安全和外部安全,统筹传统安

全和非传统安全;**三是更富实效**,既要更快更好解决突出问题,又要
更有力更有效地从源头上进行预防,提升防范化解各类风险的能力
水平;**四是更可持续**,实现从被动维稳向主动创稳、从静态平安向动
态平安、从一时平安向长治久安的转变;**五是更加满意**,紧扣人民群
众对平安建设的关切和感受,在共建共治共享中不断提升人民群众
的获得感、幸福感、安全感。

实现《建议》提出的"十四五"时期建设更高水平的平安中国的
目标任务和到 2035 年的远景目标,即平安中国建设达到更高水平,
需要我们在实践中把握以下基本要求。

(一)树立科学理念,增强平安中国建设引领性。建设更高水平
的平安中国,最根本的是以习近平新时代中国特色社会主义思想作
指引。**一是坚持党的领导**。要把党的领导贯穿到平安中国建设的各
方面和全过程,有效整合资源力量,推动形成共建共治共享的平安建
设新格局,真正把党的领导优势转化为平安建设效能。**二是坚持人
民至上**。要始终把人民放在心中最高位置,坚持一切为了人民、紧紧
依靠人民、不断造福人民、牢牢根植人民,把民心民愿作为第一信号、
把安民利民作为第一选择、把百姓满意作为第一标准,全方位提升守
护群众平安、保障群众权益的层次和水平。**三是坚持安全发展**。安
全是发展的前提,发展是安全的保障,合则兴、离则弱。要统筹发展
和安全,把安全摆到经济社会发展全局中谋划,既善于运用发展成果
夯实维护安全的物质基础,又善于创造有利于经济社会发展的安全
环境,形成发展和安全协调共进、互促双赢的良好局面。**四是坚持主
动塑造**。要把党的领导和我国社会主义制度的政治优势充分彰显出
来,把社会各方面力量充分调动起来,不断激发平安中国建设的内生
动力和活力,最大限度增加人人参与平安建设的行动自觉,实现由保
平安向创平安的转变,努力建久安之势、成长治之业。**五是坚持科学
治理**。更高水平的平安中国,应该既充满活力又安定和谐。要坚持

系统治理、依法治理、综合治理、源头治理和专项治理相结合,发挥好自治、法治、德治和科技作用,处理好维稳与维权、打击与保护、从严与从宽、公正与效率、管理与服务的关系,使社会既生机勃勃又井然有序。

(二)完善工作格局,增强平安中国建设协同性。我们要充分发挥体制优势,推动经济、政治、文化、社会、生态一体建设,促进政府、社会、市场良性互动,实现力量资源有效整合和科学配置,激发平安建设的"联动效应"、"共生效应"。**一是发挥党委领导作用**。要加强党对平安建设工作的领导,推动平安建设融入社会发展全过程。健全平安中国建设协调机制,有效整合资源力量,协调解决平安中国建设中遇到的重大问题,形成问题联治、工作联动、平安联创的良好局面。充分发挥基层党组织领导作用,构建区域统筹、条块协同的工作新格局,推动基层党建与平安建设互促互进。**二是发挥政府职能作用**。要健全完善信息互通、资源共享、工作联动机制,实现平安建设资源整合、力量融合、功能聚合、手段综合。要积极探索扁平化运行模式,打造上层统筹有力、中层运转高效、基层做实做强的运行体系,提高快速响应、精准落地能力。**三是发挥社会协同作用**。要创新完善鼓励社会多方参与平安建设的政策体系,发挥市场机制作用,加大社会组织培育力度,畅通和规范市场主体、新社会阶层、社会工作者和志愿者等参与途径,以开放性架构吸纳各方力量参与平安建设。

(三)健全群防机制,增强平安中国建设共享性。建设更高水平的平安中国,目的是要让人民群众更加充分享受平安建设成果,关键在于坚持专群结合、群防群治方针,不断完善共建共治共享的工作机制,建设人人有责、人人尽责的平安建设共同体。**一是拓展人民群众参与新渠道**。要完善群众参与平安建设的组织形式和制度化渠道,创新互联网时代群众工作机制,充分保障群众知情权、参与权、表达权、监督权,更好地广纳民智、广聚民力。**二是拓展人民群众协商新**

载体。民主协商是实现共治的基本方式。要统筹兼顾不同阶层群体的多样性、差异化诉求，改进政府听证决策机制，丰富有事好商量、众人的事情由众人商量的制度化实践，在平等对话和有效沟通中集聚共识、形成合力。**三是拓展人民群众共享新机制**。聚焦人民群众需要的增长点，聚力解决人民群众最恨最怨最烦的事情，更好满足人民群众多层次、差异化、个性化需要，让平安建设成果更多更公平地惠及全体人民。**四是拓展人民群众评价新体系**。群众意愿是平安建设的风向标，群众评价是平安建设的试金石。要坚持以人民满意为根本标尺，健全科学合理、操作性强的平安建设绩效考评指标体系，加大群众意见在绩效考评中的权重，真正把评判的"表决器"交到群众手中。

（四）创新方法路径，增强平安中国建设实效性。我们既要坚持行之有效的好方法，又要探索实践所需的新手段，打好解决突出问题的组合拳，不断提升平安建设的实效。**一是以推进市域社会治理现代化试点为抓手**。要完善社会治理体系，提升市域社会治理水平，构建网格化管理、精细化服务、信息化支撑、开放共享的基层管理服务平台。强化全周期管理，把平安建设各环节作为完整链条，完善事前事中事后全程治理机制。要强化源头防控，加强对各类风险隐患的源头发现、早期控制，不断提升对各类风险预警防范化解的能力。要强化应急管理，把握矛盾风险刚发生时的"黄金"处置窗口，推动问题在第一时间解决、事态在第一环节控制。**二是以自治、法治、德治和科技运用为方式**。要坚持和发展新时代"枫桥经验"，创新加强基层基础工作，健全党组织领导的自治、法治、德治相结合的城乡基层治理体系。强化自治基础作用，创新基层自治的实现形式和载体，推动民事民议、民事民办、民事民管。强化法治保障作用，善于运用法治思维引导和规范社会生活、运用法治方式防范和化解矛盾风险，努力实现法安天下。强化德治教化作用，大力弘扬社会主义核心价值观,弘扬伟大抗疫精神,使之成为平安建设的强大精神力量。强化科技支撑作用,主动适应大数据时代,充分运用大数据、云计算、区块链、人工智能等前沿技术,打造数据驱动、人机协同、跨界融合、共创分享的智能化平安建设新模式。**三是以基层平安创建活动为载体。**要深入开展平安地区、平安行业、平安单位等多种形式的平安创建活动,完善基层平安创建标准和创建模式,推进重点行业领域的平安创建活动,构建以平安市域为抓手、以平安行业为支撑、以平安社区为根基的平安中国建设新格局,以各地各行业平安汇聚为全国平安。

三 认真落实"十四五"时期建设更高水平的 平安中国的重点工作任务和措施

《建议》坚持系统思维、目标导向,突出制度机制和体系能力建设,对建设更高水平的平安中国作出了部署安排。

(一)加强国家安全体系和能力建设。坚持以总体国家安全观为统领,统筹推进各领域国家安全工作,走中国特色国家安全道路。**一是健全国家安全制度体系。**完善集中统一、高效权威的国家安全领导体制,健全国家安全法治体系、战略体系、政策体系、人才体系和运行机制。健全国家安全审查和监管制度,加强国家安全执法,确保国家安全工作落到实处。**二是坚定维护政治安全。**政治安全是国家安全的根本,关乎政权稳固、国运昌盛,是不可动摇的底线。要坚定维护国家政权安全、制度安全、意识形态安全,全面加强网络安全保障体系和能力建设,严密防范和严厉打击敌对势力渗透、破坏、颠覆、分裂活动,构筑维护国家安全的铜墙铁壁。**三是巩固国家安全人民防线。**维护国家安全是全社会的责任。要加强国家安全宣传教育,增强全民国家安全意识,夯实国家安全的群众基础。

（二）确保国家经济安全。经济安全是国家总体安全的基础。我们要加强经济安全风险预警、防控机制和能力建设，确保安全发展。**一是维护产业链供应链安全。**发挥法治固根本、稳预期、利长远功能，实施产业竞争力调查和评价工程，促进产业链与供应链、创新链、资金链、政策链深度融合，着力提升产业基础能力和产业链水平，增强产业体系抗冲击能力。**二是确保重要行业和关键领域安全。**确保粮食安全，把中国人的饭碗牢牢端在自己手中。维护水利、电力、供水、油气、交通、通信、网络、金融等重要基础设施安全。保障能源和战略性矿产资源安全，提高水资源集约安全利用水平，保障经济社会发展所需的资源能源持续、可靠和有效供给。维护金融安全，健全金融宏观审慎管理和金融风险防范、处置机制，守住不发生系统性风险底线。确保生态安全，加强核安全监管，维护新型领域安全。**三是构建海外利益保护和风险预警防范体系。**主动适应我国深入参与全球治理、海外利益不断拓展的新形势，构建彰显影响力、突出行动力、具有塑造力的海外安全保护体系，健全风险预警防范机制，保障海外中国公民、组织和机构的安全和正当权益。

（三）保障人民生命安全。民心是最大的政治，民安是最大的责任。我们要把保护人民生命安全摆在首位，全面提高公共安全保障能力。**一是完善和落实安全生产责任制。**加快建立健全安全生产责任和管理制度体系、隐患排查治理和风险防控体系，强化企业主体责任落实，织密织牢安全生产的防护网、责任网，有效遏制危险化学品、矿山、建筑施工、交通等重特大安全事故。**二是强化卫生健康保障。**加快构建国家生物安全法律法规体系、制度保障体系，全面提高国家生物安全治理能力。坚持最严谨的标准、最严格的监管、最严厉的处罚、最严肃的问责，提高食品药品等关系人民健康产品和服务的安全保障水平。**三是提高灾害防范应对能力。**建立高效科学的自然灾害防治体系，提升洪涝干旱、森林草原火灾、地质灾害、地震等自然灾害防御工程标准,加快江河控制性工程建设,加快病险水库除险加固,全面推进堤防和蓄滞洪区建设,有效减轻灾害风险。完善国家应急管理体系,加强应急物资保障体系建设,提升应急处置效能。

（四）维护社会稳定和安全。社会稳定和安全,是改革发展的重要保障。要加强和创新社会治理,保持社会和谐稳定,不断夯实长治久安的基础。**一是正确处理新形势下人民内部矛盾**。坚持和发展新时代"枫桥经验",畅通和规范群众诉求表达、利益协调、权益保障通道,构建源头防控、排查梳理、纠纷化解、应急处置的社会矛盾综合治理机制。推进信访工作法治化、信息化、科学化,推行领导干部特别是市县领导干部下基层接访制度。完善人民调解、行政调解、司法调解等各类调解联动工作体系,以多元的方式方法化解矛盾纠纷。**二是健全社会心理服务体系和危机干预机制**。有针对性地加强对重点人群帮扶救助、心理疏导、法律援助,最大限度消解社会戾气,培育自尊自信、理性平和、积极向上的社会心态,严防发生个人极端案事件。**三是加强社会治安防控体系建设**。坚持立体化、法治化、专业化、智能化方向,打造城乡统筹、网上网下融合、人防物防技防结合、打防管控一体的社会治安防控新格局。深入总结疫情防控中联防联控、群防群治的经验,坚持专群结合,创新完善依靠群众、发动群众的制度机制。打好扫黑除恶专项斗争决胜战,建立健全常态化扫黑除恶工作机制,推动严打暴恐常态化,健全对新型网络犯罪和跨国犯罪打击整治机制。

推进社会主义文化强国建设

黄 坤 明

党的十九届五中全会通过的《中共中央关于制定国民经济和社会发展第十四个五年规划和二〇三五年远景目标的建议》（以下简称《建议》），明确提出到 2035 年建成文化强国的远景目标，并强调在"十四五"时期推进社会主义文化强国建设。这是以习近平同志为核心的党中央基于历史和现实、着眼全局和长远作出的战略决策，标志着我国文化建设在"两个一百年"奋斗目标接续推进中进入了一个新的历史阶段。

一 充分认识建设社会主义文化强国的重大意义

文化兴国运兴，文化强民族强。实现中华民族从站起来、富起来到强起来的伟大飞跃，必然伴随着中华文化大发展大繁荣，必然召唤着建设社会主义文化强国。

（一）建设社会主义文化强国是我们党团结带领人民长期奋斗追求的重要目标。中国共产党是具有高度文化自觉的马克思主义政党，始终致力于建设一个文化繁荣、文明兴盛的社会主义中国。早在1940 年，毛泽东同志就提出："我们不但要把一个政治上受压迫、经济上受剥削的中国，变为一个政治上自由和经济上繁荣的中国，而且要把一个被旧文化统治因而愚昧落后的中国，变为一个被新文化统治因而文明先进的中国。"邓小平同志强调,我们要在建设高度物质文明的同时,建设高度的社会主义精神文明。从新中国成立到改革开放以后,我们党总是结合时代变化和实践发展,与时俱进地提出文化纲领、文化目标、文化政策,引领文化建设不断取得新成就。进入新时代,以习近平同志为核心的党中央把文化建设提升到一个新的历史高度,把文化自信和道路自信、理论自信、制度自信并列为中国特色社会主义"四个自信",把坚持马克思主义在意识形态领域指导地位的制度确立为中国特色社会主义制度体系的一项根本制度,把坚持社会主义核心价值体系纳入新时代坚持和发展中国特色社会主义的基本方略。习近平总书记明确指出:"要坚持中国特色社会主义文化发展道路,激发全民族文化创新创造活力,建设社会主义文化强国。"党的十八大以来,我国文化建设在正本清源、守正创新中取得历史性成就、发生历史性变革,呈现出文化更加繁荣、蓬勃发展的生动景象。在新的历史起点上推进文化强国建设,就是要坚守崇高的文化理想,更好担负起新的文化使命,加快建设与我国深厚文化底蕴和丰富文化资源相匹配、与新时代中国特色社会主义事业总体布局和战略布局相适应、与建设富强民主文明和谐美丽的社会主义现代化强国相承接的社会主义文化强国。

(二)建设社会主义文化强国是全面建设社会主义现代化国家的战略任务。经过长期奋斗和不懈努力,我们即将全面建成小康社会,开启全面建设社会主义现代化国家新征程。这意味着中华民族的千年期盼在当代中国变成现实,意味着14亿中国人民从此开始新的伟大进军,在中国发展史、中华民族发展史乃至人类发展史上都具有极为重要的意义。中国特色社会主义是全面发展、全面进步的伟大事业,没有社会主义文化繁荣发展,就没有社会主义现代化。全面建设社会主义现代化国家,文化的地位不可替代,文化的作用更加凸显。统筹推进"五位一体"总体布局、协调推进"四个全面"战略布局,文化是重要内容;推动高质量发展,文化是重要支点;满足人民日益增长的美好生活需要,文化是重要因素;战胜前进道路上各种风险挑战,文化是重要力量源泉。在新的历史起点上推进文化强国建设,就是要坚持精神文明和物质文明协调发展、依法治国和以德治国有机结合,加强社会主义精神文明建设,弘扬社会主义核心价值观,繁荣发展文化事业和文化产业,不断丰富人民精神文化生活,促进国民素质和社会文明程度达到新高度,显著增强国家文化软实力,充分发挥文化引领风尚、教育人民、服务社会、推动发展的作用。

(三)建设社会主义文化强国是实现中华民族伟大复兴的基础支撑。文化是一个国家、一个民族的灵魂。真正有前途、有力量的国家和民族,必然有其灿烂的文明、辉煌的文化。在几千年的历史演进中,中华民族之所以能够成为伟大的民族、始终屹立于世界民族之林,之所以历经磨难而愈挫愈勇、奋发奋起,很重要的就在于创造了熠熠生辉、光耀世界的中华文明,培育和发展了博大精深、历久弥新的中华文化,为中华民族生生不息、发展壮大提供了丰厚滋养。人无精神不立,国无精神不强。现在,我国正处于实现中华民族伟大复兴关键时期,船到中流浪更急,人到半山路更陡,我们比以往任何时候都更加需要坚定的信心、统一的意志,更加需要文化的引领、精神的支撑。在新的历史起点上推进文化强国建设,就是要牢牢把握中华民族伟大复兴战略全局,增强文化自觉,坚定文化自信,弘扬中华优秀传统文化,继承革命文化,发展社会主义先进文化,不断铸就中华文化新辉煌,建设好中华民族共有精神家园,增强全民族的凝聚力、向心力、创造力。

(四)建设社会主义文化强国是推动构建人类命运共同体的必然要求。文化是历史的积淀、智慧的结晶,引领着历史前进方向和时代发展潮流,昭示着人类从哪里来、到哪里去。只有坚持推动文明相通、文化相融,拉紧各国人民相互尊重、相互理解的精神纽带,才能更好构建人类命运共同体。中华文化既蕴含着协和万邦、天下大同的丰富思想，又具有开放包容、兼收并蓄的深厚传统。建设文化强国，需要坚持以我为主，但决不是搞自我封闭，更不是搞唯我独尊，而是立足中国、面向世界，更好促进中华文化和各国文化相互取长补短、实现共同进步，为建设命运与共的美好世界提供持久而深厚的精神动力。当今世界正经历百年未有之大变局，既充满希望，也充满挑战，特别是随着单边主义、保护主义、孤立主义抬头蔓延，文明冲突、文明优越等论调不时沉渣泛起，加强文化交流、文明互鉴的重要性更加凸显。在新的历史起点上推进文化强国建设，就是要不断提升中华文化影响力，积极借鉴世界优秀文化成果，坚定维护世界文明多样性，推动人类命运共同体理念更加深入人心，为人类文明进步作出新的更大贡献。

二 始终沿着正确方向推进社会主义文化强国建设

方向引领行动，行动成就目标。只有牢牢把握社会主义先进文化前进方向，坚定不移走中国特色社会主义文化发展道路，才能确保社会主义文化强国建设行稳致远。贯彻《建议》精神，需要重点把握好以下几个方面。

（一）始终坚持马克思主义在意识形态领域的指导地位。任何一种意识形态，任何一种文化，都有一个占据统摄地位的旗帜和灵魂。对于社会主义意识形态、社会主义文化来说，其旗帜和灵魂就是马克思主义。应当认识到，我们党是马克思主义政党，我们国家是共产党领导的社会主义国家，我们建设的文化是社会主义文化，这就从根本上决定了任何时候都必须毫不动摇地坚持马克思主义。要坚定信仰、保持定力，把坚持马克思主义在意识形态领域指导地位的根本制度贯彻到文化建设全过程各领域,使坚持和发展马克思主义始终成为主旋律、最强音。习近平新时代中国特色社会主义思想是当代中国马克思主义、21世纪马克思主义,是党和国家必须长期坚持的指导思想。要坚定不移用这一思想武装头脑、指导实践、推动工作,更加自觉地用以统领新时代文化建设,具体落实到把握方向导向、创新思维思路、改革体制机制等各方面,推动中国特色社会主义文化守正创新、固本开新,努力建设具有强大凝聚力和引领力的社会主义意识形态,促进全体人民在思想上精神上紧紧团结在一起。

(二)始终坚定文化自信。习近平总书记指出,文化自信是一个国家、一个民族发展中更基本、更深沉、更持久的力量。历史和现实表明,一个国家和民族要自立自强,首先在文化上要自觉自信。可以说,有没有高度的文化自信,不仅决定着文化自身的繁荣发展,而且关系到国运兴衰、民族沉浮。中华民族素有文化自信的气度,正是有了这种文化自信心和自豪感,才形成了深厚的文化根脉和独特的文化优势,获得了坚守正道的定力、砥砺前行的动力、变革创新的活力。建设社会主义文化强国,文化自信既是思想基础和先决条件,也是根本标志和最终目的。要保持对中华文化理想和价值、生命力和创造力的高度信心,坚守中华文化立场,扎根中国特色社会主义伟大实践进行文化创造、推动文化进步,大力发展面向现代化、面向世界、面向未来的,民族的科学的大众的社会主义文化,努力做到以坚定的文化自信建设文化强国,在建设文化强国中不断增强文化自信。

(三)始终坚持以社会主义核心价值观引领文化建设。核心价值观是决定文化性质和方向的最深层要素。一种文化能不能立起来、强起来,关键取决于贯穿其中的核心价值观。社会主义核心价值观既凝结着全体人民共同的价值追求,又蕴含着社会主义现代化的价值目标,是当代中国精神的集中体现,是凝聚民心、汇聚民力的强大力量。推动社会主义文化建设,必须抓住社会主义核心价值观建设这个根本,充分发挥其主导和引领作用。要坚持把培育和践行社会主义核心价值观作为凝魂聚气、强基固本的基础工程,把弘扬包括伟大抗疫精神在内的民族精神和时代精神作为重中之重,强化教育引导、实践养成、制度保障,夯实全民族全社会休戚与共、团结奋进的思想道德基础。要把社会主义核心价值观体现到国民教育、精神文明创建、精神文化产品创作生产传播全过程,贯穿到国家治理体系和治理能力现代化建设各领域,使之融入经济社会发展和人们生产生活方方面面,更好构筑中国精神、中国价值、中国力量。

(四)始终围绕举旗帜、聚民心、育新人、兴文化、展形象的使命任务。一个时代有一个时代的文化使命任务。在革命、建设、改革各个时期,我们党总是根据自己的历史使命和中心任务,结合时代提出的重大课题,从全局上、战略上赋予思想文化工作应当肩负起的使命任务。举旗帜、聚民心、育新人、兴文化、展形象,是以习近平同志为核心的党中央立足中国特色社会主义进入新时代这个新的历史方位,着眼充分发挥文化在推进伟大斗争、伟大工程、伟大事业、伟大梦想中重要作用提出来的。这五个方面紧密联系、相互贯通、有机统一,标定了文化建设在党和国家事业全局中新的坐标,是开创文化发展新局面、推进文化强国建设的根本要求。要时刻牢记和主动担当新时代文化使命任务,坚持把为人民服务、为社会主义服务作为根本方向,把围绕中心、服务大局作为基本职责,把统一思想、凝聚力量作为中心环节,在时代和实践发展中展现文化新作为新气象。

三 努力在"十四五"时期为建设社会主义文化强国打下坚实基础

目标已经明确,关键在抓落实。要以高度的政治责任感和时代

使命感,切实把《建议》部署的重大任务落到实处,在新时代新征程
上朝着建成文化强国目标不断迈进。

(一)着力提高社会文明程度。文明是现代化国家的显著标志。
必须把提高社会文明程度作为建设文化强国的重大任务,坚持重在
建设、以立为本,坚持久久为功、持之以恒,努力推动形成适应新时代
要求的思想观念、精神面貌、文明风尚、行为规范。**一是抓住首要。**
习近平新时代中国特色社会主义思想,既具有强大的真理说服力、实
践指导力,又具有强大的思想引领力、精神感召力。提高社会文明程
度,首要的是深入开展习近平新时代中国特色社会主义思想学习教
育。要坚持不懈用这一思想武装全党、教育人民,推进马克思主义理
论研究和建设工程,推动全党学懂弄通做实,引导全社会坚定主心
骨。**二是抓住根本。**理想信念是精神之柱、力量之源。要推动理想
信念教育常态化制度化,加强党史、新中国史、改革开放史、社会主义
发展史教育,加强爱国主义、集体主义、社会主义教育,弘扬党和人民
在各个历史时期奋斗中形成的伟大精神,引导人们坚定"四个自
信",增强坚守共同理想、实现共同梦想的信心和决心。**三是抓住重
点。**要以加强社会公德、职业道德、家庭美德、个人品德建设为着力
点,深入推进公民道德建设。实施文明创建工程,深化群众性精神文
明创建活动,拓展新时代文明实践中心建设,不断增强人们文明实践
自觉。健全志愿服务体系,广泛开展志愿服务关爱行动,使我为人
人、人人为我在全社会蔚然成风。弘扬诚信文化,推进诚信建设。提
倡艰苦奋斗、勤俭节约,开展以劳动创造幸福为主题的宣传教育。加
强家庭、家教、家风建设,促进形成社会主义家庭文明新风尚。加强
网络文明建设,发展积极健康的网络文化,营造更加清朗的网络
空间。

(二)着力提升公共文化服务水平。推动文化发展、建设文化强
国,从根本上说就是为了更好满足人民日益增长的精神文化生活需

要,不断丰富人民精神世界、增强人民精神力量。必须坚持文化发展为了人民、文化发展依靠人民、文化发展成果由人民共享,全面繁荣新闻出版、广播影视、文学艺术、哲学社会科学事业,切实把公共文化服务提高到一个新水平,着力增强人民文化获得感、幸福感,促进人的全面发展。要把发展文艺事业放在突出位置,坚持以人民为中心的创作导向,实施文艺作品质量提升工程,加强现实题材创作生产,不断推出反映时代新气象、讴歌人民新创造的文艺精品。要加快推进媒体深度融合,坚持正能量是总要求、管得住是硬道理、用得好是真本事,实施全媒体传播工程,做强新型主流媒体,建强用好县级融媒体中心,推动构建网上网下一体、内宣外宣联动的主流舆论格局。要聚焦城乡文化发展不平衡、农村文化发展不充分问题,推进城乡公共文化服务体系一体建设,创新实施文化惠民工程,广泛开展群众性文化活动,推动公共文化数字化建设,促进城乡文化协调发展、共同繁荣。加强国家重大文化设施和文化项目建设,推进国家版本馆、国家文献储备库、智慧广电等工程。要坚持创造性转化、创新性发展,大力传承弘扬中华优秀传统文化,加强文物古籍保护、研究、利用,强化重要文化和自然遗产、非物质文化遗产系统性保护,加强各民族优秀传统手工艺保护和传承,建设长城、大运河、长征、黄河等国家文化公园,推动中华文化展现永久魅力、焕发时代风采。

(三)着力健全现代文化产业体系。这是满足人民多样化、高品位文化需求的重要基础,也是激发文化创造活力、推进文化强国建设的必然要求。近几年,我国文化产业持续健康发展,2018年全国文化及相关产业增加值4万多亿元,占国内生产总值4.48%。当然,发展文化产业,最重要的不是看经济效益,而是看是否符合高质量发展要求,能不能提供更多既能满足人民文化需求、又能增强人民精神力量的文化产品。要坚持把社会效益放在首位、社会效益和经济效益相统一,深化文化体制改革,完善文化产业规划和政策,加强文化市场体系建设,不断扩大优质文化产品供给。要顺应数字产业化和产业数字化发展趋势,实施文化产业数字化战略,加快发展新型文化企业、文化业态、文化消费模式,改造提升传统文化业态,推动文化产业全面转型升级,提高质量效益和核心竞争力。要围绕国家重大区域发展战略,把握文化产业发展特点规律和资源要素条件,规范发展文化产业园区,推动区域文化产业带建设,促进形成文化产业发展新格局。文化产业和旅游产业密不可分,要坚持以文塑旅、以旅彰文,推动文化和旅游融合发展,建设一批富有文化底蕴的世界级旅游景区和度假区,打造一批文化特色鲜明的国家级旅游休闲城市和街区,发展红色旅游和乡村旅游,让人们在领略自然之美中感悟文化之美、陶冶心灵之美。

(四)着力加强对外文化交流和多层次文明对话。建设文化强国的过程,既是传承弘扬中华文化、增强其生命力和影响力的过程,又是吸纳外来文化文明精华、推动中华文化不断丰富的过程。必须秉持开放包容、互学互鉴的理念,以更自信的心态、更宽广的胸怀,深入开展同各国文化交流合作,广泛参与世界文明对话,促进对彼此文化文明的理解、欣赏和借鉴,让各国人民更好了解中国,让中国人民更好了解世界。要以讲好中国故事为着力点,介绍阐释中国理念、中国道路、中国主张,展现真实、立体、全面的中国,不断增进理解、扩大认同。特别是要讲好中国共产党治国理政的故事、中国人民奋斗圆梦的故事、中国共产党和中国人民血肉联系的故事、中国坚持和平发展合作共赢的故事,帮助国际社会加深对中国共产党为什么能、马克思主义为什么行、中国特色社会主义为什么好的认识。要创新推进国际传播,坚持贴近中国实际、贴近国际关切、贴近国外受众,多运用对方听得懂、易接受的话语体系和表述方式,搭建起中国人民同各国人民有效互动交流的桥梁,让世界更好读懂中国。

加快转变政府职能

肖　捷

党的十九届五中全会通过的《中共中央关于制定国民经济和社会发展第十四个五年规划和二〇三五年远景目标的建议》,对加快转变政府职能作出重要部署,为全面加强政府建设、完善国家行政体系指明了方向、提供了行动指南。我们要坚持以习近平新时代中国特色社会主义思想为指导,深入学习领会加快转变政府职能的重大意义,认真落实加快转变政府职能的目标任务,为开启全面建设社会主义现代化国家新征程提供重要保障。

一　加快转变政府职能,建设职责明确、依法行政的政府治理体系

转变政府职能是深化行政体制改革的核心。改革开放特别是党的十八大以来,政府职能深刻转变、持续优化,对解放和发展生产力、促进经济持续健康发展、增进社会公平正义,发挥了重要作用。面对新时代新使命,必须加快转变政府职能,建设职责明确、依法行政的政府治理体系。

(一)紧紧围绕推进国家治理体系和治理能力现代化加快转变政府职能。政府是国家治理的主体之一。推进国家治理体系和治理能力现代化,必须优化政府组织结构,使政府机构设置更加科学、职

能更加优化、权责更加协同。这就要求加快转变政府职能,优化政府
职责体系,理顺部门职责关系,不断完善政府经济调节、市场监管、社
会管理、公共服务、生态环境保护等职能,坚决克服政府职能错位、越
位、缺位现象,全面提高政府效能,助推国家治理体系和治理能力现
代化。

(二)紧紧围绕构建高水平社会主义市场经济体制加快转变政
府职能。构建高水平社会主义市场经济体制,核心是处理好政府和
市场的关系,使市场在资源配置中起决定性作用,更好发挥政府作
用。这就要求抓住加快转变政府职能这个关键,将有效市场和有为
政府更好结合起来,更加尊重市场经济一般规律,最大限度减少政府
对市场资源的直接配置和对微观经济活动的直接干预,大力保护和
激发市场主体活力;同时要继续创新和完善宏观调控,有效弥补市场
失灵,着力推动形成新发展格局,努力实现更高质量、更有效率、更加
公平、更可持续、更为安全的发展。

(三)紧紧围绕建设人民满意的服务型政府加快转变政府职能。
为人民服务是我们党的根本宗旨,也是各级政府的根本宗旨。当前,
我国社会主要矛盾已经转化为人民日益增长的美好生活需要和不平
衡不充分的发展之间的矛盾,人民对美好生活有更多新期待。这就
要求把加快转变政府职能放在更突出位置,坚持以人民为中心的发
展思想,不断优化政府服务,创造良好发展环境,抓住人民最关心最
直接最现实的利益问题,大力保障和改善民生,促进社会公平正义,
让人民群众有更多获得感、幸福感、安全感。

(四)紧紧围绕深入推进依法行政加快转变政府职能。各级政
府作为国家权力机关的执行机关,承担着实施法律法规的重要职责,
必须坚持依法行政,推进法治政府建设,让权力在阳光下运行。这就
要求加快转变政府职能,推进机构、职能、权限、程序、责任法定化,推
进各级政府事权规范化、法律化,强化对行政权力的制约和监督,进

一步提高政府工作人员依法行政能力,做到法定职责必须为、法无授权不可为,坚决纠正不作为、乱作为,坚决克服懒政、怠政,确保政府各项工作在法治轨道上全面推进。

二 深化简政放权、放管结合、优化服务改革,持续优化市场化法治化国际化营商环境

简政放权、放管结合、优化服务改革作为推动政府职能转变的"牛鼻子",是一场从理念到体制的深刻变革,要始终坚持目标导向、问题导向,拿出更大的勇气、更多的举措破除深层次体制机制障碍,以简政放权更大激发市场活力和社会创造力,以放管结合切实维护公平竞争市场秩序,以优化服务为市场主体和群众办事增添便利,加快建设国际一流营商环境。

(一)全面实行政府权责清单制度。在政府部门"三定"规定基础上,编制和公布权责清单,进一步明确政府职能边界,是促进政府部门更好履职尽责的重要举措。要以推进国家机构职能优化协同高效为着力点,加快编制国务院部门权责清单,完善省市县三级政府部门权责清单。系统梳理国务院部门权责,逐项明确行使主体、权责名称、设定依据、履责方式等内容,确保真实、准确、完整。规范各级政府部门权责事项,逐项制定完善办事指南和运行流程图,明确每个环节的承办主体、办理标准、办理时限、监督方式等,提高行政职权运行的规范化水平。权责清单要向社会公布,并根据法律法规立改废释情况、机构和职能调整情况等,及时动态调整,不断完善国家机构职能体系。

(二)持续优化市场化法治化国际化营商环境。营商环境是企业生存发展的土壤。近年来我国营商环境明显改善,受到国内外广

泛关注和普遍赞誉。随着我国迈入新发展阶段,要进一步通过深化
改革优化营商环境,聚焦市场主体关切,加快关键环节和重要领域改
革步伐,激发市场主体发展活力。坚持市场化改革方向,进一步放宽
市场准入,全面实施市场准入负面清单制度,降低就业创业门槛,简
化企业生产经营审批和条件,提升投资建设便利度。完善各类市场
主体公平竞争的法治环境,保证民法典有效实施,全面贯彻《优化营
商环境条例》,坚持一视同仁对待在中国注册的企业,依法平等保护
国有、民营、外资等各种所有制企业产权和自主经营权,加强知识
产权保护,强化政务失信责任追究,构建亲清政商关系。对标国际
一流标准改善营商环境,加强与国际通行经贸规则对接,推动规
则、规制、管理、标准等制度型开放,健全外商投资促进、保护和服
务体系,推动贸易和投资自由化便利化,以开放促改革、促发展、促
创新。

(三)实施涉企经营许可事项清单管理。党的十八大以来,通过
持续深化行政审批制度改革,国务院部门行政许可事项已削减
47%,有效降低了投资、贸易、创业创新等领域制度性交易成本。目
前,中央层面设定的行政许可还有1200多项,地方层面也还有不少
许可事项,对这些事项要逐一深入分析论证,分类推进改革。继续大
力清理简并多部门、多层级实施的重复审批,坚持一类事项原则上由
一个部门统筹、一件事情原则上由一个部门负责,避免多头管理,严
防变相审批。继续系统梳理对微观经济活动的不必要干预和可以由
前置审批转为事中事后监管的许可事项,该取消的全部取消。对涉
企经营许可事项实行"证照分离"改革,大力推进"照后减证"、审批
改备案和告知承诺制。将保留的涉企经营许可事项全部纳入清单管
理,逐项列明事项名称、设定依据、审批部门等内容,清单要定期调整
更新并向社会公布,清单之外不得违规限制企业进入相关领域或行
业,进一步扩大企业经营自主权。

（四）加强事中事后监管。只有管得好，才能放得开，简政放权的同时，事中事后监管必须跟得上、管到位。要始终坚持放管结合、放管并重，把更多行政资源从事前审批转到加强事中事后监管上来，进一步改变重审批轻监管、"以批代管"等行政管理方式，夯实监管责任，提升监管效能，确保放而不乱、管而有序。加快完善全过程、全链条监管体系，使监管覆盖生产流通消费各个环节，事中监管要做到动态监测、及时预警，有效防范和化解风险；事后监管要做到可追溯、核查、纠正和惩处违法违规行为，并在此基础上推动完善相关监管规则标准。创新监管方式，全面推进"双随机、一公开"监管和"互联网+监管"，加快社会信用体系建设，运用区块链、大数据等新技术提升智慧监管水平，对直接涉及公共安全和人民群众生命健康等特殊重点领域实行严格监管，严守质量和安全底线。建立健全惩罚性赔偿和巨额罚款等制度，增强监管威慑力，对守法者"无事不扰"、对违法者"利剑高悬"。

（五）对新产业新业态实行包容审慎监管。近年来，通过深入实施创新驱动发展战略，新产业新业态蓬勃兴起。据统计，2019 年新产业新业态新商业模式增加值占国内生产总值的比重达 16.3%。新冠肺炎疫情发生后，应对疫情催生并推动了许多新产业新业态快速发展。对新产业新业态应当坚持包容审慎监管原则，既鼓励创新、为新产业新业态成长留足空间，不断培育壮大新动能，又切实保障安全、不能放任不管，引导新产业新业态规范健康发展。要加强对新生事物发展规律研究，创新监管标准和模式，防止简单套用老办法，不搞"一刀切"。对看得准、有发展前景的，支持鼓励其拓展应用场景。对一时看不准的，设置一定"观察期"，对出现的问题及时引导或处置。对潜在风险大、可能造成严重不良后果的，严格实施监管。对非法经营的，依法予以查处。同时，及时总结经验，将实践证明行之有效的监管措施常态化，健全长效监管机制。

三 健全重大政策事前评估和事后评价制度，提高决策科学化、民主化、法治化水平

转变政府职能，必须着眼于不断提升行政决策质量。要完善重大行政决策程序制度，健全重大政策事前评估和事后评价制度，充分听取各方面意见，防控决策风险，不断提高决策科学化、民主化、法治化水平。

（一）健全重大政策事前评估和事后评价制度。确保政府全面正确履行职能，不断提高决策水平，必须健全重大政策事前评估和事后评价制度，并使其规范化、标准化。重大政策出台前，要履行公众参与、专家论证、风险评估、合法性审查和集体讨论决定等决策法定程序，充分论证政策的必要性、可行性、科学性等内容，科学审慎研判政策预期效果和各方面反应，确保政策符合中央决策部署，财政可承受并长期可持续，从源头上把控政策方向，防止决策的随意性。政策实施中，要密切跟踪监测实施情况，及时了解政策实施效果和产生的影响，深入分析出现的新情况和新问题，有针对性地调整完善相关政策，确保其取得预期成效。政策执行完成后，要将政策设定的目标和实际取得效果进行对照分析，总结经验和不足，并将评价结果作为今后制定相关政策的重要依据和参考。提高重大政策事前评估和事后评价的质量，要将定量和定性分析相结合，能量化的尽可能量化，避免为评而评，把评估评价工作做深做细做实。

（二）畅通参与政策制定的渠道。保障人民群众通过多种途径和形式参与决策，是转变政府职能的内在要求，有利于使政策制定及时准确反映经济社会发展需要和人民意愿。制定事关经济社会发展全局和涉及群众切身利益的重大政策，要采取座谈会、听证会、公开征求社会意见、民意调查等多种方式广泛听取意见建议，涉及特定群

体利益的政策,还要与相关人民团体、社会组织以及群众代表沟通协商。制定与市场主体生产经营密切相关的政策文件,要主动了解市场主体所急所需所盼,完善常态化政企沟通机制,把听取市场主体诉求和意见建议贯穿全过程。完善意见研究采纳反馈机制,对各方面提出的意见认真分析研究,吸收采纳合理意见,并以适当方式反馈说明。以畅通的政策制定参与渠道,切实保障市场主体和群众在政策制定中的知情权、参与权、表达权和监督权,提升政策的针对性和有效性,提高政府执行力和公信力。

四　推进政务服务标准化、规范化、便利化,深化政务公开

转变政府职能的成效,最终要通过政府服务能力和水平的提升来体现。要进一步创新行政管理和服务方式,推进政务服务标准化、规范化、便利化,深化政务公开,深化行业协会、商会和中介机构改革,努力为市场主体和群众营造良好创业办事环境。

(一)推进政务服务标准化、规范化、便利化。要围绕提供更加优质高效的政务服务,不断提高政府工作效率和服务水平,为人民群众带来更好的政务服务体验。加快推进政务服务标准统一,编制公开政务服务事项标准化工作流程,推动同一事项名称、编码、依据、类型等要素在国家、省、市、县"四级四同",实现同一事项无差别受理、同标准办理。促进政务服务规范运作,规范行政审批行为,优化各级政务服务大厅窗口布局和服务,梳理和再造政务服务流程,全面实施政务服务"好差评"制度,让市场主体和群众来评判政务服务绩效。提升政务服务便利化水平,加快推进高频政务服务事项跨省通办,加强跨地区、跨部门、跨层级业务协同和信息共享,推动更多政务服务

事项"一件事一次办"、"网上办"、"掌上办"、"自助办",继续提升"一站式"便民服务点等线下服务功能,着力解决市场主体和群众办事"多地跑、折返跑"问题,降低社会运行成本。

(二)深化政务公开。政务公开是推动政府职能转变、使政府管理服务更加透明规范的有效手段。党的十八大以来,政务公开工作取得新成效,政务公开的广度深度稳步拓展、制度体系日趋完备、功能作用不断增强。要坚持以公开为常态、不公开为例外,以制度安排把政务公开贯穿政务运行全过程,全面推进决策、执行、管理、服务、结果公开,以公开促落实、促规范、促服务。稳步推进统一政府信息公开平台建设,加强行政法规、规章、规范性文件等重点政务信息公开,便于公众查询获取,促进制度有效执行。加快构建公共企事业单位信息公开制度体系,重点推进教育、卫生健康、公用事业等民生领域信息公开。全面推进基层政务公开标准化规范化,健全基层政务公开标准体系,推进基层办事服务公开透明。加强和改进政策发布解读回应工作,更加注重对政策背景、出台目的、重要举措等方面的实质性解读,强化政务舆情回应,确保在应对重大突发事件及社会热点事件时不失声、不缺位。

(三)深化行业协会、商会和中介机构改革。行业协会、商会和中介机构是政府与市场、社会之间的重要桥梁纽带。要按照加快转变政府职能的要求,进一步厘清政府与行业协会、商会的边界,全面推进行业协会、商会与行政机关脱钩改革,切断利益链条,鼓励行业协会、商会参与制定修订相关标准和政策文件,推动行业企业自律,维护行业企业合法权益,促进行业协会、商会自主运行、有序竞争、优化发展,使其真正成为依法自治的现代社会组织。依法整治"红顶中介",放宽中介机构准入,破除服务垄断,规范收费行为,完善中介服务执业规则和管理制度,加快建立公开透明的中介服务市场。通过更好发挥行业协会、商会和中介机构作用,更大便利投资兴业、助力创业创新。

"十四五"时期经济社会
发展主要目标

何 立 峰

    党的十九届五中全会通过的《中共中央关于制定国民经济和社会发展第十四个五年规划和二〇三五年远景目标的建议》(以下简称《建议》),确定了"十四五"时期我国经济社会发展的指导思想、目标任务和重大举措,擘画了未来五年我国发展的宏伟蓝图,是指导经济社会工作的纲领性文件。"十四五"时期是我国全面建成小康社会、实现第一个百年奋斗目标之后,乘势而上开启全面建设社会主义现代化国家新征程、向第二个百年奋斗目标进军的第一个五年,我们要全面把握"十四五"时期经济社会发展目标要求,坚定不移贯彻新发展理念,坚持稳中求进工作总基调,统筹做好各项工作,努力实现经济行稳致远、社会安定和谐,为全面建设社会主义现代化国家开好局、起好步。

一 努力实现"十四五"时期 经济社会发展主要目标

    面对错综复杂的国际形势、艰巨繁重的国内改革发展稳定任务,以习近平同志为核心的党中央带领全国各族人民接续奋斗、攻坚克难,我国经济实力、科技实力、综合国力跃上新的大台阶。2019 年,国内生产总值达到 99.1 万亿元,占全球经济总量的 16%,预计"十三五"期末国内生产总值突破 100 万亿元;人均国内生产总值突破 1

万美元,人民生活水平显著提高,城乡居民人均收入比2010年翻一番的目标基本实现;"十三五"时期实现5575万农村贫困人口脱贫,决战脱贫攻坚取得决定性成就;"十三五"规划目标任务即将完成,全面建成小康社会胜利在望。

"十四五"时期是开启全面建设社会主义现代化国家新征程的第一个五年,我国将进入新发展阶段。《建议》确定的"十四五"时期经济社会发展主要目标,综合考虑了国内外发展趋势和我国发展条件,充分体现了目标导向和问题导向相结合、守正和创新相统一。从目标导向看,党的十九大对实现第二个百年奋斗目标作出分两个阶段推进的战略安排,《建议》细化提出到2035年基本实现社会主义现代化的远景目标,"十四五"时期经济社会发展主要目标紧紧锚定了2035年远景目标。从问题导向看,我国社会主要矛盾已经转化为人民日益增长的美好生活需要和不平衡不充分的发展之间的矛盾,"十四五"时期经济社会发展主要目标牢牢聚焦解决发展不平衡不充分问题。从实际效果看,人民美好生活需要日益广泛,不仅对物质文化生活提出了更高要求,而且在民主、法治、公平、正义、安全、环境等方面的要求日益增长,"十四五"时期经济社会发展主要目标着重关注不断实现人民对美好生活的向往。

党的十九大指出,我国仍处于并将长期处于社会主义初级阶段的基本国情没有变,我国是世界最大发展中国家的国际地位没有变。我国经济建设取得巨大成就,已成为世界第二大经济体、制造业第一大国,但人均国内生产总值仍未达到全球平均水平,远低于发达国家,特别是在创新能力方面与发达国家相比仍有较大差距,一些关键核心技术还受制于人。这就要求我们在"十四五"时期,牢牢把握社会主义初级阶段这个基本国情,牢牢立足社会主义初级阶段这个最大实际,坚持发展是第一要务,把新发展理念贯穿发展全过程和各领域,推动质量变革、效率变革、动力变革,实现更高质量、更有效率、更加公平、更可持续、更为安全的发展。

二 经济发展取得新成效

发展是解决我国一切问题的基础和关键。只有坚持以经济建设为中心不动摇,坚持解放和发展社会生产力,才能为建设社会主义现代化国家、不断提高人民生活水平奠定坚实基础。"十四五"时期,我国发展面临的环境更加复杂,机遇和挑战都有新的发展变化。从国际形势看,当今世界正经历百年未有之大变局,新冠肺炎疫情全球大流行使这个变局加速变化,保护主义、单边主义上升,世界经济低迷,全球产业链供应链因非经济因素影响而面临冲击。从国内情况看,我国正处于转变发展方式、优化经济结构、转换增长动力的攻关阶段,发展不平衡不充分问题仍然突出,尤其是创新能力还不适应高质量发展要求。同时更要看到,我国发展仍处于重要战略机遇期,制度优势显著,治理效能提升,经济长期向好,物质基础雄厚,人力资源丰富,市场空间广阔,发展韧性强劲,社会大局稳定,继续发展具有多方面优势和条件。要辩证认识和把握国内外大势,增强机遇意识和风险意识,善于在危机中育先机、于变局中开新局。

《建议》强调,发展必须坚持新发展理念,在质量效益明显提升的基础上实现经济持续健康发展。"十四五"时期,要围绕实现这一目标,加快推动经济高质量发展,坚持质量第一、效益优先,确保经济实现量的合理增长和质的稳步提升。

推动经济高质量发展,要坚持创新驱动发展,大力发展实体经济,建设现代化经济体系。创新是引领发展的第一动力,要深入实施创新驱动发展战略,强化国家战略科技力量,提升企业技术创新能力,激发人才创新活力,完善科技创新体制机制,加快建设科技强国。

要坚持振兴实体经济,提升产业链供应链现代化水平,补齐产业链薄弱环节,推动先进制造业和现代服务业融合发展,大力发展战略性新兴产业,加快发展现代服务业,进一步夯实农业基础。

推动经济高质量发展,要形成强大国内市场,加快构建以国内大循环为主体、国内国际双循环相互促进的新发展格局。这一新发展格局是根据我国发展阶段、环境、条件变化提出来的,是重塑我国国际合作和竞争新优势的战略抉择。要深化供给侧结构性改革,坚定实施扩大内需战略,使生产、分配、流通、消费更多依托国内市场,提升供给体系对国内需求的适配性,形成需求牵引供给、供给创造需求的更高水平动态平衡。新型城镇化是扩大内需的最大潜力所在。要推进以人为核心的新型城镇化,通过深化户籍制度改革、增强公共服务能力、完善配套政策等加快农业转移人口市民化,促进大中小城市和小城镇协调发展。要充分发挥各地比较优势,加快落实国家重大区域发展战略,推动形成主体功能明显、优势互补、高质量发展的区域经济布局。

三 改革开放迈出新步伐

改革开放是决定当代中国命运的关键一招,也是决定实现"两个一百年"奋斗目标、实现中华民族伟大复兴的关键一招。随着我国迈入新发展阶段,改革也面临新的任务,必须拿出更大的勇气、更多的举措破除深层次体制机制障碍。同时,国际环境的深刻复杂变化对推进对外开放也提出新的要求。要按照《建议》提出的要求,坚持方向不变、道路不偏、力度不减,推动新时代改革开放走得更稳、走得更远,到2025年使社会主义市场经济体制更加完善,更高水平开放型经济新体制基本形成。

经济体制改革是全面深化改革的重点,核心问题是处理好政府和市场的关系,使市场在资源配置中起决定性作用,更好发挥政府作用。经过多年改革实践,我国社会主义市场经济体制不断完善,但仍然存在不少束缚市场主体活力、阻碍市场和价值规律充分发挥作用的弊端。"十四五"时期,要坚持社会主义市场经济改革方向,从广度和深度上推进市场化改革,以完善产权制度和要素市场化配置为重点,建设高标准市场体系。要进一步健全公平竞争审查机制,实施统一的市场准入负面清单制度,为各类市场主体营造更加公平的市场化、法治化、国际化的营商环境。

实践证明,开放带来进步,封闭必然落后。"十四五"时期,中国开放的大门不会关闭,只会越开越大。要建设更高水平开放型经济新体制,持续推动贸易和投资自由化便利化,完善外商投资准入前国民待遇加负面清单管理制度,有序扩大服务业对外开放,完善自由贸易试验区布局,稳步推进海南自由贸易港建设。要推动共建"一带一路"高质量发展,深化务实合作,加强安全保障,促进共同发展。要积极参与全球经济治理体系改革,促进国际合作,实现互利共赢。

四 社会文明程度得到新提高

中国特色社会主义是精神文明和物质文明全面发展的社会主义。一个民族要实现复兴,既需要强大的物质力量,也需要强大的精神力量。要在坚持以经济建设为中心、抓好物质文明建设的同时,锲而不舍、一以贯之地抓好精神文明建设,促进满足人民文化需求和增强人民精神力量相统一。

核心价值观是一个国家的重要稳定器。社会主义核心价值观是当代中国精神的集中体现,凝结着全体人民共同的价值追求。《建

议》提出,要使社会主义核心价值观深入人心,人民思想道德素质、
科学文化素质和身心健康素质明显提高。要把社会主义核心价值观
融入经济社会发展各领域,大力弘扬中国精神、传播中国价值、凝聚
中国力量,推动形成适应新时代要求的思想观念、精神面貌、文明风
尚、行为规范,不断提升人民思想觉悟、道德水准、文明素养和全社会
文明程度。

《建议》提出,到 2025 年公共文化服务体系和文化产业体系更
加健全。围绕实现这一目标,要着力提升公共文化服务水平,不断推
出反映时代新气象、讴歌人民新创造的文艺精品,创新实施文化惠民
工程,加强重要文化和自然遗产系统性保护,建设一批国家文化公
园;要深化文化体制改革,加强文化市场体系建设,加快发展新型文
化企业、文化业态、文化消费模式,扩大优质文化产品供给。同时,要
以讲好中国故事为着力点,创新推进国际传播,加强对外文化交流和
多层次文明对话,不断提高国家文化软实力。

五 生态文明建设实现新进步

建设生态文明是关系人民福祉、关乎民族未来的千年大计。党
的十八大以来,我国推进生态文明建设的决心之大、力度之大、成效
之大前所未有,生态环境保护实现历史性转折性全局性变化。但解
决过去多年积累的大量环境问题绝非一朝一夕之功。要从根本上解
决生态环境问题,必须平衡和处理好发展与保护的关系,加快推进绿
色发展。

《建议》提出,要推进国土空间开发格局进一步优化,推动生产
生活方式绿色转型取得显著成效。"十四五"时期,要牢固树立和践
行绿水青山就是金山银山理念,多措并举协同推进经济高质量发展

和生态环境高水平保护。要强化国土空间规划和用途管控，落实生态保护、基本农田、城镇开发等空间管控边界。深入打好污染防治攻坚战，继续开展污染防治行动，持续改善环境质量。坚持山水林田湖草系统治理，提升生态系统质量和稳定性。全面提高资源利用效率，推进资源总量管理、科学配置、全面节约、循环利用。加快推动绿色低碳发展，强化法律和政策保障，推进重点行业和重要领域绿色化改造。

六　民生福祉达到新水平

增进民生福祉是发展的根本目的。人民群众期盼更稳定的工作、更满意的收入、更好的教育、更高水平的医疗卫生服务、更可靠的社会保障。为不断满足人民对美好生活的新期盼，必须坚持以人民为中心的发展思想，坚持发展为了人民、发展依靠人民、发展成果由人民共享。

收入分配是民生之源，是改善民生、实现发展成果由人民共享最重要最直接的方式。《建议》提出，居民收入增长和经济增长基本同步，分配结构明显改善。实现这一目标，要坚持共同富裕方向，多措并举拓展居民收入增长渠道，既要提高劳动报酬在初次分配中的比重，健全工资合理增长机制，着力提高低收入群体收入，扩大中等收入群体；又要健全各类生产要素由市场决定报酬的机制，探索通过土地、资本等要素使用权、收益权增加中低收入群体要素收入，多渠道增加城乡居民财产性收入；还要不断完善再分配机制，加大税收、社保、转移支付等调节力度和精准性，改善收入和财富分配格局。

就业是最大的民生工程、民心工程、根基工程。《建议》提出，要实现更加充分更高质量就业。为了实现这一目标任务，要强化就业优先政策,千方百计稳定和扩大就业,完善促进创业带动就业、多渠道灵活就业的保障制度,注重缓解结构性就业矛盾,完善重点群体就业支持体系。

完善公共服务体系是保障和改善民生、促进社会和谐稳定的必然要求。《建议》提出,基本公共服务均等化水平明显提高,全民受教育程度不断提升,多层次社会保障体系更加健全,卫生健康体系更加完善。要着力健全基本公共服务体系,加快健全覆盖全民、统筹城乡、公平统一、可持续的多层次社会保障体系。要深化教育改革,促进教育公平,建设高质量教育体系。要全面推进健康中国建设,完善国民健康促进政策,织牢国家公共卫生防护网,为人民提供全方位全周期健康服务。

脱贫摘帽不是终点,而是新生活、新奋斗的起点。《建议》提出,脱贫攻坚成果巩固拓展,乡村振兴战略全面推进。"十四五"时期,要实现巩固拓展脱贫攻坚成果同乡村振兴有效衔接,建立农村低收入人口和欠发达地区帮扶机制,保持财政投入力度总体稳定,接续推进脱贫地区发展。要健全防止返贫监测和帮扶机制,做好易地扶贫搬迁后续帮扶工作,推动特色产业可持续发展。在西部地区脱贫县中集中支持一批乡村振兴重点帮扶县,增强其巩固脱贫成果及内生发展能力。

七　国家治理效能得到新提升

中国特色社会主义制度具有强大生命力和显著优势,是当代中国发展进步的根本保证。党的十八大以来,制度建设被摆到更加突出的位置,加强和完善国家治理取得历史性成就,中国特色社会主义制度更加完善,国家治理体系和治理能力现代化水平明显提高。进入新发展阶段,必须与时俱进坚持和完善中国特色社会主义制度、推进国家治理体系和治理能力现代化。

《建议》在健全社会主义民主法治、促进社会公平正义、完善国家行政体系、更好发挥政府作用、提高社会治理特别是基层社会治理水平,以及健全防范化解重大风险体制机制、推进国防和军队现代化等方面提出了明确目标要求。"十四五"时期,要锚定到 2035 年基本实现国家治理体系和治理能力现代化的目标,推动各方面制度更加成熟更加定型、国家治理效能得到新提升。要坚持党的领导、人民当家作主、依法治国有机统一,推进中国特色社会主义政治制度自我完善和发展。要深化行政管理体制改革,建设职责明确、依法行政的政府治理体系。要统筹发展和安全,防范和化解影响我国现代化进程的各种风险,筑牢国家安全屏障,建设更高水平的平安中国。要加快国防和军队现代化,实现富国和强军相统一。

展望未来五年,经济社会发展主要目标已经明确,关键是要以钉钉子精神狠抓落实。我们要更加紧密地团结在以习近平同志为核心的党中央周围,坚持以习近平新时代中国特色社会主义思想为指导,锐意进取、奋发有为,为全面建设社会主义现代化国家、实现中华民族伟大复兴的中国梦作出新的更大贡献。

决胜全面建成小康社会
取得决定性成就

宁 吉 喆

　　"十三五"时期是全面建成小康社会决胜阶段。面对错综复杂的国际形势、艰巨繁重的国内改革发展稳定任务特别是新冠肺炎疫情严重冲击,以习近平同志为核心的党中央不忘初心、牢记使命,团结带领全党全国各族人民砥砺前行、开拓创新,奋发有为推进党和国家各项事业。全面深化改革取得重大突破,全面依法治国取得重大进展,全面从严治党取得重大成果,国家治理体系和治理能力现代化加快推进,中国共产党领导和我国社会主义制度优势进一步彰显,经济实力、科技实力、综合国力跃上新的大台阶,全面建成小康社会目标已经基本实现。

　　一、经济实力大幅跃升。经济运行总体平稳。2019 年,我国国内生产总值为 990865 亿元,按年平均汇率折算,达到 14.4 万亿美元,占全球国内生产总值的比重超过 16%,稳居世界第二位;预计 2020 年国内生产总值突破 100 万亿元。2016—2019 年,国内生产总值年均实际增长 6.7%,在世界主要经济体中名列前茅。人均国内生产总值突破 1 万美元。2019 年,人均国内生产总值为 70892 元,按年平均汇率折算,达到 10276 美元,稳居上中等收入国家行列,与高收入国家差距继续缩小。社会生产力水平进一步增强。重要农产品供给得到有效保障,2016—2019 年粮食产量连续 5 年稳定在 6.5 亿吨以上,2020 年预计也将超过 6.5 亿吨。工业门类齐全,产业配套完整,制造业增加值连续 10 年居世界首位,220 多种工业产品产量居世界第一。2019 年,全员劳动生产率比 2015 年提高 29.1%,年均增长 6.6%。国际影响力进一步提高。2019 年,我国经济总量占世界比重超过 16%,比 2015 年提高约 1.6 个百分点。2016—2019 年,我国对世界经济增长的年均贡献率近 30%,继续担当世界经济增长的火车头。

二、经济结构持续优化。超大规模市场优势显现。2019 年,社会消费品零售总额首次突破 40 万亿元,达到 40.8 万亿元,比 2015 年增长 42.4%。2016—2019 年,最终消费支出对经济增长的年均贡献率为 61.9%,高于资本形成总额 23.1 个百分点。重点领域投资持续较快增长。2016—2019 年,高技术产业投资、农业投资、社会领域投资年均分别增长 16%、15.2% 和 15.4%。产业结构优化升级。2019 年,装备制造业和高技术产业增加值占规模以上工业增加值的比重分别为 32.5% 和 14.4%,比 2015 年提高 0.7 和 2.6 个百分点。数字经济、平台经济蓬勃兴起,第三产业成为经济增长"新引擎"。2019 年,服务业增加值占国内生产总值比重达 53.9%,比 2015 年提高 3.1 个百分点。区域协调发展呈现新格局。东中西和东北"四大板块"联动发展,京津冀协同发展、长江经济带发展、粤港澳大湾区建设、长三角一体化发展、黄河流域生态保护和高质量发展等重大区域协调发展战略加快落实,区域发展格局不断优化。新型城镇化稳步推进。到 2019 年末,常住人口城镇化率达 60.6%,比 2015 年提高 4.5 个百分点,年均提高 1.13 个百分点。基础设施日益完善。到 2019 年末,铁路营业总里程达 14 万公里,比 2015 年增长 15.7%,其中高速铁路达 3.5 万公里,增长 78.4%,占世界高铁总量 60% 以上。高速公路里程达 15 万公里,增长 21.1%。2019 年,固定互联网宽带接入用户 44928 万户,比 2015 年增长 73.2%;移动互联网用户接入流量 1220 亿千兆字节(GB)。发电装机容量 20.1 亿千瓦,增长

31.8%。农田有效灌溉面积超过 10 亿亩,"十三五"规划确定的 172 项重大水利工程项目大部分已开工。

三、科技创新作用凸显。研发投入持续扩大。2019 年,我国研发(R&D)经费支出 22144 亿元,比 2015 年增长 56.3%;研发经费投入强度达 2.23%,比 2015 年提高 0.17 个百分点,达到中等发达国家水平。科技创新硕果累累。党的十八大以来,我国在载人航天、探月工程、超级计算、量子通信、大飞机制造、航空母舰等基础和前沿领域取得一大批标志性成果,若干领域实现从"跟跑"到"并跑"、"领跑"的跃升。2019 年,科技进步贡献率达到 59.5%。知识产权产出居世界前列,2019 年受理境内外专利申请 438 万件,比 2015 年增长 56.5%。新产业新业态新产品茁壮成长。2016—2019 年,规模以上工业中的战略性新兴产业增加值年均增长 10.4%。2019 年,实物商品网上零售额 85239 亿元,比 2015 年增长 1.6 倍,占社会消费品零售总额比重达 20.7%。世界知识产权组织评估显示,2019 年我国创新指数位居世界第 14 位,保持上升势头。教育水平跃居世界中上行列。居民受教育程度不断提升,劳动年龄人口受教育年限由 2015 年的 10.23 年提高至 2019 年的 10.72 年。基础教育巩固发展,2019 年九年义务教育巩固率达 94.8%。高等教育进入普及化阶段。

四、脱贫攻坚成果举世瞩目。绝对贫困现象即将消除。我国农村贫困人口已从 2015 年底的 5575 万人减少到 2019 年底的 551 万人;贫困发生率已从 5.7% 降至 0.6%,预计到 2020 年底将全部脱贫。按现行标准计算的贫困人口绝大部分已实现脱贫,国家级贫困县绝大部分已实现摘帽,区域性整体贫困基本得到解决。贫困人口吃、穿"两不愁"质量水平明显提升,义务教育、基本医疗、住房安全"三保障"突出问题总体解决。易地扶贫搬迁成效明显。到 2019 年末,累计建设易地扶贫搬迁安置区 3.5 万个,住房 260 多万套,已安置建档立卡易地扶贫搬迁人口 947 万,提前一年基本完成"十三五"规划建设任务。贫困群众收入水平大幅提高。2015—2019年,贫困地区农民人均可支配收入由7653元增加到11567元,2016—2019年年均增长8.5%,比同期全国农民人均可支配收入增速高1.9个百分点。贫困地区生产生活条件明显改善。具备条件的建制村全部通硬化路,村村都有卫生室和村医,10.8万所义务教育薄弱学校的办学条件得到改善,农网供电可靠率达到99%,深度贫困地区贫困村通宽带比例达到98%,贫困地区群众出行难、用电难、上学难、通信难等长期没有解决的老大难问题普遍解决。到2019年末,已累计支持733万户建档立卡贫困户实施农村危房改造。贫困地区经济社会发展明显加快。地方特色产业不断壮大,产业扶贫、电商扶贫、光伏扶贫、生态扶贫、旅游扶贫等较快发展,退耕还林还草建设显著加强,贫困地区经济活力和发展后劲明显增强,基本公共服务日益完善,生态环境明显改善。

五、生态环境明显改善。能源消费结构不断优化。2019年,天然气、水电、风电、核电等清洁能源消费占能源消费总量的比重为23.4%,比2015年提高5.6个百分点;单位国内生产总值能耗比2015年下降13.2%。污染防治力度加大。2019年,全国337个地级及以上城市平均优良天数比例为82%,细颗粒物(PM$_{2.5}$)未达标地级及以上城市年平均浓度40微克/立方米,比2015年下降23.1%,地表水达到或好于三类水体比例74.9%,比2015年提高8.9个百分点。生态保护修复全面加强。到2019年末,全国共有国家级自然保护区474个。2016—2019年,累计完成造林面积2957万公顷。森林覆盖率为22.96%,比第八次全国森林资源清查(2009—2013年)提高1.33个百分点。

六、改革开放不断深化。全面深化改革取得重大突破。改革呈现全面发力、多点突破、蹄疾步稳、纵深推进局面,若干领域实现了历史性变革、系统性重塑、整体性重构。产权保护法治体系加快完善,要素市场化配置改革持续深化,市场化价格机制基本建立,商品由市场定价的比重已超过97%。国资国企改革体系基本形成,民营企业等多种所有制经济健康发展,财税会计体制改革不断深化,"放管服"改革成效显著,2016—2020年新增减税降费累计将达7.6万亿元左右,营商环境全球排名从2017年的第78位提升至2019年的第31位。对外开放持续扩大。共建"一带一路"成果丰硕,到2020年8月底,我国已与138个国家和30个国际组织签署共建"一带一路"合作文件200份。外商投资法出台实施,外商投资准入前国民待遇加负面清单管理制度全面实行,外商投资准入特别管理措施全国目录从2017年版的100条大幅减少为2020年版的33条。全国自由贸易试验区已建立21个,海南自由贸易港建设稳步推进。我国商品关税平均水平已降至6.5%。2016—2019年,按美元计,进出口总额年均增长3.7%,实际利用外资年均增长2.3%。

七、人民生活水平显著提高。居民收入与经济同步增长。2013—2019年,我国城镇新增就业连续7年超过1300万人,"十三五"期间城镇新增就业将超过6000万人。2019年,全国居民人均可支配收入达到30733元,比2015年实际增长28.6%,2016—2019年年均增长6.5%,快于同期人均国内生产总值增速。居民生活质量显著提升。2019年,全国居民恩格尔系数为28.2%,比2015年下降2.4个百分点。吃穿用有余,家电全面普及,汽车快速进入寻常百姓家。到2019年末,全国居民每百户家用汽车拥有量达35.3辆,比2015年增加12.6辆。居民消费较快增长。2019年,全国居民人均服务性消费支出9886元,比上年名义增长12.6%;占居民人均消费支出比重为45.9%,比2015年提高4.8个百分点。旅游消费持续升温。2019年,国内旅游人数达到60.1亿人次,比2015年增长50.2%,2016—2019年年均增长10.7%。健康中国建设扎实推进。到2019年末,全国共有医疗卫生机构100.8万个,比2015年增长

2.4%;卫生技术人员1015.4万人,增长26.8%;居民平均预期寿命由2015年的76.34岁提高到2019年的77.3岁;新冠肺炎疫情防控取得重大战略成果,14亿人民生命健康得到有效保障。世界上规模最大的社会保障体系已经建成。到2019年末,参加基本医疗、基本养老、失业、工伤、生育保险人数分别比2015年末增加68826万人、10921万人、3217万人、4046万人、3646万人,基本医疗保险覆盖超过13亿人,基本养老保险覆盖近10亿人。住房供给保障体系逐步健全。2019年,全国各类棚户区改造开工316万套,基本建成254万套,全国农村地区建档立卡贫困户危房改造63.8万户。居民居住条件显著改善。2019年,城镇居民和农村居民人均住房建筑面积分别为39.8平方米和48.9平方米,分别比2015年增加4平方米和5平方米。

八、文化事业和文化产业繁荣发展。公共文化服务设施加快普及。2019年,公共图书馆、博物馆数量分别达3196个、5132个,分别比2015年增加57个、1280个;全国电视节目综合人口覆盖率达99.4%,比2015年提高0.6个百分点。文化产业快速发展。2018年,文化及相关产业增加值为41171亿元,比2015年名义增长51.2%,2016—2018年年均增长14.8%;占国内生产总值比重为4.48%,比2015年提高0.53个百分点。体育事业持续进步。全民健身日益普及,2019年有近4亿人经常参加体育锻炼。竞技体育成绩斐然,2016—2019年我国运动员共获得459个世界冠军。文化软实力日益凸显。社会主义核心价值观深入人心,国民素质和社会文明程度显著提高,文化事业和文化产业繁荣发展。"欢乐春节""中国文化年(节)"等文化品牌活动遍及全球,中华文化影响力持续扩大。

九、民主政治建设进一步加强。党的集中统一领导不断完善。坚持党总揽全局、协调各方,加强党的全面领导,科学执政、民主执政、依法执政水平明显提高。截至 2019 年底,中国共产党党员总数达到 9191.4 万名,基层党组织数 468.1 万个。社会主义民主不断发展。人民当家作主制度保障不断加强,社会主义协商民主优越性充分发挥,爱国统一战线更加巩固,社会治理方式不断创新。截至 2019 年底,全国共有社会组织 86.6 万个,比 2015 年增加 20.4 万个。依法治国实践得到深化。科学立法、严格执法、公正司法、全民守法深入推进,法治政府建设加快,权力清单制度、政务公开制度逐步完善。十三届全国人大三次会议表决通过了《民法典》。国防和军队建设水平大幅提升,军队组织形态实现重大变革。国家安全全面加强,社会保持和谐稳定。

总之,"十三五"规划目标任务即将完成,全面建成小康社会胜利在望,中华民族伟大复兴将向前迈进新的一大步,社会主义中国将以更加雄伟的身姿屹立于世界东方。可以确信,在以习近平同志为核心的党中央坚强领导下,全党全国各族人民再接再厉、一鼓作气,一定能够确保如期打赢脱贫攻坚战,确保如期全面建成小康社会,实现第一个百年奋斗目标,为开启全面建设社会主义现代化国家新征程奠定坚实基础。

"十四五"规划是开启全面建设社会主义现代化国家新征程的第一个五年规划

施 芝 鸿

我国"十三五"时期,即将以如期全面建成小康社会、实现第一个百年奋斗目标这一里程碑式的成就圆满收官,在《中共中央关于制定国民经济和社会发展第十四个五年规划和二〇三五年远景目标的建议》(以下简称《建议》)指引下的"十四五"时期,即将从2021年起正式开启。"十四五"规划将既是从持久战角度着眼制定的一个中长期规划,又是乘势而上开启全面建设社会主义现代化国家新征程、向第二个百年奋斗目标进军的第一个五年规划。

一 《建议》是立足"两个一百年"奋斗目标历史交汇点,乘势而上开启全面建设社会主义现代化国家新征程、向第二个百年奋斗目标进军的顶层设计

早在2013年,习近平总书记就高瞻远瞩地指出:面向未来,中国将相继朝着两个宏伟目标前进:一是到2020年国内生产总值和城乡居民人均收入比2010年翻一番,全面建成惠及十几亿人口的小康社会。二是到2049年新中国成立100年时建成富强民主文明和谐的

社会主义现代化国家。由"十四五"开启的全面建设社会主义现代化国家新征程,恰好处于这两个宏伟目标承上启下、承前启后的历史交汇点上,时机特殊、意义重大、影响深远。

《建议》向党内外、国内外宣告的:"十四五"时期将"开启全面建设社会主义现代化国家新征程",乃是"乘势而上"开启的。**"乘势而上"这四个字大有深意。古人说:"所当乘者,势也,不可失者,时也。"乘势而上的"势"**,首先,是指中国人民、中华民族为实现中华民族伟大复兴强大能量充分爆发、势不可挡的磅礴气势。**其次**,是指我们党和国家长期积累、持续存在、独具特色的综合优势。《建议》把这个综合优势高度概括为"制度优势显著,治理效能提升,经济长期向好,物质基础雄厚,人力资源丰富,市场空间广阔,发展韧性强劲,社会大局稳定,继续发展具有多方面优势和条件"。**此外**,又是指我们党和国家各方面工作驰而不息、稳中求进的基本趋势和良好态势。这包括国际力量对比日益呈现的"东升西降"趋势;我国连续多年成为世界经济增长引擎,在国际格局中的份额和塑造力持续上升态势;我国疫情防控取得重大战略成果,经济发展呈现良好态势;我国人口和产业有序向城市和城市群持续积聚的良好态势;人民生活显著提高、中等收入群体不断扩大的基本趋势;等等。当前和今后一个时期,只要继续做到审时度势、把握大势,因势利导、顺势而为,我们就一定能抓住机遇,应对挑战,趋利避害,奋勇前进。

《建议》向党内外、国内外宣告的:"十四五"时期将"开启全面建设社会主义现代化国家新征程","新征程"这三个字也很意味深长。由《建议》擘画的、起始于 **2021** 年的这个"新征程",既是在"两个一百年"奋斗目标历史交替、接续推进意义上的新征程;又是在"十四五"开局起步伊始,我国发展的"重要战略机遇期"遭遇逆风逆浪引发的"世界进入动荡变革期"这个意义上的新征程;而从中华民族迎来从站起来到富起来到强起来的伟大飞跃视角看,这个新征程,又是向着我们党制定的在社会主义初级阶段"三步走"战略部署中置顶的目标发起冲锋，通过"十四五"和 2035 年、2049 年这三个步骤，胜利实现中华民族几代人梦寐以求的"中国梦"的新征程。

《建议》对开启这个新征程的顶层设计，充分体现了既要有足够历史耐心的长远谋划，又要有只争朝夕紧迫感的干在当下。《建议》擘画的到 2035 年基本实现社会主义现代化远景目标之精髓要义，就是"**一个进入**"，即进入创新型国家前列；"**三个基本实现**"，即基本实现新型工业化、信息化、城镇化、农业现代化，基本实现国家治理体系和治理能力现代化，美丽中国建设目标基本实现；"**两个建成**"、"**一个基本建成**"，即建成现代化经济体系，建成文化强国、教育强国、人才强国、体育强国、健康中国，基本建成法治国家、法治政府、法治社会；"**两个形成**"，即形成对外开放新格局、广泛形成绿色生产生活方式；"**两个中等**"，即人均国内生产总值达到中等发达国家水平、中等收入群体显著扩大；"**两个达到**"，即平安中国建设达到更高水平，国民素质和社会文明程度达到新高度；"**两个增强**"，即参与国际经济合作和竞争新优势明显增强，国家文化软实力显著增强；"**一个实质性进展**"，即人民生活更加美好，人的全面发展、全体人民共同富裕取得更为明显的实质性进展。

这个到 2035 年基本实现社会主义现代化的远景目标，不但同我们党以人民为中心的发展思想，同创新、协调、绿色、开放、共享的新发展理念，同促进社会公平正义，逐步实现全体人民共同富裕的历史逻辑一脉相承、理论逻辑相互支撑、实践逻辑环环相扣、目标指向一以贯之，而且在当前和今后一个时期我国将要面临的高度不确定、不稳定的外部环境里，以高度的自信和决心，给了全国各族人民以高度确定的获得感、幸福感、安全感之预期。毫无疑问，这是唯有中国共产党这个"善于在危机中育先机、于变局中开新局"的马克思主义执政党才能够说得到、并且也能够办得到的。有这样的马克思主义执政党做中国人民最可靠的主心骨,是值得全国人民自豪的。

二 在为新征程开好局、起好步的"十四五"时期,勠力开创深刻认识新发展阶段、全面贯彻新发展理念、着力构建新发展格局的新局面

《建议》通篇不仅锚定 2035 年远景目标,体现了"加强前瞻性思考、全局性谋划、战略性布局、整体性推进"的战略性、前瞻性、指导性,而且体现了立意高远同脚踏实地相结合、中期规划和长期规划相衔接,聚焦突出问题和明显短板,找准了突破口、排出了优先序;并且还为推动高质量发展、加快建设现代化经济体系、坚持完善国家现代治理体系和安全体系,而提出了更有现实针对性的"十四五"时期总体思路和更具时代特色的主题主线、战略基点、指导原则、奋斗目标、重大举措。

更值得我们悉心体会、精准把握的是,《建议》总论部分从提出"十四五"时期经济社会发展的指导方针,到"十四五"时期经济社会发展必须遵循的"五个坚持"的重要原则、"十四五"时期经济社会发展"六个新"的主要目标,再到分论部分对十二个重大问题的全面论列,都贯穿着认识新发展阶段、贯彻新发展理念、构建新发展格局这样一条鲜明的逻辑线索。自觉认识和把握这条逻辑线索,就能高屋建瓴地把握《建议》的"魂"和"纲",提纲挈领地贯通《建议》的"总"和"分"。这条简明而又鲜明的逻辑线索启迪我们:我国迈向全面建设社会主义现代化国家和推动高质量发展的新发展阶段,乃是全面贯彻新发展理念的必然要求,而加快构建以国内大循环为主体、国内国际双循环相互促进的新发展格局,又是贯彻新发展理念、迈入新发

展阶段的必然要求。"十四五"时期要为全面建设社会主义现代化
国家开好局、起好步,就是要在自觉而坚定地贯彻新发展理念这一发
展指针、新发展阶段这一发展方位、新发展格局这"三位一体"发展
模式的三个方面都开好局、起好步。

关于深刻认识新发展阶段。新发展阶段之新,首先就在于,它是
从全面建设惠及中国十几亿人口的更高水平小康社会,向全面建设
富强民主文明和谐美丽的社会主义现代化强国升级转段之新;其次
就在于,它是全面贯彻新发展理念,体现创新成为第一动力、协调成
为内在特点、绿色成为普遍形态、开放成为必由之路、共享成为根本
目的的发展之新;此外是同党的十九大报告提出的建设现代化经济
体系这一我国新时代发展战略目标互为表里、相互促进的发展之新;
同时还是指实现"更高质量、更有效率、更加公平、更可持续、更为安
全"的发展之新。

《建议》总论部分在"十四五"时期经济社会发展的指导方针中
提出的"以推动高质量发展为主题,以深化供给侧结构性改革为主
线,以改革创新为根本动力,以满足人民日益增长的美好生活需要为
根本目的,统筹发展和安全"等,**体现了高质量发展之内涵**;在"十四
五"经济社会发展要努力实现的主要目标的第一项"发展必须坚持
新发展理念,在质量效益明显提升的基础上实现经济持续健康发展,
增长潜力充分发挥,国内市场更加强大,经济结构更加优化,创新能
力显著提升,产业基础高级化、产业链现代化水平明显提高,农业基
础更加稳固,城乡区域发展协调性明显增强,现代化经济体系建设取
得重大进展"**体现了高质量发展之内涵**;在《建议》分论部分提出的
从"坚持创新驱动发展,全面塑造发展新优势"、"加快发展现代产业
体系,推动经济体系优化升级"、"形成强大国内市场,构建新发展格
局"、"全面深化改革,构建高水平社会主义市场经济体制",到"优先
发展农业农村,全面推进乡村振兴"、"优化国土空间布局,推进区域

协调发展和新型城镇化"、"繁荣发展文化事业和文化产业,提高国家文化软实力"、"推动绿色发展,促进人与自然和谐共生"、"实行高水平对外开放,开拓合作共赢新局面"、"改善人民生活品质,提高社会建设水平"、"统筹发展和安全,建设更高水平的平安中国"、"加快国防和军队现代化,实现富国和强军相统一",**也都体现了高质量发展之内涵**。可见,新发展阶段乃是锚定到 2035 年基本实现社会主义现代化,从"五位一体"总体布局、"四个全面"战略布局各方面、各领域全面推进高质量发展的新阶段。

关于全面贯彻新发展理念。《中共中央关于制定国民经济和社会发展第十三个五年规划的建议》首次从"完善发展理念"高度提出了必须牢固树立创新、协调、绿色、开放、共享的发展理念。《建议》顺应我国进入新发展阶段、构建新发展格局的新形势新任务,所提出**的全面贯彻新发展理念之全,就是要把以习近平同志为核心的党中央在十八大以来成功驾驭我国经济发展实践中形成的、包括新发展理念在内的习近平新时代中国特色社会主义经济思想,全面贯彻落实到新发展阶段、新发展格局的全过程和各领域。**习近平总书记指出:理论源于实践,又用来指导实践。改革开放以来,我们党及时总结新的生动实践,不断推进理论创新,在发展理念、所有制、分配体制、政府职能、市场机制、宏观调控、产业结构、企业治理结构、民生保障、社会治理等重大问题上提出了许多重要论断。这些"体现时代性、把握规律性、富于创造性"的理论成果,不仅有力指导了我国新时代经济发展实践,而且开拓了马克思主义政治经济学新境界。习近平总书记还强调:我们要运用马克思主义政治经济学的方法论,深化对我国经济发展规律的认识,提高领导我国经济发展能力和水平。**由习近平总书记亲自主持起草的《建议》,就是在这个意义上全面体现了在"十三五"时期成功得到检验的这些新要求、新境界和对社会主义现代化建设规律性的新认识、新概括、新飞跃。**

比如,《建议》强调,在"十四五"时期经济社会发展中坚持党的全面领导,既要坚持和完善党领导经济社会发展的体制机制,坚持和完善中国特色社会主义制度,又要不断提高贯彻新发展理念、构建新发展格局的能力和水平,为实现高质量发展提供根本保证。在"十四五"时期,我国面临的形势更为复杂严峻、改革发展稳定任务更为艰巨繁重,始终加强党的全面领导尤为重要。**这就是对马克思主义执政党同推动实现社会主义现代化关系规律性的认识和把握**。比如,《建议》强调,坚持以人民为中心,坚持人民主体地位,坚持共同富裕方向,始终做到发展为了人民、发展依靠人民、发展成果由人民共享,维护人民根本利益,激发全体人民积极性、主动性、创造性,促进社会公平,增进民生福祉,不断实现人民对美好生活的向往,**这就是对我们党推进社会主义现代化建设要始终做到党性同人民性统一的规律性认识**。比如,《建议》强调,坚定不移推进改革,坚定不移扩大开放,加强国家治理体系和治理能力现代化建设,破除制约高质量发展、高品质生活的体制机制障碍,强化有利于提高资源配置效率、有利于调动全社会积极性的重大改革开放举措,持续增强发展动力和活力,以深化改革激发新发展活力、以高水平对外开放打造国际合作和竞争新优势,**这就是对继续深化改革开放同推动实现社会主义现代化关系的规律性认识**。此外,《建议》强调的坚持系统观念,统筹国内国际两个大局,办好发展安全两件大事,坚持全国一盘棋,更好发挥中央、地方和各方面积极性,着力固根基、扬优势、补短板、强弱项,注重防范化解重大风险挑战,实现发展质量、结构、规模、速度、效益、安全相统一;以及坚持目标导向、问题导向相结合,坚持统筹发展和安全,防范和化解影响我国现代化进程的各种风险,筑牢国家安全屏障,**也都是以习近平同志为核心的党中央在十八大以来新的历史起点上,对成功驾驭加快推进我国社会主义现代化规律性认识的生动体现**。

关于着力构建新发展格局。党内外、国内外最为关注,方方面面议论最为集中的新发展格局这个重大理论概念和发展模式的提出,乃是以习近平同志为核心的党中央以辩证思维深刻认识我国社会主要矛盾发展变化带来的新特征新要求,深刻认识错综复杂的国际环境带来的新矛盾新挑战,增强机遇意识和风险意识,准确识变、科学应变、主动求变,善于在危机中育先机、于变局中开新局的产物。**习近平总书记明确指出:"这个新发展格局是根据我国发展阶段、环境、条件变化提出来的,是重塑我国国际合作和竞争新优势的战略抉择"。把构建新发展格局提到"战略抉择"之高度,足见这同党的十一届三中全会作出的改革开放这一战略抉择,同上世纪80年代我们党作出的市场、资源两头在外、大进大出的"世界工厂"发展模式之战略抉择一样,是事关全局的系统性深层次变革,对于为全面建设社会主义现代化国家新征程开好局、起好步来说,是具有全局覆盖性、长远指导性的。**

我国进入新时代、新发展阶段要着力构建的新发展格局,是相对于改革开放以来特别是加入世贸组织以后形成的市场和资源"两头在外"的"世界工厂"发展模式而言的。当前经济全球化遭遇逆流,单边主义、保护主义抬头,世界经济低迷、全球市场萎缩,市场和资源"两头在外"的国际大循环动能明显减弱,而自2008年国际金融危机以来,我国内需潜力不断释放,国内大循环活力日益增强。习近平总书记指出,自那时以来,我国经济就已经在向以国内大循环为主体转变。这方面的一个最具代表性、最有说服力的例证是:我国经常项目顺差同国内生产总值的比率由2007年的9.9%降至现在的不到1%,国内需求对经济增长的贡献率有7个年份超过100%。**"十四五"和未来一个时期,国内市场主导国民经济循环特征会更加明显,经济增长的内需潜力会不断释放。这表明,新发展格局是由我国经济发展内生演化的自身逻辑决定的,是我国发展阶段和发展水平变**

化、内在要素禀赋变化、社会主要矛盾变化等综合因素决定的，而不是被中美贸易战逼出来的所谓无奈之举、权宜之计，也不是要退回到闭关锁国的老路上去，这是事关新时代、新发展阶段我国发展全局的系统性深层次变革。我们党着眼于全面防范风险挑战，扭住扩大内需这个战略基点，充分发挥国内超大规模市场优势，加快建设现代化经济体系，加快构建以国内大循环为主体、国内国际双循环相互促进的新发展格局，将使生产、分配、流通、消费更多依托国内市场，同时又着力培育外贸新动能、优化贸易发展环境，深入推进贸易便利化，以国内国际双循环，形成参与国际竞争和合作新优势。这是我们党和国家顺乎发展规律，顺应发展阶段、环境、条件变化的与时俱进之举，是准确识变、科学应变、主动求变的战略性重大创新。

《建议》还创造性地提出了构建以国内大循环为主体、国内国际双循环相互促进的新发展格局的具体路径。比如，以扩大内需作为发展战略基点，以做强做大做优实体经济作为发展经济着力点；比如，坚持创新在我国现代化建设全局中的核心地位，加快发展现代产业体系，注重提升产业链、供应链现代化水平；比如，以坚定不移推进改革和扩大开放为动力，推动京津冀协同发展、长江经济带发展、粤港澳大湾区建设、长三角一体化发展，把构建新发展格局同建设自由贸易试验区等衔接起来，率先探索形成新发展格局；比如，以畅通国内大循环带动国际大循环，使国内市场同国际市场更好联通，构建供给和需求、经济和金融、国内和国际良性循环的整体系统；比如，注意改善人民生活品质，提高社会建设水平，提高人民收入水平、多渠道增加居民财产性收入，着力提高低收入群体收入、扩大中等收入群体规模，有效打通国内国际双循环在消费环节的淤点和堵点，以激发整体效应，等等，都是加快有效构建新发展格局的重大举措和支撑。

《建议》聚焦推动国内国际双循环相互促进的新发展格局提出的一系列创新思路和举措，给予人们这样的启示：我们党和国家在新发展阶段着力构建的新发展格局,实际上既是《建议》提出的"十四五"时期要为全面建设社会主义现代化国家开好局的"好局",又是"于变局中开新局"的"新局"之生动体现。党的十八大以后的五年,我们党着力于丰富完善"五位一体"总体布局、"四个全面"战略布局;党的十九大以来的这三年,我们党又与时俱进地逐步明确并更加坚定了"构建以国内大循环为主体、国内国际双循环相互促进的新发展格局"。**实践已经证明:"布局"决定全局;实践还将证明:"格局"决定结局,这个结局就是:**中国共产党在新时代、新发展阶段,**完全有基础、有条件、有能力**团结带领全国各族人民,**积极有效应对外部发展环境的不稳定不确定因素,**在国际形势动荡变革中保持稳定发展、在世界格局深刻调整中把握战略主动,**稳中求进、蹄疾步稳地实现"十四五"时期经济和社会发展主要目标和 2035 年基本实现社会主义现代化远景目标,在新发展阶段按照新发展理念、新发展格局,创造让世界刮目相看的新发展奇迹。**

我国发展环境面临深刻复杂变化

何 毅 亭

"十四五"时期是我国全面建设社会主义现代化国家新征程的开局起步期,也是世界百年未有之大变局的加速演进期、全球百年未遇之大疫情的持续影响期,清醒认识和科学把握国内外环境的变化对编制和实施好"十四五"规划至关重要。党的十九届五中全会作出"当前和今后一个时期,我国发展仍然处于重要战略机遇期,但机遇和挑战都有新的发展变化"的科学判断,充分体现了以习近平同志为核心的党中央对国内外形势的精准把握,为我们正确认识发展大势、应对风险挑战提供了根本遵循。

一 当今世界百年未有之大变局正在加速演进

当今世界正经历百年未有之大变局,是习近平总书记作出的一个重大战略判断。"十四五"时期区别于以往五年规划期的最大不同,就是我国外部环境所面临的这一"百年未有之大变局"。准确把握这一大变局的丰富内涵和发展趋势,是稳妥应对变局、抓住战略机遇的前提和基础。具体来看,新一轮科技革命和产业变革是大变局的重要推动力量,国际力量对比深刻调整尤其是"东升西降"是大变局发展的主要方向,新冠肺炎疫情全球大流行是加剧大变局演进的催化剂,世界进入动荡变革期是大变局的基本特征。

环顾当今世界可以看到,新一轮科技革命突飞猛进,物质科学、生命科学、地球和宇宙科学等领域不断取得重大原创性突破,新的科学理论孕育产生,新兴学科渐次兴起;信息技术、生物技术、制造技术、新材料技术、新能源技术等领域的颠覆性技术不断涌现,人工智能、互联网、大数据等新兴技术与传统技术相结合,带动以绿色、智能、泛在为特征的群体性重大技术变革,孕育着新的技术革命。由此带动新一轮产业变革,创造出新产业新业态,传统产业得到革命性重塑,产业更新换代不断加快。新一轮科技革命和产业变革推动生产方式、社会结构和生活方式发生深刻变化,在塑造世界政治经济格局、改变国家力量对比方面的决定性作用愈加凸显,对人类社会的影响更加广泛深刻。这一切,为我国转向高质量发展阶段提供了新的重大机遇。

环顾当今世界还可以看到,近年来美国等传统西方国家经济社会发展陷入低迷,发展活力缺失,产业空心化、人口老龄化、收入差距扩大化严重威胁经济发展,社会内部严重分裂甚至走向对立,而新兴市场国家和发展中国家整体性崛起,呈现加速发展态势,国际力量对比正在发生近代以来最具革命性的变化。以美国为代表的西方世界是20世纪的全球经济中心,21世纪以来世界经济重心逐渐向东方转移,经济东升西降、南升北降的趋势加速演进。根据世界银行统计,2000年到2019年,以美国等西方国家为主的高收入国家GDP的全球占比从82.25%下降到62.77%,中国和印度这两个传统东方国家的占比则从5%上升到19.33%。近年来,新兴市场国家和发展中国家占全球经济总量的比重已接近40%,对世界经济增长的贡献率已经达到80%,成为全球经济增长的主要动力。国际力量对比的深刻调整,推动国际经济、科技、文化、安全、政治格局出现重大变化,推动全球治理体系出现深刻变革,西方垄断国际事务的局面难以为继,新兴市场国家和发展中国家的国际地位和话语权不断提升。

还应当看到，当前经济全球化遭遇逆流，保护主义、单边主义上升，国际贸易投资持续低迷，全球产业链供应链价值链受到非经济因素严重冲击。世界多极化也遭遇阻挠，以美国为代表的一些发达国家不愿失去国际体系的主导权控制权，频频通过其垄断的金融、科技权力遏制发展中国家，调整国际经贸规则以保护自身利益。国际经济政治格局变幻不定，全球性治理议题日趋复杂，全球性危机此起彼伏，不断挑战人类社会。

今年以来，新冠肺炎疫情全球大流行成为百年未有之大变局的催化剂，加剧了国际格局和国际关系的大裂变。疫情给本就羸弱的全球经济雪上加霜，美国、法国等国出现有统计数据以来最严重的季度性经济衰退，世界陷入二战以来最严重的经济衰退。疫情及其造成的经济衰退强化了部分国家的内顾倾向，导致民粹主义、民族主义抬头，意识形态领域斗争更趋激烈，"黑天鹅"、"灰犀牛"事件发生的概率大大增加。

回顾第一次世界大战结束以来这一百年，人类社会先后经历了1929—1933 年的经济大萧条和规模空前、破坏程度空前的第二次世界大战，美苏两大阵营 40 多年的冷战，上个世纪 70 年代末、80 年代初以来 30 年经济全球化的快速发展，2008 年发生的百年一遇的国际金融危机，现在又面临前所未有的新冠肺炎疫情全球大流行及其产生的严重影响。一百年来，在战争与和平、动乱与治理、进步与倒退、合作与对抗、开放与封闭的不断反复较量中，人类社会前进的脚步从未停止。虽然当前国际环境日趋复杂，不稳定性不确定性明显增加，经济全球化进程出现深刻调整，全球治理体系面临重塑，国际格局加速演变，世界进入动荡变革期，但和平与发展仍然是时代主题，深入人心的人类命运共同体理念给人类社会发展带来新的希望和信心。

二 "十四五"时期我国发展仍然 处于重要战略机遇期

经过中国共产党带领人民近百年奋斗、新中国 70 余年建设、改革开放 40 多年开拓,中国已成为世界第二大经济体,经济实力、科技实力、综合国力实现历史性提升,中华民族以崭新姿态屹立于世界东方。特别是党的十八大以来,在以习近平同志为核心的党中央坚强领导下,党和国家事业取得历史性成就、发生历史性变革,为继续发展打下坚实基础。面对经济下行压力,我们没有惊慌失措、大水漫灌,而是保持战略定力,精准施策,为继续发展留下政策空间;面对经济体系中的深层次体制性障碍,我们没有畏难退缩,而是通过供给侧结构性改革刮骨疗伤,为继续发展强身健体;面对潜在的经济金融风险,我们没有放松警惕,而是启动防范化解重大风险攻坚战,为继续发展消除隐患。

"十四五"时期,我国已转向高质量发展阶段,将由全面建成小康社会转向全面建设社会主义现代化国家,处于转变发展方式、优化经济结构、转换增长动能的攻坚期。综合判断,我国经济潜力足、发展韧性强、回旋空间大、社会大局稳定,推动发展具有多方面优势:一是物质基础雄厚。我国具有全球最完整、规模最大的工业体系以及强大的生产能力、完善的配套能力,拥有 1 亿多市场主体。2020 年《财富》世界 500 强中中国大陆(含香港)企业有 124 家,历史上首次超过美国,位居全球第一。雄厚的物质实力是我国继续发展的坚实基础,也是我们应对风险挑战的底气所在。二是人力资源丰富。我国拥有庞大的人力资本和人才资源,人口红利仍然存在,人才红利日益显现。一方面,截至 2019 年底,我国 16 岁到 59 岁劳动年龄人口为 89640 万人,占总人口的 64%。另一方面,我国劳动年龄人口平均受教育年限达到 10.5 年,其中新增劳动力中接受过高等教育的比例超过 48%,平均受教育年限达到 13.6 年以上,高于世界平均水平。我国目前有 1.7 亿受过高等教育或拥有各类专业技能的人才,每年毕业的大学生就有 800 多万,形成了一支由普通工人、技能人才、工程师、科学家组成的结构完整、规模宏大的人才队伍。三是市场空间广阔。2019 年我国人均 GDP 超过 1 万美元,住户存款 81.3 万亿人民币,一个 14 亿人口的高收入国家必将织就全球最大的消费市场。尤其是我们有以习近平同志为核心的党中央的集中统一领导,有习近平新时代中国特色社会主义思想的科学指引,有中国特色社会主义制度和国家治理体系的显著优势,在面对困难复杂局面时更能万众一心、众志成城,凝聚起攻坚克难的强大力量。

综合国内外环境变化,我国发展仍然处于重要战略机遇期,但机遇和挑战都有新的发展变化。比如,新一轮科技革命和产业变革加速演进为我国实现创新发展、"弯道超车"提供了机遇,但也存在现有差距继续拉大的风险;国际力量对比深刻调整为我国实现民族复兴提供了推力,但也存在以美国为首的西方国家对我加紧遏制的风险挑战;全球治理体系调整为我国在国际上发挥更大作用提供了条件,但也存在世界陷入新旧治理体系碰撞对抗的风险;新冠肺炎疫情增强了世界对我国制度、文化和治理的认同,但也存在抹黑甩锅我国的风险;社会主要矛盾变化给我国实现新发展创造了新动力,但也存在发展不平衡不充分衍生的系列风险;高质量发展有多方面的优势和条件,但也存在转型不畅、经济失速的风险。凡此等等,都需要我们在"十四五"时期辩证认识和科学把握。

三 在统筹国内国际两个大局中办好中国的事情

中华民族是有悠久历史和灿烂文化的伟大民族,为人类发展作出了重大贡献。在近代,由于封建制度的腐朽没落和帝国主义的侵略欺凌,中华民族陷入积贫积弱、任人宰割的悲惨境地。鸦片战争以来,实现民族复兴成为一代又一代中华儿女的最伟大梦想和不懈追求,无数仁人志士为此前赴后继、矢志不渝。中国共产党的诞生、中华人民共和国的成立、实行改革开放和开创中国特色社会主义这三件大事,使久经磨难的中华民族迎来了从站起来到富起来再到强起来的伟大飞跃。中国从来没有像今天这样走近世界舞台中央,中华民族从来没有像今天这样接近伟大复兴的目标。这是经历了多少奋斗和牺牲、艰辛和苦难才赢得的伟大成就,必须倍加珍惜;在社会主义现代化基础上实现中华民族的伟大复兴,是党和人民的最高利益所在,必须坚定不移、排除万难向着这个既定目标持续不断地迈进;任何可能迟滞或中断中华民族伟大复兴进程的重大风险挑战,必须毫不含糊地全力防范、妥善化解。

习近平总书记明确提出:"领导干部要胸怀两个大局,一个是中华民族伟大复兴的战略全局,一个是世界百年未有之大变局,这是我们谋划工作的基本出发点。"党的十九届五中全会也强调全党要统筹国内国际两个大局,善于在危机中育先机、于变局中开新局。我们要深入理解习近平总书记重要指示和五中全会精神,科学把握国内国际两个大局之间多方面、深层次的联动关系,深刻认识我国社会主要矛盾发展变化带来的新特征新要求,深刻认识错综复杂的国际环境带来的新矛盾新挑战,增强机遇意识和风险意识,把握发展规律,发扬斗争精神,增强斗争本领。无论是解决国内问题还是国际矛盾,无论是制定政策还是推动工作,都要自觉从两个大局去谋划,注重系统性、整体性、协同性,扎实推进中华民族伟大复兴战略全局,并以此引领世界大变局朝着有利于实现中华民族伟大复兴的方向演进。

"十四五"时期是实现中华民族伟大复兴的关键时机,尤其需要时刻保持"船到中流浪更急、人到半山路更陡"的清醒认识。这就要求我们坚持底线思维、增强忧患意识,居安思危、未雨绸缪,提高见微知著能力,用大概率思维应对小概率事件。既要高度警惕"黑天鹅"事件,也要防范"灰犀牛"事件;既要有防范风险的先手,也要有应对和化解风险挑战的高招;既要打好防范和抵御风险的有准备之战,也要打好化险为夷、转危为机的战略主动战。对潜在的风险见事要早,应对预案要完善,行动要坚决。

中华民族伟大复兴这一伟大事业越是向纵深发展,就越是需要运用马克思主义立场观点方法观察和分析问题,增强辩证思维能力。要从世界发展大势和国内发展大局出发,坚持问题导向,积极面对和化解前进中遇到的内外矛盾,把握好主要矛盾和次要矛盾、矛盾的主要方面和次要方面的关系,优先解决主要矛盾和矛盾的主要方面,以此带动其他矛盾的解决,在解决内外矛盾的实践中推进中华民族伟大复兴的历史进程。要提高驾驭复杂局面、处理复杂问题的本领,善于处理局部和全局、当前和长远、重点和非重点、机遇和挑战的关系,既整体布局又突出重点、既多点开花又精准发力、既讲原则的坚定性又讲策略的灵活性,并紧跟形势变化及时调整策略,准确识变、科学应变、主动求变,在权衡利弊中趋利避害、转危为机,在积极应对挑战中把握机遇、奋勇前进,努力创造中华民族伟大复兴战略全局与世界百年未有之大变局良性联动的局面,为人类发展进步事业作出中国更大的贡献。

善于在危机中育先机、于变局中开新局

张 来 明

党的十九届五中全会通过的《中共中央关于制定国民经济和社会发展第十四个五年规划和二〇三五年远景目标的建议》明确提出"善于在危机中育先机、于变局中开新局"。这是以习近平同志为核心的党中央在科学把握我国发展环境深刻复杂变化的基础上对开创中国特色社会主义事业新局面提出的重大战略要求,充分展现出"乱云飞渡仍从容"的战略定力和"无限风光在险峰"的战略视野。全党全军全国各族人民要紧密团结在以习近平同志为核心的党中央周围,在习近平新时代中国特色社会主义思想指引下,同心同德、群策群力,把包括"善于在危机中育先机、于变局中开新局"在内的党中央一系列重大战略部署贯彻落实好,为开启全面建设社会主义现代化国家新征程奠定坚实基础。

一 深刻认识"善于在危机中育先机、于变局中开新局"的重大现实意义

之所以说"善于在危机中育先机、于变局中开新局"是重大战略要求,是因为它体现了时代发展要求、具有重大现实意义,决定着我国的发展前途和国际地位。

任何一个国家的发展都是一定历史条件下的发展。全面准确认识当前和今后一个时期我国发展的时代背景、客观条件特别是所面临的机遇和挑战，是谋划和推进我国发展的首要前提。观察当今中国发展环境的深刻复杂变化，既要看到机遇方面新的发展变化，也要看到挑战方面新的发展变化。具体地讲，国际环境的深刻复杂变化主要表现为：当今世界正经历百年未有之大变局，新一轮科技革命和产业变革深入发展，国际力量对比深刻调整，和平与发展仍然是时代主题，人类命运共同体理念深入人心，同时国际环境日趋复杂，不稳定性不确定性明显增加，新冠肺炎疫情影响广泛深远，经济全球化遭遇逆流，世界进入动荡变革期，单边主义、保护主义、霸权主义对世界和平与发展构成威胁；国内环境的深刻复杂变化主要表现为：我国已转向高质量发展阶段，制度优势显著，治理效能提升，经济长期向好，物质基础雄厚，人力资源丰富，市场空间广阔，发展韧性强劲，社会大局稳定，继续发展具有多方面优势和条件，同时我国发展不平衡不充分问题仍然突出，重点领域关键环节改革任务仍然艰巨，创新能力不适应高质量发展要求，农业基础还不稳固，城乡区域发展和收入分配差距较大，生态环保任重道远，民生保障存在短板，社会治理还有弱项。

深刻复杂变化中的国内外环境，既有错综复杂的国际环境带来一系列新矛盾新挑战，也有我国社会主要矛盾发展变化带来一系列新特征新要求。危机客观存在着，变局继续进行着，两者都不以人的意志为转移，但事在人为，关键在于我们如何看待和对待它们。在危机面前麻木不仁、无所作为或惊慌失措、进退失据，在变局面前无动于衷、闭关自守或患得患失、刻舟求剑，都不是科学的态度，不可能达到化危为机、弃旧图新之目的。什么才是科学态度？就是今年5月习近平总书记在参加全国政协十三届三次会议经济界委员讨论时所强调的，我们要科学分析形势、把握发展大势，坚持用全面、辩证、长远的眼光看待当前的困难、风险、挑战,积极引导全社会特别是各类市场主体增强信心,努力在危机中育先机、于变局中开新局。历史车轮滚滚向前,时代潮流浩浩荡荡。历史只会眷顾坚定者、奋进者、搏击者,而不会等待犹豫者、懈怠者、畏难者。在国内国际两个大局面前,只有占得先机,才能浴火重生、赢得未来;只有开创新局,才能破茧化蝶、赢得主动。我们要横下一条心,奋力在危机中育先机、于变局中开新局。别的想法都不会成功。

善于在危机中育先机、于变局中开新局,是以习近平同志为核心的党中央治国理政的重大战略思维,也是我们党执政兴国的重要经验。回顾新中国成立以来特别是改革开放以来,我们在前进道路上遇到了不少来自国内外和自然界的重大风险和挑战,遇到了国内外形势变化带来的变局,比如新中国成立初期美国把战火烧到鸭绿江边、上世纪 60 年代初重大自然灾害、"文化大革命"十年内乱、1989 年政治风波、1991 年苏联解体、1997 年亚洲金融危机、2003 年非典、2008 年国际金融危机等,我们国家之所以能安然渡过若干危机和变局走到今天并且发展得愈来愈好,善于在危机中育先机、于变局中开新局无疑是一条宝贵经验。这条经验在今年的抗击新冠肺炎疫情中得到了新的体现。

二 准确把握新时代育什么先机、开什么新局

危中有机,是习近平总书记一再强调的重要观点,闪耀着辩证唯物主义的真理光辉。2020 年 3 月 27 日,习近平总书记在中央政治局会议上发表的关于进一步统筹推进新冠肺炎疫情防控和经济社会发展工作的重要讲话中就强调"要寻求机遇加强国际经贸合作",明确指出:"现在,国际经贸往来几乎陷于停顿,但危中有机。要加强

同日本、韩国等的产业链合作，通过东亚'小循环'带动'国际大循环'，提升我国产业链国际竞争优势。要加快国际物流供应链体系建设，提高我国国际货运能力，保障国际货运畅通。要利用国际市场资产价格大幅下降的时机，增加石油天然气购买和储备，优化国家外汇储备资产结构，做好境外资产保值增值"。今年7月21日，习近平总书记在企业家座谈会上的重要讲话中强调："大疫当前，百业艰难，但危中有机，唯创新者胜。"我们要深刻领会习近平总书记关于危中有机的重要观点，通过对国内外环境和我国所具有的客观条件尤其是优势的科学分析和认识，弄清楚当前我们在危机中能够育什么先机、于变局中能够开什么新局，把育先机、开新局的路子走对、步子走稳。

先机就是生机，就是先手棋、先发优势；新局就是新生，就是新天地、别开生面。只有不甘于跟在别人后面亦步亦趋的人，才会敢为人先、奋勇争先；只有不安逸于守成、不满足于既有成就的人，才会吐故纳新、推陈出新。应该讲，先机在不同层面、不同领域、不同时段广泛存在，开新局是各层次、各方面、各时段工作能够上台阶的内在要求，先机需要全党全社会共同去发现和培育，新局需要全党全社会共同去打开和拓展。

就我国"十四五"时期育先机而言，最重要的一个先机就是新一轮科技革命和产业变革。必须深刻认识到，科技是第一生产力，创新是引领发展的第一动力，科技创新在国家发展全局中处在核心位置，没有科技创新就没有产业变革。还必须深刻认识到，当今世界国际竞争的核心领域在科技，谁掌握了先进的科学技术，谁才能有先进生产力、国际竞争力。邓小平同志早就提出，四个现代化关键是科学技术现代化。他还提出，高科技领域的一个突破，带动一批产业的发展；搞科技，越高越好，越新越好。习近平总书记强调，"形势逼人，挑战逼人，使命逼人。我国广大科技工作者要把握大势、抢占先机,直面问题、迎难而上,瞄准世界科技前沿,引领科技发展方向,肩负起历史赋予的重任,勇做新时代科技创新的排头兵。"新一轮科技革命和产业变革处在深入发展之中,各国都在千方百计地赢得有利地位,我们要从事关国家兴衰成败的历史高度看待和对待这个重大发展机遇,全力培育,全速前进,抢占世界科技和产业制高点。

就我国"十四五"时期开新局而言,最重要的是加快构建以国内大循环为主体、国内国际双循环相互促进的新发展格局。必须深刻认识到,面对全球政治经济环境复杂多变特别是传统国际循环日渐加大的不稳定性不确定性不安全性,我们难以凭借现成的发展格局来推进国家发展、保障国家安全。穷则思变,变则主动。我国有 14 亿人口,人均国内生产总值已经突破 1 万美元,成为全球最大最有潜力的消费市场。同时,我国拥有世界上规模最大、门类最全、配套最完备的产业体系,能够快速实现产品研发成果的量化生产,并保持高频灵活的产品升级迭代。这样强大的国内市场和完备的产业体系,为我国参与国际经济合作和竞争提供了坚实基础,也为我国稳定经济发展和抵御外部风险提供了坚固依托。构建以国内大循环为主体、国内国际双循环相互促进的新发展格局,既能充分发挥大国经济内部可循环的突出优势、把握我国经济发展主动权,又能通过参与国际循环来助力我国经济发展、促进世界经济发展。这是一个在新的时代条件下有利于促进中国和世界共同发展的新发展格局。

三 积极推动在危机中育先机、于变局中开新局

育先机、开新局都是开创性事业,没有开拓创新的干劲和闯劲是

办不好、办不成的，必须坚定不移贯彻创新、协调、绿色、开放、共享的新发展理念，坚持稳中求进工作总基调，以推动高质量发展为主题，以深化供给侧结构性改革为主线，以改革创新为根本动力，以满足人民日益增长的美好生活需要为根本目的，统筹发展和安全，加快建设现代化经济体系，加快构建以国内大循环为主体、国内国际双循环相互促进的新发展格局。

推动在危机中育先机，就要按照党的十九届五中全会作出的部署，一方面坚持创新驱动发展、全面塑造发展新优势，一方面加快发展现代产业体系、推动经济体系优化升级。就前者而言，就要坚持创新在我国现代化建设全局中的核心地位，把科技自立自强作为国家发展的战略支撑，面向世界科技前沿、面向经济主战场、面向国家重大需求、面向人民生命健康，深入实施科教兴国战略、人才强国战略、创新驱动发展战略，完善国家创新体系，加快建设科技强国，重点在强化国家科技战略力量、提升企业技术创新能力、激发人才创新活力、完善科技创新体制机制上下功夫；就后者而言，就要坚持把发展经济着力点放在实体经济上，坚定不移建设制造强国、质量强国、网络强国、数字中国，推进产业基础高级化、产业链现代化，提高经济质量效益和核心竞争力，重点在提升产业链供应链现代化水平、发展战略性新兴产业、加快发展现代服务业、统筹推进基础设施建设、加快数字化发展上下功夫。

推动于变局中开新局，就要按照党的十九届五中全会作出的部署，形成强大国内市场，构建新发展格局。总的要求是，坚持扩大内需这个战略基点，加快培育完整内需体系，把实施扩大内需战略同深化供给侧结构性改革有机结合起来，以创新驱动、高质量供给引领和创造新需求。重点要在以下几方面下功夫：一是畅通国内大循环，依托强大国内市场，贯通生产、分配、流通、消费各环节，打破行业垄断和地方保护，形成国民经济良性循环；二是促进国内国际双循环，立足国内大循环,发挥比较优势,协同推进强大国内市场和贸易强国建设,以国内大循环吸引全球资源要素,充分利用国内国际两个市场两种资源,积极促进内需和外需、进口和出口、引进外资和对外投资协调发展,促进国际收支基本平衡;三是全面促进消费,增强消费对经济发展的基础性作用,顺应消费升级趋势,提升传统消费,培育新型消费,适当增加公共消费;四是拓展投资空间,优化投资结构,保持投资合理增长,发挥投资对优化供给结构的关键作用。

习近平总书记深刻指出,中华民族伟大复兴,绝不是轻轻松松、敲锣打鼓就能实现的。我们现在所处的,是一个船到中流浪更急、人到半山路更陡的时候,是一个愈进愈难、愈进愈险而又不进则退、非进不可的时候。在这个千帆竞发、百舸争流的时代,面对新的危机、新的变局,我们要统筹中华民族伟大复兴战略全局和世界百年未有之大变局,深刻认识我国社会主要矛盾变化带来的新特征新要求,深刻认识错综复杂的国际环境带来的新矛盾新挑战,增强机遇意识和风险意识,立足社会主义初级阶段基本国情,保持战略定力,办好自己的事,认识和把握发展规律,发扬斗争精神,树立底线思维,准确识变、科学应变、主动求变,抓住机遇,应对挑战,趋利避害,奋勇前进。

以高质量发展为主题推动"十四五"经济社会发展

韩 文 秀

党的十九届五中全会通过的《中共中央关于制定国民经济和社会发展第十四个五年规划和二〇三五年远景目标的建议》（以下简称《建议》）明确提出，"十四五"时期经济社会发展要以推动高质量发展为主题，这体现了党的十九大关于我国经济已由高速增长阶段转向高质量发展阶段的科学判断，标志着我们党对经济社会发展规律的认识和运用均达到新高度。我们要全面理解以推动高质量发展为主题的深刻内涵和重大意义，切实增强推动高质量发展的自觉性和坚定性，把高质量发展这一主题贯穿到"十四五"时期经济社会发展各领域和全过程。

一 以高质量发展为主题是推动"十四五"时期经济社会发展的必然要求

新时代、新发展阶段，我国发展的国内外环境面临深刻复杂变化，确立"十四五"时期经济社会发展以推动高质量发展为主题，是顺应我国发展阶段、发展条件、发展格局变化的必然要求。

（一）以推动高质量发展为主题是适应我国社会主要矛盾变化的需要。党的十九大作出"我国社会主要矛盾已经转化为人民日益增长的美好生活需要和不平衡不充分的发展之间的矛盾"的重大判断。"十四五"时期,推动解决发展不平衡不充分问题,使优质产品和服务的供给更加充分,使城乡区域发展更趋平衡协调,需要在质和量两方面进一步提升社会生产力水平,这归根到底要靠高质量发展。高质量发展就是从"有没有"到"好不好"的发展,就是要着力解决发展不平衡不充分问题。发展不平衡不充分既是问题之所在,又是高质量发展的潜力之所在。解决这一社会主要矛盾的过程,就是高质量供给加快成长、需求升级得到有效满足的过程,这也是"十四五"时期我国经济社会持续健康发展的重要动力源泉。

(二)以推动高质量发展为主题是构建新发展格局的需要。当今世界正经历百年未有之大变局,国际环境日趋复杂,不稳定性不确定性明显增加。新冠肺炎疫情全球大流行使这一大变局加速演变,国际经济、政治、科技、安全等格局出现深刻调整。同时,和平与发展仍是时代主题,合作与共赢仍是人类共同期盼,我国发展仍处于重要战略机遇期,仍具有很多有利条件。"十四五"时期,在大变局中掌握战略主动,在大挑战中用好战略机遇,关键在于办好中国自己的事,加快构建以国内大循环为主体、国内国际双循环相互促进的新发展格局。推动高质量发展与构建新发展格局是内在统一的。坚持高质量发展,有效满足人民日益增长的美好生活需要,形成供需有效衔接、良性互动的高水平动态平衡,是发挥我国超大规模市场优势、构建新发展格局的内在要求。

(三)以推动高质量发展为主题是深入防范化解重大风险的需要。"十四五"时期是我国跨越中等收入陷阱的关键阶段,也是各类风险易发多发阶段。深入防范化解重大风险,是"十四五"时期经济社会发展必须跨越的关口。经验表明,如果一个国家的发展质量不高,往往会在经济、社会、生态等方面不断产生和累积风险隐患,而坚持高质量发展既有利于防范化解风险隐患,也有利于提高经济社会

抵御各种冲击的能力和韧性。高质量发展对应的是低风险隐患,低
质量发展对应的是高风险隐患。推动高质量发展是防范化解各类重
大风险的根本途径,是推动经济行稳致远的必然选择。

(四)以推动高质量发展为主题是顺利开启全面建设社会主义
现代化国家新征程的需要。"十四五"时期是我国全面建成小康社
会、实现第一个百年奋斗目标之后,开启全面建设社会主义现代化国
家新征程、向第二个百年奋斗目标进军的第一个五年。我国的社会
主义现代化具有各国现代化的一般规律和特征,但决不是西方国家
现代化的"摹版"和"翻版",它立足于中国国情,具有中国特色社会
主义的特质和特征。在全面建设社会主义现代化国家新征程上推动
高质量发展,不断解放和发展社会生产力,实现经济由大到强的跨
越,不断缩小城乡区域发展差距和居民生活水平差距,努力扩大中等
收入群体,促进全体人民共同富裕,将进一步展现中国特色社会主义
制度的优越性,确保全面建设社会主义现代化国家真正开好局、起
好步。

二　精准把握以推动高质量发展为主题的基本要求

坚持以推动高质量发展为主题,需要正确认识高质量发展的深
刻内涵和核心要义,使各地区各部门在推动高质量发展的实践中一
体遵循,不断开创经济社会发展新局面。

(一)以推动高质量发展为主题要求坚定贯彻新发展理念。理
念是行动的先导,发展理念从根本上决定着发展方式和成效。高质
量发展就是体现新发展理念的发展,是创新成为第一动力、协调成为
内生特点、绿色成为普遍形态、开放成为必由之路、共享成为根本目
的的发展。党的十八届五中全会首次提出并全面阐释了新发展理

念,党的十九大把坚持新发展理念确立为新时代坚持和发展中国特色社会主义的基本方略之一,并对发展内涵作出具有新时代特点的全方位拓展,使之成为我国经济社会发展的重要遵循。推动"十四五"时期高质量发展,要求把创新、协调、绿色、开放、共享的发展理念一以贯之地贯彻到全面建设社会主义现代化国家的全过程和各领域。

(二)以推动高质量发展为主题要求推动质量变革、效率变革、动力变革。推动高质量发展,需要切实提升发展的质量、效率和动力,努力实现"三大变革",这是"十四五"时期实现高质量发展的内在要求。内在统一的这"三大变革",核心是加快转变发展方式,标志是提高全要素生产率,途径是深化供给侧结构性改革。只有全面有效推动"三大变革",才能持续优化生产要素配置,把有限资源配置到高效领域,提高供给体系质量和效率,在更高水平上实现供需结构的动态平衡。

(三)以推动高质量发展为主题要求实现发展质量、结构、规模、速度、效益、安全相统一。高质量发展集中体现为发展质量、结构、规模、速度、效益、安全的有机统一,这是多重约束条件下的最优解。好的质量、结构、效益是高质量发展的本质特征,经济结构趋于均衡协调,质量效益才能不断提升。同时,发展应充分发挥增长潜力,保持合理的增长速度,协同实现质的提升和量的扩大,这是高质量发展的题中应有之义。

(四)以推动高质量发展为主题要求统筹好发展和安全。安全是发展的前提,发展是安全的保障,推动高质量发展,必须统筹发展和安全,确保安全发展。进入动荡变革期的当今世界,各种可以预见和难以预见的风险因素明显增多,国内经济社会发展中一些存量矛盾和新增风险相互交织。我们要坚持总体国家安全观,坚持发展与安全并重,确保高质量发展得以在安全的环境中推进,同时以高质量发展为国家安全提供有力的支撑。要按照《建议》关于统筹发展和安全、建设更高水平的平安中国的要求,切实抓好政治安全、国土安全、经济安全、社会安全、网络安全等重点领域国家安全工作,防范各类风险累积叠加。要增强机遇意识和风险意识,善于转危为安、化危为机,努力实现更高质量、更有效率、更加公平、更可持续、更为安全的发展。

（五）以推动高质量发展为主题要求深化供给侧结构性改革。以推动高质量发展为主题,明确了"十四五"乃至更长时期我国经济工作的"靶心",瞄准"靶心"才能走对路子,使发展再上新台阶;以深化供给侧结构性改革为主线,明确了经济工作的"纲","纲举"才能"目张"。需要正确认识和把握主题同主线的关系,高质量发展是供给侧结构性改革的落脚点,供给侧结构性改革是通向高质量发展的根本途径,二者统一于全面建设社会主义现代化国家的伟大实践之中。

（六）以推动高质量发展为主题要求将其全面落实到统筹推进"五位一体"总体布局和协调推进"四个全面"战略布局中。统筹推进"五位一体"总体布局和协调推进"四个全面"战略布局是以习近平同志为核心的党中央根据我国社会主义现代化建设的战略构想作出的总体部署。高质量发展不仅是对经济工作的要求,而且是贯通社会主义现代化建设各方面各领域各环节的要求。统筹推进"五位一体"总体布局,协调推进"四个全面"战略布局,需要使经济建设、政治建设、文化建设、社会建设、生态文明建设都在高质量发展的轨道上不断前进,拓展高质量发展的内涵和外延,使推动高质量发展这个主题在全面建设社会主义现代化国家的新征程上得到全面体现。

三 用心用力把高质量发展的主题落到实处

落实高质量发展这一主题是涉及面很广的一项系统工程,需要坚持系统观念,建立有效管用的激励和约束机制,形成推动高质量发展的强大合力。

（一）强化科学的绩效评价和政绩考核。考核评价体系对各地区经济社会发展,对各级干部担当作为,具有重要的导向作用。需要抓住考核评价这个"指挥棒",将人民群众的获得感、幸福感、安全感作为重要标准,对各地区贯彻落实新发展理念,推动质量变革、效率变革、动力变革,建设现代化经济体系,提高发展综合质量效益的情况进行综合绩效评价。考核评价需要充分考虑各地区差异性,重在纵向对比,避免相互攀比。需要充分体现激励与约束相统一的要求,促进树立正确政绩观,突出重改革、重实干、重实绩导向,对真正敢于干事创业、能够解决实际问题的干部实行激励和容错,把考评结果作为干部使用的重要依据,充分调动各级干部推动高质量发展的积极性,不断提高贯彻新发展理念、构建新发展格局的能力和水平,为实现高质量发展提供根本保证。对影响高质量发展的行为,需要严肃问责、及时纠偏。

（二）强化政策支持引导。实现高质量发展需要与时俱进完善推动高质量发展的政策体系,突出问题导向、目标导向,提高精准性,增强决策质量和实效。政策体系需要同指标体系、标准体系、统计体系、绩效评价、政绩考核办法等协调推进。需要把提高经济效率、解决发展动力问题、发展不平衡不充分问题、发展内外联动问题、人与自然和谐共生问题、社会公平正义问题等作为决策重点,引导各级党委和政府提高基本公共服务质量和效率,激励市场主体加快科技创新,通过各种政策措施支持实体经济发展。

（三）调动中央和地方两个积极性。实现高质量发展,需要加强顶层设计,完善目标、标准和政策,为各地区各部门提供工作依据和遵循,增强推动高质量发展的协同性、整体性和有效性。要注重发挥地方的积极性、主动性、创造性,支持各地结合自身实际积极探索推动高质量发展的差异化途径,形成比学赶帮、因地制宜推动高质量发展的生动局面。要根据各地区的条件,走合理分工、优化发展的路子,落实主体功能区战略和区域协调发展战略,完善国土空间治理,形成优势互补、高质量发展的区域经济布局。要做好国家规划同地方规划的有效衔接,加强中央与地方的高效协调。

(四)强化干部人才保障。高质量发展是靠人干出来的,实现高质量发展离不开高素质的干部人才队伍。要加强党对干部人才队伍建设的领导,坚持德才兼备,突出政治引领,从讲政治的高度认识推动高质量发展的特殊重要性,使新发展理念真正入耳入脑入心,使高质量发展真正落地落细落实。要贯彻新时代党的组织路线,选拔任用忠诚干净担当、专业能力突出的干部,打造一支政治过硬、本领高强、作风务实、胜任领导高质量发展的干部人才队伍。要在高质量发展的实践中锻炼干部、辨识干部、培养干部,根据高质量发展需要优化干部人才布局,有力保障高质量发展这一主题得到持续有效贯彻落实。

"十四五"时期经济社会发展要以深化供给侧结构性改革为主线

黄 守 宏

推进供给侧结构性改革,是以习近平同志为核心的党中央深刻洞察国际国内形势变化,科学把握发展规律和我国现阶段经济运行主要矛盾,作出的具有开创性、全局性、长远性的重大决策部署,是习近平新时代中国特色社会主义思想的重要理论创新成果,也是解决突出矛盾和问题、推动经济社会持续健康发展的治本良方。《中共中央关于制定国民经济和社会发展第十四个五年规划和二〇三五年远景目标的建议》强调,"十四五"时期经济社会发展要以深化供给侧结构性改革为主线。对此,我们要深入学习,全面理解和把握。

一 实施供给侧结构性改革是重大理论创新和实践创新,有力推动了"十三五"时期经济社会发展取得历史性成就、发生历史性变革

"十三五"之初,我国经济社会发展面临很多新情况新问题。国际金融危机深层次影响持续蔓延,世界经济复苏乏力,全球贸易低迷,保护主义上升。我国经济发展进入新常态,经过多年快速发展,长期积累的矛盾和问题日渐凸显,经济发展面临"四降一升",即经

济增速下降、工业品价格下降、实体企业盈利下降、财政收入下降、经济风险发生概率上升。这些突出矛盾和问题,有周期性、总量性因素,但根源是重大结构性失衡。概括起来,主要表现为"三大失衡",即实体经济结构供需失衡、金融和实体经济失衡、房地产和实体经济失衡,导致经济循环不畅。在这种情况下,需求侧管理的边际效益不断递减,单纯依靠刺激需求难以解决结构性矛盾,必须更多地从供给侧发力。在综合分析世界经济长周期和我国经济发展新常态基础上,2015 年,以习近平同志为核心的党中央决定实施供给侧结构性改革,并将其作为经济发展和经济工作的主线。供给侧结构性改革,重点是解放和发展社会生产力,用改革的办法推进结构调整,减少无效和低端供给,扩大有效和中高端供给,增强供给结构对需求变化的适应性和灵活性,提高全要素生产率。以供给侧结构性改革为主线,是对我国经济发展思路和工作着力点的重大调整,是化解我国经济发展面临困难和矛盾的重大举措,也是培育增长新动力、形成先发新优势、实现创新引领发展的必然要求和选择。

供给侧结构性改革是对马克思主义政治经济学的创新发展。习近平总书记关于供给侧结构性改革的一系列重要论述,回答了供给侧结构性改革为何改、改什么、怎么改等重大问题,明确了供给侧结构性改革的根本目的、主攻方向、本质属性、战略战术、主要任务、重大原则、实现途径,思想深刻、内容丰富,是系统的理论创新,是中国特色社会主义政治经济学的重大创新和发展,为推进供给侧结构性改革指明了方向、提供了遵循。供给侧结构性改革理论同西方经济学的供给学派有本质的区别。它既强调供给又关注需求,既突出发展社会生产力又注重完善生产关系,既发挥市场在资源配置中的决定性作用又更好发挥政府作用,既着眼当前又立足长远。从马克思主义政治经济学的角度看,供给侧结构性改革的根本,是使我国供给能力更好满足广大人民日益增长、不断升级和个性化的物质文化和生态环境需要,从而实现社会主义生产目的。

各地区各部门深入推进供给侧结构性改革,把去产能、去库存、去杠杆、降成本、补短板作为重点,加大"破、立、降"力度。经过艰苦努力,"十三五"时期供给侧结构性改革不断深化。钢铁、煤炭等重点行业去产能目标完成,一批落后产能和僵尸企业出清,重点行业供求关系发生明显变化,传统产业加快转型升级。结构性去杠杆稳步推进。企业制度性交易成本和生产经营成本不断降低。重点领域补短板力度加大。重大科技创新成果不断涌现,战略性新兴产业和现代服务业加快发展,新技术新产业新业态迅速成长,在应对新冠肺炎疫情和促进经济社会秩序恢复中发挥了重要作用。在供给侧结构性改革的有力推动下,我国经济实力、科技实力、综合国力跃上新的大台阶,经济运行总体平稳,经济结构持续优化,人民生活水平显著提升。实践充分证明,以习近平同志为核心的党中央关于深化供给侧结构性改革的决策是完全正确的,是改善供给结构、提高经济发展质量和效益的治本之策。

二 "十四五"时期我国经济运行主要矛盾仍然是供给侧结构性的,必须坚持以供给侧结构性改革为主线不动摇

综合分析国内外形势和我国发展阶段性特征,"十四五"时期制约我国经济发展的因素,供给和需求两侧都有,但矛盾的主要方面仍在供给侧,必须在适度扩大总需求的同时,着力加强供给侧结构性改革,着力改善供给结构,提高供给体系质量和效率。

从外部环境看,世界进入动荡变革期,全球经济结构发生深刻调整。当今世界正经历百年未有之大变局,新一轮科技革命和产业变

革深入发展,同时国际环境日趋复杂,新冠肺炎疫情影响广泛深远,经济全球化遭遇逆流,世界经济陷入严重衰退,全球市场有效需求萎缩,单边主义、保护主义、霸权主义对世界和平与发展构成威胁,经贸摩擦加剧。在多种因素综合作用下,全球产业链供应链面临调整和重塑,部分高端制造业向发达国家回流、中低端制造业向要素成本低的发展中国家迁移。在这个大背景下,我们需要从供给侧发力,找准在世界供给市场上的定位,因应全球产业链供应链变化,以更高质量的产品和服务供给,提升我国在全球供应链、产业链、价值链中的地位,培育国际经济合作和竞争新优势。

从国内看,我国已转向高质量发展阶段,发展不平衡不充分问题仍然突出。我国经济发展正处在转变发展方式、优化经济结构、转换增长动力的攻关期,继续发展具有多方面优势和条件,但面临结构性、体制性、周期性问题交织叠加的困难和挑战。虽然这些年供给侧结构性改革取得重大成效,但长期积累的结构性问题仍然突出,"三大失衡"问题没有根本解决,随着我国社会主要矛盾的历史性变化,新的供需结构性问题还在不断出现。我国产业总体上仍处于国际分工产业链、价值链中低端,供给体系质量不高,高端供给短板明显,关键核心技术"卡脖子"问题更加突出,创新能力不适应高质量发展要求。新冠肺炎疫情对我国供给和需求都带来冲击和影响,经济增长下行压力持续加大,但这种冲击和影响是外生性的,没有改变我国经济运行内在机理和长期向好的发展趋势,也没有改变我国经济结构中存在的供需不匹配问题。"十四五"时期供给侧结构性这一经济运行主要矛盾没有变,经济社会发展的主线及工作着力点就不能变。

加快构建以国内大循环为主体、国内国际双循环相互促进的新发展格局,是"十四五"时期的重大战略任务,对深化供给侧结构性改革提出了新的要求。我国人均国内生产总值已达到 1 万美元,中等收入群体不断扩大,居民多样化、个性化、高端化需求与日俱增,消费结构正在优化升级,拥有超大规模并极具发展潜力的消费市场。同时,我国正处于新型工业化、信息化、城镇化、农业现代化深入发展阶段,扩大有效投资、优化投资结构的潜力很大。巨大的内需规模和需求结构的加快转型升级,是我国大国经济的最大优势和潜力所在。只要把这个优势和潜力充分发挥出来,就能形成拉动经济发展持久而强劲的动力。但是,超大规模市场优势和内需潜力的充分发挥不会自然而然达到,必须依靠深化供给侧结构性改革,优化供给结构、改善供给质量,提升供给体系对国内需求的适配性,打通经济循环堵点,提升产业链、供应链的完整性,使国内市场成为最终需求的主要来源。只有这样,才能促进形成强大国内市场,使生产、分配、流通、消费更多依托国内市场,形成需求牵引供给、供给创造需求的更高水平动态平衡,实现更高质量、更有效率、更加公平、更可持续、更为安全的发展。

三 持续深化供给侧结构性改革,推动我国社会生产力水平实现整体跃升

"十四五"时期,要根据我国发展环境的复杂深刻变化,围绕实现经济社会发展主要目标,坚定不移贯彻新发展理念,坚持以供给侧结构性改革为主线,坚持扩大内需这个战略基点,加快培育完整内需体系,把实施扩大内需战略同深化供给侧结构性改革有机结合起来,以创新驱动、高质量供给引领和创造新需求,增强经济持续增长动力。

深化供给侧结构性改革、推动高质量发展,管总的要求是"巩固、增强、提升、畅通"八字方针。要更多采取改革的办法,更多运用市场化、法治化手段,将供给侧结构性改革不断引向深入。一是巩固

"三去一降一补"成果。继续推进"破、立、降",推动更多产能过剩行业加快出清,淘汰关停环保、能耗、安全、质量等方面不达标的企业,减少无效和低端供给,扩大有效和中高端供给,调整供求关系,为新兴产业、绿色产业发展腾出空间。落实和完善减税降费政策,清理规范各类涉企收费,降低全社会各类营商成本,有效减轻企业负担。着眼于既促消费惠民生又调结构增后劲,加大基础设施等领域补短板力度。二是激发各类市场主体活力。我国有上亿市场主体,而且还在不断增加。把市场主体的活跃度保持住、提上去,是促进经济持续健康发展、保障和改善民生的关键所在。要坚持"两个毫不动摇",加强产权和知识产权保护,建设高标准市场体系,完善公平竞争制度,建立公平开放透明的市场规则和法治化营商环境,发挥企业和企业家主观能动性,促进正向激励和优胜劣汰,发展更多优质企业。加快土地等要素市场化步伐,破除各类要素流动壁垒。三是提升产业链供应链现代化水平。坚持把发展经济着力点放在实体经济上,着力推进产业基础高级化、产业链现代化。要充分发挥我国社会主义制度能够集中力量办大事的显著优势,改善科技创新生态,激发创新创造活力,打好关键核心技术攻坚战,加速科技成果向现实生产力转化,注重利用技术创新和规模效应形成新的竞争优势。强化工业基础能力建设,推动制造业高质量发展,培育和发展新的产业集群。加强国际产业安全合作,更好吸引全球资源要素,形成更具创新力、更高附加值的产业链。四是畅通国民经济循环。要加快建设统一开放、竞争有序的现代市场体系,贯通生产、分配、流通、消费各环节。深化金融体制改革,调整优化金融体系供给结构,提高金融体系服务实体经济能力。推动国内市场和生产主体、经济增长和就业扩大、金融和实体经济实现良性循环,协同推进强大国内市场和贸易强国建设,充分利用国内国际两个市场两种资源,加快构建新发展格局。

　　深化供给侧结构性改革,要着力营造良好的政策环境和制度环境。坚持把供给侧结构性改革主线贯穿于宏观调控全过程,健全宏观经济治理体系,完善宏观经济政策制定和执行机制,加强国际宏观经济政策协调,提高逆周期调节能力,促进经济总量平衡、结构优化、内外均衡。财政政策要更好发挥推进结构调整的优势和作用,货币政策要营造稳健适宜的货币金融环境,加强财政、货币、就业、产业、区域等经济政策协调,更有效服务深化供给侧结构性改革、促进实体经济发展。推动供给侧结构性改革,根本途径在改革。要全面深化改革,构建高水平社会主义市场经济体制,健全长期稳定可预期的制度安排,充分发挥市场在资源配置中的决定性作用,更好发挥政府作用,推动有效市场和有为政府更好结合,为深化供给侧结构性改革创造有利的环境条件,推动质量变革、效率变革、动力变革,使发展成果更好惠及全体人民,不断实现人民对美好生活的向往。

把新发展理念贯穿发展
全过程和各领域

林 尚 立

坚定不移贯彻创新、协调、绿色、开放、共享的新发展理念,是我国"十四五"时期经济社会发展必须遵循的重要原则。《中共中央关于制定国民经济和社会发展第十四个五年规划和二〇三五年远景目标的建议》(以下简称《建议》)明确要求,"把新发展理念贯穿发展全过程和各领域,构建新发展格局,切实转变发展方式,推动质量变革、效率变革、动力变革,实现更高质量、更有效率、更加公平、更可持续、更为安全的发展。"全面准确贯彻新发展理念,是科学制定实施"十四五"规划,顺利开启全面建设社会主义现代化国家新征程的科学指引和重要保证。

一 新发展理念是管根本、管全局、 管长远的指导理论和实践指南

在党的十八大以来成功驾驭我国经济发展实践基础上凝练而成的新发展理念,是习近平新时代中国特色社会主义思想的重大理论创新和实践创新成果,是确保我国经济社会持续健康发展的科学理论。2015年,习近平总书记在主持起草"十三五"规划建议时,创造性地提出了创新、协调、绿色、开放、共享的新发展理念,并将其写入"十三五"规划建议之中,成为编制和实施"十三五"规划的总体思路

和根本遵循。习近平总书记指出：新发展理念"是在深刻总结国内外发展经验教训、深入分析国内外发展大势的基础上提出的，集中反映了我们党对我国经济社会发展规律的新认识。按照新发展理念推动我国经济社会发展，是当前和今后一个时期我国发展的总要求和大趋势"。在党的十九大报告中，"坚持新发展理念"被列入新时代坚持和发展中国特色社会主义的十四条基本方略之中，成为党和国家事业发展必须长期坚持和全面贯彻的基本方略。

理论来自实践，又反作用于实践。科学理论一旦深入人心、贯穿到人民群众实践中，就会像马克思说的那样，成为推动发展的"物质力量"。在指导和推动"十三五"规划编制和实施过程中，新发展理念全面发挥了把方向、谋全局、促改革、增效益、保民生、稳增长的重要指导作用，既为我国经济转变发展方式、优化经济结构、转换增长动力、迈向高质量发展阶段提供了基本遵循，也为决胜全面建成小康社会关键阶段坚决打好防范化解重大风险、精准脱贫、污染防治三大攻坚战提供了战略思路。通过"十三五"时期的奋斗，我国"经济实力、科技实力、综合国力跃上新的大台阶"，如期全面建成小康社会、实现第一个百年奋斗目标，中华民族伟大复兴向前迈出了新的一大步。实践表明，"十三五"时期经济社会发展取得的辉煌成就，离不开新发展理念的科学指导，离不开广大党员干部和人民群众自觉践行新发展理念，不断推动创新发展、协调发展、绿色发展、开放发展、共享发展的创新实践。

新发展理念体现了理论和实践的统一，既是指导理论，也是实践指南。在新发展理念的科学内涵中，创新、协调、绿色、开放、共享这五大发展理念既相互贯通又相互促进，是具有内在联系的集合体；与此相对应，践行这五大发展理念形成的创新发展、协调发展、绿色发展、开放发展、共享发展又各展优势，相互联动，共同引导和确保我国经济社会持续健康发展。其中，创新发展注重的是解决发展动力问题，协调发展注重的是解决发展不平衡问题,绿色发展注重的是解决人与自然和谐问题,开放发展注重的是解决发展内外联动问题,共享发展注重的是解决社会公平正义问题。这五大发展及其推动解决的五大问题,都是我国经济社会发展的根本性、全局性、长远性问题。习近平总书记指出:"坚持创新发展、协调发展、绿色发展、开放发展、共享发展,是关系我国发展全局的一场深刻变革。"在实践中,对这五大发展理念"要统一贯彻,不能顾此失彼,也不能相互替代。哪一个发展理念贯彻不到位,发展进程都会受到影响"。所以,贯彻新发展理念、推动五大发展,关键是要做到一体把握、全局统筹、协同推进、联动发展。

"十三五"目标任务如期完成,特别是如期全面建成小康社会的成功实践充分证明,集中体现在新发展理念上的发展思路、发展方向、发展着力点,不仅适合我国第一个百年奋斗目标全面建成小康社会的发展需要,而且符合我国全面建设社会主义现代化国家第二个百年奋斗目标的发展要求,是管根本、管全局、管长远的指导理论和实践指南,是确保我国经济社会持续健康发展的重要法宝。

二 以新发展理念把握新发展阶段、构建新发展格局

全面建成小康社会、实现第一个百年奋斗目标之后,我国将开启全面建设社会主义现代化国家新征程、向第二个百年奋斗目标进军的新发展阶段。党的十九大报告对实现第二个百年奋斗目标作出了分两个阶段推进的战略安排,即到 2035 年基本实现社会主义现代化,到本世纪中叶把我国建设成为富强民主文明和谐美丽的社会主义现代化强国。"十四五"时期是向第二个百年奋斗目标进军的第一个五年,担负着开启全面建设社会主义现代化国家新征程的光荣

而艰巨的使命,要开好局、起好步,"十四五"时期的经济社会发展,就要锚定2035年远景目标,以新发展理念为指导,科学把握新发展阶段的新形势、新任务和新要求。

实践告诉我们,发展是一个不断演进和变化的进程,不同发展阶段,有不同的发展环境、任务和要求,只有把准其基本特征和内在规定,发展才能科学和有效。"十四五"时期是我国新发展阶段的开启阶段,面临新形势、新任务和新要求带来的机遇和挑战。新形势,主要是由世界正经历百年未有之大变局带来的,在这个大变局中,世界格局发生深刻变化,新一轮科技革命和产业变革深入发展,人类社会生产和生活方式重塑深度推进,加上突如其来的新冠肺炎疫情全球大流行带来的巨大冲击,国际政治、经济、科技、治理格局进入前所未有的动荡变革期,这就使得我国新发展阶段经济社会发展面临极其错综复杂的形势。新任务,主要是由第二个百年奋斗目标带来的,对"十四五"时期的发展来说,就是要开启全面建设社会主义现代化国家新征程、向第二个百年奋斗目标进军。新要求,主要是由我国社会主要矛盾发展变化和我国进入高质量发展阶段带来的,其中既有立足高质量发展解决发展不平衡不充分问题、不断满足人民日益增长的美好生活需要的发展要求,也有转变发展方式、推动质量变革、效率变革、动力变革的改革要求,涉及经济、社会、文化、生态等各领域发展。新发展阶段的新形势、新任务和新要求蕴含不少前所未有的机遇和挑战,对当前和今后一个时期我国经济社会发展提出一系列新课题。在新发展阶段,"十四五"时期的经济社会发展,需要坚定不移贯彻新发展理念,从新发展理念的战略视野、系统观念、价值追求和辩证思维出发,在科学驾驭复杂严峻形势中育先机、开新局,在攻坚克难应对新矛盾新挑战中谋发展、闯新路。只有这样,"十四五"时期的发展才能用好新发展阶段的重要战略机遇,发挥打基础、利长远作用,为全面建设社会主义现代化国家奠定打开新局面、构建新格局的坚实基础。

根据新发展阶段新形势、新任务和新要求,以习近平同志为核心的党中央从统筹中华民族伟大复兴战略全局和世界百年未有之大变局出发,作出了推动形成以国内大循环为主体、国内国际双循环相互促进的新发展格局的战略抉择。习近平总书记强调,这"是重塑我国国际合作和竞争新优势的战略抉择"。理念是行动的先导。创新、协调、绿色、开放、共享的新发展理念,是我们党对共产党执政规律、社会主义建设规律、人类社会发展规律的科学把握。正是立足这样的思想和认识高度,党中央作出了构建新发展格局的战略抉择。新发展格局的根本出发点还是发展,是要实现更高质量、更有效率、更加公平、更可持续、更为安全的发展。对新发展格局来说,这种发展既是目的,也是手段,其核心动能就是科技创新、战略支点就是高质量发展、实践路径就是开放形态的国内国际双循环,而这一切都离不开体现新发展理念的创新发展、协调发展、绿色发展、开放发展、共享发展的协同发力和共同推动。所以,新发展格局的构建要在形态上成型、功能上成熟、运行上成势,最关键、也是最根本的就是坚定不移地把新发展理念贯穿发展全过程和各领域。

三 坚定不移贯彻新发展理念,推动高质量发展

《建议》明确指出:我国已转向高质量发展阶段。推动高质量发展是"十四五"时期经济社会发展的主题,也是做好当前和今后一个时期经济社会发展工作的根本要求。从我国发展的大逻辑来看,推动高质量发展的前提和基础就是转变发展方式,即改变过去主要依靠资源等要素投入推动经济增长和规模扩张的粗放型发展方式,实现从规模速度型粗放增长转向质量效率型集约增长,从要素投资驱

动转向创新驱动。转变发展方式,既是我国经济社会发展达到一定阶段和规模后向更高水平迈进的必然要求,也是积极应对在全球范围方兴未艾的新一轮科技革命和产业变革的必然要求,关乎我国发展全局和长远。切实转变发展方式,除了需要加紧推动质量变革、效率变革、动力变革和加快建设现代化经济体系之外,更为基础、也更为关键的就是要把新发展理念贯穿到经济社会发展全过程和各领域,确保推动经济社会发展的各项战略谋划、改革探索、创新实践和政策落实都能体现和践行新发展理念。在转变发展方式、推动高质量发展中,新发展理念是指引我们摸准规律、认准方向、找准路径、把准关键的行动指南。

没有发展方式的转变,高质量发展就无从谈起,同样,没有高质量发展的牵引,发展方式转变就缺乏内生动力。实践中,需要把转变发展方式同推动高质量发展统一起来,并将新发展理念贯穿其中,以践行新发展理念的高质量发展不断深化发展方式的转变和优化。习近平总书记指出:"高质量发展就是体现新发展理念的发展,是经济发展从'有没有'转向'好不好'。"从这个战略定位出发去推动持之以恒的高质量发展,不仅需要全面推动创新发展、协调发展、绿色发展、开放发展、共享发展,而且需要用新发展理念的辩证思维和系统观念把握这五大发展的规律和趋势,从而在高质量发展中推动发展方式系统性变革、整体性转变,实现发展质量、结构、规模、速度、效益、安全相统一。

习近平总书记指出:"一定的发展实践都是由一定的发展理念来引领的。发展理念是否对头,从根本上决定着发展成效乃至成败。"新发展理念是对事物发展运动规律的科学把握,体现了我们党认识和把握共产党执政规律、社会主义建设规律、人类社会发展规律的高度和水平,对指导和推动全面建设社会主义现代化国家具有全局和长远意义。要把科学理念转化为转变发展方式、推动高质量发

展的实际行动,离不开各级领导干部对新发展理念的准确把握和深
入贯彻。习近平总书记还指出:"新发展理念要落地生根、变成普遍
实践,关键在各级领导干部的认识和行动。"认识的高度决定行动深
度。各级领导干部都需要立足党和国家事业的战略全局,深刻理解
新发展理念的科学内涵和精神实质,深入把握新发展理念对经济社
会发展各项工作的指导意义,把忠实践行新发展理念贯穿领导活动
全过程,落实到决策、执行、检查等各项工作中,不断提高践行新发展
理念的能力和水平,真正做到崇尚创新、注重协调、倡导绿色、厚植开
放、推进共享,在新发展阶段不断开拓发展新境界。

坚持系统观念谋划推动
"十四五"经济社会发展

彭 清 华

　　"十四五"时期是我国全面建成小康社会、实现第一个百年奋斗目标之后,乘势而上开启全面建设社会主义现代化国家新征程、向第二个百年奋斗目标进军的第一个五年。以什么样的姿态迈步新征程、用什么样的方式实现新目标,是需要解决好的认识论方法论问题。党的十九届五中全会通过的《中共中央关于制定国民经济和社会发展第十四个五年规划和二〇三五年远景目标的建议》(以下简称《建议》),阐明了"十四五"时期经济社会发展必须遵循的原则,其中第五条"坚持系统观念"是首次提出,这是我们党在总结实践经验基础上作出的重大理论概括,是党的十九届五中全会精神的一大亮点。准确把握系统观念所蕴含的马克思主义立场观点方法,就能更加自觉将这一原则贯穿到谋划推动"十四五"经济社会发展、全面建设社会主义现代化国家全过程和各领域。

一　坚持系统观念,既是辩证唯物主义的内在要求, 也是马克思主义中国化的重大成果

　　系统观念是辩证唯物主义的重要认识论方法论。坚持发展地而不是静止地、辩证地而不是形而上学地、全面地而不是片面地、系统

地而不是零散地、普遍联系地而不是孤立地观察事物,乃是马克思主义唯物辩证法的根本要求。我们党在领导中国人民进行革命、建设、改革各个历史阶段,始终把马克思主义基本原理同中国实际相结合,坚持全面、系统、辩证地看问题、做决策、抓工作,将其作为重要思想方法和工作方法。毛泽东同志曾指出,"统筹兼顾,各得其所,这是我们历来的方针",他在革命建设不同历史时期提出的"星星之火,可以燎原"、论"持久战"、"四面八方"政策、论"十大关系"等,都是洞悉时势、总揽全局的系统谋划和战略擘画。邓小平同志始终把建设中国特色社会主义作为宏大系统工程来认识和设计,无论是党在社会主义初级阶段"一个中心、两个基本点"的基本路线,还是对沿海与内地、东部与西部、先富与后富的关系处理,都体现出深刻的辩证法和缜密的系统思维。"三个代表"重要思想坚持以发展着的马克思主义指导我国发展着的实践,科学发展观强调"以人为本,全面、协调、可持续",都贯穿并丰富发展了系统的思维和方法。

党的十八大以来,面对错综复杂的国际形势、艰巨繁重的国内改革发展稳定任务,习近平总书记登高谋远、掌舵领航,以马克思主义政治家的雄才伟略、远见卓识和战略定力,团结带领全党全军全国各族人民,统筹推进"五位一体"总体布局、协调推进"四个全面"战略布局,统筹改革发展稳定、内政外交国防、治党治国治军,统筹稳增长、促改革、调结构、惠民生、防风险、保稳定,统筹新冠肺炎疫情防控和经济社会发展,着力构建系统完备、科学规范、运行有效的制度体系,推动党和国家事业取得重大历史性成就、发生深刻历史性变革。在新时代波澜壮阔的伟大实践中,习近平总书记始终坚持系统思维、全局谋划,深刻指出要"统筹兼顾、综合平衡,突出重点、带动全局",强调"十个指头弹钢琴",注重深入研究各领域改革关联性和各项改革举措耦合性,实现在政策取向上相互配合、在实施过程中相互促进、在实际成效上相得益彰;既坚持全面系统地推动,又以重点领域和关键环节的突破作为带动,做到全局与局部相配套、治本与治标相结合、渐进与突破相衔接。所有这些,都为我们应对复杂局面、推动事业发展提供了强大思想武器和科学行动指南。

进入"十四五"时期,开启全面建设社会主义现代化国家新征程,面对深刻复杂变化的发展环境,迫切需要牢固树立系统观念,深刻把握其根本要求和精神实质,坚持用系统的思维和方法谋划推进工作,确保我国社会主义航船乘风破浪,不断从胜利走向新的胜利。

二　坚持系统观念,需要加强前瞻性思考、全局性谋划、战略性布局、整体性推进

立足当前、面向未来的思考需要突出前瞻性,把历史、现实和未来发展贯通起来审示,以把握趋势、辨明方向;把近期、中期和远期目标统筹起来谋划,以未雨绸缪、把握主动。准确把握"十三五"时期经济社会发展取得的巨大成就、奠定的坚实基础、积累的宝贵经验,深刻洞察时代方位和发展大势,深入分析当前我国发展环境面临的深刻复杂变化,切实增强机遇意识和风险意识,抓住机遇,应对挑战,趋利避害,奋勇前进。着眼实现第二个百年奋斗目标、锚定2035年远景目标,务实推动"十四五"时期经济社会发展各项工作,确保实现主要目标,实现经济行稳致远、社会安定和谐。

立足当前、面向未来的谋划需要突出全局性,紧扣国内国际两个大局、党和国家工作全局,统筹全面建设社会主义现代化国家各领域各方面,作出顶层设计,进行总体构架。坚持统筹推进经济建设、政治建设、文化建设、社会建设、生态文明建设总体布局,协调推进全面建设社会主义现代化国家、全面深化改革、全面依法治国、全面从严治党战略布局,一以贯之立足全局抓统筹、谋长远。

综合考量国家发展阶段和外部发展环境变化，统筹发展和安全，加快建设现代化经济体系，加快构建以国内大循环为主体、国内国际双循环相互促进的新发展格局，以全局视野为全面现代化谋新篇、开新局。

立足当前、面向未来的布局需要突出战略性，紧盯实现奋斗目标的重大战略问题，抓住主要矛盾和矛盾的主要方面，聚焦重点领域和关键环节以求"落一子而活满盘"。紧扣我国社会主要矛盾的变化，以满足人民日益增长的美好生活需要为根本目的，以改革创新为根本动力，坚定不移贯彻新发展理念，坚持稳中求进工作总基调，推动高质量发展，深化供给侧结构性改革，推进国家治理体系和治理能力现代化，持续用心用情用力解决发展不平衡不充分的问题。加快重大发展战略落子布局，推动西部大开发形成新格局，推动东北振兴取得新突破，促进中部地区加快崛起，鼓励东部地区加快推进现代化，推进京津冀协同发展、长江经济带发展、粤港澳大湾区建设、长三角一体化发展、黄河流域生态保护和高质量发展，推动成渝地区双城经济圈建设，深入实施科教兴国、人才强国、创新驱动发展战略，坚定不移建设制造强国、质量强国、网络强国、数字中国，为实现高质量发展拓展战略空间、提供战略支撑。

立足当前、面向未来的推进需要突出整体性，注重各项工作、各种要素的关联性，增强政策配套和制度衔接，在统筹兼顾中实现协同发展，在扬长补短中提升整体效能，防止畸重畸轻、顾此失彼。坚持以经济建设为中心，同步加强政治建设增强治国理政能力，加强文化建设凝聚精神力量，加强社会建设提升治理服务水平，加强生态文明建设推动绿色发展。坚持城乡一体化发展，注重发挥中心城市和城市群带动作用，统筹兼顾城市化地区、农产品主产区和生态功能区，优先发展农业农村，全面推进乡村振兴，推动形成工农互促、城乡互补、协调发展、共同繁荣的新型工农城乡关系。

三　坚持系统观念，需要统筹国内国际两个大局，坚持全国一盘棋，更好发挥中央、地方和各方面积极性

《建议》指出："当前和今后一个时期，我国发展仍然处于重要战略机遇期，但机遇和挑战都有新的发展变化。"对内，需要深刻认识我国社会主要矛盾发展变化带来的新特征新要求，准确把握我国发展的优势条件、问题短板，增强信心决心，明确努力方向。对外，需要积极应对错综复杂的国际环境带来的新矛盾新挑战，清醒认识国际环境日趋复杂，不稳定性不确定性明显增加，新冠肺炎疫情影响广泛深远，世界进入动荡变革期，但和平与发展仍然是时代主题，人类命运共同体理念深入人心。注重统筹中华民族伟大复兴战略全局和世界百年未有之大变局，把握发展规律，发扬斗争精神，准确识变、科学应变、主动求变，善于在危机中育先机、于变局中开新局，办好发展安全两件大事。

越遇逆风逆水，越是风高浪急，越要充分发挥中国共产党领导和我国社会主义制度独特优势，形成一体谋划、协同推进的全国一盘棋。坚持加强党中央集中统一领导，贯彻党把方向、谋大局、定政策、促改革的要求，增强"四个意识"、坚定"四个自信"、做到"两个维护"，完善上下贯通、执行有力的组织体系，确保各项决策部署有效落地落实。坚持和完善中国特色社会主义制度，充分发挥"集中力量办大事"的新型举国体制优势，搞好战略层面统筹，完善宏观调控机制，加强政策措施协同，破除要素流动壁垒，确保全国上下同心同德、步调一致，向着党中央确定的共同目标不懈奋斗。

推动宏伟事业，需要充分调动一切积极因素，发挥好中央、地方

和各方面积极性。注重坚持向改革要活力,完善宏观经济治理和财税金融体制,明晰中央和地方政府事权和支出责任,健全省以下财政体制,增强基层公共服务保障能力,为基层探索创新充分赋能。注重着力激发各类市场主体活力,坚持和完善社会主义基本经济制度,构建高水平社会主义市场经济体制,加快转变政府职能、优化营商环境,推动有效市场和有为政府更好结合。注重坚持和完善人民代表大会制度、中国共产党领导的多党合作和政治协商制度、民族区域自治制度,全面贯彻党的宗教工作基本方针,健全基层群众自治制度,发挥群团组织作用,完善大统战工作格局,巩固和发展大团结大联合局面。注重推动构建新型国际关系和构建人类命运共同体,积极营造良好外部环境。

四　坚持系统观念,需要着力固根基、扬优势、补短板、强弱项,注重防范化解重大风险挑战,实现发展质量、结构、规模、速度、效益、安全相统一

《建议》指出:"我国已转向高质量发展阶段,制度优势显著,治理效能提升,经济长期向好,物质基础雄厚,人力资源丰富,市场空间广阔,发展韧性强劲,社会大局稳定,继续发展具有多方面优势和条件,同时我国发展不平衡不充分问题仍然突出,重点领域关键环节改革任务仍然艰巨,创新能力不适应高质量发展要求,农业基础还不稳固,城乡区域发展和收入分配差距较大,生态环保任重道远,民生保障存在短板,社会治理还有弱项。"需要始终坚持系统观念,发挥优势带动、争取率先突破,补齐短板弱项、防止"木桶效应",全力培基固本、提质增效。需要坚定不移贯彻新发展理念,坚持创新驱动发

展,加快建设科技强国,全面塑造发展新优势;优化国土空间布局,推进区域协调发展、城乡统筹发展;推动绿色发展,建设人与自然和谐共生的现代化;实行高水平对外开放,开拓合作共赢新局面;改善人民生活品质,完善共建共治共享的社会治理制度,促进人的全面发展和社会全面进步。需要坚持把发展质量、结构、规模、速度、效益、安全统一起来,统筹推进国家产业硬实力和文化软实力建设,统筹国内国际两个市场两种资源,统筹深化改革和扩大开放,统筹富国和强军,实现更高质量、更有效率、更加公平、更可持续、更为安全的发展。

"十四五"时期,是党和国家事业承前启后、继往开来的关键期。我们要把党中央突出强调的"坚持系统观念"贯穿本地工作实践各方面全过程,坚持目标导向和问题导向相结合,综合考虑国内外发展趋势和我国发展条件,锚定远景目标、系统谋划推动,确保经济发展取得新成效、改革开放迈出新步伐、社会文明程度得到新提高、生态文明建设实现新进步、民生福祉达到新水平、国家治理效能得到新提升,为全面建设社会主义现代化国家开好局、起好步。

强化国家战略科技力量

白 春 礼

党的十九届五中全会通过的《中共中央关于制定国民经济和社会发展第十四个五年规划和二〇三五年远景目标的建议》(以下简称《建议》),深刻把握当前国内外形势变化和新时期我国经济社会发展对高质量科技供给的迫切需要,坚持目标导向和问题导向相结合,对强化国家战略科技力量作出全面部署,为"十四五"和今后一个时期做好科技创新工作指明了前进方向、提供了行动指南。我们要坚持以习近平新时代中国特色社会主义思想为指导,深入学习领会、全面准确理解强化国家战略科技力量的重要意义、基本要求和重点任务,切实把《建议》的各项重大决策部署落到实处。

一 国家战略科技力量建设取得历史性成就,引领带动我国科技事业整体实现跨越式发展

党中央历来高度重视国家战略科技力量,把建设一支体现国家意志、服务国家需求、代表国家水平的战略科技力量作为科技事业发展的重中之重。党的十八大以来,以习近平同志为核心的党中央把科技创新摆在国家发展全局的核心位置,深入实施创新驱动发展战略,以前所未有的力度强化国家战略科技力量,推动国家创新体系整体效能显著提升,引领带动我国科技创新事业发生历史性变革、取得

历史性成就。

整体科技实力显著增强。2019年,我国研发经费支出达到2.21万亿元,研发强度约为2.23%,超过欧盟平均水平。国内发明专利授权量连续多年位居世界首位,通过《专利合作条约》(PCT)途径提交的专利申请量跃居世界首位,国际科技论文和高被引论文数量均位居世界第2位,成为全球科技创新的重要贡献者。在国际上最有影响的几个国家创新能力评价排名中,我国均已处于发展中国家前列,成功跻身创新型国家行列。

重点领域和前沿方向实现重大突破。基础研究整体实力显著提升,化学、材料、物理、工程等学科整体水平进入国际先进行列,在量子信息、铁基超导、中微子、干细胞、脑科学等前沿方向上取得一系列重大原创成果。载人航天与探月、北斗导航、大型客机、载人深潜、国产航母、高速铁路、5G移动通信、超级计算、特高压输变电、第三代核电等一大批战略高技术领域取得重大突破,为培育经济发展新动能、推动产业转型升级、保障国家安全作出重大贡献。此外,科技创新在抗击新冠肺炎疫情、打赢脱贫攻坚战、保障和改善民生、建设美丽中国等方面也发挥了不可替代的重要作用。

创新能力建设成效显著。启动了首批国家实验室建设任务,加快推进重组国家重点实验室体系工作。中科院深入实施"率先行动"计划,高等学校加快推进"双一流"建设,创新能力和国际影响力不断增强。布局建设500米口径球面射电望远镜(FAST)、散裂中子源、P4实验室、上海光源、全超导托卡马克核聚变实验装置等一批国之重器;建设了20个国家科学数据中心、31个国家生物种质与实验材料资源库以及98个国家野外科学观测台站,为我国重大基础前沿研究和高技术发展提供了有力的技术和平台支撑。

科技创新空间布局持续优化。北京、上海、粤港澳大湾区国际科技创新中心建设深入推进,加快构建具有全球影响力的科技创新高地和驱动高质量发展的核心引擎。北京怀柔、上海张江、安徽合肥等综合性国家科学中心建设全面启动。国家自主创新示范区、国家高新区等重点区域创新能力持续提升,引领带动周边区域创新发展水平加速跃升,各具特色、协同发展的区域创新格局正在加快形成。

二 在新的起点上深刻认识强化国家战略科技力量的重大意义

当今世界正经历百年未有之大变局,创新成为影响和改变全球竞争格局的关键变量。我国已转向高质量发展阶段,积极应对各种风险挑战和瓶颈制约,对科技创新提出了更高、更迫切的要求。我国科技发展在进入创新型国家行列的基础上,2035 年要进入创新型国家前列,并乘势而上在本世纪中叶建成世界科技强国。要结合国际国内新形势和党中央的新要求新部署,深刻理解强化国家战略科技力量的重大意义。

强化国家战略科技力量,是应对国际经济科技竞争格局深刻调整、把握新一轮科技革命和产业变革机遇的必然选择。一方面,新冠肺炎疫情影响广泛深远,经济全球化遭遇逆流,全球产业链供应链因非经济因素而面临冲击,国际科技交流合作受到阻断,我国经济和科技发展的外部形势更加复杂。另一方面,新一轮科技革命和产业变革加速演进,各学科、各领域间深度交叉融合、广泛扩散渗透,呈现出多点突破、群发性突破的态势。主要国家聚焦可能取得革命性突破的重大创新领域和颠覆性技术方向持续加大投入,力图在新的竞争格局中抢占先机、赢得主动。强化国家战略科技力量,有助于充分发挥多学科、建制化优势,加快在关键核心技术领域取得重大突破,加快抢占科技制高点,加快实现我国科技自立自强发展,将创新主动权、发展主动权牢牢掌握在自己手中;同时更好地代表国家参与国际科技竞争合作,为世界科技发展和进步贡献更多中国智慧、中国力量。

强化国家战略科技力量,是催生新发展动能、支撑经济社会高质量发展的客观要求。创新是引领发展的第一动力,无论是培育新动能、发展新兴产业、改造提升传统产业,还是改善人民生活、保护生态环境、保障国家安全,都离不开科技创新的战略支撑。但要深刻认识到,我国创新能力还不适应高质量发展要求,基础研究和原始创新能力不强,关键领域核心技术受制于人的格局没有从根本上改变。面对国内外环境深刻变化带来的一系列新机遇新挑战,党中央作出加快构建以国内大循环为主体、国内国际双循环相互促进的新发展格局的重大战略抉择,而科技创新是构建这一新发展格局的关键。强化国家战略科技力量,有助于更好地发挥社会主义市场经济条件下新型举国体制优势,整合各方面力量开展协同攻关,加快提升自主创新能力,为走出一条更高质量、更有效率、更加公平、更可持续、更为安全的高质量发展道路,实现更多依靠创新驱动的内涵型增长提供更强有力的科技支撑。

强化国家战略科技力量,是优化国家创新体系布局、引领带动科技创新综合实力系统提升的重要抓手。国家战略科技力量是科技创新的"国家队",代表了国家科技创新的最高水平,是国家创新体系的中坚力量。考察近代以来主要科技强国的发展历程可以发现,培育和发展建制化的国家科研机构、高水平的研究型大学,建立完善支撑科技发展的重要条件平台,组织实施重大科技项目和工程等,在推动国家科技创新能力的快速提升和保持持续竞争优势中发挥了重要作用。在我国当前的发展阶段下,强化国家战略科技力量,让重点机构、重点区域、重点领域率先实现高质量发展,有助于优化国家创新体系整体布局,引领带动国家创新体系中其他主体、其他单元能力的提升,最终实现国家综合科技实力和创新体系整体效能的提升。

三 切实做好强化国家战略科技力量各项任务举措的贯彻落实

我们要以习近平新时代中国特色社会主义思想为指导,按照《建议》的要求和部署,加强前瞻性思考、全局性谋划、战略性布局、整体性推进,全面落实好强化国家战略科技力量的各项任务举措,加快推进创新型国家和科技强国建设,不断开创我国科技事业发展的新局面。

(一)强化顶层设计和系统布局。要制定科技强国行动纲要,在完成科技强国建设"三步走"战略目标第一步、成功进入创新型国家行列的基础上,着眼于科技强国建设总体目标,系统谋划到2035年和2050年的发展思路和重点任务,形成科技强国建设的时间表和路线图,明确科技创新的主攻方向,为加快推进科技强国建设提供有力指导。要进一步完善面向新时期发展需求的国家创新体系总体布局,强化国家战略科技力量与市场主体的统筹协同和融通创新,协同部署产业链和创新链,畅通创新价值链的关键环节,加快推进科技成果转移转化,形成各类创新主体功能互补、良性互动的协同创新新格局,提高创新链整体效能。

(二)组织实施好重大科技任务。组织实施体现国家战略意图的重大科技任务,是优化科技资源配置的重要方式,也是充分发挥社会主义市场经济条件下新型举国体制优势的重要途径。要集中力量打好关键核心技术攻坚战,加大重点领域科技投入力度,采取"揭榜挂帅"等方式,谁能干就让谁干,引导和组织优势力量下大力气解决一批"卡脖子"问题,加快突破基础软硬件、先进材料、核心零部件等方面的瓶颈制约,努力实现关键核心技术自主可控。要着眼长远系统谋划重点领域的重大项目布局,瞄准人工智能、量子科技、集成电路、生命健康、脑科学、生物育种、空天科技、深地深海等前沿领域,实施一批具有前瞻性、战略性的国家重大科技项目,超前部署前沿技术和颠覆性技术研发,为解决事关长远发展的"心腹之患"问题提供战略性技术储备。要制定实施战略性科学计划和科学工程,推进科研院所、高校、企业科研力量优化配置和资源共享,构筑面向未来发展的新优势,显著提升我国在相关领域的国际竞争力和影响力。

(三)加强基础研究、注重原始创新。基础研究是创新的源头活水,是事关我国科技长远发展的根基。要着力优化学科布局和研发布局,加强数学、物理等重点基础学科建设,推动基础学科与应用学科均衡协调发展,鼓励开展跨学科研究,强化不同学科的深度交叉融合,积极开辟新的学科发展方向。要引导广大科研人员树立创新自信,瞄准重大前沿科学问题,在独创独有上下功夫,勇于挑战最前沿的科学问题,在原创发现、原创理论、原创方法上取得重大突破。要完善共性基础技术供给体系,紧紧围绕经济社会发展的重大需求,从中发现重大科学问题,从科学原理、问题、方法上集中进行攻关,积极探索开辟新的技术路线,为解决"卡脖子"问题提供更多源头支撑。

(四)强化引领发展的高水平创新主体建设。高水平的创新主体是开展高水平科技创新活动的重要载体,也是科技强国的重要标志。要在明确国家目标和紧迫战略需求的重大领域,在有望引领未来发展的战略制高点,依托最有优势的创新单元,整合全国创新资源,推进国家实验室建设,构建围绕国家使命,依靠跨学科、大协作、高强度支持开展协同创新的研究基地。要加快重组国家重点实验室体系,通过调整整合,做强、做大、做优国家重点实验室,强化多学科

交叉融合,提升承担和完成国家重大科技任务的能力。要深入推进
事业单位改革,进一步强化国家科研机构的体系化能力和集群化优
势,加快推进"双一流"高校建设,提升服务国家战略需求、支撑经济
社会高质量发展的能力。

（五）优化国家战略科技力量空间布局。要遵循创新区域高度
集聚规律,加快推进北京怀柔、上海张江、安徽合肥等综合性国家科
学中心和粤港澳大湾区综合性国家科学中心先行启动区建设,布局
建设空间分布上集聚、功能方向上关联的国家重大科技基础设施集
群,集聚世界一流人才开展多学科交叉前沿研究,打造重大原始创新
策源地,支持北京、上海、粤港澳大湾区加快形成国际科技创新中心,
推动京津冀、长三角、珠三角等重点区域率先实现高质量发展。围绕
国家重大区域战略布局,推动国家自主创新示范区、高新区等重点区
域高质量发展,打造一大批各具特色的区域创新高地,引领带动其他
区域加快走上创新驱动发展道路。

（六）夯实支撑科技创新高质量发展的能力基础。科技创新的
高质量发展,离不开完善的基础性制度体系和高水平条件平台的支
撑保障。要完善国家质量基础设施,加强标准体系建设,提升标准的
有效性、先进性和适用性;加强计量测试技术研究,完善国家计量基
标准和量值传递与溯源体系;加强检验检测技术、方法和装备研发,
提升检验检测认证能力。要深入实施国家知识产权战略,完善重点
领域知识产权布局,在关键领域形成一批高价值核心专利,持续提升
知识产权创造、运用、保护和管理能力。要加快构建国家科研论文和
科技信息高端交流平台,充分利用大数据、人工智能等新技术,促进
科研信息数据的高效开放共享和广泛传播利用,全面提升对科研活
动的服务保障水平。

提升企业技术创新能力

李 晓 红

创新是引领发展的第一动力,是推动高质量发展、建设现代化经济体系的战略支撑。党的十九届五中全会通过的《中共中央关于制定国民经济和社会发展第十四个五年规划和二〇三五年远景目标的建议》(以下简称《建议》)提出要提升企业技术创新能力,并对企业技术创新能力建设提出了明确的要求,指明了企业技术创新能力建设的重点和方向,意义十分重大。

一 深刻理解提升企业技术创新能力的重大意义

(一)提升企业技术创新能力是坚持走中国特色自主创新道路、实施创新驱动发展战略、建设世界科技强国的重要内容。党中央、国务院高度重视科技创新。2006年《国家中长期科学和技术发展规划纲要(2006—2020年)》正式提出"自主创新,重点跨越,支撑发展,引领未来"的科技工作指导方针。2012年《关于深化科技体制改革加快国家创新体系建设的意见》明确提出确立企业在技术创新中的主体地位。党的十八大以来,以习近平同志为核心的党中央把科技创新摆在国家发展全局的核心位置,大力实施创新驱动发展战略,推动我国科技事业发生历史性变革,取得历史性成就。当前,我国科技创新仍然存在一些亟待解决的突出问题,企业技术创新能力不强,尤其是企业对基础研究重视不够，重大原创性成果缺乏，底层基础技术、基础工艺能力不足等。我们必须紧跟新一轮科技革命和产业变革的步伐，充分用好新科技浪潮的"科技红利"，大力提升企业科技创新能力，把科技的力量转化为经济和产业竞争优势。

（二）提升企业技术创新能力是重塑我国国际合作和竞争新优势、推进"双循环"新发展格局的形势所迫。当今世界正经历百年未有之大变局，新冠肺炎疫情全球大流行使这个大变局加速演进，保护主义上升、世界经济低迷、全球市场萎缩。在国内外环境深刻变化的形势下，党中央提出加快构建以国内大循环为主体、国内国际双循环相互促进的新发展格局，这是根据我国发展阶段、环境、条件变化提出来的重大战略部署，是重塑我国国际合作和竞争新优势的战略抉择。我们必须深刻认识到，目前我国在一些关键核心技术受制于人的局面尚未根本改变，创造新产业、引领未来发展的科技储备远远不足，很多产业还处于全球产业链、价值链中低端。因此，只有大力推动企业技术创新，加快关键核心技术攻关，提升产业链供应链现代化水平，才能下好先手棋、打好主动仗，把竞争和发展的主动权牢牢掌握在自己手中。

（三）提升企业技术创新能力是我国经济社会实现高质量发展、全面建设社会主义现代化国家的必然要求。我国即将进入"十四五"时期，这是我国全面建成小康社会、实现第一个百年奋斗目标之后，乘势而上开启全面建设社会主义现代化国家新征程、向第二个百年奋斗目标进军的第一个五年，我国将进入新发展阶段。当前我国社会主要矛盾已经转化为人民日益增长的美好生活需要和不平衡不充分的发展之间的矛盾，这对科技创新提出了新的更高的要求。习近平总书记强调，要以科技创新催生新发展动能。面对新形势新要求，我们要统筹中华民族伟大复兴战略全局和世界百年未有之大变局，充分发挥科技创新在高质量发展中的引领作用，要大力提升企业自主创新能力，尽快突破关键核心技术，这是关系我国发展全局的重大问题,也是全面建设社会主义现代化国家的必然要求。

二 提升企业技术创新能力的基本要求

(一)创新体系协同高效。深化科技体制改革,强化企业创新主体地位,推进产学研深度融合,培育产学研结合、上中下游衔接、大中小企业协同的良好创新格局,解决好"由谁来创新""动力在哪里""成果如何用"等问题,促进创新主体充满活力、创新链条有机衔接、创新效率大幅提高,建立高效协同的创新体系。

(二)科技经济融合融通。推动科技和经济紧密结合,加快科技成果向现实生产力转化,打通从科技强到产业强、经济强、国家强的通道。打造关键技术自主创新的"核心圈",构筑技术和产业的"朋友圈",形成带动广泛的"辐射圈",推动重点产业进入全球价值链中高端。

(三)创新生态优化完善。破除制约企业创新的体制机制障碍,拆除各种看得见或看不见的"玻璃门""弹簧门""旋转门",打造市场化、法治化、国际化营商环境,加强知识产权保护,激发人的创新活力,培养造就一大批具有国际水平的战略科技人才、科技领军人才、青年科技人才和高水平创新团队。

三 提升企业技术创新能力的重点任务

《建议》坚持目标导向、问题导向,聚焦能力建设、制度完善、体制创新,对切实提升企业技术创新能力的重点任务作出了具体部署。

(一)强化企业创新主体地位,促进各类创新要素向企业集聚。企业是技术创新的主体,提高技术创新能力必须充分发挥企业主体作用。**一是**按照创新发展规律、科技管理规律、市场经济规律办事，加强创新资源统筹，加大企业在创新资源配置中的主导权，充分发挥企业在技术创新决策、研发投入、科研组织和成果转化应用方面的主体作用。**二是**完善技术创新激励政策，以企业为主体引进或共建一批新型研发机构、技术转移机构、技术服务机构，实施跨区域协同创新合作，真正实现开放创新、开放合作、开放共赢。**三是**解决好创新要素向企业集聚的"信用"和"利益"问题，把知识产权作为解决利益分配机制问题的中心环节，建立产学研长期合作的信用和约束机制，坚定各方合作信心和投入决心。

（二）推进产学研深度融合，支持企业牵头组建创新联合体、承担国家重大科技项目。产学研深度融合的关键是强化和突出企业的主体地位，并能够真正发挥主导作用，让企业既扮演科研项目的"出题人"，又能成为合作项目的管理者，负责决定研究方向和参与成员，有效组织开展创新活动。**一是**鼓励企业与大学科研机构建立多种形式的合作关系，构建产学研协作新模式，支持行业骨干企业牵头组建创新联合体，与大学科研机构建立产业联盟、联合实验室/研发中心、联合技术中心，打造统一开放、竞争有序的产学研协同创新网络。**二是**统筹规划国家工程（技术）研究中心、国家制造业创新中心、国家重点实验室、国家产业技术创新战略联盟等各类创新平台。**三是**构建社会主义市场经济条件下关键核心技术攻关新型举国体制，实施好体现国家战略意图的重大科技项目，支持企业牵头组建联合科研团队，承担国家重大科技项目，把集中力量办大事的制度优势、超大规模的市场优势同发挥好市场机制和企业主体作用有机结合起来。**四是**引导建立产学研深度融合的利益分配机制和风险控制机制，充分考虑创新联合体各方的贡献，有效应对成果转化风险、创新失败风险等，有效减少企业创新主体的损失。

（三）发挥企业家在技术创新中的重要作用。企业家要做创新发展的探索者、组织者、引领者,勇于推动生产组织创新、技术创新、市场创新,重视技术研发和人力资本投入,有效调动员工创造力,努力把企业打造成为强大的创新主体。**一是**培养富有创新精神、冒险精神、科学头脑和国际化视野的优秀企业家队伍,锻造新时代构建新发展格局、建设现代化经济体系、推动高质量发展的生力军。**二是**发挥企业家精神在全面创新中的重要作用,以全球视野和宽广胸怀谋划企业发展,带领企业在世界经济的大海中"游泳",鼓励和引导企业家开展基础性前沿性创新研究,重视颠覆性和变革性技术创新。**三是**鼓励企业家与科学家深度合作,加快科技成果从实验室走向市场,形成鼓励创新、宽容失败的激励机制,激发企业家创新活力,降低企业家创新活动风险。

(四)鼓励企业加大研发投入,对企业投入基础研究实行税收优惠。科学探索的基础研究与产业技术基础研究有很大区别,技术基础研究是科学原理发现与产品价值实现的中间阶段,需鼓励企业加大技术基础研究投入。**一是**引导和鼓励企业作为研究主体加强产业技术基础研究,鼓励有条件的企业开展前沿性创新研究,推动企业加强技术研发机构的建设,大力支持重点行业骨干企业提升研发能力。**二是**优化和完善社会支持体系,特别是针对涉及国家安全、国民经济命脉的重要产业,吸引多元投资,鼓励加大研发投入。**三是**制定普惠性税收减免政策,推动企业研发费用税前加计扣除、合理扩大加计扣除范围、改进计核方法等优惠政策落地。

(五)发挥大企业引领支撑作用,支持创新型中小微企业成长为创新重要发源地。大型企业的技术创新具有显著的外溢和带动效应,尤其是借助重大科研项目或工程,组织吸纳产业链上下游企业、高校、科研机构等参与,带动产业链相关企业联合开展工程科技攻关。**一是**发挥大企业引领支撑作用,推动大企业积极开放供应链资源,支持大中小企业和各主体融通创新。**二是**鼓励大企业积极探索、加快发展供应链金融模式,广泛聚合企业内外资金与信用资源,在行业内加快打造形成优胜劣汰、高效授信、融资便利的大中小微企业协同创新发展的良好秩序。**三是**整合集聚优势资源,加大对中小微企业技术创新和专业化发展的支持力度,支持研发"专精特新"产品,鼓励金融机构为产业链上下游配套的中小微企业拓宽信贷业务,鼓励行业协会为中小微企业提供产品认证、培训等服务。

(六)加强共性技术平台建设,推动产业链上中下游、大中小企业融通创新。**一是**加强共性技术平台建设,聚焦国家重大科技战略领域,大力推进服务型共性技术平台建设,以关键共性技术研发应用及公共设施共享为重点,重点增强公共服务平台在研究开发、工业设计、检验检测、试验验证、科技成果转化、设施共享、知识产权服务、信息服务等方面对企业的服务支撑能力。**二是**充分发挥转制院所作用,择优选择转制院所作为行业共性技术研发平台,组织关键共性技术的研发与攻关。**三是**鼓励大中小企业上中下游协作,鼓励采取研发众包、"互联网+平台"、大企业内部创业和构建企业生态圈等模式,促进大中小企业之间的业务协作、资源共享和系统集成,通过大中小企业协同、上下游协作联动,形成良好的产业链互动机制。

完善科技创新体制机制

王 志 刚

  党的十九届五中全会强调,坚持创新在我国现代化建设全局中的核心地位,把科技自立自强作为国家发展的战略支撑,并把完善科技创新体制机制作为坚持创新驱动发展、全面塑造发展新优势的重要内容。党的十九届五中全会对科技创新专章部署,放在规划任务的首位,这在我们党研究制定国民经济和社会发展五年规划的历史上是第一次,凸显了以习近平同志为核心的党中央对科技创新前所未有的高度重视,凸显了以改革促创新、以创新促发展的重要性和紧迫性。认真学习贯彻党中央精神,按照"面向世界科技前沿、面向经济主战场、面向国家重大需求、面向人民生命健康"的战略方向,破解科技领域改革难题,推动科技创新体制机制改革向纵深发展,为建设科技强国提供有力制度保障,是当前和今后一个时期的重大任务。

一　实现科技自立自强需要有力的科技创新体制机制保障

  科技创新是一个国家走向繁荣富强的立身之本,是在国际竞争中纵横捭阖的制胜之道。当前,我国发展既需要应对诸多风险挑战,也必须抓住难得的科技创新重大机遇。科技自立自强是我们主动识变应变、因时因势而动的战略选择,完善的科技创新体制机制将为加快实现这一战略选择提供坚强制度保障。

（一）应对国内外环境变化和风险挑战倒逼科技创新体制机制改革。当今世界正经历百年未有之大变局，新冠肺炎疫情全球蔓延带来诸多不确定性。我国正推动形成以国内大循环为主体、国内国际双循环相互促进的新发展格局。提供更多高水平的科技创新供给，突破关键核心技术瓶颈制约，推动新技术快速大规模应用和迭代升级，迫切需要建立与此相适应的科技创新体制机制，把我国已经积累的雄厚科技实力和集中力量办大事的制度优势转化为支撑国家发展的"筋骨"和国际竞争的"内力"，以科技创新体制机制改革的强劲"动能"大幅提升我国科技创新能力和水平的"势能"。

（二）抢抓新科技革命先机迫切需要构建新的科技创新组织模式和管理方式。新一轮科技革命和产业变革正在加速演进，为我国现代化建设带来重大机遇。科技创新呈现交叉、融合、渗透、扩散的鲜明特征，颠覆性技术创新不断涌现，推动科学研究的方法手段和组织模式发生重大变化。大数据研究正在成为继实验科学、理论分析和计算机模拟之后新的科学研究范式，数字化、智能化推动科研组织体系向交叉融合无边界方向发展，科学研究和技术创新越来越依赖数据驱动和场景驱动。科研体系向"开放科学"转型，知识分享和跨界交流合作成为常态。新兴技术发展带来社会治理、科技伦理的挑战。世界主要创新国家都在加快调整重构科研组织体系，建立适应新兴科学和技术发展的管理架构，力求在新一轮科技竞争中赢得优势。

（三）深化新一轮科技体制改革是建设科技强国的内在要求。以习近平同志为核心的党中央对科技体制改革作出一系列重要战略部署，强化创新驱动的顶层设计，搭建科技体制改革的"四梁八柱"，建设中国特色科技创新体系。我国科技体制改革全面发力、多点突破、纵深推进，重点领域和关键环节改革取得实质性进展，科技创新的基础性制度框架基本确立。但科技创新体制机制还存在短板，创新环境还不够完善,基础研究投入不足,科研项目和资金管理水平还有待提升,正确的科技评价导向尚未完全确立,作风学风建设任重道远,有些改革举措落实还不到位,整体创新效率需要提高。跻身创新型国家前列、建设科技强国,需要深入推进科技体制改革,完善国家科技治理体系,加快形成适应新时代科技创新发展需要的实践载体、制度安排和良好环境。

二 以增强体系能力为主线 完善科技创新体制机制

我国科技创新总体上处于从量的积累向质的飞跃、点的突破向系统能力提升的重要时期,新形势下的科技创新体制机制改革既要适应这一重要阶段性特征,也要满足内外部环境变化的新要求,推动科技创新力量布局、要素配置、人才队伍进一步体系化、建制化、协同化,提升国家创新体系整体效能。

(一)推动科技体制改革从立框架、建制度向提升体系化能力、增强体制应变能力转变。面向未来,要主动顺应创新主体多元、活动多样、路径多变的新趋势,把转变政府职能作为科技改革的重要任务,完善国家科技治理体系,加快补齐体系化能力短板,探索和优化决策指挥、组织管理、人才激励、市场环境等方面体制机制创新,强化跨部门、跨学科、跨军民、跨央地整合力量和资源,建立强有力的科技创新统筹协调机制和决策高效、响应快速的扁平化管理机制,构建能力强大、功能完备、军民融合、资源高效配置的国家创新体系。

(二)建立"顶层目标牵引、重大任务带动、基础能力支撑"的国家科技组织模式。紧紧围绕"四个面向",从国家急迫需要和长远需求出发,凝练科技问题,布局战略力量,配置创新资源。以重大科技

任务和重大工程建设为依托,强化项目、人才、基地、资金等创新要素
的一体化配置。布局建设国家实验室等重大创新基地,优化重大科
技基础设施布局,促进科技资源的开放共享,打造跨学科跨领域、产
学研用协同的高效科技攻关体系。通过持续优化调整,形成"战略
需求导向明确、原创引领特征明显、科技基础厚实、战略科技力量健
全、攻坚体系完备、跨学科多领域协同、平战转换顺畅"的科技发展
新格局。

(三)强化与底线思维和领跑思维相适应的科技创新体制机制。
强化底线思维,就是要加快构建社会主义市场经济条件下关键核心
技术攻关新型举国体制,尽快实现关键领域自主可控,提升对产业链
供应链安全稳定的科技支撑能力,把保障国家安全构筑在坚实可靠
的科技创新堤坝之上。强化领跑思维,就是要构建基础前沿和颠覆
性创新的遴选支持机制,坚持原创导向,在重要新兴技术领域加大布
局力度,在构建新兴技术体系和技术轨道中抢抓先机,换道超车,构
筑未来发展新优势。

三　完善科技创新体制机制的重点举措

坚持目标导向和问题导向,以优化科技资源配置、激发创新主体
活力、完善科技治理机制为着力点,深化新一轮科技体制改革,加
强科技力量统筹,更好发挥我国科技创新在齐备的学科建制、宏大
的人才规模、丰富的应用场景、高效的组织领导等方面的系统化集
成化优势。

(一)优化调整重大科技任务组织实施机制。**一是**优化国家科
技规划体系和运行机制,增强科技规划对科技任务布局和资源配置
的引领作用,构建"战略研究—规划部署—任务布局—组织实施"的

有效衔接机制。**二是分类推进重大任务研发管理。**对支撑国家重大战略需求的任务,实行"揭榜挂帅""军令状""里程碑式考核"等管理方式;对支撑经济社会发展的任务,与部门、地方共同组织实施,探索完善"悬赏制""赛马制"等任务管理方式;对科技创新前沿探索的任务,适应其长周期、原创性、颠覆性特征,在竞争择优的基础上鼓励自由探索。**三是建立重大科技任务应急反应机制。**完善平战结合的疫病防控和公共卫生科研攻关机制和组织体系,加强公共卫生、重大灾害等方面的应急科研能力建设。**四是**完善充分激发科技人员创造性的科研管理方式,开展以国家使命和创新绩效为导向的现代科研院所改革,完善科研项目和资金管理,切实减轻科研人员负担,赋予创新领军人才更大技术路线决定权和经费使用权。加快推进项目经费使用"包干制"试点,开展基于信任的科学家负责制试点。

(二)健全基础前沿研究投入支持机制。**一是**加大对基础研究的投入,加快形成以政府投入为主、社会投入多元化的机制,推动基础研究财政投入持续增长,引导企业和金融机构以适当方式加大支持,鼓励社会以捐赠和建立基金等方式多渠道投入,扩大基础研究资金来源。**二是**探索前沿性原创性科学问题发现和提出机制,完善颠覆性和非共识性研究的遴选和支持机制,努力实现更多"从 0 到 1"的突破。构建从国家安全、产业发展、民生改善的实践中凝练基础科学问题的机制,以应用研究带动基础研究。**三是**持续推进国家自然科学基金改革,优化学科布局,稳定支持一批科学家和团队长期从事基础学科、冷门学科研究,提升基础理论研究能力。

(三)以科研评价制度改革为突破口激发科技人员创新活力。**一是**强化国家使命导向,围绕重要学科领域和创新方向培养造就一批具有国际水平的战略科技人才、科技领军人才和创新团队,建立有利于青年科技人才脱颖而出的机制。**二是**完善科技评价机制,优化科技奖励项目,定期开展科研绩效评价,切实提升科技评价的科学性、客观性和实效性。确立以质量、贡献、绩效为核心的评价导向，建立"按方向选人、按人定任务"的机制，实行与不同类型科研活动规律相适应的跟踪和分类评价制度。**三是**落实用人单位的评价自主权，减少不必要的政府性评价活动，坚决破除"唯论文、唯职称、唯学历、唯奖项"，落实代表作制度，避免评价结果与物质利益、政府资源分配过度挂钩。**四是**坚持教育、激励、监督、惩戒相结合，加强科研诚信和监管机制建设。大力弘扬科学精神，引导广大科技工作者秉持国家利益和人民利益至上，肩负起历史赋予的科技创新重任。强化科技界联合惩戒机制，以"零容忍"的态度加大对论文造假等科研不端行为的查处力度和公开曝光，切实净化学术环境，推动作风学风实质性改观。

（四）构建科技、产业、金融协同互促的政策体系。**一是**健全科技成果转化收益合理分配机制，赋予科研人员职务科技成果所有权或长期使用权，推动科技成果评价的社会化、市场化和规范化。**二是**建设开放联动的技术要素市场，发挥市场对技术研发方向和创新要素配置的导向作用，大幅度提高科技成果转移转化成效。建立快捷的新技术新产品准入机制，落实自主创新产品政府采购等支持政策，促进科技成果的产业化规模化应用。**三是**加大金融市场和金融工具对科技创新的支持力度。建立完善覆盖科技型企业全生命周期的信贷产品体系，发挥科创板等多层次资本市场对科技型企业的直接融资作用，发挥政府创业引导基金和成果转化基金的带动作用，完善众创空间、科技企业孵化器、大学科技园、高新区等全链条的创业孵化载体建设，推动多元化科技型创新创业。**四是**加强知识产权创造、运用和保护，引导各类创新主体在关键前沿领域加强专利布局，加强知识产权交易和运营服务，以完善的知识产权保护体系激发全社会的创新潜能。

（五）完善科技创新能力开放合作机制。**一是**实施更加开放包容、互惠共享的国际科技合作战略,有效提升科技创新合作的层次和水平,加强与世界主要创新国家的多层次、广领域科技交流合作,积极参与和构建多边科技合作机制,深入实施"一带一路"科技创新行动计划,拓展民间科技合作的领域和空间。**二是**深度参与全球创新治理,聚焦事关全球可持续发展的重大问题,设立面向全球的科学研究基金,加快启动我国牵头的国际大科学计划和大科学工程,鼓励支持各国科学家共同开展研究。务实推进全球疫情防控和公共卫生领域国际科技合作。**三是**构建国际化人才制度和科研环境,形成有国际竞争力的人才培养和引进制度体系,大力提升科研管理、平台建设的国际化水平,提高国际科技人才在重大科学研究任务和大科学工程实施中的参与度。

科技创新在中华民族伟大复兴战略全局中肩负着重大历史使命,在应对世界百年未有之大变局中担当着关键角色。让我们更加紧密团结在以习近平同志为核心的党中央周围,坚定不移走中国特色自主创新道路,完善科技创新体制机制,加快实现科技自立自强,以科技创新的主动赢得国家发展的主动,为加快建设科技强国、实现中华民族伟大复兴的中国梦作出更大贡献。

提升产业链供应链现代化水平

苗　圩

党的十九届五中全会通过的《中共中央关于制定国民经济和社会发展第十四个五年规划和二〇三五年远景目标的建议》（以下简称《建议》）明确提出，要提升产业链供应链现代化水平。这是党中央统筹中华民族伟大复兴战略全局和世界百年未有之大变局，站在推动高质量发展、开启全面建设社会主义现代化国家新征程的高度作出的重要战略决策。我们要深入学习领会，认真抓好落实。

一　提升产业链供应链现代化水平具有重要战略意义和现实意义

产业链供应链是大国经济循环畅通的关键。"十三五"以来，通过深入推进供给侧结构性改革，我国产业链供应链核心竞争力不断增强，在全球产业链供应链中的地位持续攀升。当前和今后一个时期，我国发展仍然处于重要战略机遇期，但机遇和挑战都有新的发展变化。面对开启全面建设社会主义现代化国家新征程的新使命新任务新要求，提升产业链供应链现代化水平的重要性更加凸显。

（一）提升产业链供应链现代化水平是加快发展现代产业体系的迫切需要。经过多年快速发展，我国已形成规模庞大、配套齐全的完备产业体系，是全球唯一拥有联合国产业分类中全部工业门类的国家。但产业链供应链还存在诸多"断点""堵点",部分核心环节和关键技术受制于人,产业基础能力不足,国民经济循环不畅,存在结构性失衡。必须坚持以深化供给侧结构性改革为主线,用系统性办法解决产业链供应链结构性问题,畅通生产、分配、流通、消费各个环节,实现上下游、产供销有效衔接、高效运转,推动实体经济、科技创新、现代金融、人力资源协同发展,加快发展现代产业体系。

（二）提升产业链供应链现代化水平是推动实体经济特别是制造业高质量发展的关键途径。《建议》强调,坚持把发展经济着力点放在实体经济上,坚定不移建设制造强国、质量强国、网络强国、数字中国。当前,我国作为世界第一制造大国地位更加巩固,2019年制造业增加值占全球28%以上,建成世界最大的光纤和4G网络,5G实现创新引领,信息化与工业化融合的广度和深度不断拓展。但整体看,我国制造业发展的质量效益有待提高,高端和高质量供给不足,自主创新能力不强,产业链供应链数字化水平还有很大提升空间。必须把提升全产业链水平作为主攻方向,推进制造业质量变革、效率变革、动力变革,提高制造业供给体系质量,把实体经济特别是制造业做实做优做强,促进我国产业迈向价值链中高端。

（三）提升产业链供应链现代化水平是统筹发展和安全的重要举措。《建议》提出,要办好发展安全两件大事,实现发展质量、结构、规模、速度、效益、安全相统一。提升产业链供应链现代化水平既是实现经济高质量发展的内在要求,又是确保经济稳定安全的重要基础。当前,国际经济政治格局复杂多变,美国对我国遏制打压不断升级,新冠肺炎疫情加速全球产业链供应链格局向区域化、多元化调整,我国产业链供应链稳定安全面临重大风险。同时,新一轮科技革命和产业变革正在重塑全球经济结构,制造业数字化、网络化、智能化转型升级加速,全球产业链供应链竞争日趋激烈。必须立足强大国内市场,加快提升产业链供应链现代化水平,提高我国产业核心竞

争力,维护我国产业链供应链稳定和安全,加快构建以国内大循环为
主体、国内国际双循环相互促进的新发展格局,推动实现更高质量、
更有效率、更加公平、更可持续、更为安全的发展。

二　认真落实提升产业链供应链现代化水平的重要任务

《建议》对提升产业链供应链现代化水平的重点任务作出明确
部署。我们要进一步坚定信心,用好制度优势显著、治理效能提升、
经济长期向好、物质基础雄厚、人力资源丰富、市场空间广阔、发展韧
性强劲、社会大局稳定等优势和条件,抓好各项任务落实,不断提升
我国产业链供应链的稳定性和竞争力,朝着推动形成新发展格局聚
焦发力。

（一）保持制造业比重基本稳定。制造业是实体经济的主体,保
持制造业占国民经济比重基本稳定,是提升产业链供应链现代化水
平的重要基础。近年来,我国制造业比重由 2012 年的 31.4%下降至
2019 年的 27.2%。如果制造业比重过快下降,将损害国家产业体系
完整性,影响产业链供应链稳定性和竞争力,动摇实体经济发展根
基。要进一步巩固制造业在国民经济中的基础和支柱地位,把推动
制造业高质量发展摆在更加突出的位置,坚定不移建设制造强国,坚
持自主可控、安全高效,分行业做好产业链供应链战略设计和精准施
策,推动全产业链系统优化和升级,提升供给体系对国内需求的适配
性。发挥需求牵引作用,全面促进消费,拓展投资空间,通过产业和
消费双升级,为产业链供应链现代化提供广阔市场和强大牵引力。

（二）锻造产业链供应链长板。拥有一批优势长板是产业链供
应链现代化的重要标志。要立足我国产业规模优势、配套优势和部

分领域先发优势,在培育发展新兴产业链中育长板,抓住新一轮科技革命和产业变革机遇,加强基础研究和应用基础研究,掌握关键核心技术,丰富和扩大国内应用场景,完善包容审慎的监管环境,构建新兴产业发展生态。要在改造提升传统产业链中锻长板,保持和发展好完整产业体系,推进新一代信息技术与制造业深度融合,加大企业设备更新和技术改造力度,支持老工业基地转型发展,推进智能制造、绿色制造,发展服务型制造,提高发展效率和效益。优化区域产业链布局,用好我国发展战略纵深,促进产业在国内有序转移,推动先进制造业集群化发展,培育一批新的经济增长极,增强产业链根植性和竞争力。

(三)深入开展质量提升行动。质量是产业竞争力的重要组成部分,提高产品和服务质量是提升产业链供应链现代化水平的重要途径。要深入开展工业产品质量提升行动,努力增品种、提品质、创品牌,引导企业发展网络化协同研发制造、个性化定制等增值服务,提升服务水平。增强高质量标准供给能力,在工业互联网、智能制造、智能网联汽车、车联网等重点领域形成一批新标准,鼓励龙头企业制定团体标准,加强标准国际合作,引领带动产业创新发展。完善质量基础设施,发展新一代检验检测和高端计量设备仪器,健全公共技术服务平台,进一步完善专利制度,支持中小企业提高产品一致性、可靠性、稳定性。推进品牌建设,弘扬品牌文化,塑造"中国制造"优质品牌形象。

(四)补齐产业链供应链短板。这是有效应对外部遏制打压和不确定不稳定风险的关键举措,也是提升产业链供应链现代化水平的紧迫要求。要实施产业基础再造工程,加强应用牵引、整机带动,加快基础、关键技术和重要产品工程化攻关,为自主创新产品应用创造公平市场环境。构建社会主义市场经济条件下关键核心技术攻关新型举国体制,协同各方面资源,加快突破关键核心技术。在重点领

域继续布局建设一批国家制造业创新中心,发展先进适用技术,强化
共性技术供给,加快科技成果转化和产业化。完善国内供应链体系,
加强战略资源储备,推动产业链供应链多元化,增强产业链供应链抗
风险能力。

(五)发挥优质企业在产业链供应链现代化中的重要作用。企
业是构建产业链供应链的微观主体,企业强,产业才能强。提升产业
链供应链现代化水平,要着力增强企业活力和实力,培育一批具有全
球竞争力的世界一流企业。要支持大企业做强做优,优化兼并重组
市场环境,支持企业整合创新资源和要素,培育一批具有生态主导力
的产业链"链主"企业。支持中小企业做专做精,加强对中小微企
业、初创企业的政策支持,在产业链重要节点形成一批"专精特新"
小巨人企业和制造业单项冠军企业,促进大中小企业融通发展。要
落实好各项惠企稳企政策,大力弘扬企业家精神,营造干事创业良好
氛围,成长出一批具有国际视野的企业家和实干家。

三　进一步优化产业链供应链发展环境

良好的发展环境是提升产业链供应链现代化水平的前提和保
障。要落实《建议》部署,优化产业链供应链发展环境,强化要素支
撑,加强国际产业安全合作,形成具有更强创新力、更高附加值、更安
全可靠的产业链供应链,形成新的比较优势。

(一)深化重点领域改革。习近平总书记强调,要继续用足用好
改革这个关键一招。当前,提升产业链供应链现代化水平面临不少深
层次体制机制障碍,要进一步加大改革创新力度,落地改革举措、破解
发展难题、稳住市场预期。推进要素市场化改革,破除阻碍生产要素
市场化配置和商品服务流通的体制机制障碍,推动金融、房地产同实

体经济均衡发展,切实扭转"脱实向虚"倾向。完善促进消费的体制机制,深化投融资体制改革,培育扩大内需。深化国有企业混合所有制改革,加快完善中国特色现代企业制度,增强企业活力和竞争力。

(二)强化要素支撑。技术、资本、人才、数据等是支撑产业链供应链的核心要素。要强化科技对产业的支撑,健全以企业为主体、市场为导向、产学研深度融合的技术创新体系。构建金融有效支撑实体经济发展的体制机制,推进资本市场基础制度建设,推动综合融资成本明显下降,确保新增融资重点流向制造业、中小微企业。强化人才支撑,加强理、工、农、医类人才培养,实施知识和技术更新工程,建设知识型、技能型、创新型劳动者大军。加快培育数据要素市场,推进政府数据开放共享,提升社会数据资源价值,加强数据资源整合和安全保护。

(三)营造世界一流营商环境。营商环境是产业发展的土壤,是国家经济软实力的重要体现。要持续优化市场化法治化国际化营商环境,进一步增强我国市场吸引力和经济竞争力。持续推进"放管服"改革,加快转变政府职能,创新政府管理方式,畅通政企双向沟通渠道,构建亲清政商关系。建设高标准市场体系,强化竞争政策基础性地位,加快产业政策向普惠化、功能性转型。依法保护企业家合法权益,加强产权和知识产权保护,坚定企业发展信心。

(四)加强国际产业安全合作。习近平总书记深刻指出,开放合作是顺应大势之举。解决经济全球化进程中出现的矛盾,应对新冠肺炎疫情影响,更加需要世界各国相互支持、团结合作。要按照建设更高水平开放型经济新体制的要求,进一步放宽市场准入限制,利用国内大循环吸聚全球资源要素。推进与"一带一路"沿线国家战略、规划、机制对接,加强政策、规则、标准联通,深化产业链供应链互补性合作。加强政府间宏观经济政策协调,维护多边贸易体制,推动建立全球产业链供应链应急协调和管理机制,开拓合作共赢新局面。

发展战略性新兴产业

王 志 军

战略性新兴产业是引领国家未来发展的重要决定性力量,对我国形成新的竞争优势和实现跨越发展至关重要。《中共中央关于制定国民经济和社会发展第十四个五年规划和二〇三五年远景目标的建议》(以下简称《建议》)提出,"发展战略性新兴产业"。这是在新的历史起点上,加快建设现代产业体系,推动经济高质量发展,开启全面建设社会主义现代化国家新征程的重大战略部署。

"十三五"时期,我国以新一代信息技术、生物、高端装备、绿色低碳等为代表的战略性新兴产业发展迅速,技术创新加快,规模不断扩大,涌现出一大批发展潜力大的优质企业和产业集群,成为引领经济高质量发展的重要引擎。"十四五"时期,要在准确研判世界科技进步和产业变革潮流和趋势的基础上,牢牢掌握创新主动权和发展主动权,以重大技术突破和重大发展需求为主攻方向,扎实落实好《建议》作出的科学部署,加快做大做强战略性新兴产业,提高产业链供应链现代化水平,增强产业链供应链抗风险能力,形成特色突出、优势互补、结构合理的产业发展格局,提升我国在全球产业链价值链中的地位和竞争力,促进经济行稳致远。

一 加快壮大新一代信息技术、生物技术、新能源、新材料、高端装备、新能源汽车、绿色环保以及航空航天、海洋装备等产业

"十四五"时期是我国战略性新兴产业发展的关键时期,越来越多的高新技术会进入大规模产业化商业化应用阶段,成为驱动产业变革和带动经济社会发展的重要力量。《建议》提出"加快壮大新一代信息技术、生物技术、新能源、新材料、高端装备、新能源汽车、绿色环保以及航空航天、海洋装备等产业",指明了"十四五"时期发展壮大战略性新兴产业的方向和重点领域,既要优化发展已有一定基础的产业,也要前瞻性谋划布局一批新产业。

落实《建议》要求,我国将加快工业互联网、大数据、人工智能、先进通信、集成电路、超高清显示等技术创新和应用,全面提升信息技术产业核心竞争力。加快生物医药、生物农业、生物制造、基因技术应用服务等产业化发展,壮大生物产业。加大核能、太阳能、风能、氢能、生物质能等新能源技术研发和应用,提高能源产业中的新能源生产比重。发展先进无机非金属材料、高性能复合材料、新型功能稀土材料、信息功能材料、纳米材料等前沿新材料,实施材料基因工程,加快建设材料强国。推进重大装备与系统技术工程化应用和产业化发展,加快形成分布式、个性化、柔性化、智能化的新型高端装备发展模式。加快汽车电动化、智能化、网联化进程,推动氢燃料电池汽车产业化,大力发展新能源汽车产业。加大煤炭清洁高效利用,发展节能和环境治理新技术,扩大资源循环利用,壮大节能环保低碳产业。加快航空发动机及机载设备等技术研发,完善卫星及应用基础设施建设,加强遥感、通信、导航等卫星应用,

大力发展航空航天产业。提升大型船舶、海工装备研发制造能力，发展智能船舶、特种船舶等高技术船舶和各类海洋工程平台、油气资源勘探开采储运等高端设备，构建船舶和海洋工程装备先进制造业集群。进一步发展虚拟现实/增强现实（VR/AR）、数字文化内容创作等创意产业。

二　推动互联网、大数据、人工智能等同各产业深度融合，推动先进制造业集群发展，构建一批各具特色、优势互补、结构合理的战略性新兴产业增长引擎，培育新技术、新产品、新业态、新模式

在新科技革命和产业变革的大背景下，推动互联网、大数据、人工智能等同各产业深度融合，是释放数字化叠加倍增效应、加快战略性新兴产业发展、构筑综合竞争优势的必然选择。我们要坚持工业化与信息化深度融合发展战略，推进数字化转型行动和工业互联网创新发展工程，利用新一代信息技术对各产业进行全方位、全角度、全链条改造，鼓励互联网、人工智能等数据驱动企业加快向各产业渗透，促进新兴产业之间、新兴产业与传统产业之间以及技术与社会的跨界融合发展。推动关键核心技术创新突破，加快信息基础设施建设，强化数据资源发展与管理，提升网络信息安全保障能力，不断夯实融合发展的基础。同时，发挥软件作为信息技术关键载体和产业融合关键纽带的重要作用，通过实施国家软件发展战略，加快基础软件、平台软件和应用软件等开发应用，推动软件对融合发展的有效赋能、赋值、赋智，促进我国发展的质量变革、效率变革、动力变革。

产业集群发展能够发挥专业化分工、产业关联和协作效应，降低创新和交易成本，促进生产要素合理流动和优化配置，是工业化发展

到一定阶段的必然趋势，是推进战略性新兴产业快速发展的重要途径。我们要依托我国技术创新的相对优势，打造一批具有中国特色的先进制造业集群，培育若干世界级先进制造业集群。注重把推动先进制造业集群发展与实施区域协调发展战略结合起来，依托现有产业园区等平台，推动企业、科研单位、金融机构等有效集聚、分工合作、协同创新，促进产业链、创新链、生态链融通发展，打造一批先进制造业发展的策源地和集聚区，构建一批各具特色、优势互补、结构合理的战略性新兴产业增长引擎。注重把推动先进制造业集群发展与促进大中小企业协同发展结合起来，积极做强做大一批产业关联度大、创新能力强的骨干企业，带动中小微企业发展，培育一批专注细分领域的"专精特新"小巨人企业和"单项冠军"企业，构建完善大中小微企业专业化分工协作、共同发展的产业体系。注重把先进制造业集群发展与提高对外开放水平结合起来，继续吸引外资企业加入我国先进制造业集群，推动我国制造业更多融入国际产业链，鼓励发展具有国际竞争力的大企业集团，加快培育我国的跨国公司和国际知名品牌。

新一轮技术变革带来的创新驱动和融合发展力量，将不断催生新技术、新产品、新业态、新模式，为形成和壮大战略性新兴产业提供重要的基础支撑。我们要强化市场机制作用，引导企业以市场需求为导向，以应用场景为牵引，以市场规模优势为依托，带动技术突破和应用迭代发展，大力培育智能化产品、个性化定制、网络化协同、共享化生产、服务化延伸、数字化管理等新产品新模式新业态，为国民经济发展注入源源不断的动力。

三　促进平台经济、共享经济健康发展

平台经济、共享经济是利用互联网等新一代信息技术，促进资源

高效整合与配置利用的新型经济形态,势将为社会治理、公共服务、产业发展、创业创新等方面带来前所未有的变化。《建议》强调"促进平台经济、共享经济健康发展",充分肯定了这些新型经济形态作为新的生产力组织方式,对促进大众创业万众创新、推动产业升级、拓展消费市场、增强发展新动能所具有的重要作用。我们要进一步解放思想、转变观念,加大对平台经济、共享经济等发展的支持力度,鼓励大胆探索。

平台和平台型企业是发展平台经济、共享经济的载体和主体。要加强数据中心、云与智能服务平台、工业互联网等新型基础能力和平台设施建设,开发一批适用于各种应用场景的互联网应用软件,打造一批资源富集、功能多元、服务精细的电子商务和工业互联网平台,推动"建平台"和"用平台"双向迭代、互促共进。通过资金、税收、科研奖励、金融信贷、服务创新等方面的政策扶持,鼓励平台企业通过差异化专业化发展,创新商业模式、改善服务质量,努力提供更多更有质量的新产品新服务,让人民群众有更多的获得感。

数据是发展平台经济、共享经济的关键要素。要尽快建立健全数据资源确权、采集、流通、交易、应用开发等制度、规则和标准,出台保障数据流动安全的法律法规,加强数据隐私保护和安全管理,建设政府数据统一共享开放平台,畅通政企数据双向流通机制,促进数据资源合规交易、有序流通、高效利用。共享经济离不开诚实守信的社会文化氛围,要加强社会诚信教育,完善社会信用体系特别是新业态信用体系,充分利用大数据构建信用监管体系,有效营造和改善共享经济发展的社会环境。

发展平台经济、共享经济需要宽松有利的监管环境。要坚持鼓励创新和审慎包容原则,探索和创新适应新业态特点、有利于公平竞争的管理机制和办法,改革不适应的体制机制,适当放宽和完善市场准入条件,降低企业合规成本,及时制定出台相关产品和服务标准,形成有利于发展的适应性监管体系。维护公平竞争市场秩序,制定出台网络交易监管规定,依法查处互联网领域滥用市场支配地位限制交易、不正当竞争等违法行为,维护各方市场主体特别是消费者的合法权益。

四 鼓励企业兼并重组,防止低水平重复建设

针对当前战略性新兴产业发展中存在的一些突出问题,《建议》提出"鼓励企业兼并重组,防止低水平重复建设"的要求,这对促进战略性新兴产业高质量发展极为重要。

兼并重组是企业整合创新资源和低成本扩张,实现规模化发展和提升竞争力的有效形式。针对我国部分新兴企业规模相对较小、同质化严重,缺少全球领先的有竞争力的大型企业等突出问题,要通过兼并重组的"聚变"效应,推动战略性新兴产业快速发展。坚持市场化原则,完善制度和配套措施,使企业真正成为兼并重组的主体。深化"放管服"改革,减少审批事项,改革涉企税制,发挥行业准入管理标准倒逼机制,发展中介服务,降低企业兼并重组成本。加强政策引导,鼓励运用信托计划、委托贷款、直接融资等方式扩大兼并重组资金来源。减少一些地方政府不当干预,消除跨地区兼并重组障碍,打击滥用市场支配地位和企业恶意破产以逃废债务等不良现象。

发展战略性新兴产业,要注意吸取传统产业甚至个别新兴产业过于追求速度和规模而出现产能过剩、发展效益差的教训,避免同质化无序竞争的低水平重复建设。强化统筹规划,突出区域现实条件和潜在优势进行错位发展,优化产业结构和空间布局,构建完整产业链条,实现各环节平衡协调发展。深化财税体制改革,完善绩效考核机制,健全投资约束机制和责任追究机制,发挥监察和社会各界监督

作用,引导地方政府和企业理性投资,纠正一些地方政府不当干预微观经济行为,促进战略性新兴产业健康发展。

同时,还要强化政策支持。尽快建立产业政策和竞争政策协同促进战略性新兴产业发展的机制,完善产业、财税、金融、土地、投资等政策协同配合。加强知识产权保护和监管,建立自主知识产权创新激励机制,健全科研成果转化机制,促进创新成果加快应用。创新金融服务和产品,构建广覆盖的科技金融服务体系,完善多层次资本市场体系,引导产业资本、金融资本、社会资本共同支持产业发展。进一步加大人才培养和吸引力度,形成符合新时代技能与知识结构要求的丰富人力资源供给保障,为战略性新兴产业高质量发展提供支撑。

统筹推进基础设施建设

归　桦

基础设施是经济社会发展的基石。党的十九届五中全会通过的《中共中央关于制定国民经济和社会发展第十四个五年规划和二〇三五年远景目标的建议》(以下简称《建议》)提出"统筹推进基础设施建设",并对交通、能源、水利等传统基础设施以及新型基础设施建设发展作出明确安排。这是以习近平同志为核心的党中央深刻认识我国进入新发展阶段,立足社会主要矛盾变化带来的新特征新要求,着眼于全面建设社会主义现代化国家作出的重大战略部署。我们要认真学习、深刻领会、全面贯彻全会精神,统筹推进基础设施建设,推动基础设施高质量发展,为建设社会主义现代化强国,实现中华民族伟大复兴的中国梦提供坚强支撑。

一　构建现代化基础设施体系

"十四五"时期我国将进入新发展阶段,基础设施具有战略性、基础性、先导性作用,对服务全面建设社会主义现代化国家开好局、起好步,夯实中长期高质量发展基础、保障经济行稳致远具有重大意义。构建现代化基础设施体系,有利于支撑构建以国内大循环为主体、国内国际双循环相互促进的新发展格局,全面提升国家竞争力和总体安全水平;有利于抓住新科技革命战略机遇,提升经济运行效率,为装备体系更新换代、新科技推广应用创造空间;有利于满足人民美好生活需要,提供多元化、品质化服务,实现与生态环境协调发展。

"十三五"时期,我国基础设施网络布局持续完善,整体质量显著提升,服务能力明显增强,形成超大规模的基础设施网络,高速铁路营业里程、高速公路通车里程、城市轨道交通运营里程、港口万吨级及以上泊位数、电力装机、电网规模、第四代移动通信(4G)网络规模等均居世界第一。在较短时期内发展形成超大规模基础设施网络,充分证明了中国特色社会主义制度集中力量办大事的显著优势,有力支撑了经济社会发展和人民生活水平提高。但是,与建设社会主义现代化强国的要求相比,我国基础设施发展整体质量和运行效率还不高、发展动力还不足、支撑保障作用发挥得还不够充分。"十四五"及今后一个时期,要深入学习领会和贯彻落实党的十九届五中全会精神,准确把握基础设施发展共性规律和个性特征,构建现代化基础设施体系。

《建议》提出,构建系统完备、高效实用、智能绿色、安全可靠的现代化基础设施体系,科学阐述了现代化基础设施体系的特征。**一是聚焦系统完备的要求**。系统完备的基础设施是发挥其对经济社会发展支撑引领作用的关键。要以整体优化、协同融合为导向,统筹存量和增量、传统和新型基础设施发展,硬件、软件并重,精准补齐短板,优化基础设施布局、结构和功能,更加全面高效地满足经济社会发展需求。**二是把握高效实用的本质**。基础设施直接关系经济运行效率和社会成本高低。要把握高效实用的本质,补齐网络"前后一公里"和关键节点短板,正确处理基础设施间替代、互补、协调、制约关系,提升网络服务质量和综合效益。**三是瞄准智能绿色的方向**。智能是顺应新一轮科技革命和产业变革的客观要求,绿色是高质量发展的普遍形态。要加快转变发展方式,推动传统基础设施智能化升级,系统布局建设新型基础设施,集约节约利用水、土地、廊道、岸线等资源,以绿色低碳化的方式建设运营。**四是守住安全可靠的底线**。安全可靠的基础设施是应对各类风险挑战的基本保障。要坚持总体国家安全观,开展重大技术装备科技攻关和推广应用,提高关键技术装备的自主化水平,增强基础设施系统韧性,提高应急响应和自我恢复能力。

二　系统布局新型基础设施

系统布局新型基础设施,是适应信息智能技术与经济社会深度融合趋势、促进基础设施提质增效、推进创新驱动发展的必然选择。世界正在进入以信息产业为主导的经济发展时期,作为新的生产要素,新型基础设施将是推动实现高质量发展不可或缺的基础物质条件。

"十四五"及今后一段时期是全球新型基础设施大建设大发展大演进的关键期,是新型基础设施和传统基础设施融合发展的加速期,要坚持新发展理念,聚焦关键领域、薄弱环节锻长板、补短板,**当前重点是加快第五代移动通信、工业互联网、大数据中心等建设**。要加快推进5G网络建设和产业应用,促进千兆光纤宽带网络升级,统筹全国一体化大数据中心建设,发展智能计算、云计算基础设施,引导人工智能开放平台建设,同步积极推动5G、人工智能、大数据等技术与交通、能源、水利、医疗、教育、城市等深度融合,支持发展工业互联网、电子政务平台。

新型基础设施与传统基础设施不同,迭代周期更短、投资风险相对高、市场主体参与更加活跃。系统布局新型基础设施需发挥市场主导和政府引导作用,完善体制机制,创新融资模式,培育产业生态。**一是强化政策供给**。加大关键环节改革力度,建立统一开放竞争有序的市场体系。按照"鼓励创新包容审慎"原则,创新监管方式,打造政府指导与企业需求反馈的良性循环。**二是创新投融资政策。**持续加大对重大新型基础设施项目建设支持力度,减少民间资本投资建设准入门槛,扩大中长期贷款规模,形成多元投融资格局。**三是推动形成正向循环。**打造具备自我造血能力和自给自足的"闭环",健全智慧金融、数据安全等配套法律法规。

三 加快建设交通强国

"十三五"时期,我国交通运输发展成为全面建成小康社会的标志性成就,是人民群众获得感最强的领域之一。特别是在此次应对新冠肺炎疫情过程中,交通运输有力保障了应急物资运输和复工复产。总的看,我国已经成为名副其实的交通大国,但大而不强的矛盾仍然突出。"十四五"时期,要充分发挥各种运输方式比较优势,强化一体化发展和衔接协同,建设更加完备的综合交通基础设施网络。

一是完善综合运输大通道、综合交通枢纽和物流网络。目前,"十纵十横"综合运输通道格局已经基本形成,但通道能力结构性不足、综合交通枢纽服务质量效率不高、交通物流融合不够充分等问题仍较为突出。要统筹推进一批战略性、骨干性通道工程,建设川藏铁路、西部陆海新通道,加快中西部骨干通道建设,实施东部地区能力紧张通道扩容提升工程。提升长江黄金水道效能,打造长江经济带综合立体交通走廊。加快建设京津冀、长三角、粤港澳大湾区世界级机场群和港口群,提升综合交通枢纽一体衔接水平,加快推进既有枢纽智能化改造升级。科学推进国家物流枢纽网络建设,提升国际航空物流能力,完善物流末端微循环。

二是加快城市群和都市圈轨道交通网络化。城市群、都市圈人口密度大、出行需求集中,而轨道交通作为大容量、高效率、低碳环保的交通方式,可以有效满足城市群、都市圈运输需求。要加快建设京津冀、长三角、粤港澳大湾区和成渝双城经济圈等重点城市群城际铁路骨干网络,推动实施一批公交化运营的市域(郊)铁路,打造主要都市圈 1 小时通勤圈,推动干线铁路、城际铁路、市域(郊)铁路、城市轨道交通"四网融合",发挥网络最大效益。

三是提高农村和边境地区交通通达深度。我国有近 5.5 亿人口在农村,陆地边界线长达 2.2 万公里,农村地区和边境等特殊类型地区,始终是巩固脱贫攻坚成果、实施乡村振兴战略、维护国家安全、推动兴边富民的重点所在。要做好脱贫攻坚和乡村振兴战略有机衔接,加快完善交通基础服务网,重点加强边境地区沿边抵边公路建设,推动实施一批既有铁路扩能改造工程和开发性铁路建设;实施乡村振兴路示范工程,加强农村公路养护。

四　推进能源革命

"十四五"时期,能源发展既面临着国际形势变化增加安全不确定性的风险挑战,也面临着新能源与传统化石能源平价竞争的重大机遇。一方面要推动能源供应多元化,加快形成煤、油、气、核、新能源和可再生能源多轮驱动、协调发展、安全高效的能源供应体系;另一方面要加快形成统筹有力、竞争有序、协调共享的区域能源发展新格局,推动绿色低碳转型,优化能源消费结构,加快科技和体制创新。

一是完善能源产供储销体系。当前,能源时段性、季节性、区域性供应紧张和供需错配并存。"十四五"时期,要坚持底线思维,从产业链全链条、能源行业上下游的角度,保障核心能源需求,加快主要短板和薄弱环节建设,强化产运组织协同、储销能力匹配、供需实时拟合,确保能源供应安全。

二是加强国内油气勘探开发,加快全国干线油气管道建设。稳定油气供应是保障我国能源安全的重要方面。"十四五"时期,要大力加强国内油气资源勘探开发,着力推动油气增储上产,多元拓展油气进口来源,加快油气储备设施建设,扩大油气储备规模,健全政府储备和企业社会责任储备有机结合、互为补充的油气储备体系。要根据油气供给格局变化,建设广覆盖多层次的油气管网,加快新一轮天然气管网设施建设,加强干线系统内、干线系统之间、相邻省区市的联络线建设,实现全国主干管网全覆盖、全联通。

三是建设智慧能源系统。顺应信息技术与能源技术加速融合发展趋势,要推动能源全产业链各类设施智能化,推动能源设施数字化智能化改造升级,建设数据中心、调度中心、交易平台等数字平台,提高能源产、运、储、销、用各环节智慧灵活响应和信息交互能力。要大力发展清洁能源,推动风电、光伏发电集中式和分布式同步发展,因地制宜建设分布式能源微网,发展农村能源综合服务功能,充分挖掘可再生能源更多应用场景,提升新能源消纳和存储能力,构建可再生能源增长、消纳和储能协调有序发展的体制机制。

四是优化电力生产和输送通道布局。我国能源生产和消费逆向分布特征明显。"十四五"时期,要加强能源跨区域优化配置,优化跨区域输电通道布局,超前谋划大型清洁能源基地外送通道和接续方案,稳步推进西部北部等水风光一体化清洁能源基地和电力外送通道建设,提升向边远地区输配电能力。

五　加强水利基础设施建设

"十三五"以来,我国水利建设取得巨大成就,全国水资源配置和城乡供水体系加快健全,防洪减灾体系逐步完善,已初步建成世界上规模最大的水利基础设施体系,以占世界6%的水资源支撑和保障了约占世界20%的人口和15%的经济总量,为经济社会持续健康发展提供了坚实基础。但也要清醒地认识到,我国仍然是世界上治水任务最为繁重、治水难度最大的国家之一,2020年多地发生的洪涝灾害暴露出防汛中的薄弱环节,水资源区域平衡和跨区域配置任务繁重,部分河湖水生态受损问题仍然比较突出。

"十四五"时期,要大力推进国家水网工程建设,跨行政区治理修复河流水系,完善水利基础设施网络,提升水资源优化配置和水旱灾害防御能力。**一方面,要构建空间均衡的水资源配置体系**。以南水北调工程为骨干,结合其他重大引调水工程,优化完善水资源配置体系,促进人口经济与资源环境相均衡。扎实推进南水北调东中线后续工程规划建设,加快推进引汉济渭、滇中引水、引江济淮等重大引调水二期工程,建设海南天角潭、浙江开化、湖南椒花等供水水库,推进河南西霞院、四川亭子口等大型灌区建设。**另一方面,要完善江河安澜的防洪减灾体系**。以流域为单元基于水情特点分别制定防洪策略,完善控制性枢纽、江河堤防、蓄滞洪区等工程布局,加强雄安新区防洪工程等堤防工程建设,完善长江、淮河等流域重要蓄滞洪区,加强中小河流防洪治理,有效解决防汛中的薄弱环节。

加快建设交通强国

李 小 鹏

交通是兴国之要、强国之基。习近平总书记强调,经济要发展,交通要先行,要加快建设交通强国。党的十九届五中全会通过的《中共中央关于制定国民经济和社会发展第十四个五年规划和二〇三五年远景目标的建议》(以下简称《建议》)对加快建设交通强国作出专门部署,提出明确要求。我们要深入学习领会,认真贯彻落实,加快建设人民满意、保障有力、世界前列的交通强国,为全面建设社会主义现代化国家当好"先行官"。

一 增强加快建设交通强国的责任感紧迫感

"十四五"时期是我国全面建成小康社会、实现第一个百年奋斗目标之后,乘势而上开启全面建设社会主义现代化国家新征程、向第二个百年奋斗目标进军的第一个五年,加快建设交通强国面临新形势新任务。《建议》提出,加快建设交通强国,完善综合运输大通道、综合交通枢纽和物流网络,加快城市群和都市圈轨道交通网络化,提高农村和边境地区交通通达深度。这是党中央立足国情、着眼全局、面向未来作出的重大部署,标志着交通强国建设迈上新征程。

(一)加快建设交通强国是实现第二个百年奋斗目标的重要支撑。交通现代化是国家现代化水平的重要标志。我国幅员辽阔、人口众多,资源、产业分布又很不均衡,特殊的国情决定了必须建设一个强有力的交通运输体系。新中国成立70多年来,我国交通运输从"瓶颈制约"发展到"基本适应",基础设施、运输服务的规模已在世界上数一数二,成了名副其实的交通大国,正在加快向交通强国迈进。交通运输的快速发展,显著改变了我国城乡面貌,有力支撑了全面建成小康社会目标的实现。乘势而上,加快建设交通强国,率先在交通运输领域实现现代化,建成现代化综合交通体系,将为社会主义现代化强国建设提供坚实支撑。

(二)加快建设交通强国是构建新发展格局的战略任务。交通运输是国民经济中基础性、先导性、战略性产业,是重要的服务性行业,在构建新发展格局中具有重要地位和作用。构建新发展格局,要求以供给侧结构性改革为战略方向,以扩大内需为战略基点,推动经济布局优化和区域协调发展,完善现代产业和流通体系,加快推动更高水平对外开放,这些都需要交通运输进一步发挥"先行官"作用。加快建设交通强国,就是要紧扣构建新发展格局的目标,着力建设现代化高质量综合立体交通网络,畅通现代流通体系和国际物流供应链体系,提高运输效率、降低物流成本,努力使交通运输成为现代产业体系协调发展的坚实支撑、内外经济循环相互促进的重要纽带、产业链供应链安全稳定的保障基石,助力筑牢国民经济循环底盘。

(三)加快建设交通强国是满足人民日益增长的美好生活需要的必然要求。随着社会主要矛盾发生变化,人民群众出行模式和货物流通方式正在发生深刻变化。特别是多层次、多样化、个性化的出行需求和小批量、高价值、分散性、快速化的货运需求特征更加明显,"绿色共享"正在成为重要出行方式,货物运输的可达性和时效性要求更高。这都要求交通运输供给必须加快从"走得了"向"走得好"转变,显著提升运输服务的效率、品质和经济性。加快建设交通强国,就是要聚焦人民对美好生活的需要,着力打造一流设施、一流技

术、一流管理、一流服务，努力做到让广大群众享有更便捷的交通运
输，获得更加公平、更有效率的交通服务，增强人民群众的获得感、幸
福感、安全感。

（四）加快建设交通强国是顺应我国进入新发展阶段的客观需
要。当前和今后一个时期，我国发展仍然处于重要战略机遇期，但机
遇和挑战都有新的发展变化。加快建设交通强国，是顺应高质量发
展、抢抓新机遇、应对新挑战的客观需要。当前，我国交通运输发展
的内部条件和外部环境正发生深刻复杂变化。向外看，新一轮科技
革命和产业变革加速演变，智慧交通、绿色交通、共享交通成为各国
培育交通发展新优势的重要发力点。向内看，我国已进入高质量发
展阶段，交通的"先行官"作用日益凸显，但发展不平衡、不充分的问
题仍然突出，主要表现为基础设施网络化水平不高、关键技术装备创
新能力不足、综合运输效率不高等等。加快建设交通强国，就是要对
标世界先进水平，努力破解发展难题，持续深化交通运输供给侧结构
性改革，努力实现更高质量、更有效率、更加公平、更可持续、更为安
全的发展。

二 全面落实加快建设交通强国的重点任务

中共中央、国务院于 2019 年 9 月印发了《交通强国建设纲要》，
并将印发实施《国家综合立体交通网规划纲要》。"十四五"时期，我
们要抓住重点领域、关键环节，找准着力点和突破口，推动交通强国
建设开新局、上台阶。

（一）推进基础设施网络化。围绕交通基础设施布局完善、立体
互联，统筹铁路、公路、水运、民航、管道、邮政等规划建设，加快建设
综合运输通道、枢纽和网络体系，着力打造发达的快速网、完善的干

线网、广泛的基础网。要构建贯通主要经济板块的国家综合立体交通网主骨架。优化完善综合运输通道布局，补齐内河水运、中西部铁路等短板，以推进实施川藏铁路、西部陆海新通道、沿边沿江沿海交通等一批战略性、基础性重大工程项目为牵引，推进综合立体交通网提质扩容。要提升城市群都市圈交通承载能力。推进京津冀、长三角、粤港澳大湾区和成渝地区双城经济圈等交通一体化，形成以轨道交通和高速公路为骨干的多节点、网格化、全覆盖布局，打造一批国际性、全国性综合交通枢纽。要完善城乡融合的交通基础设施网络。深入推进"四好农村路"建设，推动农村公路连片成网并向进村入户倾斜，提高城乡交通运输公共服务均等化水平。加快沿边抵边公路建设，提高边境地区交通通达深度。

（二）推进物流运输便利化。围绕加快形成"全球123快货物流圈"，以提质、降本、增效为导向，促进交通物流融合发展，加快完善现代物流体系，形成内外联通、安全高效的物流网络。要持续优化运输结构，推进大宗货物及中长距离货物运输向铁路和水运有序转移，大力推动多式联运发展，发挥铁路货运优势，加强高铁货运。要加强国际航空货运能力建设，推进世界级港口群、机场群、中欧班列集结中心等物流枢纽建设，加快建立储备充足、反应迅速、抗冲击能力强的应急物流体系，完善转运体系和地面服务网络，推动现代国际物流供应链发展。要完善城乡末端配送网络，加快县乡村三级物流体系建设，畅通农产品和消费品双向流通渠道。要发展物流服务新模式，积极推进无人配送、分时配送、共同配送等先进物流组织方式，大力推动冷链物流发展，提高物流效率，降低物流成本。

（三）推进出行服务便捷化。围绕加快形成"全国123出行交通圈"，加大绿色、安全、便捷等高品质出行服务供给，努力实现运输服务便捷舒适、经济高效。要构筑多层次客运服务体系，大力发展以高铁、航空为主体的区际快速客运服务，提升城市群都市圈公共客运服务水平,深入推进城市交通拥堵综合治理,加快推进城乡客运服务一体化。
要打造一体化旅客出行链,依托综合客运枢纽,实现多种交通方式有
效衔接,积极发展旅客联程运输,鼓励引导绿色出行。要拓展多样化
客运服务,鼓励和规范定制客运、网约车、分时租赁、共享单车等新模
式发展,打造基于移动智能终端技术的服务系统,实现出行即服务。

(四)推进交通装备自主化。瞄准世界科技前沿,把握智能化、
绿色化、高速化、重载化等趋势,推进交通运输装备先进适用、完备可
控。要强化装备动力系统研发,突破高效率、大功率发动机装备设备
关键技术。要加强新型运载工具研发,推进特种装备研发应用,推广
新能源、智能化、数字化、轻量化交通装备及成套技术设备。要大力
发展智慧交通,推动大数据、互联网、人工智能、区块链等新技术与交
通行业深度融合。

(五)推进交通运输治理现代化。坚持政府、市场、社会等多方
协作,打造协同高效、良法善治、共同参与的交通运输治理新格局。
要加强法治引领,加快铁路、公路、水路、民航、邮政等领域"龙头
法"和相应配套法规制修订,推动形成系统完备、相互衔接的综合
交通法规体系。要深化铁路、公路、航道、空域管理体制改革,推进
投融资改革,建立与交通强国目标任务相适应的体制机制。要健
全市场治理规则,深入推进"放管服"改革,优化营商环境,构建统
一开放、竞争有序的现代交通市场体系。要鼓励社会组织参与行
业治理,拓展公众参与交通治理渠道,全方位提升交通参与者文明
素养,引导文明出行。

三 加快建设交通强国需把握好几个关键问题

加快建设交通强国,是一项涉及观念行为、体制机制变革的重大

战略任务,需要进一步发挥我国社会主义制度优势,充分用好各方面资源,调动各方积极性,形成全社会共同参与的格局。

(一)坚持服务大局、当好先行。加快建设交通强国,既要交通自身强,更要支撑国强民富。要坚持以人民为中心的发展思想,聚焦支撑国家重大战略、构建新发展格局、保障和改善民生等工作大局,打通"大动脉",畅通"微循环",持续提高服务能力,更好满足国家经济社会发展需要,建设人民满意交通。要坚持适度超前规划建设,发挥好交通运输在建设现代化经济体系、乡村振兴、新型城镇化等方面的先行引领和支撑保障作用,在国家现代化建设进程中率先实现交通运输现代化。

(二)坚持谋划长远、干在当下。加快建设交通强国是一项长期战略任务,既要着眼长远、久久为功,又要立足当前、干在当下。"十四五"时期,要全面落实《建议》部署的各项任务,聚焦交通运输发展不平衡不充分的突出问题,在完善综合立体交通网、提升物流供应链水平等方面持续攻坚发力。同时,又要瞄准2035年远景目标,落实好《国家综合立体交通网规划纲要》,做好研究论证、项目储备、政策保障等工作,确保加快建设交通强国行稳致远。

(三)坚持协同高效、深度融合。在交通运输供给短缺时代,各种运输方式相对独立发展有利于快速扩大总量、提高覆盖面。高质量发展阶段则更加注重结构优化和整体效能提升。一方面,要根据各地资源禀赋条件和空间特征,宜水则水、宜空则空、宜陆则陆,发挥比较优势,统筹做好交通强国铁路、公路、水运、民航、邮政等篇章。另一方面,要加快由各种交通方式相对独立发展向更加注重融合发展转变,平衡好各种运输方式,强化衔接协调、深度融合,加快完善现代化综合交通体系,大力提升综合运输效率。

(四)坚持深化改革、守正创新。改革创新是交通运输事业发展的动力之源,必须贯穿于加快建设交通强国的全过程。要持续深化

改革,坚持试点先行、典型引路,鼓励有条件的地方和企业率先开展
交通强国试点,形成一批可推广、可复制的典型成果,以点带面、纵深
推进。要坚持守正创新,发挥我国交通运输探索形成的多方面优势,
持续推进理念、技术、制度、政策等创新,加快推进交通运输治理体系
和治理能力现代化,为加快建设交通强国提供坚实保障。

(五)坚持全球视野、中国特色。加快建设交通强国必须立足国
情、放眼世界,走开放发展、互利共赢之路。要科学把握我国人口分
布、产业布局、城乡区域差异等现实国情,用好超大规模市场优势,因
地制宜选择发展模式和路径,集中力量办好自己的事情,走中国特色
的交通强国之路。同时,要对标世界一流,善于借鉴国际先进理念和
经验,用好两个市场、两种资源,深化对外交流合作,形成国际合作和
竞争新优势,不断提升交通运输国际竞争力和影响力。

加快数字化发展

马 兴 瑞

以习近平同志为核心的党中央高度重视数字化发展,明确提出数字中国战略。党的十九届五中全会通过的《中共中央关于制定国民经济和社会发展第十四个五年规划和二〇三五年远景目标的建议》(以下简称《建议》),明确提出要"加快数字化发展",并对此作出了系统部署。这是党中央站在战略和全局的高度,科学把握发展规律,着眼实现高质量发展和建设社会主义现代化强国作出的重大战略决策。

一 深刻认识加快数字化发展的重大意义

习近平总书记明确指出,加快数字中国建设,就是要适应我国发展新的历史方位,全面贯彻新发展理念,以信息化培育新动能,用新动能推动新发展,以新发展创造新辉煌。加快数字化发展,对"十四五"时期经济社会发展具有十分重大的意义。

(一)加快数字化发展,是建设社会主义现代化强国的基础性先导性工作,是构筑数字化时代国家竞争新优势的战略选择。纵观世界文明史和社会发展史,人类先后经历了农业革命、工业革命、信息革命,每一次科技革命和产业变革都给生产力带来质的飞跃。当前,人类社会正在进入以数字化生产力为主要标志的全新历史阶段,世界主要国家都把数字化作为经济发展和技术创新的重点，能不能适应和引领数字化发展，成为决定大国兴衰的一个关键。面对世界百年未有之大变局，我们要加快建设社会主义现代化强国、推动实现中华民族伟大复兴的中国梦，必须紧紧抓住数字技术变革机遇，充分释放数字化发展的放大、叠加、倍增效应，抢占新一轮发展制高点，牢牢把握时代主动权。

（二）加快数字化发展，是构建以国内大循环为主体、国内国际双循环相互促进的新发展格局和打造高质量发展新引擎的现实需要。当前，我国经济已由高速增长阶段转向高质量发展阶段，以数字经济为代表的新动能加速孕育形成。2019年我国数字经济增加值达35.8万亿元，占国内生产总值比重达36.2%。数字化发展从根本上改变了传统经济的生产方式和商业模式，全面渗透和深刻影响生产、流通、消费、进出口各个环节，既有利于加快推动形成以国内大循环为主体、国内国际双循环相互促进的新发展格局，有效应对日益复杂的国际大环境、保障我国经济体系安全稳定运行，又有利于拓展经济发展新空间、培育经济发展新动能、推动经济高质量发展，加快实现质量变革、效率变革、动力变革。

（三）加快数字化发展，是提升公共服务均等化普惠化便捷化水平、满足人民日益增长的美好生活需要的重要途径。数字技术极大拓展人们的生活半径，打破地域阻隔和时空限制，深度融入群众生产生活的方方面面，在便利城乡居民生活、优化公共服务能力水平、促进脱贫攻坚事业发展等方面提供了有力支撑。特别是在抗击新冠肺炎疫情中，以大数据为代表的数字技术发挥了重要作用。"十四五"时期要更好满足人民群众对更高水平公共服务的期待和需求，必须加快数字化发展，缩小数字鸿沟，有效创新公共服务提供方式，增强公共服务供给的针对性和有效性，让亿万人民在共享数字化发展成果上有更多获得感。

（四）加快数字化发展，是加快转变政府职能、促进国家治理体系和治理能力现代化的必然要求。随着经济社会持续快速发展，传统的治理模式和"人海战术"已越来越难以适应现代治理的需要，必须依托现代信息技术变革治理理念和治理手段，全面提升政府治理效能。加快数字化发展，不仅可以掀起政府部门科学化精准化的效能革命，还能在深化"放管服"改革、优化营商环境、更大激发市场活力和社会创造力等方面发挥更多作用，对政府治理理念、治理结构、运行机制、行为模式及资源配置等带来深层次的结构性变化，有力助推国家治理体系和治理能力现代化。

二　加快数字经济、数字社会、数字政府建设

数字经济、数字社会、数字政府，是数字化发展的重要组成部分，三者互为支撑、彼此渗透、相互交融。

（一）做大做强数字经济，打造具有国际竞争力的数字产业集群。《建议》提出，要推进数字产业化和产业数字化，推动数字经济与实体经济深度融合，为我们明确了"十四五"时期数字经济发展的重点。一是推动数字产业化，通过数字技术催生新产业，推动数字产业形成和发展。培育壮大数字产业，完善信息通信、软件服务等数字产业链，推动大数据、人工智能、数字货币、区块链等产业发展，统筹布局一批高水平数字产业集聚区。加快培育数字化新业态，利用互联网整合线上线下资源，支持平台经济、共享经济、众包众创、个性化定制等。发展数字文化产业，拓展数字创意、数字出版、数字影音等数字文化内容。二是加快产业数字化，利用数字技术全方位、全角度、全链条赋能传统产业，提升全要素生产率。大力发展智能制造，实施工业互联网创新发展战略，支持工业机器人、传感器、超高清视

频等发展,建设智能工厂、智能车间,发展普惠性"上云用数赋智",推动制造业数字化、网络化、智能化。加快发展数字农业,普及农业智能化生产、网络化经营,依托互联网促进农产品出村进城。促进服务业数字化发展,加快金融、物流、零售、旅游等生活性服务业和服务贸易数字化进程。

(二)加强数字社会建设,提升公共服务、社会治理等数字化智能化水平。《建议》明确提出了建设数字社会的目标要求,我们要深入推进数字技术在公共服务、城市治理、乡村振兴等方面的广泛应用。一是拓展数字化公共服务。运用数字技术解决社会公共问题,深度开发各类便民应用,加快发展数字教育、数字医疗、数字社保、数字就业、数字住房等,推进信息惠民。二是打造新型智慧城市。依托"城市大脑"构建智能化治理体系,强化数字技术在城市规划、建设、治理和服务等领域的应用,推进智慧交通、智慧安防、智慧物流、智慧社区、智慧水利等建设,提升城市管理科学化、精细化、智能化水平。三是推动数字乡村建设。加大农村互联网建设力度,扩大光纤网、宽带网在农村的有效覆盖,建设宽带乡村。加快农村管理服务数字化进程,构建涉农信息普惠服务机制,提升农民生活数字化服务水平。四是提高全民数字化能力。构建符合我国国情的数字素养教育框架,加强数字技能普及培训,提升全民数字技能,积极营造数字文化氛围。

(三)加强数字政府建设,全面提升政府治理效能。党的十九届四中、五中全会都明确提出要加强数字政府建设,这是提升国家治理体系和治理能力现代化水平的重要途径。近年来,全国各地大力推进"互联网+政务服务",从"数字政府"到"智慧治理",从"只进一扇门"到"最多跑一次",有效打通政务服务"最后一公里"。要按照《建议》提出的要求,更大力度推进数字政府建设。一是打造全国一体化政务信息平台。强化政务信息系统集约建设,加快建成覆盖全国、统筹利用、统一接入的数据共享平台、政务服务平台、协同办公平台,推动网络通、系统通、业务通、数据通,实现跨层级、跨地域、跨系统、跨部门、跨业务协同管理和服务。二是推进政务流程全面优化、系统再造。加快政府管理服务标准化、规范化、透明化,推动政务事项同步分发、并联审批、协同办理,提高政府行政效率,实现扁平化管理和精准高效协同,打造全面网络化、高度信息化、服务一体化的现代政府治理新形态。三是大力提升政务服务水平。积极主动运用数字技术和互联网思维改进政务服务模式、拓展政务服务功能,打破部门间地区间信息壁垒,推动更多民生服务事项"一网通办"、更多涉企服务事项"一站式"办理和"不见面"审批,让百姓少跑腿、数据多跑路,更好解决企业和群众办事难、办事慢、办事繁问题。

三　做好数据资源的开发、利用、保护

数据是推动数字化发展的关键要素。随着经济活动数字化转型加快,数据对提高生产效率的乘数作用不断凸显,已成为最具时代特征的生产要素。针对数据爆发增长、海量集聚的特点,要充分发掘数据资源要素潜力,更好发挥数据的基础资源作用和创新引擎作用。

一是建立数据资源基础制度和标准规范。这是管好用好数据资源的重要基础和前提。要完善数据基础通用标准和关键技术标准,建立国家数据资源目录体系,提高数据质量和规范性。制定数据资源确权、开放、流通、交易相关制度,完善数据产权保护制度,加强技术专利、数字版权、数字内容产品等保护。明确数据流通、跨境传输等基础性规则,加强数据跨境流动的安全评估和监管。建立统一规范的数据管理制度,系统全面地采集、汇聚、整合、存储数据资源,优化数据资源全生命周期管理。

二是扩大基础公共信息数据有序开放。数据只有连起来、跑起

来、用起来,才能发挥最大作用。依托国家数据共享和开放平台体系,加快推动政府数据共享交换,优化经济治理基础数据库,运用大数据更好感知社会态势、辅助决策施政。建立公共数据开放负面清单,促进企业登记、交通运输、气象等公共数据有序开放。推动公共数据与企业数据深度对接,规范数据开发利用场景,提升社会数据资源价值。建立统一有序的数据交易机制,支持建立一批数据交易中心,推动数据资产评估、定价、交易、质押、抵押,鼓励数据资源合规交易、有序流通、高效利用。

三是加强数据资源安全保护。安全是发展的前提,推动数字化发展必须强化数据安全保障。要加快数据安全法规制度建设,整体提升国家数据安全立法水平。加强金融、能源、电力、通信、交通等领域关键信息基础设施安全保护,强化国家关键数据资源保护能力,增强数据安全预警和溯源能力。建立政府和企业数据安全信息共享机制,提升全天候全方位安全态势感知和持续防护能力。完善数据分类分级安全保护制度,制定数据隐私保护和安全审查制度,加强政务数据、企业商业秘密和个人信息保护。

四　加强数字化发展的支撑保障

数字化发展是一项复杂系统工程,要按照《建议》要求,遵循数字化发展的规律和特点,加强数字化发展的统筹协调,加大基础设施、技术创新、开放合作等方面的支撑力度。

一是强化顶层设计。研究制定国家数字化发展战略规划,加强对数字化发展的战略指导、制度设计、政策支撑。加快建立完善适应数字化发展的法律体系,健全完善市场准入、市场秩序、平台管理、消费关系、技术创新、知识产权、安全保障等法律法规。完善数字经济市场监管体系,明确区块链、人工智能等新兴领域和数字版权、数字货币等方面规则,引导微商电商、网络直播等规范健康发展,营造良好的市场环境。

二是完善基础设施。科学布局支撑数字化发展的基础网络体系,加快构建高速、移动、安全、泛在的新一代信息基础设施,形成万物互联、人机交互、天地一体的网络空间。统筹推进数据中心、工业互联网等新型基础设施建设,提升5G、人工智能等应用场景支撑能力。加快传统基础设施数字化升级,支持城市公用设施、建筑、电网、地下管网等物联网应用和智能化改造。

三是突破核心技术。核心技术是国之重器,是实现数字化发展的基石。要提高数字技术基础研发能力,集中力量突破通信网络、集成电路、核心电子元器件、人工智能、基础软件等领域前沿技术和关键核心技术。加快自主创新技术应用,大力发展信创产业,实施更积极的自主安全产品采购政策,打造自主创新、安全可靠的数字产业链、价值链和生态系统。促进产学研深度融合,培育一批数字领军企业,打造多层次、多类型数字化人才队伍。

四是扩大开放合作。数字技术让世界变成了地球村。要支持推进数字经济贸易,加强网络基础设施、大数据、云计算、电子商务等领域国际合作,建设数字丝绸之路。积极参与数字化国际规则制定,引导互利共赢的跨境电商、市场准入、数据流动等国际贸易和投资新规则,鼓励企业在国际标准制定中发挥作用,提出更多中国方案。推进网络空间全球治理,推动建立多边、民主、透明的国际互联网治理体系,构建网络空间命运共同体。

加快培育完整内需体系

谢 伏 瞻

加快培育完整内需体系,是党中央深刻洞悉国内国际发展大势作出的重大科学判断和战略选择,凸显了坚持扩大内需在国家中长期发展中的重要性和紧迫性,是一项关乎发展新格局的重大战略任务。深入学习领会、全面准确理解、认真贯彻落实《中共中央关于制定国民经济和社会发展第十四个五年规划和二〇三五年远景目标的建议》(以下简称《建议》)关于加快培育完整内需体系的重要新论述和重大决策部署,对我国应对国内外风险挑战、支撑我国经济高质量发展、满足人民美好生活需要意义重大。

一 培育完整内需体系的重大意义

"十四五"及未来更长时期,如何将内需体系培育好、完善好、发展好,使之更加体系化,具有重大意义。

(一)应对国内外风险挑战的战略举措。改革开放以来,在经济全球化深入发展的外部环境下,市场和资源"两头在外"、"世界工厂"的发展模式,对我国抓住经济全球化机遇、快速提升经济实力、改善人民生活发挥了重要作用。当前及今后一个时期,我国发展仍然处于重要战略机遇期,但国际形势日趋复杂,不稳定性不确定性明显增加,新冠肺炎疫情影响广泛深远,经济全球化遭遇逆流,世界经济低迷,全球市场萎缩。我国已转向高质量发展阶段,继续发展具有多方面优势和条件,同时发展不平衡不充分问题仍然突出。我国发展环境面临深刻复杂变化,要求我们必须统筹发展和安全。坚持扩大内需这个战略基点,加快培育完整内需体系,有利于防范化解内外部风险挑战,牢牢把握发展主动权,培育新形势下我国参与国际经济合作和竞争新优势。

(二)支撑我国经济中高速增长的必然选择。我国国内生产总值增速从 2014 年的 7.4% 逐步回落至 2019 年的 6.1%,保持中高速增长是我国经济增长的客观现实。同时,我国仍处于并将长期处于社会主义初级阶段,仍然是世界上最大的发展中国家,发展是解决我国一切问题的基础和关键。在全面建成小康社会的基础上,实现 2035 年远景目标仍要保持中高速经济增长。2019 年,内需对我国国内生产总值增长的贡献率达到 89%,已经是我国经济增长的根本支撑。培育完整内需体系,有利于把我国超大规模市场优势和内需潜力充分激发出来,稳住保持经济中高速增长的"基本盘"。

(三)满足人民美好生活需要的必由之路。我国是社会主义国家,始终坚持发展为了人民、发展依靠人民、发展成果由人民共享。包括商品和服务在内的消费需求,体现了人民对美好生活的向往。2019 年,我国最终消费需求支出对国内生产总值增长的贡献率为 57.8%,社会消费品零售总额超过 41 万亿元,增长 8%,高出国内生产总值增速 1.9 个百分点。在全面建成小康社会的基础上,人民对美好生活的向往更加强烈,期盼有更好的教育、更稳定的工作、更满意的收入、更可靠的社会保障、更高水平的医疗卫生服务、更舒适的居住条件、更优美的环境、更丰富的精神文化生活,需求升级是大势所趋。培育完整内需体系,有利于充分发挥需求对供给的牵引作用,更好满足人民对美好生活的需要。

二 加快培育完整内需体系要把握的方向

加快培育完整内需体系,必须牢牢把握加快构建以国内大循环为主体、国内国际双循环相互促进的新发展格局这一大方向。《建议》从三个方面作出了部署。

(一)把实施扩大内需战略同深化供给侧结构性改革有机结合起来。供给和需求是市场经济内在关系的两个基本方面,既相互作用又相互制约。进入新时代,我国经济发展中供需矛盾的主要方面,在于供给质量、服务难以有效满足广大人民日益增长、不断升级和个性化的物质文化和生态环境需要。培育完整内需体系,必须更加重视对接消费需求,通过不断发展新模式、新业态、新技术、新产品,优化供给结构,改善供给质量,把被抑制的市场需求释放出来,形成需求牵引供给、供给创造需求的更高水平动态平衡。

(二)把培育完整内需体系与使市场在资源配置中起决定性作用结合起来。市场决定资源配置是市场经济的一般规律,市场效率越高,有效需求越强。当前,一些制约全国统一要素市场建设,妨碍商品服务跨区域城乡流通的体制机制障碍仍然没有得到根本性消除。培育完整内需体系,必须进一步强化国内统一市场建设,破除妨碍生产要素市场化配置和商品服务流通的体制机制障碍,依托强大国内市场,使生产、分配、流通、消费各环节更加通畅,形成国民经济良性循环。

(三)把扩大国内需求和推动产业协调发展结合起来。实体经济是我国经济发展的根基所在,是财富创造的源泉。实体经济发展得越好,对其他产业的带动作用越强。要把做实做强做优实体经济,推动金融、房地产同实体经济均衡发展,促进农业、制造业、服务业、能源资源等产业门类关系协调,作为扩大国内需求的主战场,更好发挥国内需求升级在加快发展现代产业体系中的牵引作用。

三 加快培育完整内需体系的重点任务

《建议》从增强消费对经济发展的基础性作用、发挥投资对优化供给结构的关键作用两个方面,系统部署了培育完整内需体系的重点任务。

(一)全面促进消费。消费是我国经济增长的重要引擎。我国有 14 亿人口,人均国内生产总值已经突破 1 万美元,是全球最大最有潜力的消费市场。我国约有 4 亿中等收入人口,绝对规模世界最大。从趋势看,我国消费水平和品质还有很大的提升空间,居民消费优化升级同现代科技、生产方式相结合,蕴含着巨大的增长空间。培育完整内需体系,必须顺应消费升级趋势,增强消费对经济发展的基础性作用。

一是提升传统消费。汽车、住房等传统消费在居民消费结构中占比较大。截至 2020 年 6 月,全国机动车保有量达 3.6 亿辆,其中汽车 2.7 亿辆,平均每千人拥有 192 辆汽车。全国已有 69 个城市汽车保有量超过 100 万辆。巨大的汽车保有量使得汽车消费量的扩张空间缩小,质的提升需求扩大。新能源汽车、中高档汽车的需求持续增加,汽车更新换代速度也在加快,为汽车产业发展拓展了新的空间。2018 年,我国城镇和农村居民人均住房建筑面积分别达到 39 平方米和 47.3 平方米,城乡居民住房条件大为改善。我国深入推进以人为核心的新型城镇化,加快农业转移人口市民化,解决新市民和年轻人的住房问题,每年还有一定的新增住房消费需求。加大城镇老旧小区、棚户区改造和农村危房改造力度,将释放更多的改善性更新需求。这些新增需求都是更高水平、更高质量的需求,对提升传统消费有很大的促进作用。提升传统消费,关键是要以质量品牌为核心,朝着绿色、健康、安全的方向发展。

二是培育新型消费。新型消费增长是生活水平提高和科技进步的必然结果。新冠肺炎疫情以来,"云经济"、"云消费"、无接触交易服务发展较快,表明发展消费新模式新业态、促进服务业线上线下融合、拓展服务内容、扩大服务覆盖面具有广阔发展空间,是提升消费的新增长点。

三是发展服务消费。居民消费从商品消费向服务消费转变提升是客观规律。2019 年,我国人均服务业消费支出接近 1 万元,占居民人均消费支出的比重为 45.9%。受体制机制和相关政策影响,我国健康、养老、育幼、文旅、体育等服务业准入门槛较高、开放程度不够,服务供给规模和质量还不高,标准化、品牌化建设不足,一些服务消费需求潜力尚未充分激发出来。这要求放宽服务消费领域市场准入,推动生活性服务业向高品质和多样化升级。

四是适当增加公共消费。公共消费是内需的重要构成,必须在财政承受能力和可持续前提下,适度增加公共消费,发挥其杠杆作用。《建议》把公共消费作为全面促进消费的重要内容,提出适当增加公共消费。这有利于激发居民消费意愿,增强消费能力。

五是开拓城乡消费市场。2019 年,全国城镇和农村居民人均消费支出分别为 28063 元和 13328 元,城乡差距较大。要在开拓城乡消费市场的基础上,更好发挥中心城市和城市群等优势地区带动作用,加快构建国内统一市场,健全现代流通体系,提高城乡配送效率,丰富适合农村消费者的商品供给,加强农产品供应链体系建设,促进工业品下乡和农产品进城双向流通。

(二)拓展投资空间。投资需求是培育完整内需体系的重要组成部分。作为世界上最大的发展中国家,我国在基础设施、民生等领域的投资积累还不够,中美经贸摩擦和新冠肺炎疫情也暴露了我国在科技创新体系和防灾备灾体系等方面的投资强度还不高。总体而言,发挥投资对优化供给结构的关键作用还有可拓展的空间,关键是要优化投资结构,提高投资效益,保持投资合理增长,使投资在促消费、惠民生、调结构、增功能、强后劲、促协调等方面持续发挥支撑作用,不搞低水平重复建设,防止出现新的产能过剩。

《建议》重点部署了四个投资领域。**一是**聚焦基础设施、农业农村和民生保障等既有需求又有空间的短板领域,进一步发挥有效投资对促进城乡区域协调发展、改善民生等方面的支撑作用。**二是**着眼于提高传统产业创新能力和水平,鼓励企业加大设备更新和技术改造投资,推动传统产业高端化、智能化、绿色化。**三是**着眼于加快培育新增长点,扩大战略性新兴产业投资,推动先进制造业集群化发展,增强新产业新业态顺应新需求新模式的能力。**四是**着眼于增强基础支撑能力,提升跨区域协同水平和保障生态安全等,加大一批重大工程和重大项目建设投资。

四 加快培育完整内需体系的政策支持

培育完整内需体系,根本要靠扩大需求的内生动力,必须发挥政策引领作用,形成有利于培育完整内需体系的政策支持体系。

(一)完善消费政策。培育完整内需体系,必须加快完善"想消费"、"敢消费"和"能消费"的政策环境。要提高人民收入水平,改善收入和财富分配格局,增强人民消费能力。《建议》明确提出,完善节假日制度,落实带薪休假制度,扩大节假日消费。对于汽车等消费品,要由购买管理向使用管理转变。针对住房消费,要坚持"房子是用来住的,不是用来炒的"定位,因城施策,完善机制,促进房地产市场平稳健康发展,有效控制住房消费对其他消费的"挤出效应"。针对我国消费者权益保护不力、维权成本高、侵权成本低这一老大难问题,要改善消费环境,强化消费者权益保护。

(二)改革投融资体制机制。拓展投资空间,根本要靠体制机制改革,必须健全市场化投融资机制。在投资方面,要重点推进能源、铁路、电信、公用事业等行业竞争性环节市场化改革,优化民营经济发展环境,破除制约民营企业发展的各种壁垒,形成市场主导的投资内生增长机制。在融资方面,要创新融资机制,畅通投资项目的融资渠道,健全金融支持体系,构建金融有效支持实体经济的体制机制,优化政策性金融,提高直接融资比重,等等。

(三)完善内外贸一体化调控体系。构建国内国际双循环相互促进新格局,必须推动"两头在外"、"世界工厂"的发展模式向立足国内大循环发挥比较优势转变。要完善内外贸一体化调控体系,充分利用国内国外两个市场两种资源,积极促进内需和外需、进口和出口、引进外资和对外投资协调发展。要促进内外贸法律法规、监管体制、经营资质、质量标准、检验检疫、认证认可等相衔接,推进同线同标同质,全面提升我国商品和服务质量,增强出口竞争力,增加优质产品进口。

(四)完善宏观政策支持体系。内需是国民经济的重要组成部分,培育完整内需体系需要平稳健康的宏观经济环境,必须重视预期管理,搞好跨周期政策设计,提高逆周期调节能力,促进经济总量平衡、结构优化、内外均衡。

激发各类市场主体活力

郝　鹏

党的十九届五中全会通过的《中共中央关于制定国民经济和社会发展第十四个五年规划和二〇三五年远景目标的建议》（以下简称《建议》），将"市场主体更加充满活力"作为我国"十四五"时期经济社会发展的重要目标，将"激发各类市场主体活力"作为全面深化改革、构建高水平社会主义市场经济体制的重要任务。这是以习近平同志为核心的党中央立足坚持和完善社会主义基本经济制度，着眼全面建设社会主义现代化国家作出的重大战略部署。市场主体是社会主义市场经济的微观基础，是经济社会发展的力量载体。截至2020年7月底，我国登记注册市场主体1.32亿户，其中，企业4110.9万户，个体工商户8834.8万户。充分激发亿万市场主体活力，增强经济社会发展动能，对于"十四五"时期我国进入新发展阶段，积极应对国内外严峻复杂形势，推动形成以国内大循环为主体、国内国际双循环相互促进的新发展格局，具有重大而深远的意义。

一　激发国有企业活力，毫不动摇巩固和发展公有制经济

国有企业是中国特色社会主义的重要物质基础和政治基础，是党执政兴国的重要支柱和依靠力量。党的十八大以来，国有企业改

革发展取得重大进展,规模实力明显提升,发展活力持续增强,为推
动经济社会发展、保障和改善民生、增强综合国力作出了重要贡献,
特别是在抗击新冠肺炎疫情斗争中勇挑重担,在应急保供、医疗支
援、复工复产、稳定产业链供应链等方面发挥了重要作用。《建议》
提出,深化国资国企改革,做强做优做大国有资本和国有企业,发挥
国有经济战略支撑作用。这为激发国有企业活力进一步指明了方
向。要按照《建议》部署,坚持和加强党对国有企业的全面领导,贯
彻新发展理念,统筹发展和安全,紧紧围绕构建新发展格局,大力实
施国企改革三年行动,以提升自主创新能力增强新发展动能、以深化
国资国企改革激发新发展活力、以高水平对外开放打造国际合作和
竞争新优势,切实增强国有经济竞争力、创新力、控制力、影响力、抗
风险能力。

加快国有经济布局优化和结构调整。这是激发国有企业活力的
重要前提。要围绕优化结构、畅通循环、促进创新、稳定增长,聚焦主
责主业发展实体经济,强化企业创新主体作用,使企业成为创新要素
集成、科技成果转化的生力军,发挥大企业引领支撑作用,推动大中
小企业融通创新,提高科技产出效率,提升产业链供应链现代化水
平,更好实现依靠创新驱动的内涵型增长。深化供给侧结构性改革,
按市场化原则推进战略性重组和专业化整合,提高国有资本配置效
率,推进能源、铁路、电信、公用事业等行业竞争性环节市场化改革,
清理退出不具备优势非主营业务和低效无效资产,完成剥离国有企
业办社会职能解决历史遗留问题。优化国有资本重点投向和领域,
加大新型基础设施建设投入,推动互联网、大数据、人工智能等同各
产业深度融合,推动国有资本向关系国家安全、国民经济命脉的重要
行业和关键领域集中,向提供公共服务、应急能力建设和公益性等关
系国计民生的重要行业和关键领域集中,向前瞻性战略性新兴产业
集中,巩固和增强在关系国家经济、科技、国防、安全等领域的控制

力、影响力。

加快完善中国特色现代企业制度。这是激发国有企业活力的重要基础。要全面落实"两个一以贯之",把加强党的领导与完善公司治理统一起来,把企业党组织内嵌到公司治理结构之中,充分发挥党组织把方向、管大局、保落实的领导作用,支持董事会、经理层依法履职。健全市场化经营机制,围绕激发活力、提高效率,着力深化劳动、人事、分配三项制度改革,优先支持商业类子企业加快推行职业经理人制度,全面推进用工市场化,建立健全按业绩贡献决定薪酬的分配机制,灵活开展多种方式的中长期激励。强化国有企业独立市场主体地位,深入推进公司制股份制改革,切实维护企业法人财产权和经营自主权,使国有企业在市场竞争中实现优胜劣汰。坚持公开透明,建立健全国有企业信息公开制度,打造阳光国企。

深化国有企业混合所有制改革。这是激发国有企业活力的重要途径。要坚持因地施策、因业施策、因企施策,宜独则独、宜控则控、宜参则参,不搞拉郎配,不搞全覆盖,不设时间表,分层分类深化混合所有制改革,把工作重点放在国有资本投资、运营公司出资企业和商业类子企业上,既支持民营企业等社会资本参与国有企业混合所有制改革,又鼓励国有资本投资入股民营企业。合理设计和调整优化混合所有制企业股权结构,拓宽社会资本参与渠道,进一步发挥各类基金的支持和促进作用,积极引入高匹配度、高认同感、高协同性的战略投资者参与公司治理,稳慎开展混合所有制企业骨干员工持股。推动混合所有制企业深度转换经营机制,在股东充分协商基础上依法制定章程,切实维护各方股东的合法权益,严格落实董事会各项法定权利,支持对公司治理健全的国有相对控股混合所有制企业依法实施更加市场化的差异化管控。

健全管资本为主的国有资产监管体制。这是激发国有企业活力的重要保障。要深化政企分开、政资分开,推进经营性国有资产集中统一监管,推动社会公共管理部门不行使国有资产出资人职责,国资监管机构不行使公共管理职能。推动国资监管机构职能转变,坚持授权与监管相结合、放活与管好相统一,优化监管方式手段,注重通过公司章程、法人治理结构履职尽责,对不同企业实行差异化分类考核、分类监管,强化监督协同、严格责任追究,切实维护国有资产安全。深化国有资本投资、运营公司改革,调整优化管控模式,国有资本投资公司更加注重服务国家战略、提升产业竞争力,国有资本运营公司更加注重提升资本运营效率、提高资本回报水平。

二 激发民营企业活力,毫不动摇鼓励、支持、引导非公有制经济发展

改革开放以来,我国民营经济从小到大、从弱到强,不断发展壮大,在稳定增长、促进创新、增加就业、活跃市场、改善民生、扩大开放等方面发挥了重要作用。推动民营经济实现更大发展,既要通过深化改革、优化治理、改善管理提高民营企业核心竞争力,又要为民营企业创造更好的发展环境和条件。《建议》对促进非公有制经济健康发展和非公有制经济人士健康成长作出了重要部署。

优化民营经济发展环境。良好的发展环境,能够让民营企业专心创业、放心经营、安心发展。要创造公平参与市场竞争环境,全面落实放宽民营企业准入的政策措施,系统清理各类显性和隐性壁垒,在市场准入、审批许可、经营运行、招投标等方面一视同仁。创造平等使用生产要素环境,着力解决民营企业融资难融资贵问题,拓宽民营企业融资途径,建立清理和防止拖欠账款长效机制,提高政府部门和国有企业拖欠失信成本。创造依法接受监管环境,健全公平竞争审查机制,加强反垄断和反不正当竞争执法司法,清理违反公平、开

放、透明市场规则的政策文件,建设高标准市场体系,营造长期稳定可预期的制度环境。

依法平等保护民营企业产权和企业家权益。公有制经济财产权不可侵犯,非公有制经济财产权同样不可侵犯。让有恒产者有恒心。要实施好民法典和相关法律法规,依法平等保护国有、民营、外资等各种所有制企业产权和自主经营权,依法保护企业家合法权益。加大对民营企业的刑事保护力度,提高司法审判和执行效率,保障民营企业家的人身和财产合法权益,及时甄别纠正侵犯民营企业产权和企业家人身财产权的冤错案件,建立涉政府产权纠纷治理长效机制。

促进中小微企业和个体工商户发展。中小微企业和个体工商户是数量最多的市场主体,必须保护好、发展好,为经济发展留住青山、厚植基础。要加大税费、融资等政策支持力度,实施好降低增值税率、扩大享受税收优惠小微企业范围、加大研发费用加计扣除力度、降低社保费率等政策,确保各项支持措施直达基层、直接惠及市场主体。完善促进中小微企业和个体工商户发展的法律环境和政策体系,支持企业更好参与市场合作和竞争,进一步激发中小微企业和个体工商户活力和创造力。

三 弘扬企业家精神,加快建设世界一流企业

企业强则国家强,企业兴则国家兴。全面建设社会主义现代化国家,必须有一批能够体现国家实力和国际竞争力、引领全球科技和行业产业发展的世界一流企业做支撑。《建议》提出弘扬企业家精神,加快建设世界一流企业,为激发各类市场主体活力、实现更好发展明确了目标指引。

弘扬企业家精神。弘扬企业家精神、发挥企业家作用,是建设世

界一流企业的重要条件。要引导企业家增强爱国情怀,把企业发展
同国家繁荣、民族兴盛、人民幸福紧密结合在一起,主动为国担当、为
国分忧,带领企业奋力拼搏、争创一流。引导企业家勇于创新,做创
新发展的探索者、组织者、引领者,努力把企业打造成为强大的创新
主体。引导企业家诚信守法,牢固树立法治意识、契约精神、守约观
念,自觉做诚信守法的表率。引导企业家承担社会责任,稳定就业岗
位,关心关爱员工,重视生态环境,推动绿色发展,积极参与社会公
益、慈善事业,真诚回报社会。引导企业家拓展国际视野,立足中国、
放眼世界,带领企业在更高水平的对外开放中实现更好发展。国有
企业领导人员是党在经济领域的执政骨干,要坚决扛起搞好国有企
业、壮大国有经济的使命,做到对党忠诚、勇于创新、治企有方、兴企
有为、清正廉洁。

加快建设世界一流企业。打造一批世界一流企业,是实现高质
量发展、构建新发展格局的重要支撑。要以创新发展引领世界一流,
深化科技创新、制度创新、业态和模式创新,集中力量加快关键核心
技术攻关,形成一批引领全球行业技术发展的领军企业。以产业集
成支撑世界一流,加快产业转型升级,积极参与国际标准制定,在产
业链价值链上不断向高端迈进,形成一批在全球产业发展中具有重
要话语权和影响力的领军企业。以开放合作锻造世界一流,以共建
"一带一路"为重点扩大对外开放,增强国内国际经济联动效应,形
成一批在国际资源配置中占优势地位的领军企业。以卓越管理夯实
世界一流,进一步加强管理体系和管理能力建设,强化信息化、智能
化管理,不断增强企业盈利能力和市场竞争力,形成一批以内涵型发
展引领质量效益提升的领军企业。

在全社会大力营造重视企业、关心企业、支持企业的良好氛围。
迈入新发展阶段,构建新发展格局,开启全面建设社会主义现代化国
家新征程,需要充分激发市场主体创新创造活力,充分释放经济社会

发展潜能动能。要积极倡导尊重企业家、爱护企业家、争做企业家的良好风尚,鼓励支持更多优秀人才向各类市场主体集聚。构建亲清政商关系,各级领导干部要主动作为、靠前服务,"亲"而有度、"清"而有为,了解企业家所思所想、所困所惑,制定政策、推动工作多听各类市场主体的意见建议,帮助各类市场主体解决实际困难,持续优化市场化法治化国际化营商环境,激发市场主体发展活力,使一切有利于社会生产力发展的力量源泉充分涌流。

完善宏观经济治理

穆　虹

科学有效的宏观经济治理是实现国家治理体系和治理能力现代化的客观要求,也是构建高水平社会主义市场经济体制的重要组成部分。党的十九届五中全会通过的《中共中央关于制定国民经济和社会发展第十四个五年规划和二〇三五年远景目标的建议》(以下简称《建议》),从全局和战略的高度,对健全宏观经济治理体系、完善宏观经济政策制定和执行机制、提升宏观经济治理能力作出系统安排,明确了完善宏观经济治理的战略方向和重点举措,充分体现了习近平新时代中国特色社会主义思想,顺应新发展阶段要求,对全面贯彻新发展理念、建设现代化经济体系、推动高质量发展、构建新发展格局具有重要意义。我们要认真学习、深刻领会,坚决落实好这一战略部署。

一　健全宏观经济治理体系

《建议》指出,**健全以国家发展规划为战略导向,以财政政策和货币政策为主要手段,就业、产业、投资、消费、环保、区域等政策紧密配合,目标优化、分工合理、高效协同的宏观经济治理体系**。对健全宏观经济治理体系总体框架、主要功能、分工层次作出整体设计,更加强调各类调节手段的协调配合,旨在为系统集成、协同高效地发挥宏观经济治理效能提供机制保障。

（一）着力发挥国家发展规划的战略导向作用。运用接续的中长期规划指导经济社会持续健康发展，确保国家战略目标、战略任务和战略意图的实现，体现了中国特色社会主义制度的独特优势，是我们党治国理政的重要方式。**一是**健全目标鲜明、层次清晰、功能明确的国家发展规划体系，统筹中华民族伟大复兴战略全局和阶段性发展任务，统筹国内国外两个大局，统筹经济、政治、文化、社会、生态文明等建设，统筹发展与安全，强化专项规划、区域规划、空间规划、地方规划与国家总体发展规划的有机衔接，突出规划的战略性、系统性。**二是**充分体现新发展理念，突出高质量发展目标引领，科学设置目标任务，增强国家中长期规划对年度计划、公共预算、金融信贷、国土开发、公共服务、产业发展等的引导功能和统筹功能，实现宏观经济治理目标和手段有机结合，提高规划的引领性、指导性。**三是**创新规划实施机制，加强规划实施的推进、协调和执行能力，维护规划的严肃性和权威性，充分运用大数据等现代技术手段对规划实施情况开展监测评估，推动国家战略得到有效落实，确保一张蓝图干到底。

（二）着力完善财政政策和货币政策手段。财政政策和货币政策是宏观调控的主要手段。**一是**更好发挥财政政策的再分配功能和激励作用。调整优化财政支出结构，更好发挥中央、地方和各方面积极性，加大对解决经济社会发展中不平衡、不充分问题的财政支持力度，增强基本公共服务保障能力，科学实施结构性减税降费，支持实体经济发展。**二是**健全货币政策和宏观审慎政策双支柱调控框架。健全基础货币投放机制，完善中央银行利率调控和传导机制，保持货币信贷和社会融资规模适度增长，强化有效防范系统性金融风险能力和逆周期调节功能，加强货币政策、宏观审慎政策和金融市场监管的协同性，增强金融政策普惠性，提升金融服务实体经济能力。

（三）着力健全就业、产业、投资、消费、环保、区域等政策紧密配合机制。把握我国新发展阶段经济形态的深刻变化，促进就业、产业、投资、消费、环保、区域等政策协同发力，构建更加高效的宏观政策供给体系。**坚持实施就业优先政策**，把稳定和扩大就业作为经济社会发展的优先目标，加大对就业容量大的服务业、部分劳动密集型产业、灵活就业和新就业形态的支持，推动实现更加充分、更高质量的就业。**突出产业政策的战略引导作用**，适应市场需求变化，深化供给侧结构性改革，强化对技术创新和结构升级的支持，加强产业政策和竞争政策协同。**发挥投资对优化供给结构的关键性作用**，着力抓重点、补短板、强弱项，以有效投资稳定总需求、促进经济结构调整，多措并举激发社会资本投资活力。**完善促进消费的政策体系**，进一步深化收入分配制度改革，大力改善消费环境，激发消费潜力、解除后顾之忧，增强消费对经济发展的基础性作用。**实施因地制宜、分类指导的区域政策**，完善国家重大区域战略推进实施机制，统筹区域分类指导和统一市场建设，建设彰显优势、协调联动的区域发展体系。**《建议》把环保政策纳入宏观经济治理政策范畴**，是体现新发展理念的重要创新，完善绿色生产和消费的政策体系，健全环境质量标准，推进绿色技术创新，强化约束性指标管理的刚性，使生态文明建设要求内化于经济社会发展。

二　完善宏观经济政策制定和执行机制

《建议》指出，**完善宏观经济政策制定和执行机制，重视预期管理，提高调控的科学性**。加强国际宏观经济政策协调，搞好跨周期政策设计，提高逆周期调节能力，促进经济总量平衡、结构优化、内外均衡。围绕推动高质量发展和构建以国内大循环为主体、国内国际双循环相互促进新发展格局，从政策制定到执行全链条管理的角度，对加强宏观经济政策的针对性、协同性、时效性和执行力提出更高要求。

（一）完善宏观经济政策协调机制。在健全宏观经济治理体系的基础上，完善宏观经济政策的综合协调机制，使宏观经济治理目标制定和政策手段运用保持统一连贯协同，形成治理合力。**加强部门之间的协调**，充分发挥经济综合部门的统筹协调作用，加强总量性指标与结构性指标的有机衔接、约束性指标与预期性指标的统筹，实现财政、货币、就业、环保等各项政策手段的优化组合、协同发力，更加灵活有序高效服务于宏观调控大局。**加强中央和地方之间的协调**，中央层面在搞好宏观经济政策顶层设计的同时，要充分考虑地方实际和差异性，有效激发地方积极性，形成上下良性互动；地方层面要强化对宏观经济政策的理解和传导，自觉响应和贯彻宏观政策意图，提高执行落实能力。**加强政府与市场主体之间的协调**，完善市场主体参与宏观经济政策的机制，政策制定和执行过程中要充分听取企业意见，了解各类市场主体诉求，健全宏观政策的市场反馈机制。

（二）完善预期管理和市场行为引导机制。加强宏观经济政策的动态管理，把预期管理作为宏观经济治理的重要内容，针对新情况新问题不断加以调整完善，适时适度进行预调微调，增强政策连续性、应变性、可预期性。完善市场主体引导机制，主要运用经济、法律、技术、标准等手段，更多依靠市场机制和社会协同力量，维护经济运行的稳定。健全宏观经济政策和市场信息权威发布平台，定期发布宏观经济形势分析报告。增强宏观经济政策透明度，加强政策意图宣传解读，及时解疑释惑，回应社会关切，稳定市场预期。

（三）完善跨周期政策设计和逆周期调节机制。坚持稳中求进工作总基调，根据国家战略部署实施情况和形势变化，持续开展重大问题研究，加强中长期、跨周期宏观经济政策预研，增强宏观调控的前瞻性，着力提高逆周期调节能力。强化风险意识和底线思维，针对经济运行中周期性和突发性等不同情形,分类研究政策措施,形成综合性应对预案和专项应对预案。

（四）完善参与国际宏观经济政策协调机制。适应构建以国内大循环为主体、国内国际双循环相互促进新发展格局的需要,统筹国内国外两个市场、两种资源,以宏大顺畅的国内经济循环更好吸引全球资源要素,更好地发挥比较优势,增强国际竞争力。积极主动参与国际宏观经济政策沟通协调,坚定捍卫国家经济主权,提高应对复杂变局的能力,努力营造有利的外部经济环境。依托共建"一带一路"和多双边合作机制,积极参与全球经济治理,推动构建人类命运共同体。坚持多边主义,推进经济全球化,维护多边贸易体制,反对贸易保护主义,推动制定更加公平合理、更加自由便利的国际经贸规则。

三　提升宏观经济治理能力

《建议》指出,**加强宏观经济治理数据库等建设,提升大数据等现代技术手段辅助治理能力。推进统计现代化改革**。全面提升宏观经济治理能力,既要正确认识社会主义市场经济体制本质特征和市场经济一般规律,认真总结历史经验,合理借鉴国外有益做法,不断完善现有宏观调控工具,又要顺应数字经济、数字社会发展趋势和构建高标准市场体系要求,善于运用现代技术手段,充分发挥大数据等新技术的辅助作用,提高宏观经济治理能力和科学化水平。

（一）提升政府科学调控能力。充分发挥市场在资源配置中的决定性作用,更好发挥政府作用,是社会主义市场经济的内在要求,也是完善新时代宏观经济治理体系、提升宏观经济治理能力必须始终遵循的要义。现代技术手段是提升宏观经济治理效能的有力工具,但不意味着可以替代和削弱市场的决定性作用和竞争激励功能。

提升宏观经济治理能力,仍要充分尊重市场规律,最大限度减少政府对市场资源配置和微观经济活动的直接干预。更好发挥政府经济调节、市场监管、公共服务等职能作用,持续完善平等准入、充分竞争、公正监管、有序开放、诚信守法的营商环境。提高法治化、国际化水平,保护各类市场主体合法权益,维护公平竞争,坚决反对垄断和不正当竞争行为。以科学适度的宏观调节促进经济总量平衡、结构优化、内外均衡,及时有效弥补市场失灵,实现有效市场和有为政府更好结合。

(二)提升宏观经济监测预警和风险防控能力。针对复杂多变的国内外形势,加强基于大数据的经济监测预警能力建设,进一步完善经济景气预报体系。逐步实现宏观经济信息管理的网络化、智能化,研究优化能够更好反映高质量发展的先行指标。加强跨部门跨地区信息交流共享,强化各领域苗头性倾向性潜在性问题研判,主动引导和稳定市场预期。加强风险防范和应对处置能力,完善国家战略资源储备体系,重点加强财政、金融、房地产、重要资源、生态环境等方面的风险防控。建立外部风险冲击预判预警制度,加强不同领域监测预警系统的协同联动,坚决守住不发生系统性区域性风险的底线。

(三)提升现代技术手段辅助治理能力。充分运用现代信息技术最新成果,扩大其在创新政府管理和服务方式中的应用,是提高宏观经济治理能力和科学水平的重要途径。加快建立宏观经济治理基础数据库,建设全国一体化大数据共享交换平台,发挥互联网、大数据、云计算、区块链、人工智能等现代技术手段的辅助决策作用,实现对经济运行动态和结构变化的实时跟踪,提高市场分析、形势研判、政策模拟、效果反馈能力,增强时效性和精准度,为宏观经济治理提供有力支撑。适应构建现代化经济体系的要求,创新统计理论、统计制度和统计方法,不断提高统计数据质量,更好发挥统计监测分析和统计监督作用。

建立现代财税体制

刘　昆

党的十九届五中全会通过的《中共中央关于制定国民经济和社会发展第十四个五年规划和二〇三五年远景目标的建议》（以下简称《建议》），明确提出了建立现代财税体制的目标要求、主要任务和实现路径。这是以习近平同志为核心的党中央深刻把握国内外形势发展变化以及党和国家事业发展需要，从战略和全局高度作出的重大部署。我们要坚持以习近平新时代中国特色社会主义思想为指导，增强"四个意识"、坚定"四个自信"、做到"两个维护"，在认真学习、深刻领会的基础上，把建立现代财税体制的各项任务落到实处。

一　建立现代财税体制，是我国进入新发展阶段抓住新机遇、应对新挑战的必然要求

我国进入新发展阶段，国内外环境发生深刻变化，准确把握新特征新要求，有效应对新矛盾新挑战，坚持目标导向和问题导向相结合，建立现代财税体制，具有十分重要的时代意义。

（一）建立现代财税体制是全面建设社会主义现代化国家的重要保障。习近平总书记强调，从全面建成小康社会到基本实现现代化，再到全面建成社会主义现代化强国，是新时代中国特色社会主义

发展的战略安排。《建议》科学分析了今后一个时期我国发展面临的国内外环境,提出了"十四五"经济社会发展主要目标和 2035 年远景目标。建立现代财税体制,既是全面建设社会主义现代化国家的重要举措,也是重要保障。必须服从服务于党中央确定的战略目标,统筹中华民族伟大复兴战略全局和世界百年未有之大变局,持续深化改革,更好发挥现代财税体制在资源配置、财力保障和宏观调控等方面的基础作用,为深化供给侧结构性改革和加快形成以国内大循环为主体、国内国际双循环相互促进的新发展格局提供有效支撑,推动经济社会发展取得新成效、民生福祉达到新水平,为 2035 年基本实现社会主义现代化奠定坚实基础。

(二)建立现代财税体制是推进国家治理体系和治理能力现代化的应有之义。习近平总书记指出,随着我国迈入新发展阶段,改革也面临新的任务,必须拿出更大的勇气、更多的举措破除深层次体制机制障碍,坚持和完善中国特色社会主义制度,推进国家治理体系和治理能力现代化。《建议》提出今后五年经济社会发展的目标之一是国家治理效能得到新提升,到 2035 年基本实现国家治理体系和治理能力现代化。财政是国家治理的基础和重要支柱。必须建立现代财税体制,更加彰显统一完整、权责对等、高效公平、公开透明等特征,为科学规范政府与市场、政府与社会、中央与地方关系进一步夯实制度基础,更好发挥各方面积极性,将制度优势充分转化为治理效能,推动国家治理体系和治理能力现代化不断取得新成效。

(三)建立现代财税体制是深化财税体制改革成果的巩固拓展。习近平总书记强调,科学的财税体制是优化资源配置、维护市场统一、促进社会公平、实现国家长治久安的制度保障。党的十八届三中全会以来,按照党中央决策部署,财税体制改革全面发力、多点突破、纵深推进,预算管理制度更加完善,财政体制进一步健全,税收制度

改革取得重大进展,现代财政制度框架基本确立。必须坚持一张蓝
图绘到底,按照系统集成、协同高效的要求,既巩固已取得的制度建
设成果,又在此基础上进一步深化和拓展,建立现代财税体制,提升
预算配置财政资源的科学性、规范性和有效性,更好推进中央和地方
各级政府分工协作、有序运转、有效履职,增强税制促进高质量发展、
社会公平和市场统一的作用,推动实现更高质量、更有效率、更加公
平、更可持续、更为安全的发展。

二 进一步深化预算管理制度改革,更好贯彻国家战略和体现政策导向

政府预算体现国家的战略和政策,反映政府的活动范围和方向。
"十四五"时期,进一步完善预算管理制度,要在挖掘潜力、规范管
理、提高效率、释放活力上下更大功夫。

(一)强化对预算编制的宏观指导,加强财政资源统筹。将坚持和
加强党的全面领导贯穿预算编制的全过程,服从服务于党和国家发展
大局,按照经济社会发展目标和宏观调控总体要求,指导地方和部门
在预算编制中落实好党中央、国务院决策部署,统筹各类资源,集中力
量办大事。完善政府预算体系,加强政府性基金预算、国有资本经营
预算、社会保险基金预算与一般公共预算统筹衔接。加强公共资源综
合管理,将依托行政权力和国有资源(资产)获取的各项收入以及特许
经营权拍卖收入等按规定全面纳入预算管理。加强部门和单位对各类
资源的统一管理,依法依规将取得的各类收入纳入部门或单位预算。

(二)推进财政支出标准化,更好发挥标准在预算管理中的基础
性作用。注重加强普惠性、基础性、兜底性民生建设,健全基本公共
服务保障标准,建立国家基础标准和地方标准相结合的基本公共服

务保障标准体系。探索基本公共服务项目清单化管理,根据经济和财力状况逐步提高保障标准、扩大清单范围。加快建设项目支出标准体系,强化标准应用,建立标准动态调整机制。

(三)强化预算约束和绩效管理,不断提升财政资源配置效率和资金使用效益。坚决贯彻落实党中央、国务院决策部署,按照预算管理要求和程序编制预算和安排重点支出。严格执行人大批准的预算,坚持先有预算后有支出,强化预算对执行的控制。严格规范预算调剂行为。进一步加大预算公开力度,提高财政透明度,强化对权力运行的制约监督。充分运用绩效手段,提高资金效能,深化绩效管理改革,将绩效理念和方法融入预算编制、执行和监督全过程,推进预算和绩效管理一体化。推进绩效指标体系建设,完善预算绩效管理考核,层层传导压实绩效责任。健全以绩效为导向的预算分配体系,加强事前绩效评估,严格绩效目标管理,提高绩效评价质量,健全预算安排与绩效结果挂钩的激励约束机制。

(四)加强中期财政规划管理,增强国家重大战略任务财力保障。紧紧围绕党中央重大决策部署,加强对重大战略、重要任务、重点改革的财力保障研究,分清轻重缓急,坚持有保有压,优化财政支出结构,推动国家重大战略、重点改革和重要政策落实落地。进一步完善跨年度预算平衡机制,增强中期财政规划对年度预算编制的指导性和约束性。聚焦应对重大挑战、抵御重大风险,加强政府债务和中长期支出责任管理。

三 进一步理顺中央和地方财政关系,充分发挥中央和地方两个积极性

中央和地方财政关系是政府间权责划分的基本组成部分,是现

代国家治理的重要方面。"十四五"时期,要着力建立权责清晰、财力协调、区域均衡的中央和地方财政关系,推动形成稳定的各级政府事权、支出责任和财力相适应的制度。

(一)明确中央和地方政府事权与支出责任。适当上移并强化中央财政事权和支出责任,重点将涉及生产要素全国流动和市场统一的事务,以及跨区域外部性强的事务明确为中央财政事权,减少委托事务,加强中央直接履行的事权和支出责任;按照地方优先的原则,将涉及区域性公共产品和服务的事务明确为地方财政事权。合理确定中央和地方共同财政事权,由中央和地方按照规范的办法共同承担支出责任,进一步明晰中央和地方职责范围。

(二)健全省以下财政体制。考虑税种属性,进一步理顺中央和地方收入划分,稳定地方预期。指导各地按照分税制原则科学确定地方各级政府收入划分,调动各级政府积极性,保证基层财政有稳定收入来源。推进省以下财政事权和支出责任划分改革,适度加强省级在维护本地经济社会协调发展、防范化解债务风险等方面的责任。督促省级政府切实担负起保基本民生、保工资、保运转"三保"主体责任,加快完善省以下转移支付制度,推动财力向困难地区和基层倾斜,逐步建立基层"三保"长效保障机制。

(三)增强基层公共服务保障能力。根据财政事权属性,厘清各类转移支付的功能定位,加大对财力薄弱地区的支持力度,健全转移支付定期评估机制。结合落实政策需要与财力可能,合理安排共同财政事权转移支付和专项转移支付规模,重点加强对基本民生、脱贫攻坚、污染防治、基层"三保"等重点领域的资金保障,支持地方落实中央重大决策部署。完善地区间支出成本差异体系,转移支付资金分配与政府提供公共服务的成本相衔接,加大常住人口因素的权重,增强资金分配的科学性、合理性。

四 进一步完善现代税收制度，切实发挥税收功能作用

税收是国家实施宏观调控、调节收入分配的重要工具。"十四五"时期，要建立健全有利于高质量发展、社会公平、市场统一的税收制度体系，优化税制结构，同时提高税收征管效能。

（一）健全地方税体系，培育地方税源。完善地方税税制，培育地方主体税种，合理配置地方税权，理顺税费关系。按照中央与地方收入划分改革方案，后移消费税征收环节并稳步下划地方，结合消费税立法统筹研究推进改革。在中央统一立法和税种开征权的前提下，通过立法授权，适当扩大省级税收管理权限，授权省级根据本地经济社会发展实际和需要，依法确定地方税具体税率、税收优惠政策等事项。统筹推进非税收入改革。

（二）健全直接税体系，逐步提高直接税比重。健全以所得税和财产税为主体的直接税体系，逐步提高其占税收收入比重，有效发挥直接税筹集财政收入、调节收入分配和稳定宏观经济的作用，夯实社会治理基础。进一步完善综合与分类相结合的个人所得税制度。适时推进个人所得税改革修法，合理扩大纳入综合征税的所得范围，完善专项附加扣除项目，完善吸引境外高端人才政策体系。按照"立法先行、充分授权、分步推进"的原则，积极稳妥推进房地产税立法和改革。建立健全个人收入和财产信息系统。

（三）深化税收征管制度改革。坚持依法治税理念，提高政府税收和非税收入规范化、协调化、法治化水平。建立权责清晰、规范统一的征管制度，完善自然人税收征管制度，改革发票管理制度，全面推广电子发票。分步推进建成全国统一的新一代智能化电子税务

局,建设标准统一、数据集中的全国税收征管信息库,持续推进涉税
信息共享平台建设,促进各部门信息共享。

五 进一步健全政府债务管理制度,完善规范、安全、高效的政府举债融资机制

政府债务管理制度是现代财税体制的重要内容。"十四五"时
期,进一步健全政府债务管理制度,既有效发挥政府债务融资的积极
作用,又坚决防范化解风险,增强财政可持续性。

(一)完善政府债务管理体制机制。根据财政政策逆周期调节
的需要以及财政可持续的要求,合理确定政府债务规模。依法构建
管理规范、责任清晰、公开透明、风险可控的地方政府举债融资机制。
完善地方政府债务限额确定机制,一般债务限额与税收等一般公共
预算收入相匹配,专项债务限额与政府性基金预算收入及项目收益
相匹配。完善以债务率为主的地方政府债务风险评估指标体系,健
全地方政府偿债能力评估机制。加强风险评估预警结果应用,有效
前移风险防控关口。

(二)防范化解地方政府隐性债务风险。完善常态化监控机制,
决不允许通过新增隐性债务上新项目、铺新摊子。硬化预算约束,全
面加强项目财政承受能力论证和预算评审,涉及财政支出的全部依
法纳入预算管理。强化国有企事业单位监管,依法健全地方政府及
其部门向企事业单位拨款机制,严禁地方政府以企业债务形式增加
隐性债务。开发性、政策性金融机构等必须审慎合规经营,综合考虑
项目现金流、抵质押物等审慎授信,严禁向地方政府违规提供融资或
配合地方政府变相举债。清理规范地方融资平台公司,剥离其政府
融资职能。健全市场化、法治化的债务违约处置机制,坚决防止风险

累积形成系统性风险。加强督查审计问责，严格落实政府举债终身问责制和债务问题倒查机制。

（三）完善政府债券发行管理机制。优化国债和地方政府债券品种结构和期限结构。持续推动国债市场健康发展和对外开放，健全及时反映市场供求关系的国债收益率曲线，更好发挥国债利率的市场定价基准作用。健全政府债务信息公开机制，促进形成市场化、法治化融资自律约束机制。

建设现代中央银行制度

易 纲

党的十九届五中全会提出"建设现代中央银行制度",为做好新时代中央银行工作指明了方向。我们要以习近平新时代中国特色社会主义思想为指导,坚持党中央对中央银行工作的集中统一领导,通过夯实现代中央银行制度,为开启全面建设社会主义现代化国家新征程提供战略支撑。

一 建设现代中央银行制度的重要意义

中国人民银行于 1948 年 12 月成立,1984 年起专门行使中央银行职能。党的十八大以来,以习近平同志为核心的党中央高度重视中央银行工作。习近平总书记指出,"千招万招,管不住货币都是无用之招","加强金融基础设施的统筹监管和互联互通","打好防范化解重大风险攻坚战,重点是防控金融风险","要提高金融业全球竞争能力,扩大金融高水平双向开放,提高开放条件下经济金融管理能力和防控风险能力,提高参与国际金融治理能力",全面深刻概括了现代中央银行制度的内涵。党的十九届四中全会从推进国家治理体系和治理能力现代化出发提出建设现代中央银行制度。党的十九届五中全会立足推动高质量发展、统筹发展和安全,对建设现代中央银行制度作出战略部署,具有重要意义。

（一）建设现代中央银行制度是推进国家治理体系和治理能力现代化的重大任务。金融制度是经济社会发展中重要的基础性制度，货币是金融的根基，中央银行负责调节货币总闸门。因此，现代中央银行制度是现代化国家治理体系的重要组成部分。在现代信用货币体系下，中央银行对货币管理得好，就能够发挥出货币跨时空配置资源的积极作用，促进经济持续健康发展；中央银行对货币管理得不好，不是出现货币超发导致通货膨胀和资产泡沫，就是发生信用收缩，甚至造成经济金融危机。改革开放以来我国中央银行制度建设取得重要阶段性成果，但仍不够成熟、定型，需要按照推进国家治理体系和治理能力现代化的要求建设现代中央银行制度。

（二）建设现代中央银行制度是推动高质量发展的内在需要。一段时间以来，金融风险成为重大风险之一，其形成和我国中央银行制度还不完全适应高水平社会主义市场经济体制有关，体现为货币政策易松难紧，政策传导效率存在体制机制性梗阻，中央银行对系统性金融风险的统筹监管不足等问题。当前我国转向高质量发展阶段，正处于转变发展方式、优化经济结构、转换增长动力的攻坚期，需要以现代中央银行制度作为重要支撑，既支持经济转型升级，又防止发生严重通货膨胀或通货紧缩以及系统性金融风险，确保我国现代化进程顺利推进，维护国家安全。

（三）建设现代中央银行制度是应对国际中央银行制度演变挑战的必然要求。从国际中央银行制度演变历史看，最初中央银行的主要任务是向政府融资，后来转为专门管理货币，并逐步建立起通过调节货币和利率维护币值稳定的现代中央银行制度。20世纪70年代全球中央银行开始重视充分就业，2008年国际金融危机后又关注金融稳定和国际协调合作。在我国，中国人民银行自1984年不再向企业和个人提供金融服务而是专门行使中央银行职能以来，一直以维护币值稳定作为首要目标，并以此促进经济增长，而且比较早地关注了金融稳定和国际收支平衡目标,近年来又重视充分就业目标。在百年未有之大变局的深刻背景下,为应对国际中央银行制度的演变,我们要立足中国国情,对国际中央银行的做法进行科学分析和借鉴,加快建设现代中央银行制度。

二 建设现代中央银行制度的内涵

现代中央银行制度是现代货币政策框架、金融基础设施服务体系、系统性金融风险防控体系和国际金融协调合作治理机制的总和。建设现代中央银行制度的目标是建立有助于实现币值稳定、充分就业、金融稳定、国际收支平衡四大任务的中央银行体制机制,管好货币总闸门,提供高质量金融基础设施服务,防控系统性金融风险,管控外部溢出效应,促进形成公平合理的国际金融治理格局。

(一)健全现代货币政策框架。现代货币政策框架包括优化的货币政策目标体系、创新的货币政策工具体系和畅通的货币政策传导机制。货币政策以币值稳定为首要目标,更加重视充分就业。丰富货币政策工具箱,健全结构性货币政策工具体系。以深化利率市场化改革为抓手疏通货币政策传导机制,更好服务实体经济。中央银行要实现币值稳定目标,需要以市场化方式对银行体系货币创造行为进行调控,前提是中央银行能够保持资产负债表的健康可持续,为此必须实行独立的中央银行财务预算管理制度,防止财政赤字货币化,在财政和中央银行两个"钱袋子"之间建起"防火墙",同时要防止中央银行资产负债表承担企业信用风险,最终影响人民币信用。

(二)建设金融基础设施服务体系。中央银行通过金融基础设施为金融体系和社会提供最基础的金融服务,金融基础设施是中央银行实现四大任务的重要支撑,经济发展和对外开放对金融基础设施服务的便捷性、联通性、安全性不断提出新的要求,需要持续加强金融基础设施建设,优化结构布局,统一监管标准,确保安全高效运行。

(三)构建系统性金融风险防控体系。我们在打好防范化解重大风险攻坚战中积累了经验,形成了若干行之有效的处置风险模式,但金融监管和风险处置中的道德风险问题依然突出,市场纪律、破产威慑和惩戒机制尚未真正建立,地方政府和金融机构以社会稳定为由倒逼中央政府、中央银行承担高昂救助成本的问题仍未根本扭转。中央银行作为金融体系的最后贷款人,必须在事前事中事后全过程切实履行防控系统性金融风险的责任。从事前防范看,一是健全宏观审慎管理体系,应对金融机构顺周期行为和金融风险跨机构跨市场传染;二是完善审慎监管基本制度,强化金融监管协调机制,促使微观审慎监管不留空白;三是指导行为监管,保护金融消费者合法权益。从事中处置看,要压实股东、各类债权人、地方政府和金融监管部门责任。从事后问责看,要对重大金融风险的形成过程中金融机构、监管部门、地方政府的责任进行严肃追究和惩戒,有效防范道德风险。

(四)完善国际金融协调合作治理机制。中国经济是大国经济,有很强的溢出效应和溢回效应,人民币会以市场化方式逐渐成为国际货币,在此背景下建设现代中央银行制度,要求我们必须从完善国际金融协调合作治理机制的高度出发,推动国际货币体系和金融监管改革,积极参与构建全球金融安全网,完善人民币汇率形成机制,推进金融双向开放。

三 建设现代中央银行制度的重大举措

(一)完善货币供应调控机制。完善中央银行调节银行货币创造的流动性、资本和利率约束的长效机制,保持货币供应量和社会融资规模增速与反映潜在产出的名义国内生产总值增速基本匹配。增强货币政策操作的规则性和透明度,建立制度化的货币政策沟通机制,有效管理和引导预期。稳妥推进数字货币研发,有序开展可控试点,健全法定数字货币法律框架。完善以公开市场操作利率为短期政策利率和以中期借贷便利利率为中期政策利率的央行政策利率体系,健全利率走廊机制,引导市场利率围绕央行政策利率为中枢波动。深化贷款市场报价利率改革,带动存款利率逐步走向市场化,使央行政策利率通过市场利率向贷款利率和存款利率顺畅传导。破除贷款利率隐形下限,引导金融资源更多配置至小微、民营企业,提高小微、民营企业信贷市场的竞争性,从制度上解决小微、民营企业融资难融资贵问题。

(二)构建金融有效支持实体经济的体制机制。在宏观层面搞好跨周期政策设计,以现代化的货币管理促进经济高质量发展。在微观层面引入激励相容机制,创新结构性货币政策工具,引导金融机构优化信贷结构,支持国民经济重点领域和薄弱环节,打通金融向实体经济的传导,加快构建以国内大循环为主体、国内国际双循环相互促进的新发展格局。要贯彻新发展理念,坚持创新发展,完善金融支持创新体系,围绕创新链和产业链打造资金链,形成金融、科技和产业三角良性互动;坚持协调发展,健全农村金融服务体系,保持县域金融机构法人地位总体稳定,保持金融体系完整性,促进城乡协调发展;坚持绿色发展,发展绿色金融,推动绿色低碳发展,推进碳排放权市场化交易;坚持开放发展,推进金融双向开放,各类金融机构平等竞争;坚持共享发展,加大对小微、民营企业的金融支持力度,提升金融科技水平,增强金融普惠性。

(三)建立现代金融机构体系。按照市场化、法治化、国际化原则,健全具有高度适应性、竞争力、普惠性的现代金融机构体系。要以强化公司治理为核心,深化国有商业银行改革,更好服务中小微民营企业。从完善制度入手,支持中小银行和农村信用社持续健康发展,形成各类银行公平竞争的银行体系结构。改革优化政策性金融,实施政策性业务与商业性业务分账管理,提升支持国家战略的能力。改善融资结构,大力发展债券市场和多层次资本市场,提高直接融资比重。统筹规划金融业综合统计、反洗钱以及金融市场登记托管、清算结算、支付、征信等金融基础设施,推动境内外各类金融基础设施互联互通,构建适应金融双向开放的金融基础设施管理体系。

(四)推进金融双向开放。在金融领域加快实现准入前国民待遇加负面清单管理。在坚持金融业务和金融机构持牌经营的前提下,统一准入标准,鼓励各类资本依法平等进入金融行业。稳慎推进人民币国际化,坚持市场驱动和企业自主选择,营造以人民币自由使用为基础的新型互利合作关系。保持人民币汇率弹性,发挥好宏观经济自动稳定器功能,实现内部均衡和外部均衡的平衡。提高参与国际金融治理能力,积极参与国际金融规则制定,加强与国际组织合作,推动建立多元、稳定的国际货币体系。

(五)健全金融风险预防、预警、处置、问责制度体系。维护金融安全,守住不发生系统性风险底线。完善宏观审慎管理体系,加强对系统重要性金融机构、金融控股公司与金融基础设施统筹监管,逐步将主要金融活动、金融市场、金融机构和金融基础设施纳入宏观审慎管理,发挥宏观审慎压力测试在风险识别和监管校准中的积极作用。建立权威高效的重大金融风险应急处置机制,完善存款保险制度,在股东、债权人等依法合规承担损失的前提下,发挥好存款保险基金的处置平台作用,中央银行依法履行好最后贷款人职责。要严肃市场纪律,对重大金融风险形成进行问责,金融机构、地方政府、金融监管部门要依法承担责任。

完善现代金融监管体系

郭 树 清

　　党的十九届五中全会审议通过的《中共中央关于制定国民经济和社会发展第十四个五年规划和二〇三五年远景目标的建议》,对"完善现代金融监管体系"作出了专门部署,提出了明确要求,对于保障金融稳定和国家安全、推进国家治理体系和治理能力现代化、实现经济社会高质量发展具有十分重要的意义。做好贯彻落实,需要回顾过去,展望未来,采取有针对性的措施。

一　深刻汲取金融监管的历史经验

　　我国是最早出现货币的国家之一,早在 2000 多年前,就形成了完整的金融活动管控制度,可以说,中国在金融监管方面长期走在世界前列。

　　欧洲资本主义兴起之后,各类金融业务快速发展,与此同时,各种金融风险和危机不断爆发。1720 年英国颁布《泡沫法》,标志着国家开始对现代金融活动实施监管。1933 年美国通过《格拉斯—斯蒂格尔法案》,确立商业银行与投资银行分业经营格局。20 世纪 80 年代后,欧美国家逐渐兴起混业经营趋势。2008 年全球金融危机爆发后,国际上对金融监管有效性进行反思,修订发布一系列新的监管标准和规则。

改革开放以来,我国不断探索完善金融监管体制。1984年,中国人民银行开始专门行使中央银行职能,包括对所有金融活动进行监管。之后,陆续成立证监会、保监会和银监会,逐步形成银行、保险、证券的分业经营和分业监管格局。2017年,国务院金融稳定发展委员会成立,次年组建银保监会,监管的权威性和协调性更趋完善。

回顾中外金融监管史,以下几方面经验教训值得认真汲取。

货币经济绝不能背离实体经济。商品经济由两个方面组成,一是产业代表的实体经济,二是金融代表的货币经济。实体经济是货币经济的根基,服务实体经济是金融的天职。然而,金融的本性决定其特别容易陷入自我循环的泥淖。因此,金融监管必须把防止脱实向虚作为主要目标之一。次贷危机前,欧美影子银行五年增长一倍以上,很大比例资金未流入实体经济。我国交叉金融业务一度也十分复杂,经过3年多的集中整治,总体风险开始收敛。

将本求利是商业活动的正常状态。我们的先人早就懂得,无论从事何种实业或金融活动,都需要先有本钱,否则就不可能开展正常经营。工商生意如果本钱不足,那就难以循环下去;金融业务如果没有一定的资本金,那就迟早会陷入困境。巴塞尔协议的核心,就是对银行信贷确定基本的资本金约束,杠杆率必须处于安全范围。

收益永远和风险成正比。作为物化的劳动价值,资本具有随时间而增长的特性。但资本在增值过程中必然伴随风险。通常,国债平均收益被视作"无风险收益"。在此基础上,每多一分预期收益,就多一分潜在风险。古今中外,总有人盼望能以更低风险获取更高收益,但规律不可能打破。承诺低风险高收益就是诈骗,金融监管要永远与这类行为作坚决斗争。

持续建设法治和诚信环境。金融的核心职能是信用中介,诚实守信和法治精神是金融运行的基础。一方面,金融机构要恪守职业道德,提供"货真价实"的金融服务;另一方面,股东、债务人等利益相关者也要依法依规,严格履约,不能以任何理由逃废债务。

把握好金融创新的边界。金融创新是把"双刃剑",既能提高市场效率,也会酿成重大风险。监管必须趋利避害,把握好"度"。美国1999年重新允许混业经营后,房贷支持证券、信贷违约掉期、担保债务凭证等衍生品大量出现,成为系统性风险的主要诱因。我国互联网金融发展初期,一些网贷平台打着"创新"旗号违规经营,形成巨大金融和社会风险。

管好货币总闸门。通货紧缩和通货膨胀都会对经济金融造成系统性损害。资本主义早期经常出现生产过剩和通货紧缩,并由此引发金融和经济危机。通货膨胀的教训同样深刻,即使能够创造短期繁荣,最终不得不付出巨大经济和社会代价。我国曾多次发生银根过松、资金供给远大于需求。例如,1988年和1993年都出现过两位数的物价上涨。

坚决抑制房地产泡沫。房地产与金融业深度关联。上世纪以来,世界上130多次金融危机中,100多次与房地产有关。2008年次贷危机前,美国房地产抵押贷款超过当年GDP的32%。目前,我国房地产相关贷款占银行业贷款的39%,还有大量债券、股本、信托等资金进入房地产行业。可以说,房地产是现阶段我国金融风险方面最大的"灰犀牛"。

紧紧抓住公司治理"牛鼻子"。国际金融危机暴露出西方金融业公司治理问题严重。例如,激励短期化导致股东、高管,甚至包括一部分员工都愿意过度冒险。一段时间以来,我国部分中小金融机构中,也产生了大股东操纵和内部人控制问题。必须全面深化改革,健全内部约束机制。目前,我国大型商业银行经营效率接近世界先进水平,在劳动生产率、盈利能力、科技创新、普惠金融等方面实现赶超。最根本的原因在于把党的领导融于公司治理各环节,努力构建中国特色现代企业制度。

二 正确认识现阶段金融形势

以习近平同志为核心的党中央高度重视防范化解金融风险,三年攻坚战取得实质性进展。但是,"十四五"时期我国的金融安全形势仍然十分复杂。当今世界正处于百年未有之大变局,国内外经济金融运行环境正在发生深刻变化,金融监管面临新的严峻挑战。

近年来,全球经济增长动力不足,动荡源和风险点增加,金融运行不稳定不确定因素增多。中美博弈加剧,美方对我战略遏制升级,很大程度上将扰动全球金融市场。新冠肺炎疫情暴发后,一些国家采取强刺激做法,实施"无限量宽"政策,长期负面影响难以估量。其他自然灾害、地缘政治等传统和非传统安全威胁,增加许多新的不确定性,外部环境变化可能造成更大冲击。

我国经济正处于转向高质量发展的关键时期,面临人口未富先老、经济杠杆率过高、科技创新力不强、资源环境约束增大等重大挑战。资本边际效率下降,单位产出所需资金增多。受多重因素影响,金融业市场结构、经营理念和服务方式与高质量发展要求还很不适应。

现代科技已经并将继续对金融业态带来巨大改变。科技变革有利于发展普惠金融、提升服务效率,但也使金融风险的形态、路径和安全边界发生重大变化。数字货币、网络安全、信息保护已成为金融监管的全新课题。我国移动支付、线上借贷和互联网保险等走在世界前列,意味着法律规范和风险监管没有成熟经验可资借鉴。

金融体系内部风险仍在持续累积,一些长期形成的隐患并未彻底消除。疫情冲击下新老问题相互交织叠加。结构复杂的高风险影子银行容易死灰复燃。银行业不良资产反弹压力骤增。一些中小金融机构资本缺口加速暴露。企业、居民和地方政府债务水平进一步抬升。不法金融机构依然存在,非法金融活动屡禁不止。

金融相关制度存在较多短板,金融法治还很不健全。一些基础法律制定修改需提早谋划启动,有的规章制度落地执行变形走样。现有法律法规震慑力不足,违法违规成本过低。一些法规专业性操作性不足。金融机构常态化风险处置机制尚待完善。非正规金融体系交易活动缺乏有效约束。社会信用体系不健全,失信惩戒不到位。信息披露机制有效性不够,信息披露不及时不全面,市场透明度须进一步提高。

金融监管资源,无论是数量还是质量,都明显不足。金融监管的专业化、国际化水平有待提升。金融基础设施助力监管的有效性不足。监管科技水平不高,与金融科技高速发展的趋势相比,监管工具和手段难以满足实际需要。高素质监管人才较为缺乏,资金和技术等资源保障亟待充实,基层监管力量十分薄弱。

三 持续完善现代金融监管体系

"十四五"时期我国金融监管改革任务更加艰巨。必须以习近平新时代中国特色社会主义思想为指导,坚守以人民为中心根本立场,强化底线思维,提高金融监管透明度和法治化水平。在此基础上,健全风险预防、预警、处置、问责制度体系,持续完善权责一致、全面覆盖、统筹协调、有力有效的现代金融监管体系。

(一)全面加强党对金融工作的集中统一领导。由于历史和文化等原因,我国金融事权主要集中于中央,地方金融事权比较有限,这就更凸显党中央对于金融监管工作领导的极端重要性。金融监管的大政方针,必须由党中央制定并领导贯彻。国家金融管理部门要更加自觉地增强"四个意识",坚定"四个自信",做到"两个维护",切实担当起监管主体责任。同时,地方党委政府在金融监管中也发挥着非常重要的作用。事实上绝大多数金融机构都是地方法人,地方党委和政府负责加强这些机构党的领导和党的建设,承担国有金融资本管理和风险处置属地责任。特别是对于各种"无照驾驶"的非法金融活动,管理和整治的主体责任都在地方。中央金融管理部门必须与地方党委和政府密切联系,相互支持,协同发力;都要坚持全面从严治党,与金融腐败作坚决斗争,对违法违规行为零容忍。

(二)促进经济社会发展开创新局。金融监管要坚持主动作为,防范和化解各类金融风险,维护金融体系稳健运行,以此保障社会主义现代化国家建设进程。在支持金融创新的同时,严防垄断、严守底线,维护市场秩序,促进公平竞争。要发挥监管引领作用,推动金融业着力抑虚强实,履行社会责任,强化普惠金融、绿色金融,规范发展商业养老金融,更好实现市场价值和社会价值统一。全力保护消费者合法权益,坚决打击非法集资、非法吸储和金融诈骗,对各种违规变相投融资活动保持高度警惕,切实维护人民群众财产安全和社会稳定。

(三)建立高效的监管决策协调沟通机制。进一步强化国务院金融稳定发展委员会的决策议事、统筹协调和监督问责职能。健全监管协调机制,各金融管理部门既要各司其职、各尽其责,又要充分沟通、强化协同。金融政策要与财政、产业、就业、区域等经济社会政策密切配合,推动形成以国内大循环为主体、国内国际双循环相互促进的新发展格局。对地方金融发展改革与风险防控,加强指导、协调和监督,有效发挥中央和地方两个积极性,形成全国"一盘棋"。

(四)提高金融监管透明度和法治化水平。监管制度要覆盖所有金融机构、业务和产品,对各类金融活动依法实施全面监管。借鉴金融稳定理事会和巴塞尔委员会改革成果,强化资本充足、监督检查和市场约束等要求,抓紧补齐制度短板。根据不同领域、机构和市场特点,制定差异化、针对性制度,细化监管标准,提升监管精准度。更重要的是,要不断增强制度实施有效性。要以法律法规为准绳,大幅提高违法成本,将监管工作纳入法治轨道。

(五)健全宏观审慎、微观审慎、行为监管三支柱。健全宏观审慎管理架构和政策工具,完善逆周期调节和系统重要性金融机构监管,注重防范跨市场跨区域跨国境风险传染。提高微观审慎监管能力,健全以资本约束为核心的审慎监管体系,加快完善存款保险制度,努力做到对风险的早发现、早预警、早介入、早处置。强化行为监管,严厉打击侵害金融消费者合法权益的违法违规行为。金融监管作为整体,应当始终具备宏观审慎视野,以微观审慎为基础,以行为监管为支撑,实现三者既独立又协同的有机统一。

(六)构建权威高效的风险处置制度安排。加快确定系统重要性金融机构名单,科学设定评估标准和程序,提出更高监管要求。抓紧建立恢复与处置计划,引导金融机构设立"生前遗嘱",确保危机时得到快速有效处置。与此同时,要完善风险处置方式,在防范系统性风险的同时,努力减少道德风险。落实金融机构主体责任,尽量采取"自救",能自行化解风险或市场出清的,政府不介入。动用公共资金,必须符合严格的条件和标准。尤为关键的是,要健全损失分担制度。全面做实股权吸收损失机制,首先由股东特别是大股东承担损失,其他资本工具和特定债权依法转股、减记。高管层要通过延迟支付抵扣、降薪以及事后追偿等承担相应责任。涉嫌违法犯罪的,要及时依法移送司法机关。

(七)强化金融基础设施对监管的支持保障。持续推动金融市场和基础设施互联互通,不断提升清算、结算、登记、托管等系统专业化水平。强化监管科技运用,加快金融业综合统计和信息标准化立法。抓紧建设监管大数据平台,全力推动监管工作信息化、智能化转型。稳步推进金融业关键信息基础设施国产化,防范金融网络技术和信息安全风险。强化基础设施监管和中介服务机构管理,对金融科技巨头,在把握包容审慎原则的基础上,采取特殊的创新监管办法,在促发展中防风险、防垄断。

(八)积极参与国际金融治理框架重塑。深入推动国际金融规则制定和调整,增强国际影响力。立足国情实施国际监管标准,遵循简单、透明、有效原则,避免教条主义、文牍主义和烦琐哲学。加强与国际金融组织的沟通交流,推动多边和双边监管合作,营造有利于"走出去"的良好外部环境,坚决维护国家金融主权、安全和发展利益。

(九)培育忠诚干净担当的监管干部队伍。加强干部思想政治教育,弘扬清廉文化,锻造政治过硬、作风优良、业务精通的"监管铁军"。树立重实干、重实绩的用人导向,大力培养优秀年轻干部。优化监管资源配置,充实监管部门和基层监管力量。强化教育培训、人才引进、交流轮岗、基层锻炼,全面提升干部能力素质。

提高直接融资比重

易 会 满

党的十九届五中全会提出,全面实行股票发行注册制,建立常态化退市机制,提高直接融资比重。这是以习近平同志为核心的党中央在面向"十四五"这一新的历史起点作出的重大决策部署,也是"十四五"时期资本市场实现高质量发展的战略目标和重点任务,我们必须深刻学习领会,坚决贯彻落实。

一 充分认识提高直接融资比重的重大意义

党的十八大以来,习近平总书记就提高直接融资比重、优化融资结构、增强金融服务实体经济能力作出一系列重要指示。发展直接融资是资本市场的重要使命。在党中央、国务院的坚强领导下,近年来我国资本市场改革发展明显加速,设立科创板并试点注册制成功落地,创业板、新三板等一批重大改革相继推出,对外开放持续深化,直接融资呈现加快发展的积极态势。截至 2020 年 9 月末,直接融资存量达到 79.8 万亿元,约占社会融资规模存量的 29%。其中,"十三五"时期,新增直接融资 38.9 万亿元,占同期社会融资规模增量的 32%。

"十四五"时期是我国开启全面建设社会主义现代化国家新征程的第一个五年。提高直接融资比重,对于深化金融供给侧结构性改革,加快构建新发展格局,实现更高质量、更有效率、更加公平、更可持续、更为安全的发展,具有十分重要意义。

(一)提高直接融资比重是服务创新驱动发展战略的迫切要求。党的十九届五中全会强调,要坚持创新在我国现代化建设全局中的核心地位,把科技自立自强作为国家发展的战略支撑。从国际经验看,激发市场主体创新创造活力,加速科技成果向现实生产力转化,需要充分发挥直接融资特别是股权融资风险共担、利益共享机制的独特作用,加快创新资本形成,促进科技、资本和产业的紧密融合。

(二)提高直接融资比重是完善要素市场化配置的关键举措。党的十九届五中全会提出,要健全要素运行机制,完善要素交易规则和服务体系。发展直接融资可将不同风险偏好、期限的资金更为精准高效地转化为资本,促进要素向最具潜力的领域协同集聚,提高要素质量和配置效率,推动产业基础高级化、产业链现代化。从境外经验看,以直接融资为主导的经济体,在产业结构转型升级中往往能够抢占先机,转型过程也更为平稳顺畅。

(三)提高直接融资比重是深化金融供给侧结构性改革的应有之义。习近平总书记深刻指出,深化金融供给侧结构性改革要以金融体系结构调整优化为重点。我国融资结构长期以间接融资为主,信贷资产在金融总资产中的比重超过70%。提高直接融资比重,有助于健全金融市场功能、丰富金融服务和产品供给,提高金融体系适配性;有助于稳定宏观杠杆率,更好防范化解金融风险。

(四)提高直接融资比重是建设更高水平开放型经济新体制的重要途径。合作共赢仍是世界经济发展的主流,对外开放始终是我国经济发展的重要动力。在新冠肺炎疫情冲击下,国际贸易投资明显下降,全球产业链供应链遭遇梗阻,供需两端受挫。面对困境,我们需要加快打造更为开放融合的直接融资体系,进一步便利跨境投融资活动,积极促进内需和外需、进口和出口、引进外资和对外投资协调发展,助力全球产业链供应链进一步连接、优化、巩固。

二 提高直接融资比重面临的机遇与挑战

直接融资的发展根植于实体经济。当今世界正经历百年未有之大变局,新冠肺炎疫情全球大流行使这个大变局加速变化。在党中央坚强领导下,我国已率先控制住疫情,经济长期向好的趋势持续巩固,在高质量发展轨道上稳健前行、不断升级。"十四五"时期,我国将加快构建以国内大循环为主体、国内国际双循环相互促进的新发展格局,这为提高直接融资比重提供了宝贵的战略机遇。

一是实体经济潜力巨大。凭借超大规模的市场容量、完整的产业体系和 8 亿多素质不断提高的劳动力,我国产业发展升级的势头依然强劲,实体经济潜能将进一步释放,对资本要素的需求将加快扩大。**二是**宏观环境总体向好。货币、财政、产业、区域等宏观政策协同持续增强,法治保障不断强化,有利于扩大直接融资的生态体系正逐步形成。三是居民财富管理需求旺盛。我国人均国内生产总值已跨越 1 万美元关口,中等收入群体超过 4 亿人,居民扩大权益投资的需求快速上升,为资本市场发挥财富管理功能、提高直接融资比重创造了重要条件。**四是**我国资本市场的国际吸引力不断增强。随着金融扩大开放和全面深化资本市场改革的持续推进,境内资本市场正在发生深刻的结构性变化,日益成为全球资产配置的重要引力场。

同时,也要清醒认识到,我国间接融资长期居于主导地位,存量规模大,发展惯性和服务黏性强;市场对刚性兑付仍有较强预期。资本市场新兴加转轨特征明显、发展还不充分,制度包容性有待增强;中介机构资本实力弱、专业服务能力不足;投资者结构还需优化,理性投资、长期投资、价值投资的文化有待进一步培育;市场诚信约束不足,有的方面管制仍然较多,跨领域制度协同还需加强。提高直接融资比重,必须坚持问题导向,加快破解这些体制机制性障碍。

三 提高直接融资比重的重点任务

"十四五"时期,提高直接融资比重,要坚持以习近平新时代中国特色社会主义思想为指导,贯彻新发展理念,围绕打造一个规范、透明、开放、有活力、有韧性的资本市场,强化资本市场功能发挥,畅通直接融资渠道,促进投融资协同发展,努力提高直接融资的包容度和覆盖面。

(一)全面实行股票发行注册制,拓宽直接融资入口。注册制改革是资本市场改革的"牛鼻子"工程,也是提高直接融资比重的核心举措。习近平总书记多次对股票发行注册制改革作出部署。要坚持尊重注册制的基本内涵,借鉴国际最佳实践,体现中国特色和发展阶段特征,及时总结科创板、创业板试点注册制的经验,稳步在全市场推行以信息披露为核心的注册制。同时,全面带动发行、上市、交易、持续监管等基础制度改革,督促各方归位尽责,使市场定价机制更加有效,真正把选择权交给市场,支持更多优质企业在资本市场融资发展。

(二)健全中国特色多层次资本市场体系,增强直接融资包容性。形成适应不同类型、不同发展阶段企业差异化融资需求的多层次资本市场体系,增强服务的普惠性,是提高直接融资比重的关键。要科学把握各层次资本市场定位,完善差异化的制度安排,畅通转板机制,形成错位发展、功能互补、有机联系的市场体系。切实办好科创板,持续推进关键制度创新。突出创业板特色,更好服务成长型创新创业企业发展。推进主板(中小板)改革。深化新三板改革,提升

服务中小企业能力。稳步开展区域性股权市场制度和业务创新试
点,规范发展场外市场。积极稳妥发展金融衍生品市场,健全风险管
理机制,拓展市场深度、增强发展韧性。

(三)推动上市公司提高质量,夯实直接融资发展基石。形成体
现高质量发展要求的上市公司群体,是提升资本市场直接融资质效
的重要一环。要持续优化再融资、并购重组、股权激励等机制安排,
支持上市公司加快转型升级、做优做强。进一步健全退市制度,畅通
多元退出渠道,建立常态化退市机制,强化优胜劣汰。推动上市公司
改革完善公司治理,提高信息披露透明度,更好发挥创新领跑者和产
业排头兵的示范作用,引领更多企业利用直接融资实现高质量发展。

(四)深入推进债券市场创新发展,丰富直接融资工具。债券市
场是筹措中长期资金的重要场所,对于推动形成全方位、宽领域、有
竞争力的直接融资体系发挥着不可替代的作用。要完善债券发行注
册制,深化交易所与银行间债券市场基础设施的互联互通,进一步支
持银行参与交易所债券市场。加大资产证券化产品创新力度,扩大
基础设施领域公募不动产投资信托基金试点范围,尽快形成示范效
应。扩大知识产权证券化覆盖面,促进科技成果加速转化。

(五)加快发展私募股权基金,突出创新资本战略作用。私募股
权基金是直接融资的重要力量,截至 2020 年 9 月末,登记备案的股
权和创投基金管理人近 1.5 万家,累计投资超过 10 万亿元,在支持
科技创新中发挥着日益重要的基础性、战略性作用。要进一步加大
支持力度,积极拓宽资金来源,畅通募、投、管、退等各环节,鼓励私募
股权基金投小、投早、投科技。出台私募投资基金管理暂行条例,引
导其不断提升专业化运作水平和合规经营意识。加快构建部际联
动、央地协作的私募风险处置机制,切实解决"伪私募、类私募、乱私
募"突出问题,促进行业规范健康发展。

(六)大力推动长期资金入市,充沛直接融资源头活水。长期资

金占比是影响资本市场稳定的重要因素,也是决定直接融资比重高低的核心变量之一。要加快构建长期资金"愿意来、留得住"的市场环境,壮大专业资产管理机构力量,大力发展权益类基金产品,持续推动各类中长期资金积极配置资本市场。加大政策倾斜和引导力度,稳步增加长期业绩导向的机构投资者,回归价值投资的重要理念。鼓励优秀外资证券基金机构来华展业,促进行业良性竞争。

四 凝聚提高直接融资比重合力

提高直接融资比重是一项系统工程,必须从经济金融全局的高度加强统筹谋划,有效发挥市场主体、监管机构、宏观管理部门、新闻媒体等各方合力。

一是促进直接融资和间接融资协调发展。直接融资比重的提升,离不开间接融资领域相关改革的同向发力。要健全市场化利率形成和传导机制,提高金融资产定价有效性,增加直接融资吸引力。落实好资管新规,统一监管标准,推动行业切实回归本源、健康发展。**二是**进一步完善直接融资配套制度。加强顶层设计,完善有利于扩大直接融资、鼓励长期投资的会计、审计、财税等基础制度和关键政策。推进市场高水平对外开放,拓宽境外投资者进入股票、债券市场的渠道,增强外资参与便利度。完善统计制度,构建分层、分类、具有可扩展性的直接融资统计指标体系,更好反映社会融资的真实构成和发展趋势。**三是**构建有利于提高直接融资比重的良好市场生态。坚持市场化法治化导向,以全面贯彻新证券法为契机,落实"零容忍"要求,加强立法、行政、司法的协同配合,健全行政执法、民事追偿和刑事惩戒相互衔接、互相支持的立体、有机体系,切实加大投资者保护力度,增强投资者信心,促进市场良性循环。

建设高标准市场体系

肖 亚 庆

市场体系是社会主义市场经济体制的重要组成部分和有效运转基础。改革开放特别是党的十八大以来，我国市场体系建设取得了巨大成就，对经济持续健康发展和社会主义市场经济体制不断完善发挥了基础、支撑和引领作用。党的十九届五中全会通过的《中共中央关于制定国民经济和社会发展第十四个五年规划和二〇三五年远景目标的建议》，对建设高标准市场体系作出战略部署。这是党中央着眼构建高水平社会主义市场经济体制，对市场体系建设提出的新的更高要求。要深入实施高标准市场体系建设行动，通过五年左右时间，在建设统一开放、竞争有序、制度完备、治理完善的市场体系上有实质性突破和进展，努力实现市场准入畅通、市场开放有序、市场竞争充分、市场秩序规范，为推动经济高质量发展打下坚实基础。

一 健全市场体系基础制度

构建科学完备的制度体系，是保障市场体系有效运行的根本。"十四五"时期，要全面完善产权保护、市场准入、公平竞争等制度，健全市场体系基础制度。

（一）全面完善产权保护制度。产权是所有制的核心，产权制度是市场经济运行的基石。建设高标准市场体系,要求健全归属清晰、权责明确、保护严格、流转顺畅的现代产权制度,健全产权执法司法保护制度。重点有四个方面:一是健全以管资本为主的国有资产监管体制,加快转变国资监管机构职能和履职方式。健全自然资源资产产权制度和法律法规。二是健全以公平为原则的产权保护制度,完善平等保护产权的法律法规体系,全面依法平等保护各类市场主体产权,依法严肃查处各类侵害市场主体合法权益的行为。三是落实农村第二轮土地承包到期后再延长 30 年政策,完善农村承包地"三权分置"制度。深化农村集体产权制度改革,完善产权权能,创新农村集体经济有效组织形式和运行机制,完善农村基本经营制度。四是完善和细化知识产权创造、运用、交易、保护制度规则,加快建立知识产权侵权惩罚性赔偿制度,加强企业商业秘密保护,完善新领域新业态知识产权保护制度。

(二)实施统一的市场准入负面清单制度。市场准入制度是政府与市场关系的集中体现。党的十八届三中全会以来,我国建立了市场准入负面清单制度,这是市场准入管理的重大制度创新,对于发挥市场在资源配置中的决定性作用和更好发挥政府作用,激发市场主体活力和创造力,发挥了显著作用。要进一步推进制度实施,完善配套制度。推行"全国一张清单"管理模式,严禁各部门各地区自行发布准入性质的负面清单,维护清单的统一性和权威性。建立负面清单动态调整机制和第三方评估机制,以服务业为重点试点进一步放宽准入限制。建立负面清单信息公开机制,提升准入政策透明度和负面清单使用便捷性。建立市场准入评估制度,定期评估、排查、清理各类显性和隐性壁垒。全面实施"证照分离"改革,全面推行涉企经营许可事项清单管理,清单之外不得违规限制市场主体进入相关行业或领域,切实解决"准入不准营"问题。在放宽主体准入限制的同时,深化针对产品的生产许可制度改革,消除部门间重复审批,最大限度压缩工业产品生产许可目录。

（三）完善公平竞争制度。公平竞争是市场经济的核心，是实现资源优化配置和企业优胜劣汰的保障。随着社会主义市场经济体制逐步完善，我国竞争政策的基础地位逐步确立，市场竞争机制不断健全。同时，要看到，与构建高水平社会主义市场经济体制特别是与建设高标准市场体系的要求相比，公平竞争制度还有待进一步完善。要完善竞争政策框架，建立健全竞争政策实施机制，强化竞争政策基础地位。完善公平竞争评估制度，将竞争状况评估作为推进改革的重要参考。强化公平竞争审查的刚性约束，建立公平竞争审查抽查、考核、公示制度，建立健全第三方审查和评估机制。统筹做好增量审查和存量清理，逐步清理废除妨碍全国统一市场和公平竞争的存量政策。建立违反公平竞争问题反映和举报绿色通道。加强反垄断和反不正当竞争执法司法，完善反垄断法律法规和执法指南。培育和弘扬公平竞争文化，进一步营造公平竞争的社会环境。

二　构建更加完善的要素市场化配置体制机制

推进要素市场化配置改革，是建设高标准市场体系的重点和难点。"十四五"时期，要坚持深化市场化改革，破除阻碍要素自由流动的体制机制障碍，扩大要素市场化配置范围，健全要素市场体系，推进要素市场制度建设，实现要素价格市场决定、流动自主有序、配置高效公平。

（一）加快完善城乡统一的土地市场。改革开放以来，我国形成了以招拍挂出让为主要方式的国有土地市场体系，农村集体土地市场长期处于改革探索阶段。城乡二元化的土地制度客观上限制了土地要素自由流动。要加快完善城乡统一的土地市场，推动经营性土地要素市场化配置。在符合规划和用途管制的前提下,健全权利体系、调查评价、用途管制、市场规则、价格体系、收益分配等"六个统一"制度,加快构建"保护产权、同权同价、维护契约、平等交易"的城乡统一建设用地市场体系。建设权利平等、规则统一的土地公开交易平台,允许农村集体土地与国有土地平等进入非农用地市场,提高农民土地增值收益分享比例。

(二)推进资本要素市场化配置。经过多年的改革发展,我国资本市场在规模、结构、功能、制度规范、法律建设等方面取得了令人瞩目的成就。但是,资本市场仍然是我国金融体系的短板。要进一步发挥资本市场的枢纽功能,完善股票、债券等资本市场制度。股票市场要完善发行、交易、退市和投资者保护等制度。债券市场要探索对公司信用类债券实行发行注册管理制,加强债券市场评级机构统一准入管理。推进金融业双向开放方面,要稳慎推进人民币国际化,逐步推进证券、基金行业对内对外双向开放,有序推进期货市场对外开放。金融要素市场定价机制方面,要健全市场化利率形成机制,深化人民币汇率形成机制改革,推进新股发行市场化定价。

(三)建立健全数据、知识、技术要素市场化配置机制。在近年来的数字经济浪潮中,数据要素对产业发展发挥了支撑性作用,成为全球新一轮产业竞争的制高点。要着力完善数据要素市场化配置机制,进一步激发数据要素市场活力。完善数据要素相关法律法规建设,明确不同主体的权利义务边界,明确数据的拥有权、使用权和收益权,在此基础上实现数据的市场化定价和合规流动。加强对数据风险的控制和监管,强化不同类型、不同层次数据的管理,制定数据跨境流动规则和监管制度。加强对消费者数据安全的监管,明确数据企业和企业员工数据安全的法律责任,增加企业及个人违法成本。知识和技术要素是长期经济增长动力所在,要加快发展知识和技术要素市场,具体措施包括创新促进科技成果转化机制、健全职务科技成果产权制度、设立知识产权和科技成果产权交易机构等。

（四）推动劳动力要素有序流动。劳动力要素是生产要素中的关键要素，也是我国在国际经济合作和竞争中的优势。要深化劳动力要素市场体制机制改革，引导劳动力要素合理畅通有序流动，进一步激发劳动力要素活力。深化户籍制度改革，放开放宽除个别超大城市外的城市落户限制，探索实行城市群内户口通迁、居住证互认制度。建立城镇教育、就业创业、医疗卫生等基本公共服务与常住人口挂钩机制，推动公共资源由按城市行政等级配置向按实际服务管理人口规模配置转变。健全统一规范的人力资源市场体系，加快建立协调衔接的劳动力、人才流动政策体系和交流合作机制，畅通劳动力和人才社会性流动渠道。完善技术技能评价制度，创新评价标准，以职业能力为核心制定职业标准。推进社会化职称评审，完善技术工人评价选拔制度。

三　实施高水平市场开放

扩大高水平开放是建设高标准市场体系的重要任务。"十四五"时期，要实行更加积极主动的开放战略，全面对接国际高标准市场规则体系，实施更大范围、更宽领域、更深层次的对外开放，建设更高水平开放型经济新体制，形成国际合作和竞争新优势。

（一）更加注重制度型开放。在继续推动商品和要素流动型开放的同时，更加注重制度型开放，这是新时期对外开放的重要特点。当前，国际经贸规则面临深刻调整，从"边境上"延伸到"边境后"。必须加强规则、规制、管理、标准等方面的开放，建立形成与国际高标准经贸规则相接轨的对外开放制度体系，为实施高水平市场开放提供支撑。要对标国际高水平营商环境，持续深化"放管服"改革，打造法治化国际化便利化营商环境。加强与"一带一路"沿线国家市场、规则、标准等方面的软联通,特别是在规则和标准等方面开展研究、互译、互认等交流合作,推动共建"一带一路"走深走实和高质量发展。以自贸试验区为依托打造制度型开放新高地,赋予其更大的自主发展、自主改革和自主创新管理权限,在更大范围复制推广改革成果。

(二)有序扩大服务业对外开放。近年来,服务经济蓬勃发展,服务业开放合作正日益成为推动发展的重要力量。要完善市场体系建设,推动服务业加快发展,促进服务业扩大开放。要扩大金融服务业市场准入,依法支持社会资本进入银行、证券、资产管理、债券市场等金融服务业。扩大社会服务业市场准入,减少医疗、教育、体育、托幼、环保、市政等领域市场准入限制。顺应数字化、网络化、智能化发展趋势,着力消除"数字鸿沟",推进服务贸易数字化进程。推进服务贸易创新发展试点开放平台建设,打造国家服务业扩大开放综合示范区,探索更多可复制可推广的经验。

(三)健全高水平开放政策保障机制。要统筹发展和安全,在全面扩大开放的同时,着力提高开放监管和风险防控能力。降低关税总水平,努力消除非关税贸易壁垒,大幅削减进出口环节制度性成本。完善外商投资准入前国民待遇加负面清单管理制度,建立健全跨境服务贸易清单管理制度,全面取消负面清单之外的限制。健全外商投资国家安全审查、反垄断审查、国家技术安全清单管理、不可靠实体清单等制度。健全促进和保障境外投资的法律、政策和服务体系,全面实施外商投资法及其实施条例,建立健全外资企业投诉工作机制,促进内外资企业公平竞争,依法保护外资企业合法权益。

(四)积极参与全球经济治理体系改革。随着经济全球化和我国不断扩大对外开放,国际经济治理体系对我国发展的影响不断加深。积极参与全球经济治理体系改革,是我国实施高水平对外开放的必然要求,也是国际社会对我国的热切期盼。要积极参与世界贸易组织改革,积极参与多双边区域投资贸易合作机制,推动新兴领域经济治理规则制定,推动构建更高水平的国际经贸规则。积极参与全球经济治理和公共产品供给,构建全球互联互通伙伴关系。推动国际货币基金组织份额与治理改革以及世界银行投票权改革。积极参与国际宏观经济政策沟通协调及国际经济治理体系改革和建设,提出更多中国倡议、中国方案。

四 完善现代化市场监管体制机制

加强市场监管是更好发挥政府作用的重要体现,是保障市场体系有效运转的内在要求。建设高标准市场体系,需要构建与之相适应的市场监管体系。"十四五"时期,要从完善体制机制、健全市场规则、加大监管力度等方面着手,加快构建现代化市场监管体系。

(一)进一步完善监管体制。党的十九届三中全会以来,我国实施党和国家机构改革,对市场监管体制进行顶层设计,实行统一的市场监管。改革以来,市场监管部门综合监管、综合执法的优势逐步显现,有效解决了过去分散监管带来的重复监管、多头监管等问题。要深化市场监管体制改革,进一步完善统一的市场监管体制,提升市场综合监管能力。深化行政执法体制改革,最大限度减少不必要的行政执法事项。加快推进综合执法,根据不同层级政府的事权和职能,优化配置执法力量。

(二)进一步完善监管机制。党的十八大以来,我国不断探索完善市场监管机制,基本建立了以"双随机、一公开"监管为基本手段、以重点监管为补充、以信用监管为基础的新型监管机制。要进一步深化市场监管改革创新,进一步健全监管机制。"双随机、一公开"

是完善事中事后监管的关键环节,要建立健全行业监管部门和综合监管部门的协调配合机制,推进部门协同监管常态化。社会信用体系是规范市场秩序的治本之策,要完善市场主体信用承诺、失信行为认定、失信联合惩戒、失信主体信用修复等机制,大力推进信用分级分类监管。保障市场安全是市场监管的底线要求,要围绕食品药品、特种设备、重要工业产品质量安全,健全统一权威的全过程监管体系。

(三)进一步完善监管规则。构建健全的规则体系,是规范市场行为、维护市场秩序的关键所在。要围绕市场规则缺失、滞后等问题,完善重点领域的市场规则。适应经济数字化趋势,完善网络市场监管规则,促进网络市场健康发展。强化消费者权益保护,建立消费者集体诉讼制度,简化消费争议处理程序。完善公平竞争法律法规,推动社会信用法律建设,完善公平竞争法治环境。实施标准化战略,加快建成推动高质量发展的标准体系。

(四)进一步加大监管力度。当前,假冒伪劣、侵犯知识产权等违法行为还时有发生,扰乱市场秩序,影响经济运行。要针对突出问题,严格市场监管、质量监管、安全监管,加强违法惩戒。深入实施食品安全战略,落实"四个最严"要求,提高食品安全水平。加强反垄断、价格、广告等重点领域监管,强化要素市场监管。坚持包容审慎,守住安全底线,营造促进新经济健康发展的监管环境。健全完善质量政策措施,提升商品和服务质量。健全社会监督机制,充分发挥行业协会、新闻媒体、社会公众和市场专业化服务组织的监督作用,构建市场监管社会共治格局。

提高农业质量效益和竞争力

韩 长 赋

《中共中央关于制定国民经济和社会发展第十四个五年规划和二〇三五年远景目标的建议》（以下简称《建议》）高度重视"三农"工作，单列专章作出部署安排，明确提出全面推进乡村振兴，加快农业农村现代化，提高农业质量效益和竞争力。这是党中央着眼全面建设社会主义现代化国家全局，针对我国农业发展的主要矛盾和突出问题作出的战略部署。我们要深刻领会、全面贯彻，把提高农业质量效益和竞争力摆上突出位置，推动农业大国向农业强国转变。

一 提高农业质量效益和竞争力是农业现代化的迫切要求

农业是关系国计民生的基础产业，是安天下、稳民心的战略产业。"十三五"时期，我们着力深化农业供给侧结构性改革，现代农业发展取得长足进步。农产品供给保障水平再上新台阶，粮食生产实现历史性的"十六连丰"，产量连续 5 年稳定在 1.3 万亿斤以上，棉果菜茶肉蛋鱼等产量稳居世界第一。农业综合生产能力有了新提升，农业科技进步贡献率达到 60%，主要农作物实现良种全覆盖，耕种收综合机械化率超过 70%。农业发展方式转变取得新成效，主要农产品加工转化率达到 67.5%，农产品质量安全监测合格率稳定在

97%以上,化肥农药施用量连续3年负增长,畜禽粪污综合利用率达到75%。适度规模经营实现新发展,全国家庭农场超过100万家,农民合作社超过220万家,农村承包地流转占全国农村承包耕地面积的35.9%。农民收入实现新突破,提前一年实现比2010年翻一番目标,连续4年高于国内生产总值和城镇居民收入增速,即将全面消除农村绝对贫困。农业连年丰产丰收,14亿中国人的饭碗牢牢端在自己手中,为稳定经济社会发展大局增加了主动,为应对各种风险挑战增添了底气,为全面建成小康社会提供了基础支撑。特别是面对今年新冠肺炎疫情和严重自然灾害影响,统筹抓好疫情防控和农业生产,夏粮早稻再获丰收,秋粮丰收已成定局,全年粮食产量有望继续稳定在1.3万亿斤水平上,"菜篮子"产品量足价稳,农业压舱石愈发稳固。习近平总书记指出,这次新冠肺炎疫情如此严重,但我国社会始终保持稳定,粮食和重要农副产品稳定供给功不可没。

进入"十四五",我国将开启全面建设社会主义现代化国家新征程。习近平总书记强调,没有农业农村现代化,就没有整个国家的现代化;新形势下要着力解决农业发展中存在的深层次矛盾和问题,重点从农产品结构、抗风险能力、农业现代化水平上发力。这指明了农业现代化的历史方位和发展方向。当前,我国农业的主要矛盾已由总量不足转变为结构性矛盾,质量效益和竞争力不高的问题突出起来。我国农业仍是大而不强、多而不优,基础还不稳固,抵抗自然和市场风险能力较差;市场化组织化程度不高,产业链条短,全产业链收益低,国际竞争力不强;农产品结构性供过于求和供给不足并存,质量安全风险隐患依然存在;资源环境要素约束加大,农业面源污染防治任务仍然艰巨。解决这些瓶颈问题,要统筹考虑农产品产量、绿色发展和农民收益,更加注重能力提升、强基固本,绿色安全、适销对路,科技创新、节本增效,推动农业从增产导向转向提质导向,实现高质量发展。

"十四五"时期,是推进农业现代化,加快农业提质增效、转型升

级的关键时期。要按照《建议》要求,坚持把解决好"三农"问题作为
全党工作重中之重,适应确保国计民生要求,把农业现代化作为国家
现代化的优先任务,将提高农业质量效益和竞争力摆上更加突出位
置,贯彻落实新发展理念,深化农业供给侧结构性改革,加快构建现
代农业产业体系、生产体系、经营体系,持续推进质量兴农、绿色兴
农、品牌强农,全面提升农业规模化、科技化、市场化、国际化、信息
化、标准化水平,增加优质绿色农产品供给,提高全产业链收益,走出
一条产出高效、产品安全、资源节约、环境友好的中国特色农业现代
化道路,促进农业现代化与工业化、信息化、城镇化同步发展,为全面
建设社会主义现代化国家提供基础支撑。

二 全面提高农业质量效益和竞争力

《建议》着眼农业现代化,对提高农业质量效益和竞争力作出了
全面部署、明确了重点任务。

(一)保障粮食等重要农产品供给安全。保障国家粮食安全,始
终是治国理政的头等大事。要深入实施藏粮于地、藏粮于技战略,把
中国人的饭碗牢牢端在自己手上。坚持最严格的耕地保护制度,落
实国土空间规划,以粮食生产功能区、重要农产品生产保护区为重
点,建成10亿亩高标准农田,改善提升农机装备、农田水利和仓储物
流等设施条件,增强综合生产能力。着力稳政策、稳面积、稳产量,健
全激励性利益补偿机制,保护主产区和农民种粮积极性,确保谷物基
本自给、口粮绝对安全。全面实施重要农产品保障战略,稳定生猪基
础产能,保障粮、棉、油、糖、肉等重要农产品供给安全。完善中央储
备粮结构布局,创新完善重要农产品市场调控,加强现代仓储物流设
施建设,提升粮食等重要农产品收储调控能力和水平。努力减少粮

食生产、仓储、运输、加工、消费等环节损失和浪费。

（二）推动农业供给侧结构性改革。这是农业现代化的主线和重要路径。要根据市场供需变化和区域比较优势，调整优化农业生产结构、区域布局和产品结构，调优品质、调高质量、调出效益。稳步优化种植结构，建好9亿亩粮食生产功能区和2.38亿亩重要农产品生产保护区，加强特色农产品优势区建设。推进优质粮食工程，优质耕地优先种粮，发展粮、棉、油、糖等大宗农产品。巩固东北冷凉区、北方农牧交错区、西北风沙干旱区及西南石漠化区等"镰刀弯"地区玉米结构调整成果，稳定优势区玉米面积，提升大豆单产，发展优质饲草料。推动生猪产业转型升级，抓好草食畜牧业发展和奶业振兴，推进水产健康养殖。发展农业标准化生产，打造一批农产品区域公用品牌和特色产品品牌，完善全链条农产品质量安全监管体系，确保"舌尖上的安全"。

（三）强化农业科技和装备支撑。完善的设施装备、先进的科学技术是农业现代化的标志。要加强农业科技创新，聚焦生物育种、农机装备、绿色投入品等，布局建设一批重点实验室、重大科学设施装置，突破一批关键核心和"卡脖子"技术。构建多元互补、高效协同的农技推广体系，加快建设现代农业产业科技创新中心，推进产学研用企深度融合。培育推广优良品种，推进农作物生产全程全面机械化，加快发展数字农业、智慧农业、高效设施农业，健全病虫害和动物疫病防控体系，推动农业节本增效提质。

（四）发展多种形式适度规模经营。这是农业现代化的必由之路。要巩固和完善农村基本经营制度，稳步推进承包地"三权"分置，引导土地有序流转。抓好新型农业经营主体培育，打造规模适度、生产集约、效益明显的家庭农场，提升农民合作社规范化水平和服务带动能力，壮大农业产业化龙头企业，引领现代农业发展。立足"大国小农"国情农情，发展代耕代种、土地托管、统防统治等专业化社会化服务，把小农户引入现代农业发展轨道。

（五）推动农村一二三产业融合发展。这是提升农业质量效益和竞争力的潜力所在。要开发农业多种功能，延长产业链，提升价值链，打造供应链，提高农业综合效益。大力发展县域经济，综合布局农产品加工业、乡村服务业，推动城乡产业协同发展。坚持粮头食尾、农头工尾，推进农产品初加工、精深加工和综合利用，加强农产品仓储保鲜冷链物流设施建设，发展分等分级和高效物流。支持建设现代农业产业强镇、产业园区、农业现代化示范区和优势特色产业集群，满足乡村产业合理用地需求，发展休闲农业、农村电商等新产业新业态，拓展农民增收空间，全产业链提升农业竞争力。

（六）扎实推动农业绿色发展。绿色是农业的本色。要树牢"绿水青山就是金山银山"理念，加强农业生态环境保护，统筹推进山水林田湖草系统治理。加大农业面源污染防治，持续推进化肥农药减量增效，发展节水农业，提升农膜回收、秸秆综合利用和畜禽粪污资源化利用率。加强耕地土壤污染管控和修复，健全耕地轮作休耕制度，像保护大熊猫一样保护好东北黑土地。实施农业绿色发展行动，落实长江十年禁渔，建设农业绿色发展先行区，引领农业可持续发展。

三　健全农业高质量发展的体制机制

提升农业质量效益和竞争力，既要坚持市场化方向，发挥市场决定性作用，也要完善体制机制，更好发挥政府规划引导、宏观调控、支持保护等作用。

（一）夯实农业基础地位。"十四五"时期，各级党委和政府都要把提高农业质量效益和竞争力摆上重要位置，作为全面实施乡村振兴战略的重要任务来抓。坚持农业农村优先发展，建立健全城乡融合发展体制机制和政策体系,完善农村产权制度和要素市场化配置,完善粮食主产区利益补偿机制,促进资金、人才、技术等要素向农村汇聚。落实好"米袋子"省长责任制、"菜篮子"市长负责制和生猪生产省负总责要求,加大投入支持力度,巩固和加强农业基础地位。

(二)完善农业支持保护制度。对农业给予保护,是国际通行做法。要以保障国家粮食安全为底线,以维护农民利益为出发点,健全农业支持保护制度,建立财政对农业投入稳定增长机制,形成财政优先保障、金融重点支持、社会积极参与的多元投入格局。稳妥改革重要农产品价格形成机制和收储制度,加快建立以绿色生态为导向的农业补贴制度,提高政策精准性、指向性和实效性。加大金融保险支持力度,健全农业信贷担保体系,创新农村金融服务模式,推进农业保险扩面、增品、提标。

(三)强化农村人才支撑。围绕"谁来种地""谁来振兴乡村",坚持本地培养和引进输入相结合,推进乡村人才振兴。加强农村实用人才队伍建设,抓好农业职业教育,培育家庭农(牧)场主和合作社经理人,培养现代农民和乡土人才。鼓励引导企业员工、大学生、复转军人、返乡农民工、科技人员、执业兽医等到农村创新创业,为农业现代化增添新活力。

(四)加强农业法治保障。抓紧制定出台粮食安全保障法、乡村振兴促进法、农村集体经济组织法等法律法规,推进农产品质量安全法、动物防疫法等修订完善,构建完备的农业法律法规和制度体系。深入推进农业综合执法,加强农业资源环境和农产品质量安全等执法监管,严厉查处各类违法行为,维护农民合法权益,保障农业健康发展。

(五)扩大农业对外开放。统筹用好国际国内两个市场两种资源,完善农业对外开放战略布局。支持建设出口农产品质量安全示范基地,巩固果蔬、茶叶、水产等出口产业优势。加强与"一带一路"
国家农业交流合作,拓展重要农产品多元进口渠道。加强境外农业
合作示范区和农业对外开放合作试验区建设,支持国内大型农业企
业走出去,培育打造国际大粮商和农业企业集团。

构建国土空间开发保护新格局

杨 伟 民

《中共中央关于制定国民经济和社会发展第十四个五年规划和二〇三五年远景目标的建议》(以下简称《建议》)提出构建国土空间开发保护新格局,逐步形成城市化地区、农产品主产区、生态功能区三大空间格局,形成主体功能明显、优势互补、高质量发展的国土空间开发保护新格局。这是在党的十八大、十八届三中全会、十九大从制度层面提出建立国土空间开发保护制度基础上,再次从战略目标层面提出的新要求。我们必须认真学习、深刻认识,贯彻落实到社会主义现代化建设中。

一 构建国土空间开发保护新格局的重要意义

构建国土空间开发保护新格局是在我国即将全面建成小康社会、开启全面建设社会主义现代化国家新征程的历史时刻提出的,是新时代优化国土空间布局,推进区域协调发展和新型城镇化的战略目标,具有十分重大的意义。

(一)这是尊重自然、建设人与自然和谐共生现代化的需要。党的十八大报告把生态文明建设放在突出地位,纳入社会主义现代化建设总体布局,党的十九大提出我们要建设的现代化是人与自然和谐共生的现代化。人与自然和谐共生,必须立足资源环境承载能力,发挥各地比较优势,构建科学合理的空间格局。

不同的国土空间,自然状况不同,如海拔很高、地形复杂、气候恶劣以及其他生态脆弱或生态功能重要的区域,并不适宜大规模高强度的工业化城市化开发,有的区域甚至不适宜高强度的农牧业开发,否则,将对农业生产能力造成破坏,给美丽家园带来"伤疤"。我国960万平方公里的陆地国土空间具有多种功能,但不同的空间单元,必有一种主体功能。必须区分不同国土空间的主体功能,根据主体功能定位确定开发内容和发展的主要任务。实施区域重大战略、区域协调发展战略、主体功能区战略,完善新型城镇化战略和实施乡村振兴战略等,都要符合形成国土空间开发保护新格局的战略目标。

(二)这是高效利用国土空间、实现空间高质量发展的需要。国土空间是宝贵资源,我国辽阔的陆地国土和海洋国土,是中华民族繁衍生息和永续发展的家园。新中国成立以来特别是改革开放以来,我国现代化建设全面展开,国土空间也发生了深刻变化,一方面有力地支撑了经济快速发展和社会长期稳定"两个奇迹";另一方面也出现了一些必须高度重视和需要着力解决的突出问题,如耕地减少过多过快,生态系统功能退化,资源开发强度大,环境污染严重,空间布局和结构不合理,绿色生态空间减少过多等。

我国经济已由高速增长转向高质量发展阶段。高质量发展,不仅包括产业行业的高质量发展,也必须包括空间的高质量发展。如果工业产品质量很好,技术水平很高,但国土空间布局混乱,处处冒烟,山河破碎,污水横流,就不是全面的高质量发展。实现空间的高质量发展,最基础的就是根据不同空间的资源环境承载能力,合理布局三大空间格局,明确哪类空间要有序有度开发,哪类空间要优化或重点开发,哪类空间要限制或禁止开发。

(三)这是施行空间治理、实现国家治理现代化的需要。空间治理是国家治理体系的重要组成部分。实现国家治理的现代化,既要按产业领域分类实施纵向治理,也要按不同的空间单元确定政策,实施精准的空间治理。党的十八届五中全会首次提出空间治理,习近平总书记在《推动形成优势互补高质量发展的区域经济布局》一文中指出,"完善空间治理。要完善和落实主体功能区战略,细化主体功能区划分,按照主体功能定位划分政策单元,对重点开发地区、生态脆弱地区、能源资源地区等制定差异化政策,分类精准施策,推动形成主体功能约束有效、国土开发有序的空间发展格局"。

党的十九届四中全会把主体功能区制度作为中国特色社会主义制度和国家治理体系的重要制度。施行空间治理,就是落实主体功能区制度。要按主体功能区制度确定的主体功能定位,明确各自的主要任务,实行不同的政策。如属于西部地区的成渝地区,是城市化地区,主要任务是集聚经济和人口,而同属于西部地区的三江源则是生态功能区,主要任务是保护生态、涵养水源,显然,应该施行不同的空间治理。

二 构建国土空间开发保护新格局的重点任务

建设现代化国家,从空间形态上,要形成符合自然规律、经济规律的空间格局,该开发的区域要有序有度高效率开发好,该保护的区域要坚决保护好,使我国960万平方公里的陆地国土空间,最终形成城市化地区、农产品主产区、生态功能区三大空间格局。

(一)城市化地区。城市化地区的主体功能是提供工业品和服务产品。从城市化的角度就是城市群地区。京津冀、粤港澳大湾区、长三角以及成渝地区等是我国重要的城市化地区或城市群地区。

城市化地区要实行开发与保护并重的方针,开发主要是工业化城市化开发,保护主要是保护区域内生态环境和基本农田。要推动

高质量发展,加快转变发展方式、优化经济结构、转换增长动力,优化
空间结构、城镇布局、人口分布,加强基础设施互联互通,加快公共服
务均等化,强化生态保护和环境治理,成为我国经济、人口以及创新
资源高效集聚的地区,成为体现我国国家竞争力的主要区域,成为以
国内大循环为主体、国内国际双循环相互促进新发展格局的主体。

(二)农产品主产区。农产品主产区的主体功能是提供农产品。
东北平原、黄淮海平原、长江流域、汾渭平原、河套灌区等都是我国重
要的农产品主产区。

农产品主产区要实行保护为主、开发为辅的方针,保护主要是保
护耕地,禁止开发基本农田;开发主要是以增强农产品生产能力为目
标的开发,而不是大规模高强度的工业化城市化开发。要保持并提
高农产品特别是粮食综合生产能力,加强高标准农田建设,优化农业
生产结构和布局,加快农业科技进步和创新,提高农业物质技术装备
水平,创新发展新型农业经营主体,有序发展农产品深加工,实施好
乡村振兴战略,完善乡村基础设施和公共服务,改善村庄人居环境,
成为保障国家农产品安全的主体区域,农村居民安居乐业的美好
家园。

(三)生态功能区。生态功能区的主体功能是提供生态产品。
我国大小兴安岭森林生态功能区、三江源草原草甸湿地生态功能区、
祁连山冰川与水源涵养生态功能区,以及青海三江源国家公园、东北
虎豹国家公园、大熊猫国家公园等各级各类自然保护地都是生态功
能区。

生态功能区要实行保护为主、限制开发的方针,保护主要是保护
自然生态系统,限制或禁止开发主要是限制或禁止大规模高强度的
工业化城市化开发,在某些生态功能区甚至要限制或禁止农牧业开
发。要把保护修复自然生态系统、提供生态产品作为发展的首要任
务,提供更多优质生态产品以满足人民日益增长的优美生态环境需

要。要推进荒漠化、石漠化、水土流失综合治理,强化湿地保护和恢复,完善天然林保护制度,健全草原森林河流湖泊休养生息制度,构建生态廊道和生物多样性保护网络,提升生态系统质量和稳定性。因地制宜地发展不影响生态功能的文化旅游、适量农牧业、民族特色产业等,成为保障国家生态安全的重点区域,成为人与自然和谐共生展示区。

同时,要根据三大空间发展的不同需求和人民生活的需要,优化基础设施、重大生产力和公共资源布局,促进三大空间的基本公共服务均等化,基础设施通达程度比较均衡,人民生活水平大体相当。

三 构建国土空间开发保护新格局的重大政策方向

《建议》用"三个支持",明确了构建国土空间开发保护新格局的重大政策方向,有利于提高经济政策、农业政策、生态政策的精准性,提升政策效果。

(一)支持城市化地区高效集聚经济和人口、保护基本农田和生态空间。就是要把支持经济发展和集聚人口的政策进一步向城市化地区聚焦。党中央先后提出了推进京津冀协同发展、粤港澳大湾区建设、长三角一体化发展以及推进成渝地区双城经济圈建设等区域重大战略,目的就是要打破行政壁垒,推动区域一体化和区域高质量发展,提升城市群发展的协同性、协调性,从而更好更多地集聚经济和人口,带动全国经济持续健康发展。

城市化地区要高效率集聚经济和人口,坚持质量第一、效益优先,推动质量变革、效率变革、动力变革,加快建设现代产业体系,率先实现高质量发展。城市化地区既要集聚经济,更要集聚人口,否则就会造成经济布局与人口分布的失衡,拉大地区差距。要按照党中央决策部署,加快户籍制度改革,推动城市群地区实现户籍准入年限同城化累计互认,试行以经常居住地登记户口制度。在高效率集聚经济和人口的同时,城市化地区也要保护好区域内的基本农田和生态空间,这既是满足当地居民对部分不宜长距离运输的鲜活农产品的需要,也是满足当地居民对优质生态产品的需要。

(二)支持农产品主产区增强农业生产能力。就是要把支持农业发展的政策进一步向农产品主产区聚焦。我国支持农业发展的政策有很多,中央财政用于支持农业的资金也不少,但集中度不够,协调性不强,有些领域的政策比较分散。《建议》提出的如加大农业水利设施建设力度、实施高标准农田建设工程、强化农业科技和装备支撑、提高农业良种化水平、建设智慧农业、建设农业现代化示范区等重大政策和举措,在落实过程中要向农产品主产区倾斜。要完善粮食主产区利益补偿机制,研究建立对农产品主产区的转移支付制度,更好调动农产品主产区发展农业生产的积极性。

(三)支持生态功能区把发展重点放到保护生态环境、提供生态产品上,支持生态功能区的人口逐步有序转移。就是要把国家支持生态环境保护的政策特别是生态保护修复的政策进一步向生态功能区聚焦。《建议》提出的重大生态系统保护修复、防洪减灾、生物多样性保护、大江大河和重要湖泊湿地生态保护治理、荒漠化石漠化水土流失综合治理、国土绿化、草原森林河流湖泊休养生息等重大任务和工程,在落实中要进一步向重点生态功能区倾斜。国家公园和其他各类自然保护地,是生态功能区的一种类型,是更重要的自然生态系统、自然遗迹、自然景观。要着力解决好重叠设置、多头管理、边界不清、权责不明、保护与发展矛盾突出等问题,加快建立以国家公园为主体的自然保护地体系。

支持生态功能区的人口逐步有序向城镇转移并定居落户,是从生态功能区普遍存在人口承载能力较弱,"一方水土养不活一方人"或"一方水土养不富一方人"的实际出发提出的政策方向。生态功能区要着力提高本地区的人口素质,增强劳动人口就业能力。城市化地区要放宽放开落户限制,吸纳生态功能区的人口到本地区转移就业并定居落户。这样,才能逐步缩小区域和城乡差距,实现人口、经济、资源环境的空间均衡。

推动区域协调发展

尹 艳 林

党的十九届五中全会通过的《中共中央关于制定国民经济和社会发展第十四个五年规划和二〇三五年远景目标的建议》(以下简称《建议》)提出,坚持实施区域重大战略、区域协调发展战略、主体功能区战略,健全区域协调发展体制机制,完善新型城镇化战略,构建高质量发展的国土空间布局和支撑体系。这为"十四五"时期我国区域协调发展指明了方向,提出了要求。我们一定要深刻领会,认真贯彻落实。

一 深刻认识推动区域协调发展的重大意义

当今世界正经历百年未有之大变局,我国发展的国内外环境发生前所未有的深刻变化。新一轮科技革命和产业变革深入发展,我国经济发展的空间结构正在发生深刻调整。"十四五"时期,按照《建议》的决策部署,推动区域协调发展具有重大而深远的意义。

(一)推动区域协调发展是构建高质量发展国土空间布局的客观需要。党的十八大以来,以习近平同志为核心的党中央高度重视区域协调发展,提出了京津冀协同发展、长江经济带发展、粤港澳大湾区建设、长三角一体化发展等新的区域发展战略,编制黄河流域生态保护和高质量发展规划纲要,推动区域协调发展呈现良好态势。

过去 5 年,高质量发展的动力源不断拓展,京津冀、粤港澳大湾区、长三角等地区引领作用不断凸显。2019 年,京津冀、粤港澳大湾区和长三角地区生产总值占全国比重达 43%。"十四五"时期,以高质量发展为主题,构建高质量发展的国土空间布局,不能简单要求各地在经济发展上达到同一水平,而是必须根据各地的条件,走合理分工、优化发展的路子,推动产业和人口向优势区域集中,形成几个能够带动全国高质量发展的新动力源,进而提升经济总体效率。

(二)推动区域协调发展是解决发展不平衡问题的内在要求。过去 5 年,区域发展协调性持续增强,中西部地区经济增速持续高于东部地区,相对差距逐步缩小。同时也要看到,我国区域发展面临一些新情况,主要是南北分化凸显,经济增速"南快北慢"、经济份额"南升北降"的态势持续,各板块内部也出现明显分化。发展动力极化现象日益突出,东部沿海发达地区创新要素快速集聚;东北地区、西北地区发展相对滞后,部分区域发展面临较大困难。但必须认识到,解决发展不平衡问题,要尊重规律、尊重实际,因地制宜、分类指导,承认客观差异,不能搞"一刀切"。推动区域协调发展,就是要完善空间治理,对不同地区制定差异化政策。同时,要保障民生底线,实现基本公共服务均等化、基础设施通达程度比较均衡,这是区域协调发展的基本要求。

(三)推动区域协调发展是构建新发展格局的重要途径。加快形成以国内大循环为主体、国内国际双循环相互促进的新发展格局,是党中央根据我国发展阶段、环境、条件变化作出的战略决策,是事关全局的系统性深层次变革。推动区域协调发展,就是要尊重经济规律,从构建新发展格局出发,以完善产权制度和要素市场化配置为重点,加大改革力度,破除资源流动障碍,使市场在资源配置中起决定性作用,促进人口、土地、资金、技术等各类生产要素合理流动和高效集聚。这有利于经济发展条件好的地区承载更多产业和人口,增强创新发展动力;生态功能强的地区得到有效保护,创造更多生态产品,从而促进国内大循环畅通,释放更大内需潜力,发挥国内超大规模市场优势,进而带动国内国际双循环,推动形成区域间彼此协调、国内国际双循环相互促进的整体发展新优势。

二 深入实施区域协调发展战略

《建议》提出,推动西部大开发形成新格局,推动东北振兴取得新突破,促进中部地区加快崛起,鼓励东部地区加快推进现代化。

持续推进区域协调发展。按照《建议》要求,"十四五"时期,西部地区要区分不同自然条件和经济发展状况,细化区域发展政策,促进产业和人口向优势区域集中,形成优势区域重点发展、生态功能区重点保护的新格局。东北地区要加快现代化经济体系建设,有效整合资源,主动调整经济结构,加快发展新技术、新业态、新模式,培育新增长点,加快培育资源枯竭地区接续替代产业,发展壮大优质农业、装备制造业。中部地区作为未来新型城镇化、新型工业化的主战场,要打造成为国家现代化经济增长的新动能区域。东部地区要继续发挥改革开放先行、综合创新能力强、现代制造领先、服务业高端等优势,率先带动全国经济现代化,引领我国参与国际经济竞争。有序推进东部沿海产业向中西部地区转移,促进东中西、南北方经济协调高质量发展。

支持革命老区、民族地区加快发展。要把革命老区、民族地区振兴发展放在更加重要的位置,推动革命老区、民族地区依托特色优势资源,补齐区域协调发展的短板。建立健全长效普惠性的扶持机制和精准有效的差别化支持机制。支持革命老区利用好特色资源,在保护好生态的前提下发展特色优势产业。加强边疆地区建设,推进兴边富民、稳边固边。加快边境重点城镇和口岸建设,使之有一定的人口和经济支撑,增强边疆地区发展能力。要建设一批抵边新村,引导支持边民贴边生产和抵边居住,推动形成以城镇为中心、辐射周边边境地区的守边固边富边强边新格局。优化沿边开发开放试验区等布局,创新跨境金融等合作机制,做大做强边境城市。

三 大力实施区域发展重大战略

《建议》提出,推进京津冀协同发展、长江经济带发展、粤港澳大湾区建设、长三角一体化发展,打造创新平台和新增长极。

大力推动区域发展重大战略实施。京津冀协同发展要始终把疏解北京非首都功能作为关键,优化区域经济结构和空间结构,高标准、高质量建设雄安新区和北京城市副中心,进一步提高为中央政务功能服务保障水平。长江经济带要坚持共抓大保护、不搞大开发,协同推进生态保护、促进经济高质量发展,深入推进长江流域生态环境系统治理和保护修复,加快建设生态优先绿色发展先行示范区。粤港澳大湾区建设要着眼于高质量发展和促进香港、澳门融入国家发展大局,着力破除粤港澳三地体制障碍,有序推动三地规则相互衔接和互利合作,推进生产要素流动和人员往来便利化,加快建设深圳中国特色社会主义先行示范区,构建与国际接轨的开放型经济新体制。实施长三角一体化发展战略,要以一体化的思路和举措打破行政壁垒,提高政策协同,加强产业合作、设施共建、服务共享,实现更合理分工,凝聚更强大合力,加大科技攻关力度,狠抓生态环境突出问题整改,着力打造高质量发展样板区、科技创新和制造业研发高地、高水平开放平台。

积极推进黄河流域生态保护和高质量发展。这是关乎中华民族

伟大复兴的千秋大计。要坚持生态优先、绿色发展,加大上游水源
涵养、中游水土保持、下游黄河三角洲湿地保护力度,推进建设沿
黄生态带。加大对黄河流域水、大气、土壤污染治理力度,推动高
耗水、高污染、高风险产业布局优化和结构调整。坚持节水优先,
还水于河,先上游后下游,先支流后干流,推进水资源节约集约利
用。全面实施深度节水控水行动,把农业水耗降下来,推进工业节
水、城市节水降损等工程。推进兰州—西宁城市群、黄河"几"字
湾都市圈协同发展,强化西安、郑州国家中心城市带动作用,发挥
山东半岛城市群龙头作用,推动沿黄地区形成特色鲜明的高质量
发展区域布局。

推进海洋强国建设。海洋是高质量发展的战略要地。要坚持陆
海统筹,发展海洋经济,加快建设世界一流的海洋港口,推进沿海开
放城市、沿海港口群、海洋经济示范区等重点开发开放区域建设。要
发挥海洋优势,提升海洋价值,合理开发利用海洋资源,构建完善的
现代海洋产业体系。加快海洋科技创新步伐,提高海洋开发能力,培
育壮大海洋战略性新兴产业。要统筹陆海生态环境保护,促进海洋
资源有序开发利用,加大对海岸带、沿海滩涂保护和开发管理力度,
加强海洋环境污染防治,保护海洋生物多样性,加快建设绿色可持续
的海洋生态环境。要促进海上互联互通和各领域务实合作,积极发
展"蓝色伙伴关系",打造面向"一带一路"沿线国家的蓝色经济走
廊。要积极参与国际和地区海洋秩序建立和维护,着力维护和拓展
国家海洋权益。

四　健全区域协调发展体制机制

《建议》提出,健全区域战略统筹、市场一体化发展、区域合作互

助、区际利益补偿等机制,更好促进发达地区和欠发达地区、东中西部和东北地区共同发展。

健全区域战略统筹机制。充分发挥好现有区域协调机制的作用,加强京津冀协同发展、长江经济带发展、粤港澳大湾区建设等重大战略的协调对接,推动国家重大战略之间融合发展,统筹解决区域发展重大问题。要提高财政、产业、土地、环保、人才等政策的区域精准性和有效性,加强政策之间的统筹联动。要统筹发达地区和欠发达地区发展,坚持"输血"和"造血"相结合,推动欠发达地区加快发展,建立发达地区与欠发达地区联动机制,促进先富带后富。

健全市场一体化发展机制。形成全国统一开放竞争有序的商品和要素市场,是促进区域协调发展的重要举措。要消除歧视性、隐蔽性的区域市场壁垒,打破行政性垄断,坚决破除地方保护主义。要深化户籍制度改革,全面放宽城市落户条件。加快实现城镇基本公共服务常住人口全覆盖,推动户籍还原人口登记功能。要深化土地管理制度改革,增强土地管理的灵活性,建立跨区域土地指标交易机制,探索不同形式的定价模式和交易方式,推动增量和存量用地合理流转。促进资本跨区域有序自由流动,完善区域性股权市场。加强跨区域创新协同发展,搭建共享服务平台,构建跨区域知识产权交易市场。

健全区域合作互助机制。深化区域间基础设施、环保、产业等方面的合作。加强城市群内部城市间的紧密合作,积极探索建立城市群协调治理模式。构建流域基础设施体系,严格流域环境准入标准,加强流域生态环境共建共治,推动上下游地区协调发展。深入开展对口支援,推动新疆、西藏等地区经济社会持续健康发展。进一步深化东部发达省市与东北地区对口合作,建设一批对口合作重点园区。

健全区际利益补偿机制。要加快形成受益者付费、保护者得到合理补偿的良性局面,充分调动重点生态功能区、农产品主产区加强生态保护和环境治理、提高农业综合生产率和农产品质量的积极性。建立健全市场化、多元化横向生态补偿,在长江流域开展生态产品价值实现机制试点。鼓励流域上下游之间通过资金补偿、项目补偿、对口支援、基本公共服务共享等多种形式建立横向补偿关系。加快生态补偿立法,明确流域上游对下游、生态保护地区对受益地区的法定责任,将森林、草原、湿地、水流等纳入生态补偿重点领域。

逐步实现基本公共服务均等化。要完善转移支付制度,深入推进财政事权和支出责任划分改革,逐步建立起权责清晰、财力协调、标准合理、保障有力的基本公共服务制度体系和保障机制。加大对欠发达地区的财力支持,增加对重点生态功能区、农产品主产区、困难地区的转移支付,增强基本公共服务保障能力。提高基本公共服务统筹层次,加快实现养老保险全国统筹。推动区域间基本公共服务衔接,加快建立医疗卫生、劳动就业等基本公共服务跨区域流转衔接制度。基本公共服务要同常住人口挂钩,由常住地供给。要运用信息化手段建设便捷高效的公共服务平台,方便全国范围内人员流动。鼓励有条件的地区积极探索基本公共服务跨地区流转衔接具体做法,加快形成可复制可推广的经验。

推进以人为核心的新型城镇化

胡祖才

城镇化是国家现代化的必由之路。党的十九届五中全会通过的《中共中央关于制定国民经济和社会发展第十四个五年规划和二〇三五年远景目标的建议》提出"推进以人为核心的新型城镇化",明确了新型城镇化目标任务和政策举措。这是以习近平同志为核心的党中央深刻把握新时代新阶段我国新型城镇化发展规律,着眼于到2035年基本实现新型城镇化作出的重大战略部署,为"十四五"及未来一段时期新型城镇化工作指明了前进方向、提供了基本遵循。要深入学习领会、全面贯彻落实全会精神,积极稳妥推进新型城镇化,显著提升城镇化质量,使更多人民群众享有安全健康、较高品质的城市生活,促进经济行稳致远、社会安定和谐,为2035年基本实现现代化提供强大动力和坚实支撑。

一 "十三五"时期新型城镇化取得重大历史性成就

习近平总书记高度重视新型城镇化工作,明确提出以人为核心、以提高质量为导向的新型城镇化战略,并多次作出重要部署和批示指示。"十三五"时期,各有关部门和各地方认真贯彻党中央、国务院决策部署,新型城镇化顶层设计全面确立,重点领域改革实现突破,城镇化水平和质量稳步提升,新型城镇化取得重大历史性成就。

农业转移人口市民化成效显著。户籍制度改革全面落地,各级各类城市全面放开放宽落户限制,1亿左右农业转移人口在城镇落户,2019年末常住人口城镇化率达到60.6%。居住证制度全面实行,义务教育、医疗卫生、技能培训、社会保障等基本公共服务加快覆盖城镇常住人口。"人地钱挂钩"配套政策持续完善。以城市群为主体的城镇化空间格局总体形成。城市群规划全面实施,城市群集聚人口和经济作用持续显现,19个城市群承载了我国75%以上的城镇人口、贡献了80%以上的国内生产总值。都市圈培育有序开展,基础设施、公共服务、产业发展的同城化水平持续提高。中心城市辐射带动能力增强,中小城市功能稳步提升,特大镇设市取得突破,城市数量增加至684个。城市发展质量大幅提高。城镇新增就业年均超过1300万人,城镇棚户区改造累计开工2157万套,城市轨道交通运营里程超过5500公里,污水处理率达95.6%,生活垃圾无害化处理率显著提升,绿色、智慧、人文等新型城市建设取得明显成效。城乡融合发展迈出新步伐。城乡融合发展体制机制和政策体系顶层设计完成,城乡基本公共服务制度加快接轨,农村水、电、路、网等基础设施水平全面提升,城乡居民收入比由2014年的2.75稳步下降到2019年的2.64。

同时也要清醒地看到,城镇化发展不平衡不充分的问题依然存在,体制机制障碍尚未完全破除,城市基础设施存在不少短板弱项,大中小城市发展仍不协调,农业转移人口市民化质量有待提高,内外部环境变化也带来了新问题新挑战,特别是新冠肺炎疫情冲击暴露出城市规划建设管理存在一些突出问题,城市治理体系亟待完善、能力亟待提升。

站在全面建成小康社会、开启全面建设社会主义现代化国家新征程的崭新起点,推进以人为核心的新型城镇化具有更为重要的意义,既是构建以国内大循环为主体、国内国际双循环相互促进新发展格局的重要支撑,也是深化供给侧结构性改革和实施扩大内需战略的重要结合点,有利于优化经济发展空间格局、实现区域协调发展,有利于带动乡村振兴、促进城乡融合发展,更好满足人民日益增长的美好生活需要。"十四五"时期是推动新型城镇化实现更高质量发展的关键时期,要立足发展基础,顺应发展趋势,破解突出问题,科学谋划未来一段时期的新型城镇化发展路径。

二 实施城市更新行动

城市是人民的城市、人民城市为人民,这是做好城市工作的根本出发点和落脚点。随着城市业已成为人口和经济的重要载体,城市居民对优美环境、健康生活、文体休闲等方面的要求日益提高。但一些城市尤其是老城区存在功能设施陈旧老化、人居环境较差、生态文化保护不足、安全风险隐患较多等问题,不能有效满足居民的工作生活需要。"十四五"及未来一段时期,要着力转变城市发展方式,实施城市更新行动,加快建设和谐宜居、健康安全、富有活力、各具特色的现代化城市。

一是推进城市生态修复、功能修补工程。完善城市生态绿地和廊道系统,建设高品质绿色建筑,构建慢行网络,推动形成绿色低碳的城市建设运营模式,建设绿色城市。**二是**完善城市空间结构。统筹城市规划、建设、管理,科学编制城市各类规划,合理确定城市规模、人口密度、空间结构,统筹老城改造和新城新区建设、产业发展和居住功能、地上和地下空间开发利用,优化城市开发空间结构和人口分布,维护规划的严肃性和权威性,确保"一张蓝图干到底"。科学确定城市定位,促进大中小城市和小城镇协调发展。**三是**强化历史文化保护,塑造城市风貌。把文化作为城市的灵魂,统筹做好历史文化保护传承和现代文化培育发展,加强城市风貌与建筑形态管理,延续城市文脉,彰显城市精神,建设人文城市。**四是**加强城镇老旧小区改造,对城区内功能偏离需求、利用效率低下、环境品质不高的存量片区进行更新改造,使城市功能更加贴近人民生活需要,为市民提供舒适便利的环境,建设宜居城市。力争基本完成2000年底前建成的老旧小区改造任务,有序推动老旧街区、老旧厂区、城中村改造。**五是**加强城镇社区建设,加快补齐社区各类设施短板,健全社区管理服务机制,加强社会工作者队伍建设,提高居住小区物业服务质量和标准化水平,建设现代社区。**六是**大幅增强城市防洪排涝能力。完善城市堤防、排水管渠、排涝除险、蓄水空间等设施,加强重点防洪城市和大江大河沿岸沿线城市排水设施建设,有序推进海绵城市和韧性城市建设,力争5年内内涝治理取得明显成效。

三　提高城市治理水平

城市治理是国家治理体系和治理能力现代化的重要内容。一些城市的管理服务能力滞后于开发建设速度,公共服务供给能力不足,基层社会治理较为薄弱。与此同时,城市社会结构日趋多元,居民个性化需求增多,对城市治理体系和治理能力的完善和提升提出了迫切要求。"十四五"及未来一段时期,要树立全周期管理理念,针对城市治理中存在的突出问题和风险隐患,加快补齐短板弱项,推动城市治理科学化、精细化、智能化,满足市民多样化需求,切实提高特大城市风险防控能力。

一是加强城市风险防控,推动超大特大城市开展风险自查并制定风险防控实施方案,健全防灾减灾基础设施,提升各类设施平战转换能力,对城市生命线系统、应急救援和物资储备系统等进行超前规划布局,加快完善应急预案体系,提高公共卫生预警救治能力和城市抵御冲击、应急保障、灾后恢复的能力,显著提升城市韧性。**二是**坚持房子是用来住的、不是用来炒的定位,因城施策实施房地产市场调控,健全长效机制,促进房地产市场平稳健康发展。有效增加保障性住房供应,完善土地出让收入分配机制,探索支持利用集体建设用地按照规划建设租赁住房,完善长租房政策,扩大保障性租赁住房供给,加快建立多主体供给、多渠道保障、租购并举的住房制度,推动实现全体人民住有所居。**三是**完善城市信息基础设施,充分运用新一代信息技术,整合共享公共数据资源,搭建智慧城市运行管理平台,丰富应用场景,建设智慧城市,推进智慧交通、智慧水务、智慧能源、智慧政务等发展,提升城市治理效率。

四　加快农业转移人口市民化

近年来,新生代农民工和举家迁移农业转移人口规模不断增加,户籍人口城镇化率逐年提高,但一些在城市工作生活多年的农业转移人口依然面临较高落户门槛,一些暂不落户的农业转移人口不能平等享有城镇基本公共服务。"十四五"及未来一段时期,要推动农业转移人口在城镇稳业安居,加快农业转移人口市民化,提高市民化质量,更好满足他们融入城市的期盼。

一是深化户籍制度改革,以城市存量农业转移人口为重点,不断放宽户籍准入限制,完善差别化落户政策。全面取消城区常住人口300万以下城市落户限制,放开放宽城区常住人口300万以上城市落户限制,推动采取积分落户制的城市把居住和社保缴纳年限作为主要积分项。**二是**强化基本公共服务保障,以公办学校为主将农业转移人口随迁子女纳入流入地义务教育保障范围。将非户籍常住人口纳入保障性住房体系,提高农业转移人口住房保障水平。聚焦智能制造、家政服务等用工矛盾突出行业开展大规模职业技能培训,提高农民工就业居住稳定性。**三是**健全农业转移人口市民化机制,完善财政转移支付与农业转移人口市民化挂钩政策,建立财政性建设资金对吸纳落户较多城市的基础设施投资补助机制,建立城镇建设用地年度指标同吸纳农业转移人口落户数量挂钩机制。依法保障进城落户农民农村土地承包权、宅基地使用权、集体收益分配权,畅通"三权"自愿有偿市场化退出渠道。

五　推进以县城为重要载体的城镇化建设

产业和人口向经济发展优势区域集中是客观规律和长期趋势,中心城市和城市群在产业升级、创新策源等方面的引领作用日益凸显。与此同时,大中小城市应形成更为科学的功能定位和更为协调的空间布局,特别是作为城乡融合发展关键纽带的县城具有满足人民群众就业安家需求的巨大潜力。"十四五"及未来一段时期,要积极培育发展城市群和都市圈,发挥中心城市和城市群带动作用,分类明确不同规模城市发展方向和建设重点,选择一批条件好的县城重点发展,优化形成疏密有致、分工协作、功能完善的城镇化空间格局。

一是优化行政区划设置,发挥中心城市和城市群带动作用,提高中心城市和城市群综合承载和资源优化配置能力,健全城市群多层次协调机制和成本共担利益共享机制,优化城市群内部空间结构,形成多中心、多层级、多节点的网络型城市群。处理好中心和区域的关系,更好发挥中心城市辐射带动作用,以点带面、促进区域协调发展。推动成渝地区双城经济圈建设成为西部地区重要增长极。**二是**打造现代化都市圈,建设市域(郊)铁路和城际铁路,完善以轨道交通为骨干的都市圈交通网络,打造1小时通勤圈,促进中心城市与周边城市(镇)同城化发展,形成梯次配套的产业圈,构建便利共享的生活圈。**三是**加快推进以县城为重要载体的城镇化建设,引导超大特大城市中心城区瘦身健体,提升大中城市功能品质,适应农民日益增加的到县城就业安家需求,加快县城补短板强弱项。在一些有条件的地区县城及县级市推进公共服务设施、环境卫生设施、市政公用设施、产业配套设施提级扩能,加快补齐公共卫生防控救治、垃圾无害化资源化处理、污水收集处理、排水管网建设、老旧小区改造等17个领域短板弱项,增强县城综合承载能力和治理能力,引导劳动密集型产业、县域特色经济及农村二三产业在县城集聚发展,补强城镇体系重要环节。按照区位禀赋和发展基础的差异,分类促进小城镇健康发展。

实施城市更新行动

王 蒙 徽

党的十九届五中全会通过的《中共中央关于制定国民经济和社会发展第十四个五年规划和二〇三五年远景目标的建议》明确提出实施城市更新行动,这是以习近平同志为核心的党中央站在全面建设社会主义现代化国家、实现中华民族伟大复兴中国梦的战略高度,准确研判我国城市发展新形势,对进一步提升城市发展质量作出的重大决策部署,为"十四五"乃至今后一个时期做好城市工作指明了方向,明确了目标任务。我们要深刻领会实施城市更新行动的丰富内涵和重要意义,在全面建设社会主义现代化国家新征程中,坚定不移实施城市更新行动,推动城市高质量发展,努力把城市建设成为人与人、人与自然和谐共处的美丽家园。

一 实施城市更新行动的重要意义

城市是我国经济、政治、文化、社会等方面活动的中心,在党和国家工作全局中具有举足轻重的地位。城市建设既是贯彻落实新发展理念的重要载体,又是构建新发展格局的重要支点。实施城市更新行动,推动城市结构调整优化和品质提升,转变城市开发建设方式,对全面提升城市发展质量、不断满足人民群众日益增长的美好生活需要、促进经济社会持续健康发展,具有重要而深远的意义。

（一）实施城市更新行动，是适应城市发展新形势、推动城市高质量发展的必然要求。改革开放以来，我国城镇化进程波澜壮阔，创造了世界城市发展史上的伟大奇迹。2019年我国常住人口城镇化率60.6%，已经步入城镇化较快发展的中后期，城市发展进入城市更新的重要时期，由大规模增量建设转为存量提质改造和增量结构调整并重，从"有没有"转向"好不好"。从国际经验和城市发展规律看，这一时期城市发展面临许多新的问题和挑战，各类风险矛盾突出。我们不仅要解决城镇化过程中的问题，还要更加注重解决城市发展本身的问题，制定实施相应政策措施和行动计划，走出一条内涵集约式高质量发展的新路。

（二）实施城市更新行动，是坚定实施扩大内需战略、构建新发展格局的重要路径。城市是扩内需补短板、增投资促消费、建设强大国内市场的重要战场。城市建设是现代化建设的重要引擎，是构建以国内大循环为主体、国内国际双循环相互促进的新发展格局的重要支点。我国城镇生产总值、固定资产投资占全国比重均接近90%，消费品零售总额占全国比重超85%。实施城市更新行动，谋划推进一系列城市建设领域民生工程和发展工程，有利于充分释放我国发展的巨大潜力，形成新的经济增长点，培育发展新动能，畅通国内大循环，促进我国经济长期持续健康发展。

（三）实施城市更新行动，是推动城市开发建设方式转型、促进经济发展方式转变的有效途径。城市建设是贯彻落实新发展理念、推动高质量发展的重要载体。随着我国经济发展由高速增长阶段进入高质量发展阶段，过去"大量建设、大量消耗、大量排放"和过度房地产化的城市开发建设方式已经难以为继。实施城市更新行动，推动城市开发建设从粗放型外延式发展转向集约型内涵式发展，将建设重点由房地产主导的增量建设，逐步转向以提升城市品质为主的存量提质改造，促进资本、土地等要素根据市场规律和国家发展需求进行优化再配置,从源头上促进经济发展方式转变。

(四)实施城市更新行动,是推动解决城市发展中的突出问题和短板、提升人民群众获得感幸福感安全感的重大举措。在经济高速发展和城镇化快速推进过程中,我国城市发展注重追求速度和规模,城市规划建设管理"碎片化"问题突出,城市的整体性、系统性、宜居性、包容性和生长性不足,人居环境质量不高,一些大城市"城市病"问题突出。在这次新冠肺炎疫情中,城市建设领域的一些问题和短板更加凸显。通过实施城市更新行动,及时回应群众关切,着力解决"城市病"等突出问题,补齐基础设施和公共服务设施短板,推动城市结构调整优化,提升城市品质,提高城市管理服务水平,让人民群众在城市生活得更方便、更舒心、更美好。

二 实施城市更新行动的目标任务

实施城市更新行动,总体目标是建设宜居城市、绿色城市、韧性城市、智慧城市、人文城市,不断提升城市人居环境质量、人民生活质量、城市竞争力,走出一条中国特色城市发展道路。主要任务包括:

(一)完善城市空间结构。健全城镇体系,构建以中心城市、都市圈、城市群为主体,大中小城市和小城镇协调发展的城镇格局,落实重大区域发展战略,促进国土空间均衡开发。建立健全区域与城市群发展协调机制,充分发挥各城市比较优势,促进城市分工协作,强化大城市对中小城市辐射带动作用,有序疏解特大城市非核心功能。推进区域重大基础设施和公共服务设施共建共享,建立功能完善、衔接紧密的城市群综合立体交通等现代设施网络体系,提高城市群综合承载能力。

(二)实施城市生态修复和功能完善工程。坚持以资源环境承载能力为刚性约束条件,以建设美好人居环境为目标,合理确定城市规模、人口密度,优化城市布局,控制特大城市中心城区建设密度,促进公共服务设施合理布局。建立连续完整的生态基础设施标准和政策体系,完善城市生态系统,保护城市山体自然风貌,修复河湖水系和湿地等水体,加强绿色生态网络建设。补足城市基础设施短板,加强各类生活服务设施建设,增加公共活动空间,推动发展城市新业态,完善和提升城市功能。

(三)强化历史文化保护,塑造城市风貌。建立城市历史文化保护与传承体系,加大历史文化名胜名城名镇名村保护力度,修复山水城传统格局,保护具有历史文化价值的街区、建筑及其影响地段的传统格局和风貌,推进历史文化遗产活化利用,不拆除历史建筑、不拆真遗存、不建假古董。全面开展城市设计工作,加强建筑设计管理,优化城市空间和建筑布局,加强新建高层建筑管控,治理"贪大、媚洋、求怪"的建筑乱象,塑造城市时代特色风貌。

(四)加强居住社区建设。居住社区是城市居民生活和城市治理的基本单元,要以安全健康、设施完善、管理有序为目标,把居住社区建设成为满足人民群众日常生活需求的完整单元。开展完整居住社区设施补短板行动,因地制宜对居住社区市政配套基础设施、公共服务设施等进行改造和建设。推动物业服务企业大力发展线上线下社区服务业,满足居民多样化需求。建立党委领导、政府组织、业主参与、企业服务的居住社区治理机制,推动城市管理进社区,提高物业管理覆盖率。开展美好环境与幸福生活共同缔造活动,发挥居民群众主体作用,共建共治共享美好家园。

(五)推进新型城市基础设施建设。加快推进基于信息化、数字化、智能化的新型城市基础设施建设和改造,全面提升城市建设水平和运行效率。加快推进城市信息模型(CIM)平台建设,打造智慧城市的基础操作平台。实施智能化市政基础设施建设和改造,提高运

行效率和安全性能。协同发展智慧城市与智能网联汽车,打造智慧
出行平台"车城网"。推进智慧社区建设,实现社区智能化管理。
推动智能建造与建筑工业化协同发展,建设建筑产业互联网,推广
钢结构装配式等新型建造方式,加快发展"中国建造"。

(六)加强城镇老旧小区改造。城镇老旧小区改造是重大的民
生工程和发展工程。全面推进城镇老旧小区改造工作,进一步摸清
底数,合理确定改造内容,科学编制改造规划和年度改造计划,有序
组织实施,力争到"十四五"期末基本完成2000年前建成的需改造
城镇老旧小区改造任务。不断健全统筹协调、居民参与、项目推进、
长效管理等机制,建立改造资金政府与居民、社会力量合理共担机
制,完善项目审批、技术标准、存量资源整合利用、财税金融土地支持
等配套政策,确保改造工作顺利进行。

(七)增强城市防洪排涝能力。坚持系统思维、整体推进、综合治
理,争取"十四五"期末城市内涝治理取得明显成效。统筹区域流域生
态环境治理和城市建设,将山水林田湖草生态保护修复和城市开发建
设有机结合,提升自然蓄水排水能力。统筹城市水资源利用和防灾减
灾,系统化全域推进海绵城市建设,打造生态、安全、可持续的城市水循
环系统。统筹城市防洪和排涝工作,科学规划和改造完善城市河道、堤
防、水库、排水系统设施,加快建设和完善城市防洪排涝设施体系。

(八)推进以县城为重要载体的城镇化建设。县城是县域经济
社会发展的中心和城乡融合发展的关键节点,在推动就地城镇化方
面具有重要作用。实施强县工程,大力推动县城提质增效,加强县城
基础设施和公共服务设施建设,改善县城人居环境,提高县城承载能
力,更好吸纳农业转移人口。建立健全以县为单元统筹城乡的发展
体系、服务体系、治理体系,促进一二三产业融合发展,统筹布局县
城、中心镇、行政村基础设施和公共服务设施,建立政府、社会、村民
共建共治共享机制。

三 完善住房制度

坚持房子是用来住的、不是用来炒的定位,着力解决住房结构性供给不足的矛盾,完善住房市场体系和住房保障体系,基本建立多主体供给、多渠道保障、租购并举的住房制度,推动实现全体人民住有所居。

(一)稳妥实施房地产长效机制方案。因城施策,落实城市主体责任,健全政策协同机制、部省市联动机制、监测预警机制、市场监管机制和舆论引导机制,建立房地产金融审慎管理制度,全面开展房地产市场调控评价考核工作,着力稳地价、稳房价、稳预期,促进房地产市场平稳健康发展。

(二)完善住房保障体系。加快构建以公租房、保障性租赁住房和共有产权住房为主体的住房保障体系,结合城镇棚户区改造和老旧小区改造,有效增加保障性住房供应。以解决新市民住房困难为出发点,大力发展租赁住房,完善长租房政策,扩大小户型、低租金的保障性租赁住房供给,探索支持利用集体建设用地按照规划建设租赁住房。

(三)完善土地出让收入分配机制。以住房需求为导向配置土地资源,增加住房建设用地供给,优化住房供应结构。深化土地供给侧结构性改革,建立以需求定供给、以效益定供给的城市建设用地供应机制,提高土地利用效益。

(四)改革完善住房公积金制度。扩大缴存范围,覆盖新市民群体。优化使用政策,为发展租赁住房和城镇老旧小区改造提供资金支持。进一步加强住房公积金管理信息化建设,提高监管服务水平。

(五)提升住房品质。完善住房建设标准规范,加强质量安全监管,提高住房设计和建造水平,建设功能完善、绿色宜居、健康安全的高品质住房,不断改善人民群众住房条件和居住环境。

四　提高城市治理水平

城市治理是国家治理体系和治理能力现代化的重要内容,要大幅提升城市科学化、精细化、智能化治理水平,切实提高特大城市风险防控能力。

(一)创新城市治理方式。运用新一代信息技术建设城市综合运行管理服务平台,加强对城市管理工作的统筹协调、指挥监督、综合评价,推行城市治理"一网统管"。从群众身边小事抓起,以绣花功夫加强城市精细化管理。

(二)深化城市管理体制改革。建立健全党委政府统筹协调、各部门协同合作、指挥顺畅、运行高效的城市管理体系,坚持依法治理,注重运用法治思维和法治方式解决城市治理突出问题,加强城市管理执法队伍建设,推进严格规范公正文明执法。

(三)加强特大城市治理中的风险防控。全面梳理城市治理风险清单,建立和完善城市安全运行管理机制,健全信息互通、资源共享、协调联动的风险防控工作体系,实现对风险的源头管控、过程监测、预报预警、应急处置和系统治理。实施城市建设安全专项整治三年行动,加强城市应急和防灾减灾体系建设,综合治理城市公共卫生和环境,提升城市安全韧性,保障人民生命财产安全。

五　实施城市更新行动要做到"六个必须"

(一)必须加强党对城市工作的领导。深入学习贯彻习近平总书记关于城市工作的重要论述和指示批示精神,进一步增强"四个意识",坚定"四个自信",做到"两个维护",全面加强党的领导,发挥党总揽全局、协调各方的领导核心作用,建立健全党委统一领导、党政齐抓共管的城市工作格局。

(二)必须坚持以人民为中心的发展思想。坚持人民城市人民建、人民城市为人民,满足人民群众对城市宜居生活的新期待,着力解决城市发展过程中的不平衡不充分问题,创造优良人居环境,始终做到城市发展为了人民、城市发展依靠人民、城市发展成果由人民共享,不断实现人民对美好城市生活的向往。

(三)必须坚定不移贯彻新发展理念。适应我国经济由高速增长阶段转向高质量发展阶段,转变城市发展方式,将创新、协调、绿色、开放、共享的新发展理念贯穿实施城市更新行动的全过程和各方面,推动城市实现更高质量、更有效率、更加公平、更可持续、更为安全的发展。

(四)必须坚持"一个尊重、五个统筹"。认识、尊重、顺应城市发展规律,树立正确的发展观和政绩观,统筹城市工作的各个方面各个环节,整合各类资源,调动各方力量,提高城市工作水平,不断增强城市的整体性、系统性、生长性,提高城市的承载力、宜居性、包容度。

(五)必须加快改革创新步伐。坚定不移深化改革,加快完善城市规划建设管理体制机制,形成一整套与大规模存量提质改造相适应的体制机制和政策体系,健全社会公众满意度评价和第三方考评机制,推动城市发展质量变革、效率变革、动力变革,促进城市治理体系和治理能力现代化。

(六)必须用统筹的方法系统治理"城市病"。把城市作为"有机生命体",建立完善城市体检评估机制,统筹城市规划建设管理,系统治理"城市病"等突出问题。把城市作为巨型复杂系统来统筹安排各方面的工作,持续推动城市有机更新,促进城市全生命周期的可持续发展。

提升公共文化服务水平

王 晓 晖

党的十九届五中全会通过的《中共中央关于制定国民经济和社会发展第十四个五年规划和二〇三五年远景目标的建议》（以下简称《建议》），站在推进社会主义文化强国建设的高度，着眼满足人民日益增长的精神文化生活需要，明确提出"提升公共文化服务水平"，并作出一系列重大部署。这充分体现了以习近平同志为核心的党中央对文化建设的高度重视，反映了我们党鲜明的文化立场和价值取向。我们一定要认真学习贯彻《建议》精神，准确把握经济社会发展新要求和广大人民群众新期待，全面繁荣新闻出版、广播影视、文学艺术、哲学社会科学事业，切实把公共文化服务提高到一个新水平，让人民享有更加充实、更为丰富、更高质量的精神文化生活。

一　深刻认识提升公共文化服务水平的重要意义

文化既是凝聚力量的精神纽带、推动发展的重要支撑，又直接关系民生福祉、关系人的全面发展。没有文化大繁荣，就没有现代化强国；没有文化幸福感，就没有高品质生活。党的十八大以来，党中央始终把发展公共文化服务摆在重要位置，习近平总书记反复强调加快构建现代公共文化服务体系，促进基本公共文化服务标准化均等化。我们要深入学习领会党中央精神，充分认识提升公共文化服务水平的重要性紧迫性。

更好保障人民文化权益,迫切要求提升公共文化服务水平。实现好、维护好、发展好人民文化权益,是社会主义文化建设的根本目的,是推动我国文化发展的出发点和落脚点。践行党的初心使命、根本宗旨、执政理念,在文化领域最重要的体现就是担当起保障人民文化权益的责任。改革开放以来,我们党坚持把加强公共文化服务作为实现人民基本文化权益的主要途径,加快建设和完善公共文化服务体系,文化民生得到显著改善,人民群众的文化获得感、满足感不断增强。同时也应当看到,随着时代进步和实践发展,人们的平等意识、公平意识、权利意识日益增强,对实现包括文化权益在内的各方面权益的要求越来越高。这就需要牢牢坚持以人民为中心的发展思想,始终做到文化发展为了人民、文化发展依靠人民、文化发展成果由人民共享,不断提升公共文化服务水平,着力增进人民文化福祉,使人民文化权益得到更充分、更切实的保障。

更好适应人民改善生活品质新期待,迫切要求提升公共文化服务水平。经济社会发展水平越提高,人民群众物质生活越丰富,人们精神文化需求就越突出。我们即将全面建成小康社会、开启全面建设社会主义现代化国家新征程,我国已转向高质量发展阶段,人民改善生活品质的愿望更加强烈,享有更丰富、高品位文化生活的期盼日益高涨。可以说,文化已经成为衡量人民幸福指数的重要尺度,成为提高人民生活质量的关键因素。同时也应当看到,我国文化需求和文化供给之间的结构性矛盾还比较突出,"缺不缺、够不够"问题总体上得到解决,"好不好、精不精"问题越来越凸显,高水平文化服务相对缺乏。这就需要适应我国社会主要矛盾变化,着眼不断实现人民对美好生活的向往,努力提供更多优质公共文化产品和服务,更好满足人民多样化、多层次、多方面的文化需求,丰富人民精神世界,增强人民精神力量。

更好补齐文化发展短板弱项,迫切要求提升公共文化服务水平。推动文化事业和文化产业同发展、城乡区域文化共繁荣,是我国文化建设的实践要求和重要目标。近年来,我国公益性文化事业取得长足进步,面向基层的文化惠民工程深入推进,贫困地区文化面貌大为改观,公共文化服务整体水平明显提高。截至 2019 年底,全国共有博物馆 3410 个,公共图书馆 3189 个,文化馆 3325 个;近 55 万个行政村(社区)建成综合性文化服务中心,占比 95.46%;2176 个县(市、区)建成文化馆总分馆制,2155 个县(市、区)建成图书馆总分馆制,分别占比89.47%、91.9%;广播、电视节目综合人口覆盖率分别达 99.1%、99.4%。同时也应当看到,我国城乡、区域公共文化服务发展的差距依然较大,公共文化资源配置不合理、基层文化设施利用不充分、文化服务效能不够高等问题仍然突出。这就需要坚持政府主导、社会参与、重心下移、共建共享,统筹推进公共文化服务"硬件"和"软件"建设,不断扩大覆盖面、增强实效性,加快建立现代公共文化服务体系。

二 着力推出更多文艺精品

人民需要文艺,文艺更需要人民。满足人民精神文化需求,文艺发挥着特殊重要的作用。党的十八大以来,在习近平总书记关于文艺工作的一系列重要讲话和指示精神指引下,我国文艺事业呈现出积极向上、欣欣向荣的生动局面,文艺创作生产能力明显提升,优秀文艺作品持续涌现,特别是围绕一些重要时间节点,推出了许多质量上乘、脍炙人口的好作品。从电影来看,2019 年生产电影 1037 部,城市院线观影人次 17 亿多,票房收入 642 亿多元,其中 47 部电影票房过亿元。随着物质生活的改善,人民群众对文艺的需求越来越高,文艺对人民群众生活的影响越来越大。这要求我们始终坚持以人民为中心的创作导向,聚焦弘扬中国精神、构筑中国价值、凝聚中国力量,更加自觉地为人民抒写、抒情、抒怀,努力提供更多群众喜爱的精神食粮。提高质量是文艺作品的生命线,要坚持把创作生产优秀作品作为中心环节,实施文艺作品质量提升工程,大力推进文艺创新,营造良好文艺生态,着力打造思想精深、艺术精湛、制作精良的经典佳作,不断筑就新的文艺高峰。文艺越贴近现实、观照现实,就越充满生机活力,越广受群众欢迎。要切实加强现实题材创作生产,引导广大文艺工作者把准新的历史方位和时代坐标,更加主动地深入生活、扎根人民,从当代中国伟大实践、人民群众火热生活中开阔艺术视野、开掘创作题材,不断推出反映时代新气象、讴歌人民新创造的文艺精品。

三 推动媒体深度融合

媒体是宣传党的主张、反映人民呼声的主要渠道,也是提供公共文化服务、丰富人民文化生活的重要平台。随着互联网的迅猛发展和广泛应用,全程媒体、全息媒体、全员媒体、全效媒体应运而生,媒体领域正在发生前所未有的深刻变革,给新闻舆论工作、人民生产生活带来深远影响。经过近几年的努力,我国传统媒体和新兴媒体融合发展取得显著成效,体制机制、平台阵地、管理流程、人才技术等融合程度日益加深,新闻舆论传播力、引导力、影响力、公信力不断提高。媒体格局和舆论生态的深刻变化,要求我们深入把握信息化社会和全媒体时代发展新趋势,坚持正能量是总要求、管得住是硬道理、用得好是真本事的方针,以更坚定的决心、更有力的举措推进媒体深度融合,加大统筹指导和组织协调力度,不断做强新型主流媒体,努力构建网上网下一体、内宣外宣联动的主流舆论格局。要实施全媒体传播工程,坚持移动优先,加快建立以内容建设为根本、先进技术为支撑、创新管理为保障的全媒体传播体系,牢牢占据舆论引导、思想引领、文化传承、服务人民的传播制高点。建设县级融媒体中心是推动基层媒体融合发展的主要抓手,目前全国已经建成 2200 多个,要建强用好县级融媒体中心,使之成为面向基层的主流舆论阵地、综合服务平台和社区信息枢纽,更好地引导群众、凝聚群众、服务群众。

四 推进城乡公共文化服务体系一体建设

目前,我国总体上进入了以工补农、以城带乡、城乡一体发展的历史阶段。推进城乡公共文化服务体系一体建设,是建立新型工农城乡关系的必然要求,也是解决城乡文化发展不平衡、农村文化发展不充分问题的迫切需要。要把农村文化建设同乡村振兴战略和新型城镇化战略有效衔接起来,优化城乡文化资源配置,增加农村公共文化服务总量供给,缩小城乡公共文化服务差距,促进城乡文化协调发展。要围绕巩固拓展脱贫攻坚成果,继续发挥文化扶志、扶智的重要作用,保持对脱贫地区文化建设投入力度总体稳定,不断提高脱贫地区公共文化服务质量。要创新实施文化惠民工程,引导优质文化资源和文化服务更多地向农村倾斜,向革命老区、民族地区、边疆地区倾斜,向特殊群体倾斜。同时,要改进完善运行机制,推动"群众点单"和"政府买单"更好对接,鼓励社会力量积极参与,着力提升公共文化服务效能。要广泛开展群众性文化活动,健全机制、搭建平台,把"送"文化和"种"文化结合起来,增强农村的文化"造血"功能。文化设施是公共文化服务体系的基础,要统筹城乡文化设施建设,促进互联互通、共建共享,实现农村文化基础设施网络有效覆盖。要加强国家重大文化设施和文化项目建设,推进国家版本馆、国家文献储备库、智慧广电等工程,强基础、利长远、惠民生,带动城乡公共文化服务不断达到新水平。

五 推动公共文化数字化建设

推动公共文化数字化建设,是促进公共文化服务提质升级的必然选择,也是在更大范围让人民共享文化发展成果的有效途径。近年来,随着数字中国建设的深入推进,公共文化数字平台和多种基础资源库、数据库建设成效明显,数字图书馆、数字文化馆、数字博物馆、数字文化长廊、数字艺术展示厅等大量涌现,为广大群众提供了越来越多便捷高效的文化服务。现在,新一代信息技术多点突破、快速发展,正在广泛渗透到经济社会各个领域,数字化、网络化、智能化发展势头日益强劲,特别是我国数字社会、数字政府建设步伐加快,新型基础设施网络不断完善,互联网普及率和用户规模大幅攀升,公共文化数字化建设面临着极好机遇,具备许多有利条件。要紧紧抓住这一重要契机,更加重视推动公共文化数字化,坚持建设和管理并重,加强规划引导和政策指导,促进公共文化服务模式不断创新,努力形成线上线下融合互动、立体覆盖的文化服务供给体系。要打通各层级公共文化数字平台,打造公共文化数字资源库群,构建互联互通、资源共享的服务网络。要统筹推进公共文化数字化重点工程建设,把服务城乡基层特别是农村作为着力点,不断缩小城乡之间的数字鸿沟,让人们更有效、更公平地分享公共文化服务。

六 传承弘扬中华优秀传统文化

中华优秀传统文化源远流长、历久弥新,是中华民族赖以生存发

展的精神命脉,是滋养中国人民精神世界的深厚源泉。现在,学习了
解优秀传统文化越来越成为一种新的时尚,人们越来越注重从中寻求
思想上的启迪、精神上的熏陶、道德上的感召。要坚持创造性转化、创
新性发展,推动中华优秀传统文化不断发扬光大,使之展现出永久魅
力和时代风采。文物、古籍承载着中华民族的历史记忆,记录着中华
文明的发展脉络。要切实加强文物古籍保护、研究、利用,厘清"源"与
"流",讲清"古"与"今",特别是要紧密结合时代条件和实践要求进行
开掘深挖,真正让收藏在博物馆里的文物和书写在古籍里的文字活起
来,不断增强中华文化的生命力和影响力。我国拥有丰富的文化遗
产,目前列入世界遗产名录的就有55个,列入人类非物质文化遗产名
录的达40项。要强化重要文化和自然遗产、非物质文化遗产系统性保
护,坚持保护为主、合理利用,做到在保护中发展、在发展中保护,更好
地传承和延续历史文脉。要加强各民族优秀传统手工艺保护和传承,
推动传统工艺振兴。建设国家文化公园是继承发展历史文化、弘扬伟大
民族精神的一项创造性举措,要坚持高标准、高质量,统筹推动建设长城、
大运河、长征、黄河等国家文化公园,着力挖掘和展示其中蕴含的文化内
涵、文化精神,为推动中华文化走向新辉煌不断注入新动力。

推动文化和旅游融合发展

雒 树 刚

文化和旅游融合发展是以习近平同志为核心的党中央立足党和国家事业全局、把握文化和旅游发展规律作出的战略决策,是贯彻习近平总书记关于文化和旅游工作重要论述的重大实践。党的十九届五中全会通过的《中共中央关于制定国民经济和社会发展第十四个五年规划和二〇三五年远景目标的建议》明确提出,"推动文化和旅游融合发展,建设一批富有文化底蕴的世界级旅游景区和度假区,打造一批文化特色鲜明的国家级旅游休闲城市和街区,发展红色旅游和乡村旅游",进一步明确了文化和旅游融合发展要求,为"十四五"时期文化和旅游改革发展提供了遵循、指明了方向。我们要深入学习领会、认真贯彻落实,推动文化和旅游深度融合、相互促进,激发新动能、形成新优势、实现新发展,更好满足人民美好生活新期待,为全面建设社会主义现代化国家作出新贡献。

一 深刻认识文化和旅游融合发展的重大意义

文化和旅游融合发展是文化建设和旅游发展的内在要求和必然结果。综观古今中外,文化和旅游融合发展的成功事例不胜枚举,我国改革开放以来在融合发展上的探索成效斐然。党的十八大以来,以习近平同志为核心的党中央高度重视文化和旅游工作,对文化和

旅游融合发展作出一系列重要部署,特别是在推进全面深化改革进
程中,作出组建文化和旅游部,推动文化事业、文化产业和旅游业融
合发展的重大决策。党的十九届五中全会再次作出"推动文化和旅
游融合发展"的战略部署,必将开启新时代文化和旅游融合发展新
征程,为繁荣兴盛社会主义文化、助力实现中华民族伟大复兴中国梦
作出新贡献。我们要进一步深化对推动文化和旅游融合发展重要性
的认识,切实增强责任感、使命感、紧迫感,增强政治自觉、思想自觉、
行动自觉。

(一)推动文化和旅游融合发展是提升旅游发展品质的重要手
段。习近平总书记指出,人文资源是旅游发展的基础,旅游讲特色、
创精品,一个重要的方面就是要十分注意对文化内涵的发掘。发展
旅游,最重要的资源无非两大类。一类是自然资源,主要是自然形成
的壮丽河山、优美风景;一类是人文资源,主要包括几千年中华文明
留下的文化遗产遗迹、历史文化传统、各民族各地方风土人情,以及
我们党领导人民在革命、建设、改革中取得的伟大成就等。因此,文
化资源本就是最重要的旅游资源。即使是自然资源,很多也富含人
文要素、打上文化烙印,正所谓"山不在高,有仙则名;水不在深,有
龙则灵",人文色彩越浓厚的旅游资源就越有魅力。随着经济社会
发展和人民生活水平提高,我国进入大众旅游新时代,单纯以观光看
景为主的旅游已经不能满足游客"求新、求奇、求知、求乐"的旅游愿
望。这就需要以优秀人文资源为主干,用文化提升旅游品位,把历史
文化与现代文明融入旅游经济发展,大力弘扬优秀民族文化和民族
精神,精心打造更多体现文化内涵、人文精神的旅游精品,让自然景
观更富神韵、文化体验尽显魅力。

(二)推动文化和旅游融合发展是传播弘扬中华文化的有效路
径。习近平总书记指出,旅游业发展与精神文明建设密切相关,发展
旅游经济,对弘扬我国优秀文化传统,增强中华民族的凝聚力,都具

有十分重要的意义。旅游本质上是人们认识世界、感悟人生的一种精神文化活动,参与度高、覆盖面广、体验感强。中华民族自古崇尚"读万卷书,行万里路"。人们在旅途中增加知识、拓展视野、感知文化、涤荡灵魂,其所见所闻、所思所悟,也为文化创作提供了丰富素材和无尽灵感,《诗经》很多内容来自民间采风活动,唐诗宋词许多名篇成于游历山水之间。同时,旅游也是不同国家、不同文化交流互鉴的重要渠道,是传播文明、交流文化、增进友谊的桥梁。像古丝绸之路,既是一条商旅之路,也是一条文化交往之路,每一名商旅游人都是文化使者,每一次旅行活动都促进文化相通。这就要求我们充分发挥旅游在传播中华文化、培育社会主义核心价值观方面的特殊优势,使旅游成为宣传灿烂文明和现代化建设成就的重要窗口,成为传播科学知识和先进文化的重要阵地,成为促进民心相通、展示中国形象的重要桥梁。

(三)推动文化和旅游融合发展是满足人民美好生活需要的必然要求。习近平总书记指出,满足人民过上美好生活的新期待,必须提供丰富的精神食粮。丰富健康的文化生活是衡量人们生活质量的重要标志;旅游是人们生活水平提高的一个重要指标,旅游业是提高人民生活水平的重要产业。在满足人民美好生活新期待、提高人民获得感幸福感这个目标上,文化建设和旅游事业的目标是一致的。作为生活性服务业的重要组成部分,作为典型的综合性产业,文化产业、旅游产业又是天然相通的,关联度、融合度越来越高。据联合国教科文组织和世界旅游组织测算,全球近40%的旅游业是由文化驱动的。另据我国研究机构调查数据显示,2019年国庆黄金周国内旅游人次约8亿,其中66.4%的游客参观过人文旅游景点,足以见得文化和旅游产业融合发展的巨大潜力。这就要求我们立足文化和旅游发展内在要求、顺应融合发展趋势,找准最佳切入点、最大公约数,推动文化和旅游相互支撑、优势互补、协同共进,拓展新的发展空间、形成新的发展优势,努力开创文化创造活力持续迸发、旅游发展质量持续提升的新局面,让人们在享受高品质文化、旅游产品和服务过程中,实现精神文化需求极大满足、美好生活指数全面提升。

二 推动文化和旅游融合发展的基本思路

习近平总书记关于文化和旅游融合发展重要论述是在正确认识文化和旅游发展规律基础上的重大理论创新,必须准确理解核心要义、落实工作要求、形成基本思路,坚持宜融则融、能融尽融,推动文化和旅游深度融合,为文化建设和旅游发展提供新引擎新动力。

(一)坚持以人民为中心的发展思想。习近平总书记关于文化和旅游融合发展重要论述蕴含的一个基本观点,就是必须坚持把更好满足人民群众精神文化需求作为工作的出发点和落脚点。中国特色社会主义进入新时代,社会主要矛盾发生变化,从"人民日益增长的物质文化需要"到"人民日益增长的美好生活需要",体现出人民需要已经从保基本的"有没有""缺不缺"向求品质的"好不好""精不精"转变,由"生存需求"型向"精神需求"型转变,可以说美好生活需求更强、要求更高。推动文化和旅游融合发展,必须紧扣社会主要矛盾变化,为广大人民群众提供更多的优秀文化产品和优质旅游产品,丰富人民精神世界,增强人民精神力量,满足人民精神需求,提升人民获得感、幸福感。

(二)坚持高质量发展的工作导向。习近平总书记关于文化和旅游融合发展的重要论述深刻阐述了文化和旅游的相互促进作用。推动文化和旅游融合发展,不只是文化和旅游的简单相加,而是要充分发挥文化和旅游的各自优势,促成化学反应、形成发展动能,实现文化和旅游相互促进、相辅相成,提高发展质量和效益。以文化和旅游工作体制机制改革为契机,加大资源整合利用力度,优化政策环境、法规环境、工作环境,以体制机制创新为事业发展提供不竭动力。要以文化和旅游领域供给侧结构性改革为主线,加快产业转型升级,以深度融合促进理念创新、机制创新、业态创新、模式创新,努力实现更高质量、更有效率、更可持续的发展。

(三)坚持增强国家文化软实力的战略目标。增强国家文化软实力和中华文化影响力,是党和国家工作的一项重大战略任务,关系到"两个一百年"奋斗目标和中华民族伟大复兴中国梦的实现。文化和旅游都是促进文明交流、民心相通的重要桥梁,是讲好中国故事、传播中国声音、展示中国形象的重要渠道,是增强国家文化软实力和中华文化影响力的重要源泉。推动文化和旅游融合发展,必须对标对表党和国家工作大局、服从服务国家整体战略,既要用好文化渠道,也要用好旅游途径,更要以文化和旅游之合力,全方位、多领域推进文化和旅游国际交流合作,传播和弘扬中华文化的当代价值、世界价值,塑造负责任、现代化的大国形象,夯实构建人类命运共同体的民意基础。

(四)坚持实事求是的基本原则。推动文化和旅游融合发展,既是时代大课题,又是发展新任务,必须坚持实事求是、从实际出发,做到科学融合、有序融合。尊重客观规律,既看到文化和旅游有能够融合的一面,又看到它们各自相对独立的一面;既努力做到你中有我、我中有你,又做到你还是你、我还是我,坚持宜融则融、能融尽融原则,避免片面强调特殊性和抹杀特殊性两种错误倾向。坚持因地制宜,立足区位特点、依据资源禀赋,走特色化、差异化发展道路,不搞"一刀切"、不能"一窝蜂",防止照搬照抄、简单模仿。坚持稳中求进,做到稳扎稳打、久久为功,既不能一味观望等待,又不能指望一蹴而就;既反对保守、不作为,又防止冒进、乱作为。

三 扎实推动文化和旅游融合发展要求落到实处

党的十九届五中全会对推动文化和旅游融合发展作出新部署、提出新要求。我们要全面贯彻落实党的十九届五中全会精神,学习贯彻习近平总书记关于文化和旅游融合发展重要论述精神,坚定文化自信、增强文化自觉,推动文化和旅游融合发展要求落地落实、取得实效,助力社会主义文化强国和旅游强国建设。

(一)加强顶层设计,完善体制机制。健全文化和旅游融合发展的体制机制,为文化和旅游深度融合、创新发展提供制度保障。强化政策法规引领,研究制定有关扶持政策和举措,特别是在财政、金融、用地和人才保障等方面拿出真招实招,为文化和旅游融合发展提供政策支撑。结合"十四五"时期经济社会发展规划编制,将推动文化和旅游融合发展纳入有关文化发展改革规划和旅游发展规划,谋划设计一批重要工程、重点项目、重大举措。积极搭建融合发展平台和载体,营造良好环境,让一切有利于文化和旅游融合发展的创造源泉充分涌流。

(二)整合优势资源,推进业态融合。实施"文化+""旅游+"战略,找准产业结合点,推动文化和旅游产业与相关产业融合发展,特别是文化和旅游产业深度融合,打造兼具文化和旅游特色的新业态、新主体、新模式。推进红色旅游、旅游演艺、文化遗产旅游、主题公园等已有融合发展业态提质升级,支持开发集文化创意、度假休闲等主题于一体的文化旅游综合体。依托文化资源、突出文化元素,大力发展研学旅游、展演旅游、康养旅游等新型文化旅游业态。推进长城、大运河、长征、黄河等国家文化公园建设,创立一批文化主题鲜明、文化要素完备的特色旅游目的地。

（三）突出创新创意，推进产品融合。发挥文化产业创新创意优势，推动更多文化资源转化为高品质旅游产品，扩大产品和服务有效供给，满足人民群众多样化多层次需求。加大文化资源和旅游资源普查、梳理、挖掘、阐发力度，推出一批文化旅游精品线路和项目，丰富文化创意产品和旅游商品市场，加强产品宣传展示。在加强保护基础上，盘活用好各类文物资源，推动有条件的文博场馆改扩建、提高展陈水平，推动将更多文物资源纳入旅游线路、融入景区景点。加强革命文物保护利用，推出一批承载革命文化内涵、群众喜闻乐见的红色旅游产品。发掘乡村人文资源，提供更具文化内涵的乡村旅游产品，提升乡村旅游智慧供给和服务水平，推动高质量发展。深入挖掘地域文化特色，把更多文化内容注入景区景点，使文化成为景区景点金字招牌。

（四）优化资源配置，推进市场融合。深入推进"放管服"改革，优化营商环境，促进各类资源要素合理流动、高效配置，积极培育文化和旅游市场主体、提升活力竞争力。鼓励文化机构和旅游企业对接合作，推动形成一批以文化和旅游为主业、以融合发展为特色、具有较强竞争力的领军企业、骨干企业。促进文化和旅游市场监管融合，加强对新主体新业态新群体的引导、管理和服务，更新监管理念，建设信用体系，推进行业标准建设和行风建设。坚持把社会效益放在首位，弘扬正确历史观、民族观、国家观、文化观，加强对旅游场所、项目、活动监管，加强对旅行社和导游规范管理，确保旅游市场高扬主旋律、充满正能量。

（五）发挥综合效益，推进服务融合。协同推进公共文化服务和旅游公共服务、为居民服务和为游客服务，形成宜居宜业宜游的服务网络。统筹公共服务设施建设、管理、使用，建设、改造一批文化和旅游综合服务设施，提高公共服务覆盖面和适用性。统筹公共服务机构功能设置，在旅游公共服务设施修建、改造中，增加文化内涵，彰显

中国特色、中华元素、地方特点,充满文化味。推动文化和旅游惠民
工程整合资源、转型升级、创新机制,精准对接需求,提高服务效能,
为百姓提供更精准、更有效的服务。推动公共文化服务进入旅游景
区、旅游度假区,在游客聚集区积极引入影院、剧场、书店等文化设
施,构建主客共享的文化和旅游新空间。

(六)统筹文旅渠道,推进交流融合。整合对外和对港澳台文化
和旅游交流工作力量,发挥海外文化和旅游工作机构合力,用好各类
文化和旅游双边、多边交流机制,统筹安排"欢乐春节""美丽中国"
等文化和旅游交流活动,同步推进文化交流和旅游推广。综合发挥
文化和旅游各自优势,推动更多优秀文化产品、优质旅游产品走向海
外,进入主流市场、影响主流人群,把中华优秀传统文化精神标识展
示好,把当代中国发展进步和中国人精彩生活表达好。把握入境游
客旅游需求和接受习惯,设计有针对性的文化旅游线路和项目,展示
好真实、立体、全面的中国。引导出境游客文明旅游,引导游客遵守
境外法律法规、尊重当地风俗习惯,使亿万游客成为中国形象体现
者、中国故事讲述者和中华文明传播者。

持续改善环境质量

孙 金 龙

党的十九届五中全会通过的《中共中央关于制定国民经济和社会发展第十四个五年规划和二〇三五年远景目标的建议》（以下简称《建议》）明确提出持续改善环境质量的重大任务。这是以习近平同志为核心的党中央，深刻把握我国生态文明建设及生态环境保护形势，着眼美丽中国建设目标，立足满足人民日益增长的美好生活需要作出的重大战略部署。我们要深入贯彻习近平生态文明思想，准确把握持续改善环境质量的重大意义、重点任务和主要措施，坚决抓好贯彻落实。

一 充分认识持续改善环境质量的重大意义

"十三五"时期，在以习近平同志为核心的党中央坚强领导下，各地方各部门深入贯彻习近平生态文明思想，污染防治力度加大，生态环境明显改善，美丽中国建设迈出坚实步伐。截至2019年底，"十三五"规划纲要和污染防治攻坚战确定的生态环境保护9项约束性指标，其中有8项已提前完成2020年目标任务，还有1项预计2020年能够圆满完成。同时也要看到，我国生态环境保护结构性、根源性、趋势性压力总体上尚未根本缓解，生态环保任重道远。"十四五"时期，必须毫不放松推进环境治理，持续改善环境质量，为人民群众提供更多优质生态产品。

（一）持续改善环境质量是建设美丽中国的重要任务。《建议》提出，到2035年，广泛形成绿色生产生活方式，碳排放达峰后稳中有降，生态环境根本好转，美丽中国建设目标基本实现。建设美丽中国，良好的环境质量是重要标志。我们必须锚定目标，对标对表，保持加强生态文明建设的战略定力，在改善环境质量上持续发力、久久为功，建设青山常在、绿水长流、空气常新的美丽中国。

（二）持续改善环境质量是不断满足人民对美好生活新期待的必然要求。良好生态环境是最公平的公共产品，是最普惠的民生福祉。人民群众日益增长的优美生态环境需要已经成为我国社会主要矛盾的重要内容，广大人民群众热切期盼良好生产生活环境。人民对美好生活的向往就是我们的奋斗目标。我们必须坚持以人民为中心，加快改善环境质量，让人民群众进一步享受到蓝天白云、繁星闪烁，清水绿岸、鱼翔浅底，鸟语花香、田园风光，不断提高对优美生态环境的获得感、幸福感和安全感。

（三）持续改善环境质量是推动高质量发展的有力抓手。高质量发展是体现新发展理念的发展，生态环境高水平保护是重要方面。生态环境问题归根结底是发展方式和生活方式问题。改善环境质量，需要改变传统生产模式和消费模式，推动质量变革、效率变革、动力变革。在推动高质量发展过程中，污染防治和环境治理是需要跨越的一道重要关口。我们必须充分发挥生态环境保护的引导和倒逼作用，以持续改善环境质量促进经济社会发展全面绿色转型，让绿色成为高质量发展的鲜明底色。

（四）持续改善环境质量是解决生态环境领域突出问题的集中体现。当前，我国区域性、结构性污染问题依然突出，主要污染物排放量仍处于高位，环境质量特别是大气环境质量受自然条件变化影响较大，一些流域和地区水环境质量改善程度不高，土壤污染、危险废物、化学品等环境风险管控压力大。我们必须坚持以改善环境质量为核心，聚焦突出问题，抓重点、补短板、强弱项，全面推进、加快解决。

二 准确把握持续改善环境质量的主要任务

《建议》坚持目标导向和问题导向相结合，提出持续改善环境质量的重点任务和主要举措。

（一）深入打好污染防治攻坚战，继续开展污染防治行动。党的十八大以来，我们党和国家坚决向污染宣战，制定实施大气、水、土壤污染防治行动计划。尤其是党的十九大后，各地区各部门聚焦打赢蓝天保卫战等标志性战役，坚决打赢打好污染防治攻坚战，预计可以实现阶段性目标任务。与 2015 年相比，2019 年全国地表水优良水质断面比例上升 8.9 个百分点，劣五类断面比例下降 6.3 个百分点；细颗粒物未达标地级及以上城市年均浓度下降 23.1%，全国 337 个地级及以上城市年均优良天数比例达到 82%。同时，我国生态环境保护仍处于压力叠加、负重前行的关键期，生态环境质量改善成效并不稳固，稍有松懈就有可能出现反复，犹如逆水行舟，不进则退。要坚持方向不变、力度不减，突出精准治污、科学治污、依法治污，继续开展污染防治行动，深入打好蓝天、碧水、净土保卫战。

（二）加强细颗粒物和臭氧协同控制，基本消除重污染天气。近年来大气污染治理成效显著，环境空气质量明显改善，细颗粒物浓度明显下降，重污染天气明显减少。但臭氧污染问题逐步显现，浓度呈逐年上升态势，成为影响环境空气质量的又一重要污染物，加强细颗粒物和臭氧协同控制成为改善环境空气质量的关键。

强化多污染物协同控制和区域协同治理，以细颗粒物和臭氧协同控制为主线,把产业结构、能源结构、运输结构、用地结构、农业投入结构调整摆到更加突出位置,突出抓好挥发性有机物和氮氧化物协同治理。加强重点区域、重点时段、重点领域治理。健全京津冀及周边地区、长三角地区、汾渭平原大气污染联防联控常态化机制,推动苏皖鲁豫交界等地区解决突出的区域性大气污染问题。夏季重点治理臭氧污染,秋冬季重点治理细颗粒物污染。以钢铁等行业为重点,大力推进工业炉窑综合治理;以石化等行业为重点,全面推进挥发性有机物综合治理。

(三)治理城乡生活环境,基本消除城市黑臭水体。近年来,我国水污染防治工作全面推进。截至 2019 年底,累计完成 2804 个饮用水水源地 10363 个问题整改,地级及以上城市建成区黑臭水体消除比例达 86.7%。但水环境质量改善地区间不平衡,不少城市和园区环境基础设施欠账较多,城乡面源污染防治亟待突破。要统筹水资源、水生态、水环境、水灾害,保好水、治差水、增生态用水。以河湖、海湾为抓手,推进美丽河湖、美丽海湾建设。以补齐城乡污水收集和处理设施短板为关键,推进城镇污水管网全覆盖,加强生活源污染治理。以企业和工业集聚区为重点,推进工业园区污水处理设施分类管理、分期升级改造。以降低氮磷负荷为着力点,加强农业源污染控制,推进化肥、农药减量化。因地制宜推进农村改厕、生活垃圾处理和污水治理,实施河湖水系综合整治,改善农村人居环境。

(四)加强危险废物医疗废物收集处理,重视新污染物治理。作为全球化学品生产和消费大国,我国环境风险企业数量庞大、近水靠城,布局性、结构性风险突出。危险废物、医疗废物处置能力存在短板。随着新技术新材料新化学物质的广泛应用,新污染物日益引起关注。要着力提升危险废物环境监管、利用处置和环境风险防范能力。大力推进化学品环境风险管控,完成重点地区危险化学品生产企业搬迁改造。持续开展化学物质环境风险评估,加强风险控制和管理技术研究,加大对新污染物环境风险管控力度。加强海洋垃圾和微塑料治理,强化源头控制、及时清理和全生命周期管理。推进土壤污染治理,防控土壤污染风险,保障土壤环境安全。

(五)积极参与和引领应对气候变化等生态环保国际合作。建设美丽家园是人类的共同梦想。面对生态环境挑战,人类是一荣俱荣、一损俱损的命运共同体。要秉承人类命运共同体理念,深度参与全球环境治理。积极履行应对气候变化承诺,提高国家自主贡献力度,推动构建公平合理、合作共赢的全球气候治理体系。扎实推进绿色"一带一路"建设,推动落实2030年可持续发展议程。以举办《生物多样性公约》第15次缔约方大会为契机,推动达成2020年后全球生物多样性框架。

三 推进生态环境治理体系和治理能力现代化

《建议》以改革创新为动力,就强化体制机制保障提出明确要求,完善生态文明领域统筹协调机制,推动健全环境治理体系,形成全社会共同推进环境治理的良好格局。

(一)增强全社会生态环保意识。良好的生态环境关系每个地区、每个行业、每个家庭,每个人都是生态环境的保护者、建设者、受益者。要加强生态环境保护宣传教育,大力弘扬生态文化。充分发挥各类媒体作用,大力宣传环保工作先进典型,及时曝光突出环境问题及整改情况。加大环境信息公开力度,健全环境决策公众参与机制。完善监督举报、环境公益诉讼等机制,鼓励和引导环保社会组织和公众参与环境污染监督治理。

(二)建立地上地下、陆海统筹的生态环境治理制度。山水林田湖草是相互依存、紧密联系的生命共同体。一些污染问题表现在地下、在水里,根子却在地上、在岸上。要用系统论的思想方法看问题,从系统工程和全局角度寻求治理之道,按照生态系统的整体性、系统性及其内在规律,建立地下水、地表水、土壤污染协同防治制度,建立陆海统筹的海洋生态环境保护修复制度,进行整体保护、系统修复、综合治理。

(三)全面实行排污许可制。排污许可制是落实企事业单位治污主体责任的有力举措,要全面实施,强化企业持证排污和按证排污,强化固定污染源全过程管理、多污染物协同控制。排污权、用能权、用水权、碳排放权市场化交易是用市场化机制激励节能减排减碳的一项基础性制度,要深入推进资源要素市场化改革,进一步完善各类产权交易机制,通过市场化的产权交易,优化资源配置,激发地区、企业保护环境内生动力。

(四)完善环境保护、节能减排约束性指标管理。环境质量、节能减排等指标作为国民经济和社会发展约束性指标,已经成为推进生态环境保护的有力抓手。"十四五"时期要继续将相关指标作为约束性指标,分解落实到各地方,建立科学合理的考核评价体系,考核结果作为各级领导班子和领导干部综合考核评价和奖惩任免的重要依据,促进环境质量改善和相关工作落实。

(五)完善中央生态环境保护督察制度。中央生态环境保护督察是习近平总书记亲自倡导、亲自部署的重大改革举措和重大制度安排,推动解决了一大批长期想解决而没有解决的生态环境"老大难"问题,已成为推动落实生态环境保护"党政同责""一岗双责"的硬招实招。要坚持以解决突出生态环境问题、改善生态环境质量、推动经济高质量发展为重点,完善中央和省级环境保护督察体系,不断健全工作程序、工作机制和工作方法,推动生态环境保护督察向纵深发展。

提升生态系统质量和稳定性

鄂 竟 平

生态兴则文明兴。生态系统是人类社会赖以生存和发展的基石,生态系统质量和稳定性综合反映了生态系统结构、过程、功能完整性和健康状态,以及生态系统抵抗干扰、自我调节、动态平衡的能力。党的十九届五中全会通过的《中共中央关于制定国民经济和社会发展第十四个五年规划和二〇三五年远景目标的建议》明确提出提升生态系统质量和稳定性,这是以习近平同志为核心的党中央着眼全局作出的重大决策部署,对于促进人与自然和谐共生、建设美丽中国具有重大的现实意义和深远的历史意义。

一 准确把握生态系统的完整性

习近平总书记指出,山水林田湖草是一个生命共同体,人的命脉在田,田的命脉在水,水的命脉在山,山的命脉在土,土的命脉在林和草。这深刻揭示了生态系统各要素之间以及整个生态系统与人的依存关系,为加强生态系统整体保护和修复、提升生态系统质量和稳定性提供了根本遵循。

(一)正确认识山水林田湖草是一个生命共同体。生态是统一的自然系统,是相互依存、紧密联系的有机链条。山水林田湖草等生态系统各要素,既有各自内在的结构、功能和变化规律,又与其他要素相互耦合、相互影响。正如人体各个器官紧密联系一样,治山、治水、治林、治田、治湖、治草任何一个环节的动作,都会经内部传导机制影响到其他环节,乃至影响生态系统全局。

(二)我国生态系统整体质量和稳定性状况不容乐观。我国人多地少水缺,河流、湖泊、森林、草原、湿地等资源分布不均,加之历史上长期过度开发索取,生态系统总体比较脆弱,中度以上生态脆弱区域占全国陆地国土空间面积的 55%,其中极度脆弱区域占 9.7%,重度脆弱区域占 19.8%。各生态子系统也受到不同程度的损害,全国水土流失面积 273.69 万平方公里,占陆地国土面积(不含港澳台)的 28.6%;河道断流、湖泊萎缩、水质污染等问题仍然存在;全国森林覆盖率远低于全球平均水平,草原中度和重度退化面积占 1/3 以上;生物多样性指数下降,一些珍稀特有物种极度濒危。这些问题已成为我国经济高质量发展和满足人民美好生活需要的突出制约,必须下大力气加以解决。

(三)通过把握山水林田湖草的完整性提升生态系统质量和稳定性。生态系统的完整性,决定了提升生态系统质量和稳定性必须树立大局观、全局观,算清长远账、整体账,把山水林田湖草作为一个生命共同体来统筹考虑、综合施策。要深入研究各要素健康状态的评判标准,逐一分析各要素发挥作用、相互影响的路径和规律,明确各治理环节的任务清单和负面清单,制定从源头上系统开展生态保护修复的整体预案和行动方案。要建立完善生态系统保护治理的协调联动机制,统筹发挥各方治理合力,打通陆地水域、上中下游、山上山下、地上地下,加快推动"单个因子"保护修复模式向"山水林田湖草"系统保护修复模式转变。

二 加强生态系统保护，促进生态系统良性循环

党的十八大以来，我国坚持绿色发展，全面加大生态保护力度，生态系统恶化趋势得到基本遏制，实现了沙化土地面积由长期扩大到持续缩小、森林面积和森林蓄积量由长期下降到逐年上升、水土流失面积强度"双下降"、江河湖泊生态明显向好的历史性转变。据统计，2012年至2018年，完成防沙治沙1310万公顷，全国沙化土地面积由上个世纪末年均扩展34.36万公顷转为年均减少19.8万公顷；森林面积、森林蓄积量分别由20769万公顷、151.37亿立方米提高到22045万公顷、175.6亿立方米；全国水土流失面积减少2123万公顷。但我国生态系统仍较为脆弱，保护压力依然较大，加强生态系统保护刻不容缓。

（一）推行草原森林河流湖泊休养生息。绿水青山是生态系统具有良好质量与稳定性的最好标志。推行草原森林河流湖泊休养生息，就是要坚持用养结合，合理降低开发利用强度，保护并有效恢复自然生态承载能力，全面提升自然生态服务功能，实现资源永续利用。推行草原森林休养生息，要通过"禁""休""轮""种"等综合措施，实施封育保护、生态移民、舍饲圈养，扩大退耕还林还草，因地制宜开展草场保护治理，完善天然林保护制度，全面停止天然林商业性采伐，严厉打击乱砍滥伐、毁林挖草、非法开垦占用等违法行为。推行河流湖泊休养生息，要通过"治""保""还""减""护"等综合措施，对生态过载的河湖实施治理与修复，保障河湖生态用水，退还河湖生态空间，保护和合理利用河湖水生生物资源，建立健全河湖休养生息的长效机制。

（二）构建以国家公园为主体的自然保护地体系。自然保护地

体系包括国家公园、自然保护区和各类自然公园,是生态建设的核心载体,在维护国家生态安全中居于首要地位。要完善划定标准,明确自然保护地功能定位,科学划定自然保护地类型,确立国家公园主体地位,整合优化现有各类自然保护地,合理调整自然保护地范围。要健全管理体制,完善自然保护地设立、晋(降)级、调整和退出规则,实施分级管理和差别化管控,强化监测、评估、监督、考核,压实管理责任。要创新建设机制,加强自然保护地建设,分区分类开展受损自然生态系统修复。发挥政府主体作用,探索全民共享机制。完善自然保护地立法,定期开展监督检查行动,严肃查处违法违规行为。

(三)加强大江大河和重要湖泊湿地生态保护治理。江河湖泊保护治理是关系中华民族伟大复兴的千秋大计。要深入贯彻习近平总书记"节水优先、空间均衡、系统治理、两手发力"的治水思路,以建设造福人民的幸福河湖为总体目标,准确把握重在保护、要在治理的战略要求,推进水利工程补短板、水利行业强监管,保障江河长治久安,维护河湖生命健康。在补短板方面,要坚持"确有需要、生态安全、可以持续"原则,以调节水资源时空分布为核心,从全局角度谋划布局水资源配置体系、水生态治理体系,建设一批基础性、枢纽性、战略性重大项目,构建现代化国家水网,全面提升水资源供给和水生态保护能力。在强监管方面,要全面加强对江河湖泊、水资源和水利工程的监管,坚持以水定需、量水而行,合理确定河湖生态水量和重要控制断面生态流量,抓紧将可利用水量逐级分解到不同行政区域,严控区域、行业用水总量和强度,严格水资源供用耗排等各环节监管,强化取水许可管理和水资源论证,落实最严格水资源管理制度,做到全面节水、合理分水、管住用水,真正发挥水资源的刚性约束作用,改善河湖生态环境。要加强湿地生态保护治理,实施好湿地保护修复工程,强化湿地用途管控,坚决遏制各种破坏湿地生态的行为。

（四）实施生物多样性保护重大工程。生物多样性是维系生态系统功能和服务、维持生态系统稳定性的主要因素。要做好生物多样性监测调查，健全生物多样性观测网络，综合分析生物物种的丰富程度、珍稀濒危程度、受威胁程度，及时掌握生物多样性动态变化趋势，提高生物多样性的预警水平。要完善生物多样性保护网络，统筹就地保护和迁地保护，加强重要物种栖息地保护，建设生物多样性保护廊道，修复受损或退化的生态系统，保障生物生存繁衍。要实施生物多样性有效保护，在经济社会活动中充分考虑生物多样性保护要求，完善生物资源保存繁育体系，严厉打击乱捕滥猎野生动物、破坏野生动植物资源等行为。加强外来物种管控，完善监测预警及风险管理机制，提高应对外来物种入侵威胁的能力。

三 统筹人与自然，调整人的行为和纠正人的错误行为

人与自然也是生命共同体。习近平总书记深刻指出，当人类合理开发利用、友好保护自然时，自然的回报常常是慷慨的；当人类无序开发、粗暴掠夺自然时，自然的惩罚必然是无情的。提升生态系统质量和稳定性，必须正确处理人与自然的关系，从改变自然、征服自然转向调整人的行为、纠正人的错误行为。

（一）健全耕地休耕轮作制度。耕作生产是水土资源开发利用的大头。开展耕地休耕轮作，是主动应对生态资源压力、转变农业发展方式的重大举措。要坚持用养结合，在落实最严格耕地保护制度、加强高标准农田建设的同时，对耕地进行全面养护，保护和提升地力，确保急用之时粮食能够产得出、供得上。要优化种植结构，充分考虑主要农产品供应、库存现状等因素，合理确定轮作改种作物和休

耕的重点品种,理顺休耕轮作与主要农产品供求余缺的互动关系,全面提升农业供给体系的质量和效率。要推广试点经验,全面总结试点工作中涌现的好做法、好经验,积极推广应用成熟适用的技术模式,创新补助方式,完善补偿政策,充分调动农民参与休耕轮作积极性。

(二)实施好长江十年禁渔。长江是世界上水生生物多样性最丰富的河流之一。长期以来,受水域污染、过度捕捞等影响,长江水生生物的生存环境日趋恶化。实施好长江十年禁渔,是扭转长江生态环境恶化趋势的关键之举,是为全局计、为子孙谋的重要决策。要抓好精准退捕,开展全面彻底清查,完成退捕渔船渔民建档立卡工作,逐船逐人登记造册,做好退捕船网处置,按时实现"清船""清网""清江""清湖"。要抓好转产安置,有针对性地制定转产转业安置方案,开展职业技能培训,拓宽转业就业渠道,做好社会保障、搬迁安置等工作,保障退捕渔民生计。要抓好执法监督,重拳出击整治非法捕捞,严厉打击收购、加工、销售、利用非法渔获物等行为,加强禁捕水域周边区域管理,从源头和终端斩断地下产业链。把长江禁渔作为落实"共抓大保护、不搞大开发"的约束性任务,对履职履责不力的地区、单位和个人依法依规问责追责。

(三)强化河湖长制。江河湖泊是自然生态系统的重要组成部分。全面推行河湖长制,是党中央着眼破解复杂水问题、维护河湖健康生命作出的重大决策部署。要持之以恒地落实好河湖长制,履行好河湖健康代言人和守护者的重要责任。要管好"盛水的盆",严格河湖水域及岸线管理,依法划定河湖管理保护范围,严格水域岸线分区管理和用途管制,合理划分保护区、保留区、控制利用区和可开发利用区,实现岸线资源节约集约利用。持续推进河湖"清四乱",严格规范采砂等涉水活动,坚决整治侵占、破坏河湖行为,实行涉河湖行为全过程监管。要护好"盆里的水",狠抓河湖水资源保护,强化水资源消耗总量和强度指标控制,着力规范取用水行为,严控水资源开发利用强度,保障河湖基本生态水量。进一步加强水污染防治,开展河湖健康评价,推进河湖生态综合治理,打造美丽河湖。

四 突出重点强化治理,补齐生态系统的短板

当前我国已经到了有条件有能力解决生态环境突出问题的窗口期。如果现在不抓紧,将来解决起来难度会更高、代价会更大、后果会更严重。必须坚持问题导向,聚焦水土脆弱、缺林少绿等突出问题,实施专项治理,抓紧补齐生态系统的短板。

(一)科学推进荒漠化、石漠化、水土流失综合治理。水土资源是生态环境良性演替的基本要素。我国是世界上荒漠化、石漠化、水土流失最为严重的国家之一。要遵循生态系统的内在机理和规律,因地制宜、分类施策,统筹配置工程、植物、耕作等各项措施。在长江、黄河上中游等水土流失重点治理区域,加强小流域综合治理和坡耕地综合整治。在东北黑土区,加快推进侵蚀沟治理,推广保护性耕作技术,加强黑土地保护。在北方防沙带、西南石漠化地区,合理调整土地利用结构,加强防护林体系建设、草原修复、水土流失综合治理、退耕还林还草、土地综合整治等。要严格限制生产建设活动范围和土地扰动,杜绝"未批先建"项目,坚决纠正先破坏后治理的错误行为,真正管住人为扰动破坏。

(二)开展大规模国土绿化行动。国土绿化是实现绿水青山的重要途径。要以增绿增质增效为主攻方向,多途径、多方式增加绿色资源总量,让人民群众充分享受国土绿化成果。要大面积增加生态资源总量,深入推进退耕还林还草工程,加强三北等防护林体系工程建设,加快国家储备林建设,稳步推进城市绿化、乡村绿化行动,大力

推进社会造林,提供更多绿色生态产品。要大幅度提升生态资源质量,积极推动国土绿化由规模速度型向数量质量效益并进型转变,坚持走科学、生态、节俭绿化之路,精准提升林草资源质量,加强天然林、退化林改造修复,提升生态服务功能和林地、草原生产力。

五 全面实施监管,确保生态系统持续向好

提升生态系统质量和稳定性,需要以强有力的监管为保障,构建源头严防、过程严管、后果严惩的全过程监管体系,保持高压态势,形成保护生态系统的浓厚氛围。

(一)完善自然保护地、生态保护红线监管制度。这既是让当代人享受到大自然馈赠的重要途径,也是给子孙后代留下宝贵自然遗产的必然要求。要落实管理责任。地方各级党委和政府要担负起相关自然保护地和生态保护红线管理主体责任,将自然保护地、生态保护红线作为相关综合决策的重要依据和前提条件。要实行严格管控。建立全链条、全覆盖、全要素的监管体系,落实生态空间管控要求,严格限制或禁止人类活动,确保自然保护地、生态保护红线生态功能不降低、面积不减少、性质不改变。要强化监督执法。建立常态化监督执法机制,对违反相关法律法规的部门、地方、单位和有关责任人员严格责任追究。

(二)开展生态系统保护成效监测评估。这是及时掌握生态系统信息、客观评价生态系统质量的重要基础。要完善监测评估标准体系。针对不同区域的自然资源禀赋和生态服务功能,统筹考虑山水林田湖草生态系统各要素,从生态系统格局、质量和功能等方面出发,设置科学合理的监测评估标准。要提升监测评估能力水平。综合利用卫星遥感、航空遥感等技术手段和调查评价、暗访督查、第三

方评估等方式,充分发挥相关领域监测站点作用,加快构建陆海统筹、天地一体、上下协同、信息共享的生态系统监测网络,全面系统掌握生态保护成效第一手资料。要抓好监测评估成果运用。加强监测数据的集成分析和综合应用,及时发现变化、预警风险,推动问题早发现、早处置、早整改,同时针对揭示出的问题,深挖问题根源,有针对性地采取措施,促进标本兼治。

(三)加强全球气候变暖对我国承受力脆弱地区影响的观测。全球气候变暖对生态系统具有显著影响,可能引发冰川消融、水土流失、物种迁徙、生态退化等一系列问题,已成为当今国际社会共同面临的重大挑战。要提高观测水平,建设全方位的国家气候观测体系,提升青藏高原等生态脆弱区、气候敏感区、监测资料稀疏区的观测覆盖能力,利用天基地基空基等多种观测手段,对基本气候变量开展综合观测、协同观测。要加强基础研究,开展气候与生态系统观测数据的融合分析,深入研究气候变暖的成因、趋势和规律,做好气候变暖与生态系统相互作用的机理研究和影响评估。要深化国际合作,针对气候变暖的全球性特征,加强技术交流和信息共享,为全球气候治理贡献中国智慧、提供中国方案,与世界各国一道努力呵护好全人类共同的地球家园。

全面提高资源利用效率

陆　昊

党的十九届五中全会通过的《中共中央关于制定国民经济和社会发展第十四个五年规划和二〇三五年远景目标的建议》提出，"十四五"时期要"推动绿色发展，促进人与自然和谐共生"，强调全面提高资源利用效率。这既是破解保护与发展突出矛盾的迫切需要，促进人与自然和谐共生的必然要求，更是事关中华民族永续发展和伟大复兴的重大战略问题。

一　深刻认识全面提高资源利用效率的重大意义

早在 2005 年习近平总书记就指出，"绿水青山就是金山银山"，"我们到了现在这个发展阶段就要有取舍，要有所为有所不为"，"我们追求人与自然的和谐"。处理好保护与发展的关系，处理好人与自然的关系是习近平生态文明思想的精髓，既蕴含着发展理念的重大变革，又突出强调人与自然和谐的底线要求。

习近平总书记还明确指出，大部分对生态环境造成破坏的原因是来自对资源的过度开发、粗放型使用。因此，必须从资源利用这个源头抓起。我们感到，着眼中华民族永续发展和伟大复兴，站在统筹推进"五位一体"总体布局高度，正确处理保护与发展关系、正确处理人与自然关系，全面提高资源利用效率问题极其重要。我们既要考虑资源利用与发展的关系,坚持节约优先,不断提高资源本身的节约集约利用水平,保障经济社会发展合理需求,更要考虑资源利用涉及的人与自然关系,坚持生态保护优先,为资源开发利用划定边界和底线,包括有形边界和无形边界,控制人类向自然无度索取的不合理欲望,限制人类过度利用自然的不合理行为。

二 主要工作进展

党的十八大以来,以习近平生态文明思想为指引,我国自然资源利用和生态保护取得重大进展。

(一)生态文明理念不断深入人心。绿水青山就是金山银山、山水林田湖草是生命共同体、人与自然和谐共生等理念不断深入人心,全党全国贯彻习近平生态文明思想、节约资源和保护环境的意识不断增强。

(二)资源管理制度体系加快形成。资源环境管理体制发生重构性重大变革,自然资源产权制度和全民所有自然资源有偿使用制度改革有序推进,不动产统一登记制度改革全面完成,"多规合一"的国土空间规划体系顶层设计和总体框架基本形成,永久基本农田保护、生态保护红线、城镇开发边界制度开始确立,以国家公园为主体的自然保护地体系加快构建。

(三)资源利用水平稳步提升。"十三五"时期,全国新增建设用地总量控制在3256万亩以内,单位国内生产总值建设用地使用面积下降20%。实行新的管理方式,2018—2019年全国共消化处置批而未供建设用地722.9万亩,盘活利用闲置建设用地169.7万亩;单位GDP水资源消耗2018年比2015年下降29.8%;海洋生物、能源和海水资源开发取得积极进展;矿产资源开发利用水平持续提升,原油和煤层气采收率、有色金属矿产开采回采率和选矿回收率等重要指标显著提升,矿山规模化集约化程度提升,建成绿色矿山953家。

(四)生态产品供给明显增加。印发《全国重要生态系统保护和修复重大工程总体规划(2021—2035年)》,实施25个山水林田湖草生态保护修复工程试点;开展三江源等10个国家公园体制试点,党的十八大以来新建国家级自然保护区111处;"十三五"以来天保工程累计完成公益林建设任务1687万亩,三北防护林工程完成造林3413万亩,2014—2019年退耕还林还草6683.8万亩。沙化土地封禁保护面积2610万亩,全国荒漠化和沙化土地面积连续三个五年监测期"双减少"。开展"蓝色海湾"整治行动和渤海生态修复,已整治修复海岸线220公里、滨海湿地10.5万亩。

三 存在的突出问题

面对新发展阶段,构建新发展格局,我国自然资源利用和生态保护还存在一些突出问题。

(一)人均资源不足的基本国情不会改变。我国资源总量丰富,但人均资源占有量远低于世界平均水平。2017年,我国耕地保有量居世界第三位,但人均耕地面积不足1.5亩,不足世界平均水平的1/2;2019年,我国人均水资源量2048立方米,为世界平均水平的1/4,且时空分布极不平衡;油气、铁、铜等大宗矿产人均储量远低于世界平均水平,对外依存度高;森林面积33亿公顷,居世界第五位,人均森林面积仅为世界平均水平的1/5,近一半木材依赖进口。

(二)资源粗放利用问题依然突出。城乡建设仍以外延扩张的发展模式为主,2018 年全国人均城镇工矿建设用地 146 平方米、人均农村居民点用地 317 平方米,超过国家标准上限;2018 年我国万元国内生产总值能耗 0.52 吨标准煤,明显高于世界平均水平;2017 年万元工业增加值用水量为 45.6 立方米,是世界先进水平的 2 倍。

(三)资源过度开发导致生态系统退化形势依然严峻。海洋生态系统问题比较突出。上世纪 50 年代以来,我国滨海湿地面积消失 57%,红树林面积减少 40%,珊瑚礁覆盖率下降。海洋自然岸线占比明显下降。因环境污染和过度捕捞,渤海等近海区域大型鱼类资源大幅减少。水资源过度开发,水生态受到影响。洞庭湖、鄱阳湖等长江流域湖泊面积大幅萎缩,导致淡水蓄水能力明显下降,大量淡水直接入海。黄河流域水资源开发利用率高达 80%,远超一般流域 40% 生态警戒线,上游水源涵养能力不足、中游水土流失严重、下游河口自然湿地面积减少。华北地下水超采区面积 18 万平方公里。过度农垦、放牧导致草原生态系统失衡。2018 年重点天然草原平均牲畜超载率达 10.2%。2018 年我国人工林面积 12 亿亩,超过森林总面积的 1/3,且不少位于干旱、半干旱地区。不少农业开发和建设占用挤占或损毁生态空间。从历史上看,农牧交错带地区大量耕地是通过开垦优质草原、森林、湿地形成的。全国地理国情监测数据表明,2019 年全国种植土地(含果树等经济作物)、建设用地(含设施农用地)均比 2015 年有所增加,全国林草覆盖总面积有所减少。全国矿山开采占用、损毁土地问题比较严重。

四 "十四五"工作举措

"十四五"时期,必须坚持"绿水青山就是金山银山"理念,坚持

尊重自然、顺应自然、保护自然，坚持节约优先、保护优先、自然恢复
为主，完善市场化、多元化生态补偿，推进资源总量管理、科学配置、
全面节约、循环利用。

（一）健全自然资源资产产权制度和法律法规。开展全民所有
自然资源所有权委托代理试点，加快建立健全全民所有自然资源资
产管理体制。总结国家公园体制试点经验，对委托省级政府管理的
国家公园，探索以地方为主、中央监管的总体路径。加快建立自然资
源权利体系，推动国有森林、草原、农用地有偿使用改革取得进展。
推进国土空间规划、自然保护地、土地、矿产、草原、湿地、野生动植物
保护等方面法律法规的立改废释。

（二）加强自然资源调查评价监测和确权登记。以地球系统科
学和自然资源科学为理论基础，以卫星、遥感等现代信息技术为支
撑，加快建立以地下资源层、地表基质层、地表覆盖层和管理层为基
础的自然资源调查监测体系，系统开展全国自然资源统一调查监测
评价，查清我国土地、矿产、森林、草原、水、湿地、海域海岛等自然资
源真实状况，揭示自然资源要素相互关系和生态系统演替规律。全
面推开自然资源统一确权登记。

（三）建立生态产品价值实现机制。按照突出安全功能、生态功
能，兼顾景观的次序，实行山水林田湖草系统治理，加强重要生态系
统保护。加快建设以国家公园为主体的自然保护地体系。注重生态
系统的水平衡，特别是降雨量、地下水和水蒸发之间关系，宜林则林、
宜草则草、宜荒则荒，科学推进荒漠化、石漠化、水土流失综合治理，
开展大规模国土绿化行动，继续实施退耕还林还草，通过整体保护和
系统修复增加生态产品供给。完善生态保护补偿机制，提高生态保
护补偿标准，鼓励探索有效吸引社会资金投入生态产品供给的政策
措施、产权安排和运作模式。开展生态产品价值实现机制试点示范，
加大理论研究、实践探索和制度创新力度。

（四）加强国土空间科学管控。立足我国自然地理格局，加快编制并实施各级国土空间规划，科学划定并严守生态保护红线、永久基本农田和城镇开发边界等控制线，明确人类活动与自然的边界。同时对有关区域予以"留白"，为长远发展预留空间，按照科学、简明、可操作的原则调整优化自然保护地和生态红线管控规则。对生态保护红线内的核心保护区，原则上禁止人为活动；对生态保护红线内的其他区域，仅允许对生态功能不造成破坏的有限人为活动，包括生活必需的种植、放牧、捕捞、养殖、生态旅游等；对铀矿、油气等特殊矿产勘查开发活动实施差别化管控政策；对生态红线以外的重要自然生态系统，按照相关法律和规划明确管控规则。健全自然资源监管体制，强化监管和执法督察，防止对自然的过度占用与开发。

（五）坚持最严格的耕地保护和节约用地制度。以国土三调摸清耕地资源家底，从自然地理格局、土壤条件、生物多样性等角度制定新的耕地质量评价标准。进一步明确耕地和永久基本农田不同的管制目标和管制强度，科学确定土地分类标准，减少地类内部交叉，既要加强农用地向建设用地转化的用途管制措施，也要加强农用地内部耕地向林地、园地、草地、农业设施建设用地等转化的用途管制措施，坚决制止"耕地非农化""粮田非粮化"。继续盘活存量，加快处置批而未供和闲置土地。建设用地资源向中心城市和城市群倾斜，提高各类行业用地的节约集约用地标准，积极推进土地复合利用，深化土地计划、审批等管理制度改革，推进建立城乡统一的建设用地市场。

（六）实施国家节水行动，建立水资源刚性约束制度。严格用水总量控制，加强水资源优化配置和统一调度，统筹生活、生产、生态用水，发挥水资源价格调节功能，大力推进农业、工业、城镇等领域节水。

（七）提高海洋资源、矿产资源开发保护水平。科学合理有序开发海洋资源,编制实施海岸带保护和开发规划,健全海洋牧场建设标准,开展潮流能并网示范工程建设,积极推进海水淡化规模化应用示范,实施深海矿产开发重大科技专项。继续开展"蓝色海湾"工程,实施红树林保护修复专项行动,建立健全海洋氧气监测体系。建立健全矿业节约集约技术规范标准体系,完善绿色勘查和绿色矿山建设强制性标准,全面推行"净矿"出让,完善油气区块退出机制,实施新一轮找矿突破战略行动,加大对油气等战略性矿产资源勘查力度。

(八)完善资源价格形成机制。健全主要由市场决定价格的机制,最大限度减少政府对价格形成的不当干预,加快建立健全充分反映市场供求和资源稀缺程度,体现生态价值和环境损害成本的资源价格机制。完善自然资源价格和税费政策,加大对节地、节水、节能、节矿的经济调节作用。

(九)加快构建废旧物资循环利用体系,推行垃圾分类和减量化、资源化。推动餐厨废弃物、建筑垃圾、包装废弃物、农作物秸秆、电子垃圾等资源化利用和无害化处置,加强生活垃圾分类回收与再生资源回收体系的有机衔接,推进生产和生活系统循环链接,因地制宜推动工业生产过程协同处理生活废弃物。

开拓合作共赢新局面

钟　山

党的十九届五中全会通过的《中共中央关于制定国民经济和社会发展第十四个五年规划和二〇三五年远景目标的建议》（以下简称《建议》），提出实行高水平对外开放，开拓合作共赢新局面。这是以习近平同志为核心的党中央统筹中华民族伟大复兴战略全局和世界百年未有之大变局作出的重大战略部署，描绘了开放合作新蓝图，提出了互利共赢新举措，为新形势下对外开放指明了方向。我们要认真学习领会、坚决贯彻落实。

一　充分认识开拓合作共赢新局面的重大意义

"十四五"时期是我国全面建成小康社会、实现第一个百年奋斗目标之后，乘势而上开启全面建设社会主义现代化国家新征程的第一个五年，开拓合作共赢新局面具有重大而深远的意义。

（一）这是对外开放伟大实践经验的科学总结。习近平总书记指出，开放带来进步，封闭必然落后。中国的发展离不开世界，世界的繁荣也需要中国。改革开放以来，我们坚持对外开放基本国策，打开国门搞建设，实现了由封闭半封闭到全方位开放的历史转变，有力地促进了中国和世界经济增长。特别是党的十八大以来，以习近平同志为核心的党中央总揽战略全局，以"一带一路"建设为重点，推动形成陆海内外联动、东西双向互济的开放格局,为实现"两个一百年"奋斗目标注入了强劲动力,也为推动人类共同发展作出了重要贡献。

(二)这是推动形成新发展格局的客观要求。习近平总书记指出,要推动形成以国内大循环为主体、国内国际双循环相互促进的新发展格局。这是新形势下重塑我国国际合作和竞争新优势的战略抉择。"十四五"时期,我国同世界的经济联系会更加紧密,为其他国家提供的市场机会将更加广阔,也将成为吸引国际商品和要素资源的巨大引力场。新发展格局决不是封闭的国内循环,而是开放的国内国际双循环,需要通过发挥内需潜力,更好联通国内市场和国际市场,更好利用国际国内两个市场、两种资源,更好促进中国经济与世界经济共同发展,实现合作共赢。

(三)这是建设开放型世界经济的必然选择。习近平总书记多次强调,要推动建设开放型世界经济。近年来,经济全球化遭遇逆流,单边主义、保护主义上升,全球产业链供应链面临冲击,国际经济政治格局发生深刻调整。但从长远看,经济全球化仍是历史潮流,各国分工合作、互利共赢仍是长期趋势。我们必须站在历史正确的一边,不断加强开放合作,以自身开放促进世界共同开放,推动经济全球化朝着更加开放、包容、普惠、平衡、共赢的方向发展。

(四)这是构建人类命运共同体的重要路径。习近平总书记指出,人类生活在同一个地球村里,越来越成为你中有我、我中有你的命运共同体。这一理念深入人心,蕴含着坚持合作共赢、建设共同繁荣世界的深刻内涵。全球抗击新冠肺炎疫情的实践再次表明,人类是休戚与共、风雨同舟的命运共同体。当今世界正经历百年未有之大变局,和平与发展仍是时代主题,同时国际环境日趋复杂,世界进入动荡变革期,各国只有团结合作,才能抓住机遇,战胜挑战,实现共同发展,朝着构建人类命运共同体的目标不断迈进。

二 建设更高水平开放型经济新体制

中国开放的大门不会关闭,只会越开越大。过去40多年中国经济发展是在开放条件下取得的,未来中国经济实现高质量发展也必须在更加开放条件下进行。《建议》提出建设更高水平开放型经济新体制,这要求在稳住外贸外资基本盘基础上,全面提高对外开放水平,促进内需和外需、进口和出口、引进来和走出去协调发展,持续推动贸易和投资自由化便利化,打造中国商品、中国投资、中国服务品牌。

(一)增强对外贸易综合竞争力。我国第一货物贸易大国地位更加巩固,不仅带动了国内经济发展,也促进了贸易伙伴共同发展。随着外部环境和我国要素禀赋的变化,需要加快转变外贸发展方式,推进贸易强国建设。一是深入推进"五个优化""三项建设"。不断优化国际市场布局、国内区域布局、经营主体、商品结构、贸易方式,加快建设外贸转型升级基地、贸易促进平台、国际营销体系。二是推动贸易创新发展。深化贸易领域科技创新、制度创新、模式和业态创新,加快发展跨境电商、市场采购贸易、外贸综合服务等新业态,创新发展服务贸易。三是促进内外贸一体化发展。完善调控体系,促进监管体制、经营资质、标准等衔接。依托国内大市场,增加优质产品进口,满足产业升级和人民美好生活需要。

(二)实现高质量引进来和高水平走出去。我国已成为双向投资大国,为全球高效配置资源发挥了重要作用。为促进双向投资与世界经济深度互动,需要进一步提质增效。一是提高利用外资质量。稳存量、促增量并举,完善外资准入前国民待遇加负面清单管理制度,有序扩大服务业对外开放,引导外资更多投向先进制造业、现代服务业等领域,创新提升国家级经开区、边合区、跨合区、综合保税区等开放平台。二是提升对外投资水平。创新对外投资方式,鼓励有实力、信誉好的企业走出去,规范企业海外经营行为,树立中国投资形象。三是强化服务保障。深入落实外商投资法及其配套法规,依法保护外资企业合法权益,优化营商环境,让外商放心、安心、有发展。健全促进和保障境外投资政策和服务体系,对外商签高水平投资协定,推动完善境外中资企业商会联席会议机制。

(三)建设对外开放新高地。我国已设立 21 个自由贸易试验区,出台海南自由贸易港建设总体方案,中国国际进口博览会成为新时代对外开放里程碑,有力推动了高水平对外开放。未来需要更好发挥示范引领作用。一是高水平建设自贸试验区。进一步完善区域布局,赋予自贸试验区更大改革自主权,加强差别化探索,形成更多制度创新成果。二是稳步推进海南自由贸易港建设。以贸易投资自由化便利化为重点,促进要素跨境自由有序安全便捷流动,建设中国特色的自由贸易港。三是发挥好进口博览会等重要展会平台作用。打造国际采购、投资促进、人文交流、开放合作平台,确保进口博览会越办越好。拓展广交会、服贸会等重要展会功能,培育更多有国际影响力的展会平台。

(四)健全开放安全保障体系。越开放越要重视安全,越要贯彻总体国家安全观,增强风险防控能力和开放监管能力。一是强化底线思维。坚持独立自主与对外开放有机结合,守住底线红线,坚决维护国家主权、安全和发展利益。二是完善开放监管机制。健全外资安全审查、反垄断审查等制度,完善产业损害预警体系,建立出口管制合规体系,丰富贸易救济等政策工具。三是提升风险防控能力。构建海外利益保护和风险预警防范体系,推进对外投资联络服务平台建设,强化突发事件应对和风险防控。

三 推动共建"一带一路"高质量发展

"一带一路"倡议提出 7 年来，成就举世瞩目，已由谋篇布局的"大写意"迈向精谨细腻的"工笔画"，越来越多国家和国际组织积极响应，朋友圈越来越大。《建议》提出要推动共建"一带一路"高质量发展，这要求坚持共商共建共享原则，秉持开放、绿色、廉洁理念，深化务实合作，加强安全保障，促进共同发展。

（一）推进基础设施互联互通。"一带一路"设施联通水平日益提升，有力促进了资源要素流动。进一步加强全方位互联互通，将为深化联动发展打下坚实基础。一是高水平建设基础设施。充分发挥各国资源禀赋，建设更多高质量、可持续、包容可及的基础设施。二是优化互联互通网络。加快建设中欧班列、陆海新通道等国际物流和贸易大通道，发展"丝路电商"，帮助更多国家提升互联互通水平。三是建立健全多元化投融资体系。坚持以企业为主体，以市场为导向，遵循国际惯例和债务可持续原则。充分发挥专项贷款、丝路基金、专项投资基金作用，支持多边开发融资合作中心有效运作。

（二）拓展第三方市场合作。我国已对外签署 40 多个产能合作文件、14 个第三方市场合作文件，促进了各国共享发展。强化贸易投资带动作用，不断提升合作层次，将为共建"一带一路"拓展合作空间。一是做优做精重大项目。提升产能和装备走出去水平，建设一批综合效益好、各方都欢迎的大项目，构筑互利共赢的产业链供应链体系。二是提升境外经贸合作区。打造一批产业定位清晰、区位优势突出、运营管理先进、生态效应明显的合作区，带动当地就业，促进当地经济发展。三是拓展第三方市场合作。促进我国企业和各国企业优势互补，完善第三方市场合作机制，实现"1+1+1>3"的共赢效果。

（三）加强规划政策对接和人文沟通。我国已与 168 个国家和
国际组织签署了"一带一路"合作文件，在双边经贸合作机制下建立
了 90 多个贸易投资等工作组，凝聚了广泛国际合作共识。不断深化
政策沟通，将对共建"一带一路"发挥重要先导作用。一是推进战
略、机制、规划对接。不断完善多双边经贸合作机制，继续推动与各
国发展战略、区域和国际发展议程有效对接，发掘合作新潜力。二是
加强政策、规则、标准联通。按照高标准、惠民生、可持续目标，对接
普遍接受的国际规则标准，提升软联通水平。三是促进人文交流。
深化公共卫生、科技教育等领域合作，讲好中国故事，更好发挥"一
带一路"故事丛书作用，增进民心相通。

四　积极参与全球经济治理体系改革

面对世界经济格局发展变化，全球经济治理需要与时俱进、因时
而变。《建议》提出要积极参与全球经济治理体系改革，这要求坚持
多边主义，坚持平等协商、互利共赢，推动形成更加包容的全球治理、
更加有效的多边机制、更加积极的区域合作。

（一）推动完善更加公正合理的全球经济治理体系。破解全球
治理难题，需要充分发挥国际性、区域性机制作用，提出更多中国倡
议、中国方案，促进国际经济秩序朝着平等公正、合作共赢的方向发
展。一是坚定维护多边贸易体制。坚决反对单边主义、保护主义，维
护多边贸易体制主渠道地位，积极参与世贸组织改革。二是积极参
与全球经济治理。加强与联合国及其附属机构合作，巩固发展二十
国集团贸易投资机制，加强金砖国家经贸合作。三是深化区域次区
域合作。建设性参与亚太经合组织、上海合作组织等区域合作机制，

推动澜湄合作等次区域合作不断深化拓展。

（二）推动新兴领域经济治理规则制定。新一轮科技革命和产业变革深入发展，为完善全球经济治理带来了新机遇，积极参与和推动规则制定，有利于增进新兴领域全球合作。一是推动投资便利化规则制定。依托世贸组织等机制，推动在全球层面深入讨论投资便利化问题，推动建立投资便利化多边框架。二是增强数字经济规则制定能力。加强数字经济领域国际合作，推动电子商务等规则制定，促进建立开放、安全的全球数字经济发展环境。三是提高参与国际金融治理能力。加强金融监管协调，稳步推动人民币国际化，维护公平开放的全球金融市场。

（三）构建面向全球的高标准自由贸易区网络。我国已与25个国家和地区签署17个自贸协定，有力促进了贸易投资自由化。当前区域经济合作势头加快，实施自由贸易区提升战略的重要性更加凸显。一是优化自贸区布局。推动区域全面经济伙伴关系协定生效实施，加快中日韩等自贸协定谈判，推动亚太自贸区进程，同更多国家和地区开展自贸协定谈判。二是提升自贸协定水平。不断提高货物贸易自由化便利化水平，推进高标准服务投资负面清单谈判，积极参与新议题谈判。三是用好自贸协定成果。做好自贸协定推广与实施，进一步提高自贸协定利用率，帮助企业用足用好相关优惠政策。

开拓合作共赢新局面是一项重大而艰巨的任务。我们要以习近平新时代中国特色社会主义思想为指导，增强"四个意识"，坚定"四个自信"，做到"两个维护"，坚持新发展理念，坚持高质量发展，坚持以人民为中心，实施更大范围、更宽领域、更深层次的对外开放，促进国际合作，实现互利共赢，为全面建设社会主义现代化国家开好局、起好步多作贡献。

提高人民收入水平

詹 成 付

党的十九届五中全会通过的《中共中央关于制定国民经济和社会发展第十四个五年规划和二〇三五年远景目标的建议》（以下简称《建议》）把提高人民收入水平摆在十分重要的位置。我们要充分认识这一安排的重要意义，坚持系统观念，统筹做好各项工作，全面把握和落实好"十四五"时期提高人民收入水平的思路和任务。

一 充分认识提高人民收入水平的重要意义

收入乃民生之源。《建议》把"提高人民收入水平"作为完整的一节进行部署，并摆在"改善人民生活品质，提高社会建设水平"之首，在历次党的全会文献中是第一次，是对党的十九大和十九届四中全会重要部署的继承和发展，进一步顺应了时代要求、反映了人民心声，展现了我们党坚守初心使命、让改革发展成果更多更公平惠及全体人民的执政理念。

提高人民收入水平，是改善人民生活品质、不断满足人民对美好生活新期待的基本前提。"十四五"时期是我国全面建成小康社会、实现第一个百年奋斗目标之后，乘势而上开启全面建设社会主义现代化国家新征程、向第二个百年奋斗目标进军的第一个五年。随着经济社会不断发展，人民对美好生活的向往更加强烈，各种需求加快从注重量的满足向追求质的提高转变,从实物消费为主向更多服务消费转变,从模仿性、排浪式消费向个性化、多样化消费转变。只有不断提高人民收入水平,才能满足人民对更优质商品、更好教育、更舒适居住条件、更高水平医疗卫生服务、更丰富精神文化生活的需要,提升人民群众的获得感、幸福感、安全感。

提高人民收入水平,是构建强大国内市场、形成新发展格局的现实需要。当前,新冠肺炎疫情在全球持续扩散蔓延,世界经济出现严重衰退,不稳定不确定因素显著增多,我国经济发展面临巨大挑战。党中央审时度势,及时提出坚定实施扩大内需战略,《建议》进一步明确提出"坚持扩大内需这个战略基点,加快培育完整内需体系","加快构建以国内大循环为主体、国内国际双循环相互促进的新发展格局",这既是应对疫情冲击的需要,也是保持我国经济长期持续健康发展的需要。2019 年,全国就业人员 77471 万人,2020 年城镇还将新增就业 1352 万人,我国最终消费支出对国内生产总值增长的贡献率达 57.8%,形成了超大规模市场优势和内需潜力。进一步提高人民收入水平对全面促进消费、激发民间投资活力、培育完整内需体系、加快新发展格局的形成,都具有重要的基础作用。

提高人民收入水平,是弘扬中国特色社会主义制度和国家治理体系显著优势的内在要求。贫穷不是社会主义。新中国成立以后,我国城乡居民收入水平逐步提高。党的十八大以来,城乡居民收入增速超过经济增速,城镇居民、农村居民人均可支配收入已从 2013 年的 26467 元、9430 元分别增加到 2019 年的 42359 元、16021 元,到 2020 年底居民人均收入比 2010 年翻一番的目标实现在望。低收入群体收入增速加快,企业退休人员基本养老金已从 2013 年的 1856 元/月提高到 2019 年的 3100 元/月,到 2020 年底还将历史性地解决农村绝对贫困问题。一个 14 亿人口的大国能够在较长时期保持经济快速发展、人民收入稳步提高并朝着全体人民共同富裕不断迈进,这在人类历史上堪称奇迹。站在新的起点上，继续提高人民收入水平，将进一步体现中国特色社会主义制度和国家治理体系的显著优势。

二　坚持系统观念　统筹做好提高人民收入水平的各方面工作

提高人民收入水平，是一项复杂的系统工程，必须按照《建议》提出的"坚持系统观念"的要求，加强前瞻性思考、全局性谋划、战略性布局、整体性推进，统筹做好提高人民收入水平的各方面工作。

统筹经济发展和人民收入水平提高，尽力而为、量力而行，增强提高人民收入水平的可持续性。在处理收入水平提高和经济发展关系上，要讲"两点论"，既要讲发展为了人民、不断提高人民收入水平，也要讲实事求是、不能脱离实际作难以兑现的承诺。实践证明，离开了经济增长和劳动生产率提高这个基础，居民收入增长和劳动报酬的提高就不可持续。我们要按照习近平总书记要求的那样，坚持从实际出发，收入提高必须建立在劳动生产率提高的基础上，福利水平提高必须建立在经济和财力可持续增长的基础上，做到一件事情接着一件事情办、一年接着一年干，循序渐进地提高人民收入水平。

统筹三次分配领域的相关政策，多措并举提高收入分配质量、缩小收入差距，增强提高人民收入水平的协同性。初次分配主要由市场机制形成，再次分配主要由政府调节机制起作用，第三次分配是社会力量通过慈善捐赠、志愿服务等方式进行，是对再分配的有益补充。要从梳理三次分配领域诸多政策、结构、功能入手，减少政策掣肘，使三次分配领域政策既各自形成体系、顺畅运行，又有效衔接、互联互助,形成就业政策、产业政策、税收政策、社保政策、财政转移支付政策、金融政策、慈善政策、社会帮扶政策等共同推动人民收入水平提高的协同效应、集成效应。

统筹政府、企业、慈善组织、居民群众等主体,调动各方提高人民收入水平的积极性。政府要履行好再分配调节职能,推动就业创业,支持和规范慈善事业发展,为各行业各方面的劳动者、企业家、创新人才、社会力量创造发挥作用的舞台和环境。企业要勇于创新、诚信守法、积极承担社会责任,对员工负责、对产品负责、对股东负责、对国家负责,做到投资有回报、员工有收入、股东有红利、国家有税收。慈善组织、志愿者组织要开展慈善捐赠和志愿服务活动,帮助困难群众灵活就业,为提高人民收入水平多作贡献。广大人民群众要树立主人翁意识,不等不靠,努力增强就业创业、多渠道增加收入的本领。只要在党的领导下,各方齐心协力,提高人民收入水平就会有永不衰竭的力量。

三　全面把握和落实好"十四五"时期提高人民收入水平的思路和任务

《建议》提出的"十四五"时期提高人民收入水平的思路概括起来就是,坚持按劳分配为主体、多种分配方式并存,通过健全完善三次分配机制、改善收入和财富分配格局,努力实现居民收入增长和经济增长同步、劳动报酬增长和劳动生产率提高同步,促进经济行稳致远和社会安定和谐。主要任务有以下几个方面。

一是提高劳动报酬在初次分配中的比重。这是提高人民收入水平的重要基础。劳动报酬是我国居民群众收入的主要来源,近年来,我国劳动报酬在初次分配中占比有所提高,但仍然有较大的提升空间。提高劳动报酬在初次分配中的比重,有利于促进收入分配更合理、更公平,有利于激发人们通过劳动创造美好生活的热情。为此,《建议》重申了"提高劳动报酬在初次分配中的比重"的要求,这必将对今后继续提高人民收入水平产生积极影响。落实《建议》要求,应当在以下方面多下功夫:千方百计保市场主体、千方百计稳定和扩大就业,使人民群众通过就业对自己的收入有稳定的预期;完善政府、工会、企业共同参与的协商机制,积极推进工资集体协商,着重保护劳动所得,增加劳动者特别是一线劳动者报酬;完善企业薪酬调查和信息发布制度,健全最低工资标准调整机制,加强对农民工工资支付的保障;发展县域经济,推动农村一二三产业融合发展,丰富乡村经济业态,拓展农民增收空间;改革完善适应事业单位和国有企业特点的薪酬制度;健全就业公共服务体系、终身职业技能培训制度,不断提高劳动者增加收入的能力。

二是健全各类生产要素参与分配机制。这是提高人民收入水平的重要支撑。改革开放以来的实践证明,劳动力、资本、土地、技术、数据等生产要素由市场评价贡献、按贡献决定报酬,对提高人民收入水平具有重要作用,只有让各类生产要素的活力竞相迸发,才能形成提高人民收入水平的源泉充分涌流的局面,为此,《建议》强调要"完善按要素分配政策制度,健全各类生产要素由市场决定报酬的机制,探索通过土地、资本等要素使用权、收益权增加中低收入群体要素收入。多渠道增加城乡居民财产性收入"。落实《建议》这一要求,应当在以下方面多用力气:建立健全统一的要素市场,畅通要素供求渠道;健全以创新能力、质量、贡献为导向的科技人才评价体系,构建知识、技术等创新要素参与收益分配机制,完善科研人员职务发明成果权益分享机制;构建数据要素收益分配机制;完善股份制企业特别是上市公司的分红制度;推广员工持股制度;积极稳妥实施农村集体经营性建设用地入市制度,探索农村宅基地所有权、资格权、使用权

"三权分置";拓宽城乡居民依靠合法动产和不动产获得收益的渠道。

三是完善再分配调节机制。这是提高人民收入水平的重要抓手。2019年我国居民收入基尼系数为0.465,仍处于0.4的国际警戒线之上,城乡、区域、不同群体间收入差距较大问题仍客观存在。实践证明,搞好再分配调节,不仅有利于缩小收入差距、促进共同富裕,而且对增加低收入群体收入、进而整体提高人民收入水平都具有重要作用。为此,《建议》强调要"完善再分配机制,加大税收、社保、转移支付等调节力度和精准性,合理调节过高收入,取缔非法收入。发挥第三次分配作用,发展慈善事业,改善收入和财富分配格局"。落实《建议》上述要求,必须在以下方面多做工作:完善直接税制度,合理调节城乡、区域、不同群体间分配关系;加快健全覆盖全民的多层次社会保障体系,稳步提高社会保障水平;加大对相对贫困地区转移支付力度;健全社会救助家庭经济核对机制,提高社会救助精准性和有效性;培育发展慈善组织,依法开展慈善活动,发挥慈善财产在扶老、救孤、恤病、助残、扶贫、济困、优抚等方面的作用;健全志愿服务体系,广泛开展志愿服务关爱行动;遏制各类灰色收入,取缔非法收入,消除权力和腐败带来的分配不公。

四是着力提高低收入群体收入、不断扩大中等收入群体。这是提高人民收入水平过程中必须紧盯的两个重点群体。目前,低收入群体占全国居民家庭数的40%、全国总人口的70%以上,低收入人员越来越多地上升到中等收入群体里,就能大幅拉动我国人民收入水平的提升。我国中等收入群体人数虽然已达到4亿以上、占总人口的30%,但由于中等收入群体工资性收入占比较高,在经济下行或退休后收入减少,而住房、教育、医疗等支出快速上涨时,不少人员或家庭很容易滑出中等收入群体、跌入低收入群体之中。因此,千方百计稳住和扩大中等收入群体,就能有力拉动我国人民收入水平的提升。《建议》强调要"着力提高低收入群体收入，扩大中等收入群体"。落实《建议》这一要求，必须在以下方面攻坚克难：确保如期打赢脱贫攻坚战，建立健全农村低收入人口和欠发达地区帮扶机制，健全防止返贫监测和帮扶机制；深化户籍制度改革，完善财政转移支付和城镇新增建设用地规模与农业转移人口市民化挂钩政策，加快农业转移人口市民化；健全分层分类的社会救助体系，完善帮扶残疾人、孤儿等社会福利制度；大力扶持中等收入群体后备军；扩大优质就业岗位数量，提高就业稳定性和就业质量；提高基本公共服务均等化程度，减轻家庭在住房、教育、育幼、医疗、养老等方面的支出负担。

强化就业优先政策

张 纪 南

就业是最大的民生。我国有 14 亿人口、9 亿劳动力,解决好就业问题,始终是经济社会发展的一项重大任务。"十三五"时期,我国就业局势保持总体稳定,就业规模不断扩大,就业结构持续优化,就业质量稳步提高。2016—2019 年,城镇新增就业人数 5378 万人,年均超过 1300 万人。"十四五"时期,我国进入新发展阶段,党的十九届五中全会通过的《中共中央关于制定国民经济和社会发展第十四个五年规划和二〇三五年远景目标的建议》(以下简称《建议》),科学研判大势,把握发展规律,将促进就业作为经济社会发展的重要内容,提出一系列新要求,明确一系列重大任务,我们必须充分认识其重要意义,准确把握基本内涵。

一 坚持经济发展就业导向

解决就业问题根本要靠经济发展。《建议》提出,千方百计稳定和扩大就业,坚持经济发展就业导向,扩大就业容量,提升就业质量,促进充分就业,保障劳动者待遇和权益。这是强化就业优先政策的总体要求,充分表明就业在经济社会发展中的优先地位,是我们党坚持以人民为中心的发展思想的具体体现。落实这一总体要求,需要构建经济增长和促进就业的良性循环,在保持经济总量稳定增长、经济结构不断升级的同时,努力实现就业规模扩大、就业结构优化、就业质量提升。**坚持经济发展就业导向,就要在宏观政策上坚持就业优先**。坚持实施以稳定和扩大就业为基准的宏观调控,切实把就业指标作为宏观调控取向调整的依据,推动财政、金融、投资、消费、产业等政策聚力支持就业。在组织实施发展规划、调整经济结构和优化产业布局、规划区域发展和实施重大工程项目过程中,注重强化对就业影响的评估。健全就业需求调查和失业预警监测机制,推进就业信息化建设,动态观察和研判就业走势,为宏观决策和制定政策措施提供有力支持。**扩大就业容量,提升就业质量,就要突出就业带动效应,推动实现更充分更高质量就业**。在以畅通国民经济循环为主构建新发展格局过程中,优先发展吸纳就业能力强的行业产业;在实现创新驱动的内涵型增长过程中,培育就业新增长极,推动劳动者实现体面劳动;在深化改革、推进高水平对外开放过程中,激发市场主体活力,稳定岗位、扩大就业。

二 健全就业公共服务体系

就业公共服务是促进市场供需匹配、实施就业失业管理、落实就业政策的重要载体。经过多年努力,我国就业公共服务体系逐步健全,目前全国县(区)以上普遍设立了就业公共服务机构,超过98%的街道、乡镇建立了服务窗口,提供登记招聘、登记求职、职业指导、职业介绍、创业指导等免费服务,对于政府调控市场、帮助困难群体就业发挥了重要作用。但仍然存在均等化不足、信息化不强、精准化不够等问题。《建议》提出健全就业公共服务体系,就是要在已有基础上,针对新形势新任务新要求,持续打造覆盖全民、贯穿全程、辐射全域、便捷高效的全方位就业公共服务体系,满足社会求职招聘创业等多方面的需求。**要推进基本服务均等化**,提升城乡公共服务能力,打破体制、部门、地域等限制,使劳动者不论来自何方、去到哪里就业和创业,都能享受同等的公共服务。**要推进信息服务智慧化**,建立全国统一的信息系统,推进信息互联互通和数据共享,实现供求双方的即时匹配、智能匹配。**要推进重点群体服务精准化**,根据不同劳动者的自身条件和服务需求,构建精准识别、精细分类、专业指导的服务模式,提供个性化服务措施和解决方案。**要推进服务主体多元化**,鼓励引导社会力量广泛深入参与就业服务,探索建立创业指导专家、就业指导专家等志愿者团队,为劳动者多渠道提供专业化服务。同时,制定发布新职业标准,积极引导劳动者参加培训和市场主体招聘用工。

三　更加注重缓解结构性就业矛盾

当前和今后一个时期,我国就业总量压力依然存在,但结构性就业矛盾更为凸显,突出表现为招工难和就业难并存,这一问题正在成为就业领域的主要矛盾。招工难主要是一线生产服务人员和技工"两头短缺",技能人才的求人倍率长期保持在 1.5 以上。就业难则是指部分高校毕业生和大龄劳动者求职就业困难。这种"两难"并存,其根源在于劳动力需求与供给的不匹配,其关键在于部分劳动者技能不足、技能人才短缺。随着发展质量效率提高,经济结构不断调整、产业转型升级,这一现象将更趋凸显。《建议》提出,更加注重缓解结构性就业矛盾,加快提升劳动者技能素质。这既是当务之急,也是长远之计,具有非常强的现实针对性。要求我们以提升劳动者技能水平、能力素质为核心,贴紧社会、产业、企业、个人发展需求,加快推进技能人才发展。**要实施"技能中国"行动**,推动落实终身职业技

能培训制度,开展常态化大规模多方式的职业技能提升并建立长
效机制。**要完善技能人才培养、使用、评价和激励机制**,加强技能
人才培养基础能力建设,充分发挥企业主体作用,建立健全技工院
校和中等职业院校支持政策,畅通技能人才职业发展通道。**要积
极采取措施使普通高中和中等职业学校、技工院校招生规模保持
大体相当**,从源头上提高技能人才培养比例。**要健全职业技能竞
赛体系**,举办综合性的全国技能竞赛,形成以全国竞赛为主体、岗
位练兵技术比武为基础的中国特色竞赛体系,更好发挥以赛促学、
以赛促训、以赛促评的作用,在全社会积极营造崇尚技能、尊重人
才的良好氛围。

四 完善重点群体就业支持体系

稳住了重点群体,就稳住了就业基本盘。《建议》提出,完善重
点群体就业支持体系。这就要求我们采取更加有效的举措、更加有
力的工作,分类帮扶,因人施策,全力以赴抓好重点群体就业工作。
要着力做好高校毕业生等青年就业工作。高校毕业生是国家的宝贵
财富,解决好他们的就业问题,既关系实现个人价值和家庭幸福,更
关乎国家的长远发展和社会和谐稳定。今后一个时期,我国高校毕
业生规模仍将保持在高位运行。要在改善需求上下功夫,创造更多
适合毕业生的知识型、技术型、创新型岗位;在优化供给上下功夫,增
强毕业生适应市场和企业实际需要的能力;集中开展专项活动,加大
对离校未就业、困难毕业生帮扶力度,帮助毕业生更好择业、更快就
业。**要积极促进农民工就业。**农民工是我国产业工人的主体,是国
家现代化建设的重要力量。进一步强化就业服务、职业培训和权益
维护"三位一体"工作机制,加强跨区域劳务协作,引导农民工有序

外出求职就业；支持农民工就地就近就业，落实返乡入乡创业政策。**要扎实做好退役军人就业工作。**实施优惠扶持政策，强化针对性就业创业服务，稳定和拓宽就业渠道；增强职业技能培训实效性，给予政策支持，提升退役军人就业能力。**要健全困难群体就业援助制度。**畅通失业人员求助渠道，提供针对性公共就业服务和职业培训，促进失业人员尽快实现就业。对于残疾人、零就业家庭成员等就业困难人员，深入摸排、建立台账、动态管理，提供"一对一"精细化服务。对通过市场渠道难以实现就业的，利用公益性岗位托底安置。加强就业困难人员基本生活保障，把困难群众的民生底线兜住兜牢。

五　统筹城乡就业政策体系

统筹城乡就业，对于积极引导农村劳动力就业增收、推进新型城镇化、实施乡村振兴战略意义重大。我国城乡劳动者平等参与市场竞争的就业制度正逐步建立，覆盖城乡的就业组织体系、公共就业创业服务体系、职业培训体系日趋完善，维护城乡劳动者的用工管理和社会保障制度逐步健全。但数量庞大的农民工，工资水平总体偏低，就业稳定性较差、保障较弱的问题依然存在。《建议》提出，统筹城乡就业政策体系。这是针对城乡发展不平衡提出的明确要求。**要推进就业制度平等**，消除户籍、地域、身份、性别、行业等一切影响平等就业的制度障碍，营造城乡一体化公平就业环境。**要推进就业服务平等**，实行农民工在就业地平等享受就业服务政策，和本地居民一视同仁、公平对待。**要加强权益维护**，健全劳动关系协调机制，强化劳动纠纷调处，加强劳动保障监察执法，扩大社会保险覆盖范围，推进社保制度衔接。

六 完善促进创业带动就业、多渠道灵活就业的保障机制

创业是就业之源，灵活就业是就业的重要渠道，对于稳定和扩大就业具有重要意义。《建议》提出，完善促进创业带动就业、多渠道灵活就业的保障制度，支持和规范发展新就业形态。**要持续优化营商环境。**深化商事制度改革，积极拓宽投融资渠道，实施包容审慎监管；加大初创实体支持力度，提供场地支持、租金减免、税收优惠、创业补贴等政策扶持。**要持续释放创业带动就业倍增效应。**支持建设一批高质量创业孵化载体和创业园区，提升线上线下创业服务能力，打造培训学习、创业实践、咨询指导、跟踪帮扶等一体化创业培训体系；精心组织各级各类创业推进活动，培育构建区域性、综合性创业生态系统。**要持续推动多渠道灵活就业。**鼓励个体经营，增加非全日制就业机会，支持发展新就业形态，清理取消不合理限制灵活就业的规定。强化对灵活就业人员就业服务、劳动权益和基本生活保障。

强化就业优先政策、稳定和扩大就业，是一项系统工程，需要充分调动各方面的力量。我们要按照《建议》的要求将促进就业摆在更加突出的位置，加强组织领导，加大投入，健全就业工作目标责任制，切实把这个民生头等大事抓好。

建设高质量教育体系

陈 宝 生

教育是事关国家发展和民族未来的千秋基业。党的十九届五中全会通过的《中共中央关于制定国民经济和社会发展第十四个五年规划和二○三五年远景目标的建议》（以下简称《建议》），明确了"建设高质量教育体系"的政策导向和重点要求，我们要全面准确领会全会精神，认真贯彻落实到位。

一 准确把握"十四五"时期教育改革发展的宏观形势

《建议》指出："'十四五'时期是我国全面建成小康社会、实现第一个百年奋斗目标之后，乘势而上开启全面建设社会主义现代化国家新征程、向第二个百年奋斗目标进军的第一个五年。"准确把握"十四五"时期教育改革发展宏观形势，深刻认识我国进入高质量发展阶段的新特征新要求，对谋划建设高质量教育体系至关重要。

（一）"十三五"时期教育改革发展取得新的显著成就。以习近平同志为核心的党中央把教育作为国之大计、党之大计，加强党对教育工作的全面领导，召开全国教育大会，对教育现代化和教育强国作出重大战略部署，统筹教育领域综合改革和教育治理现代化，教育面貌正在发生格局性变化。2019 年全国学前三年毛入园率 83.4%、小学

学龄人口入学率99.94%,初中、高中阶段、高等教育的毛入学率分别
为102.6%、89.5%和51.6%,高等教育进入普及化阶段,特殊教育不断
加强,继续教育多样化推进,新增劳动力平均受教育年限达到13.7年,
"十三五"规划目标将顺利完成,教育普及水平稳居世界中上收入国家
行列。在全面建成小康社会决胜阶段,教育事业为社会主义现代化建
设开发了人力资源,为增强综合国力和国际竞争力贡献了积极力量,
为国民素质逐渐提高提供了重要支持,为如期实现脱贫攻坚作出了有
力支撑,人民群众对教育的获得感和满意度持续提升。

(二)"十四五"时期教育改革发展面临着许多新的机遇和挑战。
《建议》指出,"当前和今后一个时期,我国发展仍然处于重要战略机
遇期,但机遇和挑战都有新的发展变化",并就"当今世界正经历百
年未有之大变局"、"我国已转向高质量发展阶段"等世情国情作出
重要判断。在复杂多变的发展环境中,我国教育制度优势明显,人才
资源基础较好,随着经济社会发展和人民生活水平提高,教育需求呈
现多层次多样化态势,新一代信息技术以及多方社会资源可望支持
以学习者为中心的教育新生态,这都是建设高质量教育体系的有利
条件。同时,我国区域教育资源配置不够均衡,城乡教育差距亟待缩
小,人才培养模式改革需要提速,教育创新与服务潜力尚未更好释
放,同人民群众对高质量教育体系的需求相比还有很大差距。我们
要深入贯彻党中央关于"十四五"时期教育改革发展的决策部署,抓
住机遇,应对挑战,全力以赴,攻坚克难。

二 深刻认识"十四五"时期建设 高质量教育体系的重要意义

党的十八大以来,习近平总书记对提高教育质量多次作出重要

论述、提出明确要求,党和国家制定实施了一系列相关政策措施,为"十四五"时期在新的起点上建设高质量教育体系打下了基础。

(一)建设高质量教育体系是坚持以人民为中心的必然要求。坚持以人民为中心,是我们党的根本宗旨所决定的,是《建议》中关于"十四五"时期经济社会发展必须遵循的原则之一,彰显了中国特色社会主义制度显著优势。习近平总书记将坚持以人民为中心发展教育作为对我国教育事业规律性认识的深化,强调要始终坚持并不断丰富发展。《建议》要求建设高质量教育体系,就是坚持以人民为中心发展教育事业,使教育事业为提高人民思想道德素质、科学文化素质和身心健康素质提供可靠保证,切实做到发展为了人民,发展依靠人民,发展成果由人民共享,不断满足人民日益增长的美好生活需要。

(二)建设高质量教育体系是构建新发展格局的基础环节。随着外部环境和我国发展所具有的要素禀赋的变化,《建议》要求,"十四五"时期将加快构建以国内大循环为主体、国内国际双循环相互促进的新发展格局,这对建设高质量教育体系提出了多方位需求。今后,在畅通国内大循环、打造开放的国内国际双循环的各个环节,在促消费惠民生、调结构增后劲的多个领域,都需要教育体系源源不断输送高质量的人力资源,坚持不懈提供高质量的研究开发支持;都需要教育体系更好参与城乡发展服务消费、改善人民生活品质,在以高质量供给适应引领和创造新需求方面,进行新的探索实践,进一步发挥高质量教育体系在国计民生中的基础性、先导性、全局性作用。

(三)建设高质量教育体系是锚定 2035 年远景目标的关键举措。根据习近平总书记关于教育的系列重要论述和党的十九大的教育战略部署,党中央、国务院印发《中国教育现代化 2035》,提出"到 2035 年,总体实现教育现代化,迈入教育强国行列,推动我国成为学习大国、人力资源强国和人才强国,为到本世纪中叶建成富强民主文明和谐美丽的社会主义现代化强国奠定坚实基础"，为教育规划定下基调。《建议》在确定到2035年基本实现社会主义现代化远景目标时，要求届时建成教育强国。我们要锚定2035年总体实现教育现代化、建成教育强国的目标，通过3个五年规划，把15年的阶段战略安排细化为压茬推进的政策行动，积小成为大成。"十四五"期间重点放在建设高质量教育体系上，这对实现"全民受教育程度不断提升"的目标，将是带有全局性的关键举措。

三 扎实贯彻党中央关于建设高质量教育体系的重要决策

建设高质量教育体系，充分体现以习近平同志为核心的党中央对"十四五"乃至一个更长时期完善中国特色社会主义教育体系的最新要求，总体上看，《建议》确定了以下4个方面重点。

（一）建设高质量教育体系必须坚持党对教育工作的全面领导。"党政军民学，东西南北中，党是领导一切的。"党的十八大以来，以习近平同志为核心的党中央高度重视党对教育工作的全面领导，在党的全国代表大会报告和中央全会文件中，对教育改革发展和教育系统党的建设不断提出重要要求，从成立中央全面深化改革领导小组（委员会）到组建中央教育工作领导小组，确保党在教育工作方面始终总揽全局、协调各方。《建议》要求建设高质量教育体系，首要标准是教育系统必须增强"四个意识"、坚定"四个自信"、做到"两个维护"，要在建设高质量教育体系过程中，深入贯彻习近平总书记关于坚守为党育人、为国育才的总体要求，全面贯彻党的教育方针，坚持马克思主义指导地位，坚持中国特色社会主义教育发展道路，坚持社会主义办学方向，在实践中增强教育系统各级党组织政治功能和组织力,确保党中央决策部署有效落地落实。

(二)建设高质量教育体系要健全学校家庭社会协同育人机制。《建议》在重申"全面贯彻党的教育方针,坚持立德树人,加强师德师风建设,培养德智体美劳全面发展的社会主义建设者和接班人"的基础上,明确要求"健全学校家庭社会协同育人机制,提升教师教书育人能力素质,增强学生文明素养、社会责任意识、实践本领,重视青少年身体素质和心理健康教育",这是深入贯彻习近平总书记关于"办好教育事业,家庭、学校、政府、社会都有责任"、"全社会要担负起青少年成长成才的责任"等系列重要论述精神的集中体现。《建议》部署"十四五"时期建设高质量教育体系,对新发展阶段立德树人的基本要求又作出新的阐释和布局。衡量高质量教育体系,很大程度上要看数以千万计教师、数以亿计学生的素质能否不断提升和增强。今后,多方位提高师生素质,重点将落在健全学校家庭社会协同育人机制层面,从德智体美劳"五育并举",到全员全程全方位"三全育人",因地因校制宜,发展素质教育,形成有效的实践模式,努力汇聚起教育系统和社会各方的更大合力。

(三)建设高质量教育体系要在深化改革促进公平上迈开新步。《建议》以"坚持教育公益性原则,深化教育改革,促进教育公平"为导向,布置一套政策"组合拳"。**一是**夯实高质量教育体系根基,重点是"推动义务教育均衡发展和城乡一体化,完善普惠性学前教育和特殊教育、专门教育保障机制,鼓励高中阶段学校多样化发展","提高民族地区教育质量和水平,加大国家通用语言文字推广力度",加快健全"幼有所育、学有所教"等方面国家基本公共服务制度体系,努力让青少年儿童都能享有公平而有质量的教育,为其谋生发展打好基础。**二是**面向构建新发展格局,强调"加大人力资本投入,增强职业技术教育适应性,深化职普融通、产教融合、校企合作,探索中国特色学徒制,大力培养技术技能人才",为学习者多种方式就业创业助力,有效提升劳动者技能和收入水平,适应提升我国产业链供应链现代化水平的迫切需要。**三是**着眼可持续发展全局,明确"提高高等教育质量,分类建设一流大学和一流学科,加快培养理工农医类专业紧缺人才"的主攻方向,要求"加强创新型、应用型、技能型人才培养";"支持发展高水平研究型大学,加强基础研究人才培养",重申"推进产学研深度融合",为增强综合国力、增进民生福祉注入新的动力活力。**四是**立足基本国情,重申"支持和规范民办教育发展,规范校外培训机构",在增加公共教育服务供给的同时,更好发挥各方积极性,创新教育服务业态,推进教育治理方式变革。

(四)建设高质量教育体系要对标服务全民的终身学习体系。按照以习近平同志为核心的党中央的重大部署,《建议》强调"发挥在线教育优势,完善终身学习体系,建设学习型社会",充分体现了建设学习型社会的顶层设计意图,构建方式更加灵活、资源更加丰富、学习更加便捷的终身学习体系,而发挥在线教育优势,我国积累了成功的实践经验。近年来网络本专科注册和毕业人数均居世界第一,在线教育和培训已经形成多样化格局。2020年新冠肺炎疫情突发后开展大规模在线教育,2月到5月,国家中小学网络云平台20多亿人次浏览,全国1775万大学生参与在线课程、共计23亿人次。这是全球最大规模的在线教育实验,不仅有效应对了疫情冲击、保障了师生健康和生命安全,而且探索创新了教学模式。"十四五"时期建设高质量教育体系,必将沿着"实现人人皆学、处处能学、时时可学"方向,我国终身学习体系和学习型社会的建设可望开辟新的境界。

提高应对突发公共卫生事件能力

马 晓 伟

党的十九届五中全会审议通过的《中共中央关于制定国民经济和社会发展第十四个五年规划和二○三五年远景目标的建议》(以下简称《建议》),提出"提高应对突发公共卫生事件能力"的重大任务。这是我们党深刻总结新冠肺炎疫情防控经验教训,立足国情、放眼长远作出的重大决策,是对中国特色卫生健康发展道路的坚持与发展,也是对国家安全体系的巩固完善。我们要认真学习领会党的十九届五中全会精神,准确把握提高应对突发公共卫生事件能力的重要意义和目标要求,切实把各项工作落到实处。

一 充分认识提高应对突发公共卫生事件能力的重要意义

提高应对突发公共卫生事件能力是保障和维护人民健康的必然要求。健康是社会文明进步的基础。重大传染病等突发公共卫生事件始终是人类健康的大敌,一部人类发展史可以说是与传染病斗争的历史。无论是14世纪中叶的"黑死病"、1918年的"大流感",还是本世纪初的"非典",都让人类付出了惨痛代价,这次突如其来的新冠肺炎疫情再次敲响了警钟。习近平总书记强调,确保人民群众生命安全和身体健康,是我们党治国理政的一项重大任务。只有切实提高应对突发公共卫生事件能力,织紧织密"防护网"、筑牢筑实"隔离墙",把功夫下在平时,才能切实维护人民群众生命安全和身体健康。

提高应对突发公共卫生事件能力是维护国家安全和社会稳定的迫切需要。及时稳妥应对处置突发公共卫生事件关系国家安全与发展,关系经济社会大局稳定。如果应对失当、控制不力,不仅人民生活水平和质量受到重大影响,还会造成人心恐慌,全社会将付出沉重代价。公元前430年的瘟疫是导致古希腊文明衰落的重要原因,我国东汉、隋、南宋、元、明等多个朝代的政权灭亡都同瘟疫处置不力引发社会动荡有密切关系。这次全球性传播的新冠肺炎疫情,对世界经济运行、全球治理体系和国际政治格局造成强烈冲击,给百年未有之大变局增添了新变量。习近平总书记强调,人民安全是国家安全的基石。我们必须坚持总体国家安全观,强化底线思维,增强忧患意识,把应对突发公共卫生事件纳入国家总体安全战略统筹布局,及时化解和处置危害人民生命安全的重大风险。

提高应对突发公共卫生事件能力是提升国家治理能力的内在要求。防范和应对突发公共卫生事件是一项复杂性、关联性很强的系统工程,是对国家治理体系和治理能力的重大考验。面对来势汹汹的新冠肺炎疫情,习近平总书记亲自指挥、亲自部署,成立中央应对疫情工作领导小组、派出中央指导组、发挥国务院联防联控机制作用,坚持依法、科学、精准的防控策略,坚持党政主导、部门协作、社会动员、全民参与的工作机制,广大医务人员义无反顾冲在疫情防控和医疗救治第一线,经过全国上下艰苦卓绝的努力,疫情防控取得重大战略成果,彰显了中国特色社会主义制度的显著优势、党和国家卓越的治理能力。当前,我国发展仍处于重要战略机遇期,突发公共卫生事件等可以预料和难以预料的风险挑战增多,必须将有力有序防范和应对突发公共卫生事件作为国家治理体系和治理能力的重要组成部分,扬优势、补短板、堵漏洞、强弱项,不断完善应对机制,构建强大公共卫生体系,为维护国家长治久安提供重要制度保障。

二 深刻理解提高应对突发公共卫生事件能力的核心要义

"十四五"时期是我国全面建成小康社会、实现第一个百年奋斗目标之后,乘势而上开启全面建设社会主义现代化国家新征程、向第二个百年奋斗目标进军的第一个五年。《建议》提出了"十四五"期间实现"突发公共事件应急能力显著增强"的目标要求,明确了发展思路和重点举措,强调加强核心能力建设是提高应对突发公共卫生事件能力的重中之重。

一是提高指挥调度能力。坚持党的集中统一领导是成功防范和有效应对突发公共卫生事件的根本政治保证。要打破部门和地域界限,建立高效融合、反应灵敏、决策科学的组织指挥体系,完善重大风险研判、评估、决策、防控协同机制,统一领导、统一指挥、统一行动,做到指令清晰、系统有序、条块畅达、执行有力,大力提升指挥协调效率和能力,快速精准解决一线遇到的紧要问题。

二是提高监测预警能力。早发现是有效防范化解公共卫生重大风险的前提。要把增强早期监测预警能力作为当务之急,着力完善传染病疫情与突发公共卫生事件的监测系统,改进不明原因疾病和异常健康事件监测机制,健全多渠道监测预警机制,建立智慧化预警多点触发机制,提高评估监测敏感性和准确性,把握最佳时机,争取战略主动。

三是提高预防控制能力。强大的传染病预防控制能力是有效应对突发公共卫生事件的核心能力。必须坚决贯彻预防为主方针,立

足更精准更有效地防控,建立稳定的公共卫生事业投入机制,改革和
完善疾病预防控制体系,建立适应现代化公共卫生体系的人才培养
使用机制,提升疫情现场处置能力,深入开展爱国卫生运动,提升群
众动员能力,形成防治结合、专群结合、联防联控、群防群控的严密
防线。

四是提高应急救治能力。政府主导、公益性主导、公立医院主导
的救治体系是应对突发公共卫生事件、护佑人民安全和健康的重要
基础。要坚持平战结合,统筹应急状态下医疗卫生机构动员响应、区
域联动、人员调集,按照集中患者、集中专家、集中资源、集中救治原
则,提高收治率和治愈率,降低感染率和病亡率。坚持中西医结合、
中西药并用,强化中医药在重大疫情救治中的独特作用。同时,健全
重大疾病医疗保险和救助体系,避免因费用问题影响救治。

五是提高物资保障能力。应急医疗物资保障是国家应急管理体
系建设的重要内容。要打造医疗防治、物资储备、产能动员"三位一
体"的保障体系,健全国家重要医疗物资保障调度平台,加强科学调
配,有效满足重特大突发公共卫生事件应对处置需要。

三 准确把握"十四五"时期提高应对突发 公共卫生事件能力的重点工作

一是健全应急响应机制。完善突发公共卫生事件分级应急响应
机制和应对预案,明确不同级别响应的启动标准和流程,以及政府、
部门、单位和个人"四方责任"。实施全民健康信息联通工程,完善
信息报送机制,实现传染病报告信息和患者就医症状信息实时抓取。
依托国家公共卫生、动物疫病、口岸检疫、食品安全等系统,构建全域
监控和全流程追踪的监测体系,加强境内外疫情监测和输入风险防

范,将防疫触角延伸到各行业各领域。注重运用大数据、人工智能等信息化技术,实时分析、集中研判,做到早发现、早报告、早处置。建立严格、专业、高效的信息发布制度,及时公开透明向国内和国际社会发布权威信息,回应社会关切。

二是完善疾控体系。优化完善疾病预防控制机构职能设置,健全以疾控中心和专病防治机构为骨干,县级以上医院为依托,基层医疗卫生机构为网底,防治结合、军民融合的疾控体系,建立上下联动的分工协作机制。改善疾控基础条件,加强实验室网络建设,支持生物安全四级实验室建设,实现每个省份至少有一个生物安全三级实验室,着力提升病原体快速甄别鉴定和追踪溯源能力。创新医防协同机制,强化各级医疗机构疾病预防控制职责,建立人员通、信息通、资源通和监督监管相互制约的机制。完善公共卫生服务项目,强化基层公共卫生体系,筑牢基层重大疾病防控防线。

三是健全医疗救治体系。实施应急救治能力建设工程,健全传染病诊疗和救治网络,明确"平时"和"战时"职责及转化模式。结合国家医学中心、区域医疗中心建设,依托区域内高水平医院,建设一批重大疫情救治基地。完善综合医院传染病防治设施标准,加强感染、急诊、重症、呼吸、麻醉、检验等重大疫情救治相关专科建设,强化发热门诊(诊室)建设,做好大型体育场馆、展览馆、酒店等改建为方舱医院的适应性工作。加强中医院建设,完善中西医结合应急救治机制,提高应急救治能力。

四是健全科技支撑体系。加强疾病防控和公共卫生科技攻关体系和能力建设,推进传染病防控研究基地建设,布局建设一批国家临床医学研究中心,形成覆盖全国的协同研究网络。加大卫生健康领域科技投入,研究论证新发突发传染病和生物安全风险防控重大项目,支持协同开展重大传染病病原体溯源、传播途径、致病机理、防控策略、检测试剂、诊疗救治、药物和疫苗研发等全链条研究。建立关

键核心技术攻关新体制,加快发展高端医疗设备,突破关键核心技术
瓶颈,提高国产药品、医疗器械和疫苗国际竞争力。

五是健全医疗物资保障体系。完善中央、地方两级卫生应急物
资储备制度,科学制定储备目录,确定储备规模、种类和储备点。优
化重要医疗物资产能保障和布局,建立统一的采购供应体系,注重发
挥社会力量作用,确保应急物资供应保障安全有效可控。加强医疗
机构紧缺应急物资设备的统筹配置,建立健全高效规范、集中统一的
收储、轮换和动用管理制度,提升储备效能。

六是加强人才队伍建设。完善公共卫生和卫生应急人才发展规
划,健全人员准入、使用、待遇保障、考核评价和激励机制。加强医教
协同,适当扩大公共卫生相关专业招生规模,推进公共卫生医师规范
化培训,强化高校与疾控机构、传染病医院的医教研合作,以科研项
目带动人才培养,建设公共卫生高层次人才队伍。持续加强全科医
生培训,引导专业人才向基层流动。各类专业公共卫生机构和基层
医疗卫生机构实行财政全额保障政策,落实"两个允许"要求。建立
以实践为导向的人才评价机制,优化利益分配激励机制,拓宽公共卫
生专业人才就业渠道,吸引更多优秀人才从事公共卫生工作。

七是强化法治保障。构建系统完备、科学规范、运行有效的公共
卫生法治体系,坚持运用法治思维和法治方式应对处置突发公共卫
生事件。推动制修订传染病防治法、生物安全法、突发公共卫生事件
应急条例等法律法规,完善突发重特大疫情防控规范和应急救治管
理办法。健全执法管理体制及职责,进一步完善医疗卫生行业综合
监管制度,加大监督执法力度,依法严惩扰乱医疗秩序、防疫秩序、市
场秩序、社会秩序等违法犯罪行为。做好相关法律法规普及工作,提
高全民守法意识。

实施积极应对
人口老龄化国家战略

李 纪 恒

党的十九届五中全会通过的《中共中央关于制定国民经济和社会发展第十四个五年规划和二〇三五年远景目标的建议》（以下简称《建议》），提出"实施积极应对人口老龄化国家战略"，这在历次党的全会文献中是第一次，是以习近平同志为核心的党中央总揽全局、审时度势作出的重大战略部署。我们要深入学习领会，全面理解把握，采取有力措施推动落实。

一 充分认识实施积极应对人口老龄化国家战略的重大意义

实施积极应对人口老龄化国家战略，事关国家发展全局，事关百姓福祉，对"十四五"和更长时期我国经济社会持续健康发展具有重大和深远的意义。

实施积极应对人口老龄化国家战略，是践行党的初心使命、坚持以人民为中心的发展思想的重要体现。全心全意为人民服务，带领人民创造幸福生活，是我们党始终不渝的奋斗目标。我国是当今世界老年人数最多的国家，2019年底，已有60岁及以上老年人口 2.54 亿,预计 2025 年将突破 3 亿,2033 年将突破 4 亿,2053 年将达到 4.87 亿的峰值。实施积极应对人口老龄化国家战略,让每位老年人都能生活得安心、静心、舒心,实现广大老年人及其家庭对日益增长的美好生活向往,发挥老年人在经济社会建设中的积极作用,必将进一步彰显党的初心使命和我国社会主义制度的优越性。

实施积极应对人口老龄化国家战略,是维护国家人口安全和社会和谐稳定、实现第二个百年奋斗目标的重要考量。在我国即将开启的全面建设社会主义现代化国家新征程中,人口老龄化不断加剧将是基本国情。这个趋势与实现第二个百年奋斗目标的历程紧紧相随,与当今世界百年未有之大变局紧密相连,关系到我国代际和谐与社会活力,影响国家人口安全和国际竞争力。把积极应对人口老龄化提升为国家战略,有利于全党全社会进一步凝聚共识,增强风险意识和责任感、使命感、紧迫感,统筹各方资源力量,及时应对、科学应对、综合应对,为实现第二个百年奋斗目标营造有利战略格局,确保中华民族世代永续发展,始终屹立于世界民族之林。

实施积极应对人口老龄化国家战略,是推动高质量发展、加快构建新发展格局的重要举措。在当前保护主义上升、世界经济低迷、全球市场萎缩、我国发展不平衡不充分问题仍然突出的情况下,以习近平同志为核心的党中央提出了"加快构建以国内大循环为主体、国内国际双循环相互促进的新发展格局"的战略部署,为我国进一步发展指明了方向。滚滚而来的"银发浪潮",既给我国经济社会发展带来巨大挑战和冲击,也蕴藏着宝贵的发展机遇和希望。实施积极应对人口老龄化国家战略,有利于化危为机、危中寻机,对冲不利影响,积极转化老龄风险为"长寿红利";有利于深入推进供给侧结构性改革,全面放开养老服务市场,催生银发经济新产业、新业态、新模式,培育形成经济增长新动能;有利于拓展银发消费,持续扩大内需,充实国内大循环,促进国内国际双循环良性互动。

二 深刻把握实施积极应对人口老龄化国家战略的总体要求

党的十八大以来,习近平总书记对积极应对人口老龄化作出了一系列重要指示批示,党中央作出了一系列部署安排,制定了国家积极应对人口老龄化中长期规划,为实施积极应对人口老龄化国家战略提供了根本遵循。

坚持党总揽全局,为积极应对人口老龄化提供坚强保证。实施积极应对人口老龄化国家战略,必须坚持党的全面领导,发挥党总揽全局、协调各方的作用。要在各级党委的领导下,发挥政府的主导作用,加强顶层设计,凝聚社会共识,切实把党的政治领导力、思想引领力、群众组织力、社会号召力转化为全社会应对人口老龄化的强大动力,走出一条借鉴各国有益经验、符合中国国情、具有中国特色的积极应对人口老龄化之路。

坚持积极老龄化观念,牢牢掌握应对人口老龄化战略先机和主动权。积极应对人口老龄化,不仅能提高老年人生活质量,维护老年人尊严和权益,而且能促进经济发展、增进社会和谐。要积极看待老龄社会、老年人和老年生活,以积极的态度、积极的政策、积极的行动应对人口老龄化。要加强前瞻性思考、全局性谋划、战略性布局、整体性推进,统筹人口老龄化涉及的生育养育、教育培训、退休社保、收入分配、产品服务等政策制度,最大程度防范化解人口老龄化风险,最大程度把握人口老龄化战略机遇。

坚持调动各方主体的积极性,打造共建共治共享的老龄社会治理共同体。积极应对人口老龄化涉及领域广、参与主体多,必须坚持发展为了人民、发展依靠人民、发展成果由人民共享,调动政府、市场、社会、家庭应对人口老龄化的积极性。要在政府主导下,支持家庭承担养老功能、巩固家庭养老的基础地位,引导市场主体和社会力量广泛参与,建设继承传统美德、具有时代特征的孝亲敬老文化,构建老年友好型社会,实现各尽其责、各得其所,打牢积极应对人口老龄化国家战略的坚实社会基础。

坚持尽力而为、量力而行,做到因地制宜、科学精准施策。我国人口老龄化存在显著的地区差异、城乡差异。实施积极应对人口老龄化国家战略,既要随着经济社会发展水平的提高不断增强社会保障能力,实现老有所养、老有所依、老有所乐、老有所安,努力增进人民福祉;又要充分考虑发展的阶段性特征和财政承受能力,合理引导社会预期,将提高福利水平建立在经济和财力可持续增长基础上。要在党和国家统一部署下,从实际实效出发,在战略布局上体现精深,在政策措施上体现精准,在管理服务上体现精细,不断满足人民群众全方位、多层次、具体化的养老需求。

坚持深化改革开放,为人类解决老龄化问题贡献中国智慧和中国方案。把改革创新作为实施积极应对人口老龄化国家战略的强大动力,充分激发市场和全社会活力,强化科技支撑,不断完善积极应对人口老龄化的体制机制,建立健全与社会主义现代化强国相适应的积极应对人口老龄化制度。坚持世界眼光,立足中国国情,加强国际交流合作,在构建人类命运共同体中携手共进、应对挑战。

三　认真落实"十四五"时期实施积极应对人口老龄化国家战略的思路和任务

《建议》坚持系统观念,从我国实现人口均衡发展最需要关注的

"少子老龄化"等问题入手,提出了"十四五"时期实施积极应对人口老龄化国家战略的思路和任务。

优化生育政策,促进人口长期均衡发展,提高人口素质。这是积极应对人口老龄化、持续保持社会活力的治本之策。目前,受多方影响,我国适龄人口生育意愿偏低,总和生育率已跌破警戒线,人口发展进入关键转折期。《建议》提出,要"制定人口长期发展战略,优化生育政策,增强生育政策包容性,提高优生优育服务水平,发展普惠托育服务体系,降低生育、养育、教育成本,促进人口长期均衡发展,提高人口素质",为继续完善人口发展战略指明了方向。落实《建议》要求,要把握人口发展重大趋势变化,制定长期规划,实施人口均衡发展国家战略;要引导生育水平提升并稳定在适度区间,增加劳动力供给,实现人口与经济社会、资源环境相协调;要大力发展0—3岁婴幼儿照护服务,增加普惠性学前教育供给,优化义务教育教学安排,缓解家庭教育抚养孩子的后顾之忧;要强化全生命周期服务理念和优生优育服务,提高出生人口和新增劳动力素质,降低人口老龄化导致劳动力供给总量下降的不利影响。

积极开发老龄人力资源,发展银发经济,推动养老事业和养老产业协同发展。这是积极对待人口老龄化、创造"长寿红利"的关键之举。我国老年人口基数大、占比高、增速快,蕴藏着巨大的劳动力财富和消费潜力,亟待开发。《建议》提出,要"实施渐进式延迟法定退休年龄","积极开发老龄人力资源,发展银发经济","推动养老事业和养老产业协同发展","培育养老新业态",为抢抓人口老龄化战略机遇、创造"长寿红利"明确了路径。落实《建议》要求,就要加快研究制定延迟退休方案,倡导终身发展理念,支持老年人力所能及发光发热、老有所为,积极参与经济社会活动,继续创造社会财富;要健全配套政策措施,支持大龄劳动者和老年人就业创业;要建立健全老年人社会保障体系,让老年人共享经济社会发展成果,推动完善内需体系;要树立新发展理念,紧跟老年消费需求变化,深化老年产品市场供给侧结构性改革,鼓励高新技术和先进适用技术广泛应用,促进养老与教育培训、健康、体育、文化、旅游、家政、康复辅具等产业融合发展,推动银发经济大发展,实现积极应对人口老龄化政策措施社会效益与经济效益相统一。

推进基本养老服务,构建居家社区机构相协调、医养康养相结合的养老服务体系,健全养老服务综合监管制度。这是积极应对人口老龄化、做到老有所养的重要基础工程。党的十八大以来,我国养老服务快速发展,截至 2019 年底,全国共有各类养老服务机构 20.4 万个,总床位 775 万张。但与人口老龄化形势和人民群众需求相比,我国养老服务还存在不少短板。《建议》提出,要"健全基本养老服务体系,发展普惠型养老服务和互助性养老","构建居家社区机构相协调、医养康养相结合的养老服务体系","健全养老服务综合监管制度",为搭建养老服务体系的"四梁八柱"明确了任务要求。落实《建议》要求,必须针对老年人最迫切的需求,逐步建立以失能照护为主要内容的基本养老服务体系,健全面向特困人员的救助供养制度,探索建立面向社会大众的成本可负担、方便可及、质量可靠的普惠型养老服务,推动实现人人享有基本养老服务;要鼓励出入相友、守望相助,加强邻里互助、农村互助幸福院、"时间银行"等互助性养老探索;要拓展服务形态,大力推进居家、社区、机构养老服务协调配合、融合发展;要丰富服务内容,大力推进医养康养相结合,满足老年人养老服务和医疗健康服务的综合需求;要强化服务保障,健全养老服务综合监管制度,加强事中事后监管,为养老服务高质量发展营造良好环境。

弘扬优秀传统文化,支持家庭承担养老功能,发挥家庭养老基础作用。这是积极应对人口老龄化的重要力量源泉,也是适应我国实际、顺应广大老年人意愿的必然选择。"天下之本在国,国之本在家"。家庭是社会的基本细胞,在家中养老是绝大多数老年人的基本意愿。习近平总书记指出,"中华民族自古以来就重视家庭、重视亲情。家和万事兴、天伦之乐、尊老爱幼、贤妻良母、相夫教子、勤俭持家等,都体现了中国人的这种观念"。家庭支持是我国老年人养老保障和生活照料的重要来源,但在家庭结构小型化、社会观念转变等影响下,我国家庭养老受到冲击。《建议》提出,"加强家庭、家教、家风建设","支持家庭承担养老功能","健全老年人、残疾人关爱服务体系和设施",为新时代更好发挥家庭养老基础作用提供了行动指南。落实《建议》要求,应当加强人口老龄化国情教育,弘扬"百善孝为先""养亲""敬亲"和"送亲"(送终)等传统美德,引导人们自觉承担家庭责任、树立良好家风、促进家庭老少和顺;要贯彻老年人权益保障法,健全老年监护制度,依法打击欺老虐老行为;要探索推进家庭照护者培训、赡养老年人个人所得税专项扣除、照料假、喘息服务、住房和环境适老化改造等政策措施,鼓励成年子女与老年父母共同生活或者就近居住,减轻家庭照顾老年人的负担和压力;要健全农村留守老年人关爱服务体系,建立城乡特殊困难老年人居家社区探访制度;要打造老年宜居环境,健全老年优待制度,提倡与老年人日常生活密切相关的服务行业为老年人提供优先、优惠服务,积极支持老年人融入社会。

加强和创新社会治理

陈 一 新

党的十九届五中全会对加强和创新社会治理提出了新要求，这是党中央从统筹国内国际两个大局，办好发展安全两件大事，推进国家治理体系和治理能力现代化的战略高度提出的一项重大任务。我们要坚持以习近平新时代中国特色社会主义思想为指导，按照党的十九届五中全会决策部署，加强和创新社会治理，积极探索中国特色社会主义社会治理之路，以社会治理现代化夯实"中国之治"的基石。

一 完善社会治理体制

推进社会治理现代化，必须完善社会治理体制。我们要横向构建共治同心圆，纵向打造善治指挥链，增强推进社会治理现代化的向心力和制度执行力，建设人人有责、人人尽责、人人享有的社会治理共同体。

（一）构建党委领导体制。要发挥党委总揽全局、协调各方的领导作用，加强对社会治理工作的领导，及时研究解决社会治理重大问题。发挥党委政法委在平安建设中的牵头抓总、统筹协调、督办落实等作用，调动各部门各单位参与社会治理积极性。发挥基层党组织战斗堡垒作用,构建党组织领导的区域统筹、条块协同、共建共享的基层社会治理工作新格局。

(二)构建政府负责体制。政府要全面正确履行职责,将该由政府管理的社会事务管好、管到位。加强市场监管、质量监管、安全监管,完善基本公共服务体系。运用法治方式和现代科技加强源头治理、动态管理和应急处置,推进社会治理精细化。

(三)构建群团组织助推体制。要完善党建带群建制度机制,推动群团组织增强政治性、先进性、群众性,最广泛动员、组织群众投身社会治理实践。要探索把适合群团组织承担的社会管理服务职能按法定程序转由群团组织行使,拓宽群团组织维护公共利益、救助困难群众、预防违法犯罪的制度化渠道。

(四)构建社会组织协同体制。要坚持党的领导与社会组织依法自治相统一,确保社会组织沿着正确方向发展。改革制约社会组织发展的体制机制,建立政社分开、权责明确、依法自治的社会组织制度。当前,要重点扶持发展城乡基层生活服务类、公益慈善类、专业调处类、治保维稳类等社会组织,发挥它们在社会治理中的重要作用。

(五)构建人民群众参与体制。要推进基层直接民主制度化、规范化、程序化,依法保障群众知情权、参与权、表达权和监督权。健全促进市场主体履行社会责任的激励约束机制,鼓励企业利用技术、数据、人才优势参与社会治理,主动承担起安全生产、合规经营等责任。拓宽新社会阶层、社会工作者和志愿者参与社会治理的渠道,创新组织化管理和联络动员的制度机制,确保依法有序参与社会事务。加强流动人口、网络空间以及自由职业者等新兴群体的群众工作,最大限度把群众动员组织起来,构建基层"群众自治圈"、"社会共治圈"。

二 创新社会治理方式

党的十八大以来，以习近平同志为核心的党中央就社会治理现代化提出了一系列新理念新思想新战略，其中蕴含着社会治理方式现代化的新要求，主要体现在发挥"政治引领"、"法治保障"、"德治教化"、"自治强基"、"智治支撑"作用上。这是我们党领导人民探索中国特色社会主义社会治理之路的实践结晶，也是新时代推进社会治理现代化的基本方式。

（一）发挥"政治引领"作用。坚持政治引领是社会治理方式现代化中体现中国道路的特色标志，是我们党领导社会治理工作的宝贵经验，是进行新的伟大斗争的现实需要。要以科学的政治理论来引领社会治理方向，坚持不懈推动学习习近平新时代中国特色社会主义思想往深里走、往心里走、往实里走，坚持不懈推动习近平新时代中国特色社会主义思想进机关、进企业、进校园、进农村、进社区，坚持不懈引导社会各界代表人士增进对中国共产党和中国特色社会主义的政治认同、思想认同、理论认同、情感认同。要以坚强的政治领导来厚植社会治理优势，增强"四个意识"、坚定"四个自信"、做到"两个维护"，自觉在思想上政治上行动上同以习近平同志为核心的党中央保持高度一致，确保社会治理始终在党的领导下。要以正确的政治路线来引领社会治理方向，制定执行社会治理现代化大政方针、部署推进重大战略、研究确定工作措施，都必须服从服务于党的基本路线。要以坚定的政治立场来夯实社会治理根基，坚持人民主体地位，拓宽民主渠道，接受人民监督，让人民群众成为最大受益者、最广参与者、最终评判者。要以良好的政治生态来优化社会治理环境，特别是要以扫黑除恶专项斗争为牵引，严厉惩处涉黑涉恶腐败和

"保护伞",加强社会治安综合治理,不断促进政治生态、社会生态山清水秀。

(二)发挥"法治保障"作用。法治是社会治理方式现代化中体现社会进步的重要标志,是国家治理体系和治理能力的重要依托。要充分发挥法治固根本、稳预期、利长远的保障作用,把社会治理纳入法治化轨道。加快制定完善社会治理现代化急需的法律法规、满足人民对美好生活新期待必备的法律法规,创新完善相关地方法规和行政规章,以良法保障善治。深化行政执法体制改革,加大生产安全、生态环境、食品药品等重点领域执法力度。加强执法司法制约监督,让人民群众在每一起案件办理、每一件事情处理中都能感受到公平正义。增强全民法治观念,养成办事依法、遇事找法、解决问题用法、化解矛盾靠法的良好习惯。

(三)发挥"德治教化"作用。德治是社会治理方式现代化中体现传统文化精髓的重要标志。要重视发挥道德教化作用,深化社会主义思想道德建设,让社会和谐稳定建立在较高道德水平之上。深入挖掘中华传统文化讲仁爱、重民本、守诚信、崇正义、尚和平、求大同的时代价值,汲取中华优秀传统道德文化精髓,为社会治理现代化提供不竭精神动力。要以社会主义核心价值观为统领,加强社会公德、职业道德、家庭美德、个人品德建设。要把道德内容纳入各类规则,加快建立覆盖全社会的征信系统,引导群众明是非、辨善恶、守诚信、知荣辱。实施文明创建工程,加强见义勇为激励表彰,形成凡人善举层出不穷、向上向善蔚然成风的良好局面。

(四)发挥"自治强基"作用。自治是社会治理方式现代化中体现人民当家作主的重要标志。基层群众自治伴随着新中国发展历程而生长起来,是一种最广泛、最直接、最有效的民主实践。要健全基层党组织领导的、充满活力的基层群众自治机制,在城乡社区治理、基层公共事务和公益事业中实行群众自我管理、自我服务、自我教育、自我监督。建立以基层党组织为领导、村民自治组织和村务监督组织为基础、集体经济组织和农民合作组织为纽带、其他经济社会组织为补充的村级组织体系,构建多方参与、共同治理的社区治理体系。依托村民会议、村民代表会议、村民议事会、村民理事会、村民监事会等形式,广泛开展村民说事、民情恳谈等基层民主协商活动,画好基层社会共治同心圆。

(五)发挥"智治支撑"作用。"智治"是社会治理方式现代化中体现新科技革命的重要标志。当前,以绿色、智能、泛在为特征的新科技革命方兴未艾,现代科技正在为"中国之治"引入新范式、创造新工具、构建新模式。我们要把智能化建设上升为重要的治理方式——"智治",推进社会治理体系架构、运行机制、工作流程智能化再造。要构建"智治"基础设施体系,统筹规划政务数据资源和社会数据资源,完善基础信息资源和重要领域信息资源建设,形成万物互联、人机交互、天地一体的网络空间。构建"智治"深度应用体系,推进"智辅科学决策""智防风险挑战""智助管理服务",拓展社会治理场景应用。构建"智治"安全防护体系,加强工业、能源、金融、电信、交通等关系国计民生重要行业、领域关键信息基础设施安全保护,提高网络安全态势感知、事件分析、追踪溯源能力。

三　优化社会治理层级功能

我国是单一制的国家结构形式,中央—省—市—县—乡五个行政层级既集中统一领导,又实行分级治理,具有集中力量办大事、同时又发挥各层级积极性主动性创造性的显著特点。加强和创新社会治理,要明确从中央到省、市、县、乡各级党委和政府的职能定位,充分发挥各层级的重要作用,努力打造权责明晰、高效联动、上下贯通、运转灵活的社会治理指挥体系。当前和今后一个时期,要特别突出强调中央、市域、基层三个层级的特殊职能和特殊作用。

(一)坚持党中央集中统一领导,加强社会治理现代化顶层设计,加快建设更高水平的平安中国。党中央对社会治理实施集中统一领导,决定社会治理大政方针、重大举措、重大事项。党中央、国务院制定下发《关于加快推进社会治理现代化开创平安中国建设新局面的意见》,进一步加强了战略设计和整体谋划。成立了平安中国建设协调小组,组织领导平安中国建设工作,研究拟定平安中国建设的目标任务、总体思路、重点工作、政策措施,协调解决平安中国建设工作中的重大事项和问题。聚焦党中央要求、人民群众期待,科学设置指标体系和考评标准,加强督促检查和考核问效,压紧压实责任链条,确保各项任务落地见效。

(二)发挥市域前线指挥部功能,加快推进市域社会治理现代化,把重大矛盾风险防范化解在市域。市域是重大矛盾风险的产生地、集聚地,市域风险隐患防控处置不及时,潜在的问题就会变成现实的风险,区域性风险就会酿成全局性风险。市域具有较为完备的社会治理体系,具有解决重大矛盾问题的资源能力和统筹能力,是将风险隐患化解在萌芽、解决在基层的最直接、最有效的治理层级,是推进基层治理现代化的前线指挥部。"十四五"时期,还将有上亿人口进入城市生活,城市人口将逐步达到总人口的70%左右。我们要把加强市域社会治理体系和治理能力现代化作为撬动国家治理现代化的一个战略支点来抓,常态做好应对重大风险的思想准备、法治准备、组织准备和物质准备,做到防范在先、发现在早、处置在小,及时把重大风险防控化解在市域,确保风险不外溢。积极推进市域社会治理试点,不断完善试点方案和工作指引,细化分类指导和评价考核,推出一批分别适合东中西部实际的社会治理模式。坚持全周期管理,完善事前事中事后全程治理机制,形成从源头到末梢的完整治理链条,实现全过程、全要素、全场景动态治理。强化平战结合,在体制上用活"存量",机制上用够"增量",手段上用好"变量",动力上用足"能量",提升社会治理实战水平。

(三)发挥基层"桥头堡"功能,坚持和发展新时代"枫桥经验",把小矛盾小问题化解在基层、在萌芽。治国安邦重在基层,党的工作最坚实的力量支撑在基层,最突出的矛盾和问题也在基层,必须把抓基层、打基础作为长远之计和固本之举。"枫桥经验"最突出的特点,就是牢牢抓住基层基础这一本源,最大限度把矛盾风险防范化解在基层,实现"小事不出村、大事不出镇、矛盾不上交"。我们要树立强基固本思想,坚持重心下移、力量下沉、资源下投,建立健全富有活力和效率的新型基层治理体系。要向基层放权赋能,制定权责清单,进一步厘清不同层级、部门、岗位之间的职责边界,把更多行政执法管理和公共服务职权下放到乡镇街道。构建网格化管理、精细化服务、信息化支撑、开放共享的基层管理服务平台,实现矛盾纠纷联调、社会治安联防、突出问题联治。加强基层社会治理队伍建设,培育基层党组织带头人,加强对城乡社区工作者和网格管理员队伍的教育培训、规范管理、职业保障、表彰奖励,有效激发工作积极性。

确保国家经济安全

林　波

经济安全是国家安全体系的重要组成部分。"十四五"时期确保国家经济安全,是在全面建成小康社会基础上开启全面建设社会主义现代化国家新征程的战略要求,是维护国家经济利益和人民长远利益的重大任务,是推动高质量发展、建设现代化经济体系的必要保障,是构建以国内大循环为主体、国内国际双循环相互促进新发展格局的重要举措。确保国家经济安全,必须坚持总体国家安全观,从国家主权、安全、发展利益的高度谋划和推进;坚持中国特色社会主义经济制度不动摇,不断完善社会主义市场经济体制;坚持发展第一要务,贯彻新发展理念,保证经济持续健康发展;坚持在对外开放中以我为主发展经济,不断提高国家经济整体实力、竞争力和抵御内外部冲击和威胁的能力;坚持积极防范的方针,重点防控各种重大风险挑战,保护国家根本利益不受伤害;坚持统筹发展和安全,运用发展成果夯实安全的经济基础,塑造有利于发展的安全环境。

一　加强经济安全风险预警、防控机制和能力建设

"十三五"时期,我国经济安全工作协调机制逐步健全,经济安全相关政策制定出台,防范化解重大风险攻坚战取得积极成效,经济

运行保持在合理区间,社会治理体系更加完善,生态环保和污染防治力度明显加大,经济安全形势总体稳定。同时,经济领域风险挑战不容忽视,重大突发事件等"黑天鹅"现象需要高度警惕,潜在矛盾积累等"灰犀牛"现象必须加以防范,经济生活中的短板效应和瓶颈制约亟待化解,改革发展进入爬坡过坎的攻坚期,"中等收入陷阱"现象应当加以防范。"十四五"时期,必须持续加强经济安全工作,实现重要产业、基础设施、战略资源、重大科技等关键领域安全可控。要进一步加大经济安全风险预警机制建设力度,深化对各种风险的评估研判,完善经济安全风险预警监测体系,提高动态监测和实时预警能力,综合运用调查信息、统计资料、部门工作记录和大数据开展监测分析和预测预警,抓早抓小、抓苗头抓源头,把经济风险隐患解决在萌芽状态。要完善经济安全风险防控体系,统筹建立风险研判机制、政策风险评估机制、风险防控协同机制、风险防控责任机制,加强统筹协调,明确防控任务,精准决策发力,综合应对挑战,避免风险多发。要健全危机应对体系,做到危机预警、应急指挥、现场处置、恢复重建、事后评估无缝对接,积极引导舆论信息和社会预期,严密防范"次生风险"。要继续加强经济安全保障能力建设,以推动相关重点任务和重大项目落地实施为抓手,着力提高国民经济调控和保护能力、重点产业支撑能力、经济动员能力、社会政策托底能力、国际经济运筹能力和重大冲击应对能力,为防范和控制经济安全风险提供有力支撑和保障。

二 增强产业体系抗冲击能力

经过长期努力,我国已形成比较完整的产业体系、工业体系和产业链供应链。农林牧渔业全面发展,主要农产品产量居世界前列。

我国是全球唯一拥有联合国产业分类目录中全部工业门类的国家，220种工业产品产量居世界第一。在第三产业领域，批发零售、交通邮政、住宿餐饮、金融、房地产等行业和科技、教育、文化、卫生、体育等事业从业人数也是世界上最多的。同时，我们在产业基础能力和产业链水平上还存在不足之处，相当多的关键技术、高端装备和元器件仍依赖进口，研发设计等方面竞争力不强，制造业增加值占国内生产总值的比重从2015年的29.0%下降为2019年的27.2%，我国产业链在国际产业链中总体上还处于技术含量和附加值较低的环节，产业链与供应链衔接不够密切。产业安全是经济安全、国家安全的根基，必须着力提高产业链供应链韧性，实施产业竞争力调查和评价工程，增强产业体系抗冲击能力。要夯实产业基础能力。坚持问题导向，精心组织安排，聚焦电子信息、计算机、生物、航空航天、装备、新能源、新材料等产业领域基础薄弱环节，加快补齐基础零部件、基础材料、基础工业、基础技术等短板弱项；面向市场需求，立足发展条件，加快新型基础设施建设，加大对5G、人工智能、互联网、物联网、云计算、区块链等领域投资力度，积极构筑工业互联网平台，优化数据中心布局，健全重大科技、金融科技、电子商务、现代物流、智能交通、智慧医疗、科技教育等基础设施。要提升产业链现代化水平。深刻把握新一轮科技革命趋势，科学研判重大产业技术问题，探索发挥新型举国体制优势，有效利用市场化手段，提高科技创新支撑能力，对关键领域核心技术和重大装备进行攻关，加快先进适用科技成果在产业领域广泛应用；充分发挥企业技术创新主体作用，推动实施新一轮重大技术改造升级工程，推进新一代信息技术与制造业融合发展，促进工业制造业加速向数字化、网络化、智能化和绿色化、服务化发展，发展壮大先进制造业和生产性现代服务业。要不断完善产业链体系和生产力布局。更好发挥大企业作用，合理选择一些牵头企业，集中资源开展产业技术攻关；加快培育一批"专新特精"中小企

业,迅速投入关键设备和关键材料生产;构建跨地区转移的利益共享
机制,促进产业在国内合理转移;发挥好我国产业链齐全、协同性较
强的优势,培育世界级先进制造业集群;支持地方因地制宜发展特色
优势产业,加强重点领域规划布局引导,防止盲目重复建设,形成分
布合理、链条完整、安全高效的产业格局。要保障供应链安全稳定。
针对产业链重点领域和关键环节,主要依托企业构建关键零部件、材
料、设备等备份生产、应急储备、调运配送等体系,同时充实国家战略
物资储备,提高产业抗干扰抗风险能力。

三 确保粮食、能源、资源和重要基础设施安全

新中国成立 70 多年特别是改革开放 40 多年来,我国基础产业
和基础设施建设持续加强。粮食产量稳定超过 6.5 亿吨。我国已成
为世界上最大的能源生产国和消费国,能源供给体系全面建立。矿
产资源开发利用水平不断提高,稀土等产品产量居世界前列。综合
交通运输体系迅速发展,高速铁路和高速公路里程以及港口吞吐量
已居全球首位。水利建设突飞猛进,全国建成水库近 10 万座。同时
应当看到,我国部分农产品、能源和矿产资源的生产还难以完全满足
国内需求。2019 年,大豆对外依存度超过 80%,石油、天然气、铁矿
石、铜精矿对外依存度分别为 72.6%、43.6%、85.3%、75.7%。历史
上建设的一些水利、交通设施已经老旧,部分设施维修管理水平不
高。粮食、能源、资源和重要基础设施安全十分重要,必须科学运筹、
精心维护。要确保粮食安全,做到谷物基本自给,口粮绝对安全,把
饭碗牢牢端在自己手里。统筹衔接永久基本农田、生态保护红线、城
镇开发边界,严守耕地保护红线;稳定粮食播种面积和产量,支持大
豆等油料生产,压实"米袋子"省长负责制和"菜篮子"市长负责制;

厉行勤俭节约,反对餐饮浪费;推进"藏粮于地、藏粮于技",增强粮食安全保障。要保障能源安全,从国家发展和安全的战略高度,审时度势,借势而为,找到顺应能源大势之道。持续加大国内石油、天然气勘探开发投入,夯实国内产量基础,优化油气管网布局,提高油气储备能力;有序发展风电和光伏发电,积极稳妥发展水电,安全发展先进核电,推动清洁能源消费;着力提高煤炭供给质量,加强煤炭清洁高效利用,巩固煤炭兜底保障作用;加强电力系统安全保障,提升网络安全管控水平,增强电力应急能力;完善核安全政策举措,加强核安全监管;深化能源国际合作,完善多元油气进口格局,持续拓展海外供应,提升我国在全球能源市场上的话语权。要保障战略性矿产资源安全。以集约节约、环境友好方式利用资源,保证重要资源充足、稳定、可持续供应。推进矿产资源节约高效开发利用,加强资源地质勘探,建设绿色矿山,提高矿山资源综合利用水平,鼓励资源回收利用和循环使用,开发"城市矿山";加强海外资源开发与运输,积极拓展进口来源渠道,保障运输通道安全;加强战略性矿产资源储备,优化完善储备品种规模结构。要提高水资源集约安全利用水平。强化水资源监测预警和管理,优化江河流域水量分配,持续实施全国集中式饮用水水源地环境保护专项行动;推动重点河湖生态治理和保护修复,统筹推进华北地区地下水超采治理,加强跨省江河生态流量保护;强化长江经济带生态环境保护修复,实施好长江"十年禁渔";支持黄河流域生态保护和高质量发展;提升水旱灾害防御能力,提前发布防范预警;及时启动应急响应,做好灾害防范应对。要维护水利、电力、供水、油气、交通、通信、网络、金融等重要基础设施安全。对运行中断或遭到破坏时会危害国家安全和水利、能源、交通、信息、金融等领域重要基础设施,进行安全风险评估,综合考虑风险发生可能性及其后果预判,采取有效措施加以防控、化解和应对,保障基础设施正常运行。

四　守住不发生系统性金融风险底线

金融是经济的血脉,是现代市场经济运转的基石,金融稳,经济社会才能稳。改革开放以来,我国金融事业迅速恢复发展,在社会主义现代化建设中发挥了重要作用,银行、保险、证券等行业自身实力也不断增强,金融机构经受住了亚洲金融危机、国际金融危机以及今年以来新冠肺炎疫情带来的冲击和考验,金融风险总体可控。同时,局部金融风险依然存在,不良资产风险、流动性风险、债券违约风险、房地产风险、政府债务风险等不时发生;作为金融风险源头,宏观及微观杠杆率仍然较高。必须统筹金融发展和金融安全工作,把防范化解金融风险作为金融工作的根本性任务,维护金融安全,确保不发生系统性金融风险。要坚持金融为实体经济服务方向,这是金融发展的本源,也是金融工作的出发点和落脚点。全面提升金融服务效率和水平,把更多金融资源配置到经济社会发展的重点领域和薄弱环节,保证"三农"贷款较快增长,增加制造业贷款包括中长期贷款,支持中小微企业和个体工商户获得贷款,积极发展普惠金融,培育发展绿色金融、绿色信贷,推进产融合作。要在深化金融改革中优化金融结构。坚持社会主义市场经济改革方向,处理好政府和市场关系,发挥市场在金融资源配置中的决定性作用,加强和改善政府宏观调控,提高金融资源配置效率,健全市场规则,完善市场约束机制,强化财金纪律;完善金融市场、金融机构、金融产业体系,坚持质量优先,引导金融业发展同经济社会发展相协调,促进融资便利化,降低企业融资成本,降低微观杠杆率。要强化金融监管建设。提高金融监管透明度和法治化水平,健全金融机构法人治理结构,完善存款保险制度,构建金融风险预防、预警、处置、问责制度体系,加强宏观审慎管理制度建设,加强功能监管,更加重视行为监管,对违法违规行为零容忍,做到"管住人、看住钱、扎牢制度防火墙";加快金融市场基础设施建设,做好金融综合统计工作,健全及时反映风险波动的信息系统,明确信息发布管理规则,发挥信用惩戒机制作用;运用现代科技手段和支付结算机制,适时动态监管线上线下、国际国内的资金流向流量,完善金融运行、金融治理、金融监管、金融调控体系,规范金融运行发展。要保持货币、股票、债券、外汇和房地产市场稳定。坚持实施稳健的货币政策,保持流动性合理充裕,处理好稳增长、稳就业和防风险的关系,稳定宏观杠杆率,减少和消除风险隐患;完善多层次资本市场体系,健全股票发行、交易、退市等制度,规范资本市场秩序,打击危害市场平稳运行的违法行为;有针对性地做好债务处置工作,稳妥有序化解债市风险;坚持人民币汇率在合理均衡水平上的基本稳定,有序推进人民币国际化;坚持房住不炒定位不动摇,因城施策搞好房地产市场调控。还要稳妥有序化解地方政府债务风险,保障财政金融安全。

五 确保生态安全、民生领域安全和新型领域安全

党的十八大以来,我国生态文明建设显著加强,环境污染治理力度明显加大,生态环境质量稳步改善。同时,工业化快速发展积累的环境问题进入高强度频发阶段,生态环境治理与人民群众期待还有差距,民生领域、新型领域安全隐患显现。必须确保生态安全,防范民生领域、新型领域可能产生的风险,防止这些风险向社会和政治领域传导。要进一步加强环境保护和治理,以解决损害群众健康突出环境问题为重点,坚持预防为主,综合治理,强化水、

大气、土壤等污染防治,着力推进重点流域和区域水污染防治,着力推进重点行业和重点区域大气污染治理,着力推进颗粒物污染防治,着力推进重金属污染和土壤污染等综合治理,优先解决好细颗粒物、饮用水、土壤、重金属、化学品等损害群众健康的突出环境问题。要加快构筑国家生态安全屏障。积极推动生态环境治理体系和治理能力建设,做好生态安全政绩考核与问责;强化生态环境风险监测与管控,引导社会各方参与和支持生态环保工作;统筹山水林田湖草一体化保护和修复,推动实施重点区域综合治理和重点生态保护修复工程建设;大力推进节能减排,积极发展绿色低碳循环经济。要防范民生领域存在的安全风险。控制价格总水平涨幅,防止食品价格过快上涨,做好重要商品市场保供稳价工作,认真执行社会救助和保障标准与物价上涨挂钩联动机制;突出抓好高校毕业生、农民工、退役军人等重点群体就业,支持灵活就业、新业态就业,加强就业培训,防止规模性区域性失业现象发生;完善初次分配政策体系,健全与劳动力市场相适应、与企业效益和劳动生产率挂钩的工资决定和正常增长机制,调整再分配政策体系,稳步推进综合与分类相结合的个人所得税改革;提高社会保障水平,构建多层次养老保险体系,完善统一的城乡居民基本医疗保险制度和大病保险制度;保持价格、就业、居民收入等指标运行在合理区间,防止大起大伏带来的风险。要维护新型领域安全,保障食品药品、公共卫生和生物等安全。完善食品药品安全治理体系,加强食品药品安全监管,加强检验检测能力建设,严把从农田到餐桌、从实验室到医药的每一道防线,提高安全保障水平,让人民群众吃饭用药安全放心;完善突发公共卫生事件监测预警处置机制,健全应急救援、医疗救治、科技支撑、物资保障体系,提高应对突发公共卫生事件能力,努力减轻其对人民生命健康的威胁;强化生物安全保护,把生物安全纳入国家安全体系,健全和完善国家生物安全防控和治理体系,推动生物安全立法;积极探索研究,参与国际合作,识别和防范网络、太空、极地、深海等领域潜在安全风险。

六 构建海外利益保护和风险预警防范体系

目前,我国已成为世界第二大经济体、最大货物出口国、第二大货物进口国、第二大对外直接投资国、最大外汇储备国、最大国内旅游市场和国际游客来源国,国民经济已深度融入世界经济。我国企业在海外投资形成的资产规模迅速扩大,我国公民出境人数迅速增加。而国际形势更加严峻复杂,安全风险不容低估。必须加紧研究、加大投入、加强防范,努力提高海外安全保障能力和水平。要保护海外我国公民和法人安全,完善领事保护工作机制,健全促进和保障境外投资的法律、政策和服务体系,保护我海外金融、石油、矿产、海运和其他商业利益。要推进企业"走出去"安全保障体系建设,遵守当地法律法规,坚定维护中国企业海外合法权益,加强对进出口贸易重要运输线路、海外投资重要建设项目的安全保障。要坚持共商共建共享,促进政策沟通、设施联通、贸易畅通、资金融通、民心相通,高质量推进"一带一路"共建,在深化合作发展中保障建设安全。要强化安全保障协调,落实工作责任制,开展安全风险评估,加强动态监测和预警,组织突发事件应急处置协调联动,推进风险预警预防、行动保障、信息化保障、政策保障、法律保障等能力建设,加强对外安全合作,把我国海外利益保护和风险防范落到实处。

确保实现建军百年奋斗目标

钟　新

党的十九届五中全会通过的《中共中央关于制定国民经济和社会发展第十四个五年规划和二〇三五年远景目标的建议》（以下简称《建议》），强调提高捍卫国家主权、安全、发展利益的战略能力，确保 2027 年实现建军百年奋斗目标。这是以习近平同志为核心的党中央统筹中华民族伟大复兴战略全局和世界百年未有之大变局，围绕实现党在新时代的强军目标，对国防和军队现代化作出的重大战略设计。我们要深刻领会党中央决心意图，贯彻习近平强军思想，贯彻新时代军事战略方针，以建军百年奋斗目标引领国防和军队现代化加快发展，努力开创强军事业新局面。

一　充分认清明确建军百年奋斗目标的重大意义

建军百年奋斗目标立足国家安全和发展战略全局，标定了 2027 年前国防和军队现代化的目标指向和发展重点，充分体现了党的历史使命、国家战略需求和军队使命任务的有机统一。

（一）建军百年奋斗目标支撑伟大复兴中国梦。人民军队从诞生的那一刻起，就在党的坚强领导下，英勇投身为中国人民求解放、求幸福，为中华民族谋独立、谋复兴的历史洪流。90 多年来，人民军队历经硝烟战火，一路披荆斩棘，付出巨大牺牲，取得一个又一个辉煌胜利,为党和人民建立了伟大的历史功勋。当前,我国正处在由大向强发展的关键阶段,中华民族伟大复兴迎来前所未有的光明前景,也面临前所未有的复杂考验,必须统筹发展和安全、富国和强军,确保国防和军队现代化进程同国家现代化进程相适应,军事能力同国家战略需求相适应。建军百年奋斗目标凝结着党和人民的期许重托,承载着强军兴军的不懈追求,人民军队必须加快建设发展,担当起新时代使命任务,为实现中华民族伟大复兴提供战略支撑。

(二)建军百年奋斗目标直面百年未有大变局。当前,国际经济、科技、文化、安全、政治等格局都在发生深刻调整,世界进入动荡变革期。我国将面对更多逆风逆水的外部环境,国家安全不确定性不稳定性增大。有效应对国家安全风险挑战,维护我国发展的重要战略机遇期,迫切需要以建军百年奋斗目标牵引军事力量建设和运用,加快提高捍卫国家主权、安全、发展利益的战略能力。新一轮科技革命、产业革命、军事革命正在快速演进,现代战争信息化程度不断提高,智能化特征日益显现,建设智能化军事体系成为世界军事发展的重大趋势。我军建设既面临后发赶超的难得机遇,也面临差距拉大的严峻挑战,迫切需要以建军百年奋斗目标指引国防和军队现代化以更优策略、更快速度、更高质量向前推进,努力实现跨越式发展。

(三)建军百年奋斗目标擘画强军事业新征程。国防和军队现代化是接续推进的历史过程,一个阶段有一个阶段的目标要求。党的十九大在国防和军队建设2020年目标任务的基础上,提出力争到2035年基本实现国防和军队现代化,到本世纪中叶把人民军队全面建成世界一流军队。建军百年奋斗目标,充实了国防和军队现代化的目标任务和发展步骤,形成了从2027年到2035年再到本世纪中叶国防和军队现代化新"三步走"战略安排,铺展了新时代强军事业发展蓝图。2027年前是国防和军队现代化建设的关键时期,在强军事业发

展进程中具有十分重要的作用。以建军百年这个历史节点为刻度,标
定奋斗目标、指明前进方向,对于凝聚军心、鼓舞士气、激励斗志具有
重要意义,必将引领人民军队沿着中国特色强军之路阔步前行。

二 准确把握奋进建军百年奋斗目标的重点任务

《建议》围绕实现建军百年奋斗目标,对加快国防和军队现代化
作出战略部署,明确了 2027 年前军事理论现代化、军队组织形态现
代化、军事人员现代化、武器装备现代化的重点任务,要准确把握好、
认真贯彻好。

(一)与时俱进创新战争和战略指导。世界新军事革命迅猛发
展,强军实践深入推进,对军事理论创新提出了迫切要求,也提供了
广阔空间。贯彻新时代军事战略方针,贯彻国防和军队现代化发展
战略,面向战场、面向部队、面向未来,健全新时代军事战略体系。紧
跟战争形态和作战方式变化,紧贴现实军事斗争和未来战争,加强战
争和作战问题研究,构建具有我军特色、符合现代战争规律的先进作
战理论体系。打通从实践到理论、再从理论到实践的闭环回路,实现
理论和实践良性互动。

(二)加快军兵种和武警部队转型建设。现代战争打的是体系,
拼的是精锐,必须打造以精锐作战力量为主体的现代军事力量体系。
加快军事力量由数量规模型、人力密集型向质量效能型、科技密集型
转变,建设强大的现代化陆军、海军、空军、火箭军、战略支援部队、联
勤保障部队和武警部队。壮大战略力量,丰富战略选项,加重战略砝
码。加快新型作战力量和手段建设,推进新机理新技术武器化实战
化,大幅提高新域新质战斗力比重。加强新型安全领域战略预置,不
断开辟军事能力新的增长极。

（三）锻造新型军事人才方阵。强军兴军,要在得人。全面贯彻新时代军事教育方针,培养德才兼备的高素质、专业化新型军事人才。强化军队院校教育主渠道作用、部队训练实战锤炼平台作用、军事职业教育拓展支撑作用,完善三位一体新型军事人才培养体系。重点抓好联合作战指挥、新型作战力量、科技创新、战略管理等方面人才建设,推动军事人员能力素质全面升级、结构布局整体优化。统筹推进识才、聚才、育才、用才等方面创新,营造有利于人才辈出、人尽其才的良好生态。培育军事职业比较优势,聚天下英才而用之,最大限度集聚人才和智力资源。

（四）聚力国防科技自主创新、原始创新。科技已成为核心战斗力,科技领域围绕颠覆和反颠覆、突袭和反突袭、抵消和反抵消的较量十分激烈。坚持自主创新战略基点,加强战略规划布局,加强创新体系建设,加强政策制度激励,把科技创新引擎全速发动起来。增强科技认知力、创新力、运用力,加强基础研究和原始创新,加快突破"卡脖子"关键核心技术,加速战略性、前沿性、颠覆性技术发展,开辟独创独有、引领发展的科技创新方向,抢占军事竞争战略制高点。

（五）加速武器装备升级换代和智能化武器装备发展。武器装备是国防和军队现代化的重要标志和物质技术基础。统筹各军兵种武器装备发展,统筹进攻型武器装备和防御型武器装备发展,统筹主战装备、信息系统、保障装备发展,构建适应现代战争和履行使命要求的武器装备体系。加快新一代主战武器装备研发列装,加强高技术武器装备、新概念武器装备建设,推进现役武器装备"+智能"改造和新型武器装备"智能+"建设,推动武器装备现代化水平加速迈入世界先进行列。

（六）深化国防和军队改革。改革永远在路上。坚持方向不变、道路不偏、力度不减,巩固拓展领导指挥体制改革,深化规模结构和力量编成改革,加快构建中国特色社会主义军事政策制度体系,把改

革进行到底。着力完善机制、理顺关系、提高效能,充分释放改革整
体效能,不断解放和发展战斗力、解放和增强军队活力。不失时机在
事关战斗力生成的重要领域、关键环节深化改革创新,带动军队建设
发展模式和战斗力生成模式转型变革。

(七)推进军事管理革命。加强战略管理是军事管理的枢纽,是
推动我军高质量发展的关键。坚持目标导向、问题导向,更新管理理
念,提高战略素养,健全制度机制,畅通需求—规划—预算—执行—
评估的战略管理链路,提高专业化、精细化、科学化管理水平,提高军
事系统运行效能和国防资源使用效益。坚持勤俭建军、精打细算,把
军费用好管好,确保每一分钱都花在刀刃上。坚持依法治军、从严治
军,推进治军方式根本性转变。

军队是要准备打仗的,必须坚持战斗力这个唯一的根本的标准,
各项工作和建设、各方面力量和资源都要聚焦军事斗争准备、服务军
事斗争准备。全面加强各方向各领域备战工作,大抓实战化军事训
练,加强军事力量联合训练、联合保障、联合运用,提高基于网络信息
体系的联合作战能力、全域作战能力,确保一旦有事上得去、打得赢,
坚决完成党和人民赋予的各项任务。

三 切实汇聚实现建军百年奋斗目标的磅礴力量

目标催人奋进,任务艰巨繁重。我们必须统一思想意志,强化使
命担当,狠抓工作落实,凝聚各方面力量和智慧,坚定不移地沿着党
中央指引的方向、开辟的道路奋勇前进。

党的领导和党的建设是人民军队建设发展的关键,要贯彻政治
建军要求,坚持党对人民军队的绝对领导,全面深入贯彻军委主席负
责制,坚持不懈用习近平新时代中国特色社会主义思想特别是习近平

强军思想武装官兵,严明政治纪律和政治规矩,培养"四有"革命军人,锻造"四铁"过硬部队,确保部队绝对忠诚、绝对纯洁、绝对可靠,在任何时候、任何情况下都坚决听从党中央、中央军委和习主席指挥。着力增强军队各级党组织的领导力、组织力、执行力,加强党员干部队伍建设,把党的政治优势和组织优势转化为聚力实现建军百年奋斗目标的制胜优势。

实现建军百年目标系统性强、牵扯面广,必须统好任务计划、力量资源、管理流程,确保各项建设和工作有力有序推进。适应国家发展战略、安全战略、军事战略要求,加强战建统筹、跨域统筹、军地统筹,科学论证编制军队建设"十四五"规划,明确科学的路线图、时间表、任务书。构建严密的责任体系,明确责任主体、时间节点、质量标准,加强督导督查,严肃追责问责,把国防和军队建设各项任务不折不扣落到实处。

建设巩固国防和强大军队是全党全国各族人民的共同事业。长期以来,中央和国家机关、地方各级党委和政府强化国防意识,对军队建设、改革和军事斗争准备给予了大力支持。要坚持全党全国一盘棋,搞好战略层面筹划,深化资源要素共享,强化政策制度协调,推动重点区域、重点领域、新兴领域协调发展,构建一体化国家战略体系和能力。弘扬军爱民、民拥军优良传统,巩固军政军民团结,形成实现建军百年目标的强大合力,共同为实现中国梦强军梦而努力奋斗。

促进国防实力和
经济实力同步提升

叶 剑 良

《中共中央关于制定国民经济和社会发展第十四个五年规划和二○三五年远景目标的建议》(以下简称《建议》)强调要"促进国防实力和经济实力同步提升"。这是以习近平同志为核心的党中央站在时代和战略高度,立足国家发展和安全全局,将中国梦和强军梦融为一体立起来的执政兴国大方略。我们要领会精神实质,把握根本要求,统筹推进国防和军队建设与经济社会发展,全面实现社会主义现代化的宏伟目标。

一 深刻认识促进国防实力和经济实力同步提升的战略意义

促进国防实力和经济实力同步提升,在国家总体战略中统筹发展和安全,对于实现富国和强军相统一具有重大而深远的意义。

全面建设社会主义现代化国家的战略举措。国防实力和经济实力是国家综合实力的重要组成部分。历史反复证明,强国往往是经济和军事共同作用的结果,"犁"不行就有被"开除球籍"的危险,"剑"不利就可能亡国灭种。当前,我国已成为世界第二大经济体,但国防实力同我国国际地位、国家安全战略需求还不相适应,必须采取有力举措加快国防和军队现代化,实现综合国力大幅提升,为全面建设社会主义现代化国家提供有力支撑。

应对世界百年未有之大变局的必然选择。当前,世界百年未有之大变局加速演进,新冠肺炎疫情对国际战略形势产生深刻影响,不确定性不稳定性明显增加,我国安全形势复杂严峻,经济下行压力增大,防范化解系统性风险压力攀升。在这个关键当口,迫切需要统一好富国和强军两大目标,统筹好发展和安全两件大事,统合好经济和国防两种实力,有效应对各种矛盾风险,夺取战略博弈主动权。

全面建成世界一流军队的基本途径。雄厚的综合国力是建设强大军队的基本依托。我军要跨越发展、赶超一流,必须跑出比对手更快更稳更持久的速度。只有深深植根于国家经济社会发展体系,同建设制造强国、航天强国、海洋强国、网络强国一体联动,充分利用全社会优质资源和先进成果,强军事业才能又快又好发展。只有在经济发展的同时持续保持国防投入力度,我军现代化建设才有稳定可靠的支撑保障,强军新征程才能行稳致远。

实现国家治理体系和治理能力现代化的内在要求。科学统筹发展和安全,是国家治理的重大战略问题。当前,国防工业和科技管理军民分离、"两张皮"的现象仍然存在,影响国家整体建设管理效能。推进国家治理体系和治理能力现代化,必须着眼国家长治久安和经济社会持续健康发展,完善国家层面统筹发展和安全的制度机制,提高跨军地、跨部门、跨领域力量资源整合能力,促进国防实力和经济实力同步提升。

二 准确把握促进国防实力和经济实力同步提升的目标任务

《建议》关于加快国防和军队现代化部分,明确了促进国防实力和经济实力同步提升的总体思路和目标任务。总的要求是,以习近平新时代中国特色社会主义思想为指导,深入贯彻习近平强军思想,贯彻总体国家安全观和新时代军事战略方针,贯彻新发展理念,统筹推进国防和军队建设与经济社会发展,同国家现代化发展相协调,搞好战略层面筹划,深化资源要素共享,强化政策制度协调,构建一体化国家战略体系和能力,实现发展和安全统筹、富国和强军统一。《建议》部署的主要任务,需要全面领会和把握。

(一)搞好战略层面筹划。科学统筹经济建设和国防建设,从顶层上加强军民一体筹划,是我们党长期以来指导国家发展的成功经验。要加强战略规划衔接,国家有关部门在制定战略、编制规划时充分考虑军事需求,军队发展战略和建设规划贯彻落实国家总体部署,军地战略规划搞好布局衔接和任务对接,从源头上保证建设安排的协调性、一致性。深化资源要素共享,打破体系壁垒、利益高墙,完善军民需求对接机制,加速技术、人才、服务、资本、设施、信息、管理等资源要素双向流动和高效配置,实现一份投入、多重产出。强化政策制度协调,搞好军地政策制度相关改革的进程衔接、任务统筹,理顺配套承接关系,特别是在国家安全、产业发展、社会保障等方面加大沟通对接力度,提高关联性政策制度的耦合度。

(二)推动重点区域、重点领域、新兴领域协调发展。促进国防实力和经济实力同步提升,涉及领域宽、范围广、内容多,必须以重点突破带动整体协调发展。在重点区域,结合国家区域发展战略布局,统筹战略方向军事斗争与区域经济社会发展需求,把战区军事建设布局与区域经济发展布局有机结合起来,推动基础设施、科研条件、综合保障等开放共享和配套发展,为部队战斗力建设和区域经济高质量发展提供新动力新支撑。在重点领域,基础设施建设和国防科技工业、武器装备科研生产、人才培养、军队保障社会化、国防动员等领域军地双向拉动还有很大潜力,要进一步强化资源整合力度,盘活用好存量资源,优化配置增量资源,发挥资源投入的最大效益。在新兴领域,海洋、太空、网络空间等领域军民共用性强,既是军事战略竞争的前沿高地,也是经济科技发展的必争领域,要加强发展统筹,聚合优势资源,加快形成多维一体、协同推进、跨越发展的融合发展格局。要突出自主创新、协同创新,围绕战略性新兴产业和高端新质军事能力,集中力量实施国防领域重大工程,推进战略性前沿性颠覆性技术突破和武器装备体系升级,支撑培育经济社会发展和军队战斗力新的增长点。

(三)优化国防科技工业布局。这些年,我国国防科技工业取得了许多突破性成果,为武器装备发展提供了重要支撑,但体制机制不顺、政策制度滞后、布局不够合理等问题依然存在,需要采取有力举措加以解决。要深化国防科技工业体制改革,分类实施军工企业股份制改造和混合所有制改革,深化军品科研生产能力结构调整,构建小核心、大协作、专业化、开放型的武器装备科研生产体系。进一步激发军品市场活力,坚决破除制度藩篱,完善市场准入退出制度,精简优化许可管理范围,深入推进竞争性采购,改进调整军品价格和税收政策,建立风险评估和信用评价机制,营造公平竞争环境。加快标准化通用化进程,国防和军队建设中优先采用先进适用的民用标准,同时先进适用的军用标准也应及时转化为民用标准,推动军民用先进技术加速实现双向转移利用。

(四)完善国防动员体系。国防动员的时代条件、使命任务、主体对象正在发生深刻变化,必须适应新形势新任务新要求,推动国防动员创新发展,加快构建现代国防动员体系。要落实国防动员改革任务,进一步优化机构运行,贯通指挥协调链路,健全与国家应急管理体系相衔接的机制,构建形成在党中央集中统一领导下军地既各司其责又密切协同的国防动员新格局。加强后备力量建设,持续推进民兵建设调整改革,依托国家和社会优质资源发展新型动员力量,加快构建以预备役部队为重点、基干民兵为骨干、普通民兵为基础的现代后备力量体系。强化全民国防教育，突出领导干部、青少年学生，创新国防教育方法手段，改进学生军训工作，增强全民国防观念，使关心国防、热爱国防、建设国防、保卫国防成为全社会的思想共识和自觉行动。

（五）健全强边固防机制。党的十九大提出了建设强大稳固的现代边海空防的战略要求。当前，我国边海防工作还存在着组织领导不够有力、群众广泛参与局面尚未完全形成等问题，必须认真贯彻党中央治边方略，确保边海疆安宁、稳定、繁荣。要坚持政治安边、富民兴边、军事强边、外交睦边和科技控边，党委把方向，政府总协调，军队当骨干，警方抓治理，民众为基础，着力构建与中国特色社会主义制度相适应的治边格局。加强国家边海防力量、边海防后备力量、戍边群众队伍建设，构建强大的边海防防卫管控力量体系。着眼平时常态管控、急时联合处突，健全军地行动协调配合机制，强化军警民联防。加强特色边防小镇建设，完善边海防基础设施，大力推进智慧边海防建设，提高信息化管控水平。建立完善军地工作会议、统筹规划、情况交流、信息融合、检查督导等制度，更好发挥党政军警民强边固防整体合力。

（六）巩固军政军民团结。坚如磐石的军政军民关系，是促进国防实力和经济实力同步提升的政治基础。要发扬爱国拥军、爱民奉献的优良传统，汇聚军民同心推进强国强军事业的磅礴力量。军队要强化宗旨意识和群众观念，自觉服从服务于党和国家工作大局，积极支援地方经济社会建设，协助地方做好维护社会稳定工作。各级党委和政府要增强国防意识，积极参与支持国防和军队建设，满腔热情为广大官兵排忧解难，落实退役军人安置保障政策规定，为建设强大的全民国防和人民军队提供有力支撑。

三 切实把促进国防实力和经济实力同步提升的决策部署落到实处

习近平总书记强调,一分部署,九分落实。党中央明确的各项任务,必须以钉钉子精神一件一件抓好,军地合力推动落地生根。

(一)树牢大局意识。军地各级要站在党和国家事业发展全局的高度思考推动工作,军队要遵循国防经济规律和战斗力建设规律,自觉植根于经济社会发展体系之中,地方要注重在经济建设中贯彻国防需求,自觉把经济布局调整同国防布局完善有机结合起来,坚决摒弃"大利大干、小利小干、无利不干"、"我的地盘我做主"等观念,分工协作推进重点任务,做到责任到位、措施到位、落实到位。

(二)发挥制度优势。党的领导是中国特色社会主义制度的最大优势。要充分发挥党总揽全局、协调各方的作用,把党的领导落实到经济建设和国防建设各领域各方面各环节,强化国家主导、需求牵引、市场运作,有效统合力量、统筹资源、统一行动,发挥新型举国体制优势,集中力量办大事解难事,推动国防实力和经济实力相互促进、同步增长。

(三)深化改革创新。坚持用改革的办法、创新的思路不断解放和发展战斗力、生产力,供给侧和需求侧双向发力,国家改革和军队改革统筹协调,破除一切不利于资源双向流动的体制性障碍、结构性矛盾、政策性问题,创新完善相关组织管理、工作运行和政策制度体系,为促进国防实力和经济实力同步提升提供强劲的动力活力。

(四)强化法治保障。坚持全面依法治国,统筹推进军地相关领

域法律法规立改废释,体系化推进各类政策衔接配套,强化运用法治
思维和法治方式推动工作落实的行动自觉,发挥好法律法规的规范、
引导和保障作用。军地各级带头尊法学法守法用法,在法治轨道上
保障国防实力和经济实力同步提升。

以高质量党建推动高质量发展

江 金 权

党的十九届五中全会通过的《中共中央关于制定国民经济和社会发展第十四个五年规划和二〇三五年远景目标的建议》（以下简称《建议》）着眼于推进高质量发展，提出"提高党的建设质量"要求，为深入推进全面从严治党、加强和改进党的建设明确了目标任务和前进方向。我们要深刻领会和把握这一要求，以更高的标准、更实的举措推进党的建设新的伟大工程，全面提高党的建设质量和科学化水平。

一　深刻认识提高党的建设质量与实现高质量发展的内在逻辑关系

办好中国的事情，关键在党。这是我们党近百年历史得出的一个基本结论。长期以来，我们党把坚持党的领导作为抓好党的事业的根本前提，把加强党的建设作为推动事业的根本保证，使党和国家各项事业始终保持了正确发展方向和强大发展动力，不断从胜利走向胜利。

党的十八大以来，以习近平同志为核心的党中央总结运用历史经验，顺应时代发展要求，把全面从严治党纳入"四个全面"战略布局，把党的建设融入国家发展大局之中，以党的革命性锻造推动党和

国家事业取得历史性成就、发生历史性变革。党的十九大统揽伟大
斗争、伟大工程、伟大事业、伟大梦想，突出强调党的建设新的伟大工
程在"四个伟大"中的决定性作用，明确要求推进伟大工程要结合伟
大斗争、伟大事业、伟大梦想的实践来进行，并结合我国经济已由高
速增长阶段转向高质量发展阶段的新实际，在新时代党的建设总要
求中鲜明提出"不断提高党的建设质量"的新要求。

习近平总书记在主持起草《建议》过程中进一步强调指出，高质
量发展不仅仅指经济领域，还包括党和国家事业发展的其他各个领
域。学习领会习近平总书记的这一重要思想，我理解，提高党的建设
质量也是高质量发展的题中应有之义和不可或缺的有机组成部分。
只有高质量抓好党的政治建设，才能增强党的组织政治功能和组织
功能，确保党的全面领导和党中央集中统一领导落地落实，充分发挥
党推动经济社会发展的强大政治优势和组织优势。只有高质量抓好
党的思想建设，才能有效发挥党的科学理论的实践伟力，使经济社会
发展在科学的轨道上向前推进。只有高质量抓好党的组织建设，才
能配强领导班子这个经济社会发展的决策层和指挥部，在经济社会
发展中充分发挥广大党员的先锋模范作用、广大干部的骨干中坚作
用和广大人才的战略支撑作用。只有高质量抓好党的作风建设，才
能保持党同人民群众的血肉联系，广泛凝聚人民群众推动经济社会
发展的智慧和力量。只有高质量抓好党的纪律建设和反腐败斗争，
才能营造和维护经济社会发展的良好政治生态，增强人民群众对经
济社会发展的信心。

就其实质而言，党的建设是经济社会发展主体的建设。主体不
强，经济社会发展就强不起来；主体建设质量不高，经济社会发展质
量就高不起来。可以说，高质量党建是高质量发展的引领和保障。必
须正确把握高质量党建与高质量发展的内在逻辑关系，坚持围绕发展
抓党建、抓好党建促发展，以对党和人民、对党和国家事业高度负责的

态度,在提高党的建设质量上形成高度的思想自觉和行动自觉。

二 围绕推动高质量发展把准提高党的建设质量的着力点

提高党的建设质量,实质是把握和遵循党建工作规律,提高党建工作科学化水平。必须以党的政治建设为统领,全面推进党的政治建设、思想建设、组织建设、作风建设、纪律建设以及制度建设、反腐败斗争,把提高党的建设质量要求全面落实到党的各项建设和各项工作之中,在准确把握党的建设与经济社会发展的相互联系中找准提高党的建设质量的结合点、着力点,为"十四五"时期高质量发展提供重要保证。

(一)在坚持党的全面领导、贯彻落实党中央决策部署上下真功见实效。坚持党的全面领导、加强党中央集中统一领导,是"十四五"时期经济社会发展的首要原则和根本要求。"十四五"时期我国经济社会发展面临更加复杂的国际形势,面临更加繁重的攻坚任务,面临更加严峻的风险挑战,越是这样,就越是要坚持正确的前进方向、保持坚强的政治定力、形成强大的发展合力,也就越是要坚持党的全面领导、加强党中央集中统一领导。提高党的政治建设质量,就是要推动全党在增强"四个意识"、坚定"四个自信"、做到"两个维护"上重行重效,在贯彻落实党中央决策部署上到底到位,坚决防止和克服"表态快调门高,行动慢落实差"、"上有政策,下有对策"等假作为;就是要提高各级党委(党组)建设水平,把各领域基层党组织建设成为实现党的全面领导、维护党中央集中统一领导的坚强战斗堡垒,充分发挥广大党员在贯彻落实党的路线方针政策和党中央决策部署上的先锋模范作用,及时解决贯彻落实党中央决策部署中的

"拦路虎"、"中梗阻"、"断头路"问题,使党的各级组织形成上下贯通、执行有力的严密组织体系。

(二)在用党的创新理论武装头脑、指导实践、推动工作上下真功见实效。我们党之所以能够立于不败之地,一个重要原因是有科学的理论指导。习近平新时代中国特色社会主义思想集中体现了我们党对共产党执政规律、社会主义建设规律、人类社会发展规律的最新认识,是当代中国马克思主义、21世纪马克思主义,是党和国家各项事业、各项工作必须长期坚持的指导思想。《建议》在"十四五"时期经济社会发展指导思想中强调以习近平新时代中国特色社会主义思想为指导,全面贯彻党的基本理论、基本路线、基本方略,为党的思想建设明确了任务。提高党的思想建设质量,就是要提高学习习近平新时代中国特色社会主义思想的质量,推动广大党员、干部在"学懂弄通"上下功夫,把握理论体系,悟透精髓要义,掌握基本立场观点方法,防止和克服只熟悉概念而不懂实质、只知其然而不知其所以然;就是要提高贯彻习近平新时代中国特色社会主义思想的质量,推动广大党员、干部在"用好做实"上下功夫,将党的创新理论转化为坚定的理想信念、正确的政治立场、科学的思维方式、有效的政策举措、显著的工作成效,防止和克服只武装嘴巴不武装头脑、只见诸文章不见诸行动。明年是中国共产党成立一百周年,要结合学习贯彻习近平新时代中国特色社会主义思想,深入总结和运用我们党百年来的宝贵经验,教育引导广大党员、干部坚定理想信念,不忘初心、牢记使命,迎难而上、锐意进取,朝着实现第二个百年奋斗目标、实现中华民族伟大复兴的宏伟目标奋勇前进。

(三)在建强领导班子、提高干部人才工作水平上下真功见实效。习近平总书记深刻指出,光有思路和部署,没有优秀的人来干,那也难以成事。在新发展阶段,要应变局、育新机、开新局、谋复兴,关键是要把各级领导班子配强,把干部、人才队伍建强。各级党组织要围绕事业发展需要建设忠诚干净担当的高素质专业化干部队伍，贯彻德才兼备、以德为先、任人唯贤方针，落实好干部标准，严把政治关、能力关、素质关，切实把那些真心干事、善于干事、干净干事的干部及时发现出来、任用起来，切实提高选人用人质量。要加强政治历练、思想淬炼、实践锻炼、专业训练，不断提高各级领导班子抓改革、促发展、保稳定水平，使广大干部的素质能力适应新时代要求。要坚持严管与厚爱相结合、管严与管活相统一，落实"三个区分开来"要求，加强对敢担当善作为干部的激励保护，真正为勇于负责的干部负责、为勇于担当的干部担当、为敢闯敢干的干部壮胆、为敢抓敢管的干部撑腰，充分调动广大干部干事创业的积极性主动性创造性。要完善人才工作体系，培养造就大批德才兼备的高素质人才。不断深化人才工作体制机制改革，抓紧各行各业急需人才的培养、引进和使用，重点抓好矢志爱国奉献、勇于创新创造的科技人才队伍建设，实现人才数量和质量双提升。要破除人才引进、培养、使用、评价、流动、激励等方面的体制机制障碍，拓展各方面人才施展才干、大显身手的广阔舞台，为高质量发展提供强有力的人才支撑。

（四）在强力正风、肃纪、反腐上下真功见实效。只有党员、干部作风优良、遵纪守法、清正廉洁，我们党才能得到人民群众信任和支持，也才能凝聚起推动事业发展的强大力量。党的十八大以来，以习近平同志为核心的党中央从开展群众路线教育实践活动、严厉整治"四风"开局起步，深入推进全面从严治党，党的建设得到全面加强，党的作风建设、纪律建设、反腐败斗争取得显著成效，深得党心军心民心。提高党的作风建设质量，必须不断巩固和拓展整治"四风"和"不忘初心、牢记使命"主题教育成果，锲而不舍落实中央八项规定精神，尤其要加大防范和纠治形式主义、官僚主义顽症的力度，推动形成求真务实、真抓实干的浓厚氛围。要认真落实习近平总书记要求和中央纪委部署，坚持实事求是，依规依纪依法，精准科学监督执纪问责,扎实推进纪检监察工作高质量发展。要着力完善党和国家监督体系,以政治监督为重点,以党内监督为主导,整合各类监督力量,全面加强对公权力运行的制约和监督,增强监督合力和效力。要坚持系统谋划、多措并举、标本兼治,实行思想教育、管理监督、严厉惩处共同发力,一体推进不敢腐、不能腐、不想腐,营造风清气正的良好政治生态。

(五)在完善党的建设制度体系、提高制度执行力上下真功见实效。提高党的建设制度质量,要把握好制定制度和执行制度两个环节。制定制度必须坚持于法周延、于事简便、管用有效的原则,不能搞烦琐哲学,更不能流于形式、成为"稻草人"。要抓好制度的废改立工作,清除过时制度,堵塞制度漏洞,填补制度空当,使党的建设制度真正管用、好用、够用。制度的生命在于执行。不能只是将制度印在纸上、贴在墙上,用于应付参观检查。要组织广大党员干部学习制度、熟悉制度,自觉用制度规范自己的工作和言行。要加强制度落实情况的监督和检查,对违反制度的党员、干部要严肃批评教育,情节和后果严重的要严肃查处,坚决维护制度的严肃性和权威性,防止出现"破窗效应"。

三 建立健全确保党的建设质量的长效机制

提高党的建设质量非一时之功、一级之责、一域之事,必须长期努力、上下合力、全面发力,形成确保党的建设质量的长效机制。

(一)强化质量意识,建立健全质量管控机制。各级党委(党组)和党员领导干部要把确保质量作为党建工作决策的起点,从源头上杜绝不合规律、不切实际、没有实效的形象工程。党的建设工作机构要把提高质量的要求贯彻落实到决策落实的全过程,使党建工作的每个环节都把握本质、符合规律、务求实效。各级党组织要定期开展党建工作质量评估,大力总结推广提高党的建设质量的好经验好做法,及时调整违背质量要求的工作思路和举措,使党建工作始终保持正确前进方向。要充分发挥基层党员、干部、群众在党的建设质量监测中的"探头"作用,尊重基层党员、干部、群众评价权和监督权,切实做到质量问题能第一时间发现、工作偏差能第一时间纠正。

(二)强化问题意识,建立健全问题整改机制。提高党的建设质量,必须坚持问题导向。要对照高质量发展要求,大力推进党的建设改革创新,着力解决工作理念、方式、举措不适应新发展阶段、新发展理念、新发展格局要求和就党建抓党建的"两张皮"问题。要大力整治党建工作中的形式主义、官僚主义现象,切实解决虚而不实、浮于表面、流于形式、弄虚作假、包装作秀、哗众取宠等错误做法,牢固树立察实情、出实招、求实效的工作导向。要加大专业培训和实践锻炼力度,优化党建工作队伍结构,有效解决部分领导干部和党建工作者不懂党建、不会抓党建的问题。

(三)强化责任意识,建立健全责任落实机制。《建议》强调落实全面从严治党的主体责任、监督责任,其中内在地包含确保党的建设质量的责任。党的建设质量不高,就表明全面从严治党主体责任、监督责任没有落实到位。各级党组织在落实全面从严治党主体责任、监督责任过程中,要建立健全确保党的建设质量的责任体系,把责任落实到各个层级、每个人头,并且建立相应的问责办法,推动各级领导干部和广大党建工作者以对党、对事业高度负责的态度精心抓好党的建设每一项工作,当好提高党的建设质量的推动者、把关者、带头人。

以正确用人导向
引领干事创业导向

姜 信 治

党的十九届五中全会通过的《中共中央关于制定国民经济和社会发展第十四个五年规划和二〇三五年远景目标的建议》(以下简称《建议》)提出:"加强干部队伍建设,落实好干部标准,提高各级领导班子和干部适应新时代新要求抓改革、促发展、保稳定水平和专业化能力,加强对敢担当善作为干部的激励保护,以正确用人导向引领干事创业导向。"这一要求,阐明了干事业、创伟业关键在选干部、用人才,突出了新时代选人用人的标杆,抓住了激励干部担当作为这个新时代干部队伍建设的关键点和着力点,彰显了正确用人导向对干事创业的重要引领作用。

治国之要,首在用人;用人干事,重在导向。正确用人导向,不仅是指引干部成长进步的风向标,也是引领干部干事创业的指挥棒。习近平总书记指出,"用人导向最重要、最根本、也最管用","对干部最大的激励是正确用人导向,用好一个人能激励一大片"。回顾历史、立足现实、放眼未来,可以看出,以正确用人导向引领干事创业导向,是组织路线服务政治路线的优良传统和内在要求,是新时代以习近平同志为核心的党中央管党治吏、治国理政的鲜明特色和成功实践,是我们应变局、育先机、开新局、谋复兴,实现"十四五"时期经济社会发展目标和2035年远景目标的强大支撑和重要保证,也是建设忠诚干净担当高素质干部队伍的客观需要和现实任务。

以正确用人导向引领干事创业导向，必须以习近平新时代中国特色社会主义思想为指导，全面贯彻新时代党的组织路线，健全党管干部、选贤任能制度，从党和人民事业需要出发，围绕新发展阶段各项目标任务，大力培养选拔信念坚定、为民服务、勤政务实、敢于担当、清正廉洁的好干部，把重品德、重才干、重担当、重实绩、重公认的导向鲜明树立起来。

一、强化"重品德"的导向，引领干部增强"四个意识"、坚定"四个自信"、做到"两个维护"，忠诚履职、干净干事。德才兼备、以德为先，既是选人用人的根本原则，也是干部干事创业的首要前提。习近平总书记指出，我们的用人标准为什么是德才兼备、以德为先，因为德是首要、是方向，我们今天讲的"德"，第一位的是政治品德，如果政治不合格，能耐再大也不能用。树立正确用人导向，首先要突出政治标准，严格把好政治关这个首要关口。要深入扎实开展干部政治素质考察考核，强化政治监督和政治督查，建立完善和用好政治表现纪实档案，大力培养选拔使用那些忠诚于党和人民，增强"四个意识"、坚定"四个自信"、做到"两个维护"，全面贯彻执行党的理论和路线方针政策，不折不扣贯彻落实习近平新时代中国特色社会主义思想和党中央决策部署的干部，坚决不用那些对党不忠诚、政治上靠不住，对党中央大政方针说三道四，甚至阳奉阴违、背离党中央决策部署另搞一套的人。重品德，不仅要看干部的政治品德，还要看干部遵守职业道德、社会公德、家庭美德方面的实际表现，特别是要把好廉洁从政关。干部只有做到自身正、自身净、自身硬，才能确保既想干事、肯干事，又能干成事、不出事。要大力培养选拔使用那些洁身自好、清白自守，严守纪律规矩，经得住考验、抵得住诱惑、守得住底线的干部，坚决不用那些律己不严、作风不纯、为政不廉的人，促使干部既勤政又廉政、既干事又干净，营造风清气正的良好政治生态和干事创业的良好环境。

二、强化"重才干"的导向,引领干部适应新时代新要求,不断提高抓改革、促发展、保稳定水平和专业化能力。干事创业,不仅需要政治过硬,也需要本领高强。习近平总书记强调,"以德为先,不是说只看德就够了,还得有过硬本领","选干部、用人才既要重品德,也不能忽视才干。有才无德会坏事,有德无才会误事,有德有才方能干成事"。当前和今后一个时期,面对世界百年未有之大变局,不稳定性不确定性因素明显增加,我国发展环境面临深刻复杂变化,需要干部脑更清、耳更聪、目更明,认清和把握发展趋势特别是蕴藏其中的机遇和挑战,增强准确识变、科学应变、主动求变的意识和能力;面对推进供给侧结构性改革、实现高质量发展、加快建设现代化经济体系等任务要求,需要干部解放思想、开阔视野,找到有效管用的好思路好办法,不断提高贯彻新发展理念、构建新发展格局能力和水平;面对更大范围、更深层次的科技革命和产业变革,特别是互联网、大数据、人工智能等现代信息技术和数字经济的蓬勃发展,需要干部提高科学素养,增强领导和推动科技创新以及懂网、管网、用网的本领;面对我国日益走近世界舞台中央,对外开放格局不断扩大,共建"一带一路"等国际合作日益增多的实际,需要干部培养世界眼光,通晓国际规则,提高对国际事务的理解能力、运筹能力、策划能力、操作能力;面对前进道路上的一系列重大挑战、重大风险、重大阻力、重大矛盾,需要干部做好有效应对和防范的思想准备和能力储备,尤其是针对这次新冠肺炎疫情防控斗争中暴露出的短板弱项,不断提高驾驭复杂局面、科学应急管理和风险治理、社会治理的能力。要持续深入开展习近平新时代中国特色社会主义思想教育培训,加强思想淬炼、政治历练、实践锻炼、专业训练,组织务实管用的专题培训、专业能力培训,使广大干部政治素养、理论水平、专业能力、实践本领跟上时代发展步伐,以队伍高素质保证发展高质量。要把提高治理能力作为干部队伍建设重大任务,围绕构建新发展格局、坚持创新驱动发展、打好关键核心技术攻坚战、推动经济体系优化升级、全面推进乡村振兴、推进区域协调发展和新型城镇化等重大战略任务，抓培训、提素质，选干部、配班子，育人才、聚贤能，着力建设政治过硬、具备领导现代化建设能力的干部队伍。要坚持事业为上、以事择人、人事相宜，更多地考虑"该用谁"而不是"谁该用"，优化干部成长路径，畅通"三支队伍"交流渠道，统筹用好干部人才资源，大力培养选拔使用那些适应新时代新要求、专业化能力强的干部，以队伍活力增强事业活力。

三、强化"重担当"的导向，引领干部敢担当善作为，切实担负起党和人民赋予的重任。敢于担当，是好干部的必备素质，也是干事创业的必要条件。习近平总书记指出"担当大小，体现着干部的胸怀、勇气、格调，有多大担当才能干多大事业"，强调"要在选人用人上体现讲担当、重担当的鲜明导向"。近年来，大多数干部是能扛事、敢担当、善作为的，但也有一些干部不同程度存在不担当不作为的问题。有的顾虑"洗碗越多，摔碗越多"，"为了不出事，宁可不干事"；有的遇到矛盾束手无策，遇见斗争惊慌失措。大量事实表明，越是怕担当，往往越容易出事；越是想绕道走，往往矛盾就越追着来。不担当不作为，不仅成不了事，而且注定坏事、贻误大事。因此，要进一步树立讲担当、重担当的用人导向，唱响新时代的"大风歌"，大力培养选拔使用那些面对大是大非敢于亮剑、面对矛盾敢于迎难而上、面对危机敢于挺身而出、面对失误敢于承担责任、面对歪风邪气敢于坚决斗争的"猛士"、"战士"，那些勇于改革创新、果敢应对挑战、善于攻坚克难的"闯将"、"干将"，引导激励干部打硬仗、解难题、化风险。要有计划、有针对性地安排干部特别是年轻干部到重大斗争一线、艰苦复杂地方、吃劲负重岗位去磨炼，培养斗争精神、提高斗争本领，练就担当负责的硬脊梁、铁肩膀、真胆识。要建立健全干部担当作为的激励和保护机制，切实为勇于负责的干部负责、为勇于担当的干部担当、为敢抓敢管的干部撑腰。要认真落实"三个区分开来"的要求，正确把握干部在工作中出现失误错误的性质和影响，稳妥推动被问责和受处分影响期满、符合有关条件的干部合理使用。要格外关注关爱和理解支持那些奋战在改革攻坚桥头堡、科技创新最前沿、重大斗争主阵地、防灾救灾第一线、基层治理关键点的干部，在政策待遇等方面给予倾斜，帮助解决实际困难，让干部安心、安身、安业。

四、强化"重实绩"的导向，引领干部树立正确政绩观，求真务实、真抓实干、务求实效。实干才能出实绩。习近平总书记反复强调要树立重实干、重实绩的用人导向，推动干部树立正确政绩观，以功成不必在我的精神境界和功成必定有我的历史担当，发扬钉钉子精神，脚踏实地干好工作。从总体看，绝大多数干部干事创业务实求实扎实，但也有一些干部干事动机不纯、作风不实，搞形式主义、官僚主义，做表面文章。进入新发展阶段、构建新发展格局，必须更加突出实践实干实效，引导和促使干部求真务实、真抓实干，创造出经得起实践、人民、历史检验的业绩。要加强正确政绩观教育，引导干部解决好政绩为谁而树、树什么样的政绩、靠什么树政绩的问题，多做打基础、利长远、出实效、创实绩的事。要建立更加科学规范的干部考核评价体系，改进贯彻新发展理念、推动高质量发展的政绩考核，把干部干了什么事、干成了多少事、干事效果好不好作为评价使用干部的重要依据。要注重使用真抓实干的干部，不用只说不做的干部，使那些重实际、说实话、务实事、求实效的干部不仅不吃亏而且受到鼓励、褒奖、重用，使那些表态多调门高、行动少落实差、重显绩不重潜绩、重包装不重实效的干部不仅得不到好处而且受到批评和惩处，形成能者上、优者奖、庸者下、劣者汰的良好局面。

五、强化"重公认"的导向，引领干部自觉践行以人民为中心的发展思想，为民办事、造福于民。人民拥护不拥护、赞成不赞成、高兴不高兴、答应不答应,是选人用人的重要标尺,也是对干部干事创业效果的直接检验。习近平总书记强调,要把为民办事、为民造福作为最重要的政绩,把为老百姓做了多少好事实事作为检验政绩的重要标准,把干的事群众认不认可作为选拔干部的根本依据。习近平总书记还严肃指出:"一个地方一个单位,如果群众公认的优秀干部长期被冷落、受排挤,一些投机钻营的人却屡屡得势、顺风顺水,那就肯定出了问题。"树立正确用人导向,就是要大力培养选拔使用那些牢固树立和切实践行以人民为中心的发展思想,自觉同人民想在一起、干在一起的干部,坚决不用那些高高在上、脱离群众,甚至违背群众意愿、侵害群众利益的干部,引导广大干部既注重维护最广大人民根本利益和长远利益,又切实解决群众最关心最直接最现实的利益问题,增强人民群众的获得感、幸福感、安全感,以实际行动赢得人民群众真心拥护、真正认可。要坚持在贯彻组织路线中走好群众路线,注重听民声、察政声,多到基层干部群众中、多在乡语口碑中了解干部,使选出来的干部组织放心、群众满意、干部服气。

总之,以正确用人导向引领干事创业导向,"重品德"是前提,"重才干"是基础,"重担当"是要害,"重实绩"是关键,"重公认"是根本。要从这些方面同向发力、同时发力,推动正确用人导向更加鲜明起来、干事创业导向更加突出出来,努力以好的导向领出好风气、选出好干部、干出好气象、创出好局面,确保将《建议》描绘的宏伟蓝图变成美好现实。

加强人民政协专门协商机构建设

舒　启　明

　　党的十九届五中全会通过的《中共中央关于制定国民经济和社会发展第十四个五年规划和二〇三五年远景目标的建议》，集中全党全社会智慧，明确了开启全面建设社会主义现代化国家新征程的目标任务，是具有里程碑意义的纲领性文件。要把宏伟蓝图变成美好现实，必须坚持党的全面领导，充分调动一切积极因素，广泛团结一切可以团结的力量，形成推动发展的强大合力。这就要求加强人民政协专门协商机构建设，发挥社会主义协商民主独特优势，提高建言资政和凝聚共识水平，把各方面的智慧和力量凝聚到实现"十四五"规划和2035年远景目标上来，同心同德向第二个百年奋斗目标进军。

一　人民政协专门协商机构的特点和优势

　　1949年9月，在中国人民争取民族独立和人民解放取得历史性胜利的凯歌声中，中国共产党顺应大势、团结各方，召开中国人民政治协商会议第一届全体会议，开启了协商建国、共创伟业的新纪元。人民政协是中国共产党把马克思列宁主义统一战线理论、政党理论、民主政治理论同中国实际相结合的伟大成果，是中国共产党领导各民主党派、无党派人士、人民团体和各族各界人士在政治制度上进行的伟大创造。70多年来，在中国共产党领导下，人民政协坚持团结和民主两大主题，服务党和国家中心任务，在建立新中国和社会主义革命、建设、改革各个历史时期发挥了十分重要的作用。实践证明，人民政协植根于中国历史文化，产生于近代以后中国人民革命的伟大斗争，发展于中国特色社会主义光辉实践，具有鲜明中国特色，是实现国家富强、民族振兴、人民幸福的重要力量。

中国特色社会主义进入新时代，以习近平同志为核心的党中央对人民政协工作作出一系列重大部署，并在人民政协成立70周年之际召开中央政协工作会议，这在党的历史、政协历史上都是第一次。围绕新时代加强和改进人民政协工作，习近平总书记从党和国家事业全局出发，发表一系列重要讲话，作出一系列重要指示批示，深刻阐述了人民政协的一系列重大问题，并首次阐明了人民政协是社会主义协商民主的重要渠道和专门协商机构，为人民政协事业发展指明了方向、提供了遵循。

习近平总书记强调，有事好商量、众人的事情由众人商量，是人民民主的真谛。协商民主是实现党的领导的重要方式，是我国社会主义民主政治的特有形式和独特优势。人民政协作为专门协商机构集协商、监督、参与、合作于一体，综合承载政协性质定位，在协商中促进广泛团结、推进多党合作、实践人民民主，既秉承历史传统，又反映时代特征，充分体现了我国社会主义民主有事多商量、遇事多商量、做事多商量的特点和优势。一是人民政协构建了保证人民在日常政治生活中广泛持续深入参与权利的机制和平台，体现了协商民主同选举民主相互补充、相得益彰的中国特色社会主义政治制度设计的独特优势。二是人民政协具有巨大包容性和广泛代表性，政协委员作为各党派团体和各族各界代表人士，由各方面郑重协商产生，代表各界群众参与国是、履行职责。三是人民政协把协商民主贯穿履行职能全过程，构建了发扬民主和增进团结相互贯通、建言资政和凝聚共识双向发力的程序机制,在决策之前和决策实施之中,充分协商交流、开展民主监督、宣传党和国家的政策法规、深化思想沟通,广集良策促进决策优化,广聚共识推动决策实施。

当今世界正经历百年未有之大变局,我国将开启全面建设社会主义现代化国家新征程。越是形势复杂,越是任务艰巨,越要发挥中国共产党领导的政治优势和中国特色社会主义制度优势,加强人民政协专门协商机构建设,把各方面智慧和力量凝聚起来,形成海内外中华儿女心往一处想、劲往一处使的强大合力。

二 完善专门协商机构程序机制

人民政协应坚持把服务实现"两个一百年"奋斗目标作为工作主线,进一步明确作为专门协商机构的职能责任,形成完整的程序机制和参与实践,发挥好社会主义协商民主的独特优势,为推进"十四五"规划实施凝心聚力。

(一)完善协商内容。围绕统筹推进"五位一体"总体布局、协调推进"四个全面"战略布局,紧扣推动高质量发展、构建新发展格局,瞄准固根基、扬优势、补短板、强弱项的重要问题,着眼更好满足人民日益增长的美好生活需要,就国家大政方针和地方的重要举措,以及有关爱国统一战线的重要问题等,明确协商内容,确定协商议题。民主监督议题应有一定比例,围绕"十四五"规划实施情况开展民主监督。市县政协工作应把协商放在重要位置,围绕高质量发展的重点、群众生产生活的难点、社会治理的焦点,每年安排若干次专题协商活动。

(二)丰富协商形式。完善以全体会议为龙头,以专题议政性常委会会议和专题协商会、协商座谈会、远程协商会等为重点的协商议政格局。开好全体会议,发挥这一协商履职最高形式的作用。更加灵活更为经常开展专题协商、对口协商、提案办理协商、界别协商。增强网络议政、远程协商实效,探索政协协商同社会治理相结合等新形式,拓展政协协商参与面,扩大界别群众工作覆盖面。

(三)健全协商规则。坚持党委会同政府、政协制定年度协商计划制度,完善协商于决策之前和决策实施之中的落实机制,对明确规定需要政协协商的事项必须经协商后提交决策实施。将政协重点协商活动纳入党委和政府总体工作部署,实施情况纳入督查事项和考核体系,促进协商成果的采纳、落实和反馈。制定政协协商工作规则,坚持调研于协商之前,把协商互动列为必要环节,对协商的参加范围、讨论原则、基本程序、交流方式等作出规定。

(四)培育协商文化。传承中华民族兼容并蓄、求同存异等优秀政治文化,弘扬我们党"团结—批评—团结"的优良传统,坚持"有事好商量、众人的事情由众人商量",促进不同思想观点的充分表达和深入交流,做到相互尊重、平等协商而不强加于人,遵循规则、有序协商而不各说各话,体谅包容、真诚协商而不偏激偏执,营造既畅所欲言、各抒己见,又理性有度、合法依章的良好协商氛围。

(五)提高协商能力。教育引导委员树立协商理念,遵守协商规则,提高政治把握能力、调查研究能力、联系群众能力、合作共事能力,不断培养专业的协商能力和协商精神。

三 坚持建言资政和凝聚共识双向发力

人心是最大的政治,共识是奋进的动力。实施"十四五"规划,是广大人民群众生机蓬勃的事业,必须广泛凝聚共识,汇聚起大团结的力量。人民政协要把加强思想政治引领、广泛凝聚共识作为中心环节,建言资政和凝聚共识相互嵌入、相互贯通、相互赋能,通过有效工作,努力成为坚持和加强党对各项工作领导的重要阵地、用党的创新理论团结教育引导各族各界代表人士的重要平台、在共同思想政治基础上化解矛盾和凝聚共识的重要渠道。

(一)巩固共同思想政治基础。引导参加人民政协的各党派团体和各族各界人士深入学习贯彻习近平新时代中国特色社会主义思想,学习贯彻党的基本理论、基本路线、基本方略,在习近平新时代中国特色社会主义思想旗帜下携手前进。坚持一致性和多样性统一,求同存异、聚同化异,增强一致而不强求一律、尊重差异而不扩大分歧、包容多样而不丧失主导,通过耐心细致的工作,推动各党派团体和各族各界人士实现思想上的共同进步。

(二)凝聚共识同经常性工作相结合。把凝聚共识融入视察考察、调查研究、协商履职活动中,在建言成果、思想收获上一体设计、一体落实。完善谈心谈话制度、走访看望委员制度。开展以自我教育自我提高为主旨的委员学习座谈和党外委员专题视察。建立重点关切问题情况通报会制度。

(三)面向社会传播共识。通过政协协商履职,把党的主张转化为社会各界的共识、在各界群众中传播共识。用好委员讲堂、重大专项工作委员宣讲团、委员联系界别群众、委员读书活动等工作机制,组织委员利用自身优势宣传阐释"十四五"规划,积极运用网络信息技术传播共识、凝聚人心,为规划实施厚植社会基础。

(四)广泛汇聚"十四五"规划实施正能量。建立健全各党派参加人民政协工作的共同性事务情况交流机制。畅通党外知识分子、非公有制经济人士、新的社会阶层人士意见诉求表达渠道。做好少数民族界和宗教界委员专题学习考察、界别协商、反映社情民意等工作。加强同港澳同胞的团结联谊。拓展同台湾岛内有关党派团体、社会组织、各界人士交流交往。广泛团结联系海外侨胞。

四 加强党对人民政协专门协商机构建设的领导

习近平总书记强调，党的领导是人民政协发展进步的根本保证，要把坚持党的领导贯穿到政协全部工作之中，切实落实党中央对人民政协工作的各项要求。

（一）各级党委坚持把发挥好人民政协专门协商机构的作用作为重大工作任务进行研究部署。党委常委会会议定期听取政协党组工作、政协常务委员会工作情况汇报，对政协党组织贯彻落实党的十九届五中全会精神等情况进行督促检查。进一步规范地方政协特别是市县政协职责任务、履职方式等，选优配强领导班子，重点解决市县政协基础工作薄弱、人员力量薄弱的问题。

（二）政协党组切实肩负起实现党对人民政协领导的政治责任。加强政协党组、机关党组、专门委员会分党组建设，强化基层党组织政治功能，发挥党员委员先锋模范作用，确保党中央决策部署的贯彻落实。加强思想政治工作，引导各党派团体、各族各界人士更加紧密团结在党的周围，积极投身全面建设社会主义现代化国家的伟大实践。

（三）强化委员责任担当。教育引导政协委员坚持为国履职、为民尽责的情怀，把事业放在心上，把责任扛在肩上，认真履行职责。自觉投身凝心聚力、决策咨询、协商民主、国家治理第一线的具体实践，多做雪中送炭、扶贫济困的工作，多做春风化雨、解疑释惑的工作，多做理顺情绪、化解矛盾的工作，团结界别群众坚定跟党走、共唱奋进歌。切实做到懂政协、会协商、善议政，守纪律、讲规矩、重品德，以模范行动展现新时代责任委员的风采。

（四）加强专门协商机构制度建设。以宪法和相关政策为依据，

建立健全以政协章程为基础,以协商制度为主干,以提高服务"十四
五"规划实施的质量为导向,覆盖政协党的建设、履职工作、组织管
理、内部运行等各方面的制度,形成权责清晰、程序规范、关系顺畅、
运行有效的制度体系。

有效发挥法治固根本、稳预期、利长远的保障作用

沈 春 耀

党的十九届五中全会通过的《中共中央关于制定国民经济和社会发展第十四个五年规划和二〇三五年远景目标的建议》（以下简称《建议》）对我国"十四五"时期和未来 15 年经济社会发展作出战略部署,提出要有效发挥法治固根本、稳预期、利长远的保障作用。这对于推进全面依法治国,更好发挥法治作用,推动和保障"十四五"时期经济社会发展目标任务的顺利实现和国家各项事业持续健康发展,具有十分重要的意义。

一　固根本、稳预期、利长远是社会主义法治的基本功能和重要使命

党的十八大以来,以习近平同志为核心的党中央从坚持和发展中国特色社会主义的战略高度出发,把全面依法治国摆在党和国家工作中的突出位置,以前所未有的决心、举措和力度推进全面依法治国,法治的地位更加突出、作用更加重大。

法治对于国家制度和治理体系具有"固根本"的保障作用。新中国成立 70 多年特别是改革开放 40 多年来,党和国家通过社会主义法治,建立并不断巩固、坚持并不断完善一整套具有根本性质、地

位和作用的制度体系。实践证明,实行社会主义法治,坚持全面依法治国,是坚持和完善中国特色社会主义制度、推进国家治理体系和治理能力现代化的必然选择。

我国宪法法律确立了一系列具有根本意义、根本性质的制度,奠定了国家制度根基,起到了强基固本作用。主要包括:(1)社会主义制度是中华人民共和国的根本制度,确立以工人阶级领导的、以工农联盟为基础的人民民主专政的社会主义国家为国体;(2)中国共产党领导是中国特色社会主义最本质的特征,确立中国共产党领导的根本领导制度;(3)人民代表大会制度是我国的根本政治制度,确立以实行民主集中制的人民代表大会制度为政体;(4)坚持马克思主义在意识形态领域指导地位的根本制度,确立国家指导思想制度;(5)由中国共产党领导的多党合作和政治协商制度、民族区域自治制度、基层群众自治制度构成的基本政治制度;(6)由公有制为主体、多种所有制经济共同发展,按劳分配为主体、多种分配方式并存,社会主义市场经济体制等构成的社会主义基本经济制度;(7)中国共产党对人民军队的绝对领导制度;(8)其他各方面的重要制度。这些制度是中国共产党领导中国人民在长期奋斗和实践探索中形成的,是人类制度文明史上的伟大创造,具有显著优越性和强大生命力,必须长期坚持、全面贯彻、不断发展。

1980年,邓小平同志在总结党和国家正反两方面历史经验时深刻指出:"领导制度、组织制度问题更带有根本性、全局性、稳定性和长期性。"法治在国家和社会生活中拥有独特地位、权威和影响,得到广泛认同和普遍遵从。运用法治力量"固根本"、"强根基",对于保障国家制度和国家治理体系的根本性、全局性、稳定性和长期性,对于确保党和国家兴旺发达、长治久安,具有重大而深远的意义。

法治对于全社会成员各种行为和活动具有"稳预期"的保障作用。毛泽东同志在领导制定新中国第一部宪法时指出:"用宪法这样一个根本大法的形式,把人民民主和社会主义原则固定下来,使全国人民有一条清楚的轨道,使全国人民感到有一条清楚的明确的和正确的道路可走,就可以提高全国人民的积极性。"这里讲的实际上就是法治稳预期的功能。

法治的功能既体现在对于国家和社会各种关系予以确认、保护、规范和调整,又体现在对于经济社会发展和各项事业发展发挥引导、定向、推动和促进作用。实行法治,通过确立和实施稳定、公开、规范的制度机制和行为规范,能够为国家和社会发展提供牢固基础、持久动力和广阔空间。各种制度机制和行为规范一经法律法规确定,即具有统一适用、一体遵循、一视同仁的性质;没有法定依据,不得随意执行;未经法定程序,不得擅自改变。

社会主义市场经济本质上是法治经济。市场主体的确立及其活动,财产权的界定和财产关系、产权关系的有效保护,市场交易的正常进行和市场秩序的有效维护,政府对市场的调控、监管、引导和服务,市场竞争下的社会保障和社会发展,对外开放和国际经济交往,等等,这些都需要完备的法治规范和保障,以便公民、法人和其他组织等行为主体能够基于稳定的、合理的预期对各种关系和行为进行判断并作出选择。因此,在法治框架内活动,在法治轨道上运行,有利于全社会稳定预期、增强信心。

法治对于国家和社会未来发展具有"利长远"的保障作用。法律是治国之重器,法治是国家治理体系和治理能力的重要依托。中外历史经验和教训都表明,法治兴则国家兴,法治衰则国家乱。法治的精髓和要旨对各国国家治理和社会治理具有普遍意义。

党的十八大以来,党中央大力推进全面依法治国,加快建设社会主义法治国家,既是立足于解决当前矛盾和问题的现实考量,也是着眼于长远目标和发展的战略谋划。习近平总书记指出:"全面建成小康社会之后路该怎么走?如何跳出'历史周期率'、实现长期执

政？如何实现党和国家长治久安？这些都是需要我们深入思考的重
大问题。""我们提出全面推进依法治国，坚定不移厉行法治，一个重
要意图就是为子孙万代计、为长远发展谋。"

按照唯物史观，法治属于上层建筑的一部分，是社会经济生活条
件的表现和反映。归根结底，法治"利长远"的保障作用，取决于它
是否适合社会生产力、生产关系和经济基础的要求，是否适合经济社
会发展和各项事业发展的需要。一般而言，法治应当是经验的总结、
规律的反映、社会的共识，并且能够随着国家和社会的发展变化与时
俱进、完善发展，这样的法治也就是人们通常所说的"良法善治"，其
"利长远"的保障作用就发挥得比较好；反之，其作用就发挥得比较
差，甚至会对经济社会发展产生阻碍和消极作用。社会主义法治是
适应国家和社会发展进步的法治，必将在全面建设社会主义现代化
国家、实现中华民族伟大复兴的历史进程中发挥重要的、持久的保障
作用。

二 新形势下更好发挥社会主义法治作用的基本要求和重要原则

全面依法治国，建设社会主义法治国家，既是事业发展的重要内
容，又是事业发展的重要保障。我国社会主义法治凝聚着我们党治
国理政的理论成果和实践经验，是制度之治最基本最稳定最可靠的
保障。习近平总书记指出："在统筹推进伟大斗争、伟大工程、伟大
事业、伟大梦想，全面建设社会主义现代化国家的新征程上，我们要
更好发挥法治固根本、稳预期、利长远的保障作用。"这是对社会主
义法治功能功效的新阐述新要求，具有重要指导意义。

新形势下，坚持和发展中国特色社会主义，全面建设社会主义现

代化国家,必须更好发挥社会主义法治的重要作用。基本要求是:高举中国特色社会主义伟大旗帜,以习近平新时代中国特色社会主义思想为指导,全面贯彻党的十九大和十九届二中、三中、四中、五中全会精神,深入贯彻习近平总书记全面依法治国新理念新思想新战略,坚定不移走中国特色社会主义法治道路,坚持全面依法治国,坚持和完善中国特色社会主义法治体系,加快建设社会主义法治国家,坚决维护宪法法律权威,坚决维护人民当家作主、维护社会公平正义、维护国家安全稳定,有效发挥法治固根本、稳预期、利长远的保障作用,在法治轨道上推动经济社会和各项事业持续健康发展、推进国家治理体系和治理能力现代化,为全面建设社会主义现代化国家、实现中华民族伟大复兴的中国梦提供完备有力的法治保障。

贯彻上述基本要求,更好发挥法治作用,应当坚持和遵循以下重要原则。

一是坚持党对依法治国的领导。党的领导是社会主义法治最根本的保证。必须把党的领导贯彻到依法治国全过程和各方面,通过法治保证党的理论和路线方针政策得到有效贯彻和实施。

二是坚持人民主体地位。人民是依法治国的主体和力量源泉。必须坚持法治建设为了人民、依靠人民、造福人民、保护人民,依法治国必须维护人民利益、反映人民愿望、增进人民福祉。

三是坚持中国特色社会主义法治道路。核心要义是坚持中国共产党领导,坚持和完善中国特色社会主义制度,贯彻中国特色社会主义法治理论。学习借鉴世界法治文明成果,但不照抄照搬。

四是坚持建设中国特色社会主义法治体系。加快形成完备的法律规范体系、高效的法治实施体系、严密的法治监督体系、有力的法治保障体系,形成完善的党内法规体系。

五是坚持依法治国、依法执政、依法行政共同推进和法治国家、法治政府、法治社会一体建设。全面依法治国是一个系统工程,必须整体谋划、统筹兼顾、协调推进各领域各环节各层面法治建设。

六是坚持依宪治国、依宪执政。坚持依法治国首先要坚持依宪治国,坚持依法执政首先要坚持依宪执政。任何公民、组织和国家机关都必须以宪法为根本行为准则,维护宪法权威。

七是坚持全面推进科学立法、严格执法、公正司法、全民守法。抓住法治关键环节,着力解决好立法、执法、司法、监督、法律服务、法学教育、法治研究、普法守法等方面的矛盾和问题。

八是坚持处理好法治辩证关系。坚持在法治下推进改革和在改革中完善法治相统一,依法治国和以德治国相结合,依据宪法法律治国理政和依据党内法规管党治党相协同。

三 有效发挥法治固根本、稳预期、利长远保障作用的主要任务

随着新时代中国特色社会主义事业的不断发展,社会主义法治将承载越来越多的使命,发挥越来越重要的作用。全面贯彻党的十九届五中全会精神,实现"十四五"规划和2035年远景目标,必须坚持全面依法治国,有效发挥法治固根本、稳预期、利长远的保障作用,推进法治中国建设。当前和今后一段时间的主要任务有以下几个方面。

提高立法质量和效率,完善以宪法为核心的中国特色社会主义法律体系。良法是善治的前提。发展要高质量,立法也要高质量。要积极适应把握新发展阶段、贯彻新发展理念、构建新发展格局的要求,坚持问题导向,加强重点领域、新兴领域、涉外领域立法,推动法律体系不断完善和发展。深入科学立法、民主立法、依法立法,坚持立改废释并举,增强法律法规的及时性、系统性、针对性、有效性,以

立法高质量保障和促进经济社会持续健康发展。健全国家安全法治体系，筑牢国家安全屏障。加强涉外法治体系建设，加强国际法运用，积极营造良好外部环境。

提高依法行政水平，在法治轨道上推进经济社会发展和政府各项工作。要把法治作为行政决策、行政管理、行政监督的重要标尺，不得违背法律法规随意作出减损公民、法人和其他组织合法权益或者增加其义务的决定。加快建设法治政府，依法全面履行政府职能，深化简政放权、放管结合、优化服务改革，规范行政许可、行政处罚、行政强制、行政征收、行政收费、行政检查、行政裁决、行政救济等活动，做到严格规范公正文明执法，实现政府各项工作法治化。

确保司法公正高效权威，努力让人民群众在每一个司法案件中感受到公平正义。要深化司法责任制综合配套改革，全面落实司法责任制，真正"让审理者裁判、由裁判者负责"。完善诉讼制度，加强司法保护，优化司法职权配置，畅通司法救济渠道，加强对司法活动的监督，着力提高办案质量、效率和司法公信力。加强公共法律服务体系建设，统筹推进律师、公证、法律援助、司法救助、司法鉴定、人民调解、仲裁等体制机制完善和相关工作。

加强对法治实施的监督，保证法治实施机关切实履行法治实施职责。形成严密的法治监督体系，加强对法治实施的监督，是建设中国特色社会主义法治体系的重要任务。要依法加强对各级国家行政机关、监察机关、审判机关、检察机关等法治实施机关及其工作的监督，完善权力运行和监督机制，保证宪法法律法规切实得到全面贯彻和有效执行，保证行政权、监察权、审判权、检察权切实得到正确行使，保证公民、法人和其他组织合法权益切实得到尊重和维护。

增强全民法治观念，推进法治社会建设。做好法治实施工作，必须让法治走向社会、走向基层、走向群众，弘扬社会主义法治精神，建设社会主义法治文化。要加大全民普法工作力度，增强全社会成员学法尊法守法用法意识,养成法治思维方式和法治行为习惯,营造公平、透明、可预期的法治环境。推进多层次多领域依法治理,发挥市民公约、乡规民约、行业规章、团体章程等社会规范在社会治理中的积极作用,加快实现社会治理法治化。

抓住领导干部这个"关键少数",提高领导干部法治思维和依法办事能力。各级领导干部具体行使党的执政权和国家立法权、行政权、监察权、审判权、检察权,在推进全面依法治国方面肩负着重要职责,是全面依法治国的"关键少数"。各级领导干部和公职人员要做到敬畏法治,认认真真讲法治,老老实实抓法治,带头依法办事,带头遵从宪法和法律法规,不断提高运用法治思维和法治方式深化改革、推动发展、化解矛盾、维护稳定、防范风险的能力和水平。

保持香港、澳门长期繁荣稳定

樊 文

保持香港、澳门长期繁荣稳定是实现中华民族伟大复兴中国梦的必然要求。党的十九届五中全会通过的《中共中央关于制定国民经济和社会发展第十四个五年规划和二〇三五年远景目标的建议》（以下简称《建议》），站在实现第二个百年奋斗目标和中华民族伟大复兴中国梦的战略高度，对"十四五"以至更长时期保持香港、澳门繁荣稳定提出明确要求，作出具体部署，为推进新时代"一国两制"事业和港澳工作指明了方向，具有重大指导意义。

一 保持香港、澳门长期繁荣稳定，必须全面准确贯彻"一国两制"方针

《建议》指出，要"全面准确贯彻'一国两制'、'港人治港'、'澳人治澳'、高度自治的方针"。这是"一国两制"实践的基本经验和港澳工作的基本准则。香港、澳门回归祖国二十多年来，"一国两制"实践取得举世公认的成功，也经受了许多挑战。围绕建设一个什么样的香港这个根本问题，斗争一直没有停息，有时候还十分激烈。我们要建设一个真正实行"一国两制"、"港人治港"、高度自治并保持长期繁荣稳定的香港，而反对派及其背后外部势力则企图把香港变成一个独立或半独立的政治实体，乃至反华反共的桥头堡。香港政

治生活中的乱象和一些社会矛盾的激化,都是由这个主要矛盾决定的。在涉及是否坚持"一国两制"和如何贯彻"一国两制"这一根本性、方向性问题上,中央的立场和态度十分明确,这就是习近平总书记多次公开宣示的"四个不":确保"一国两制"方针不会变、不动摇,确保"一国两制"实践不变形、不走样。要全面准确贯彻"一国两制"方针,必须把坚持"一国"原则和尊重"两制"差异、维护中央对特别行政区全面管治权和保障特别行政区高度自治权、发挥祖国内地坚强后盾作用和提高特别行政区自身竞争力结合起来。从香港、澳门回归以来"一国两制"实践情况看,特别是面对香港"修例风波"对"一国两制"实践带来的新挑战,要重点把握以下三点要求。

(一)坚决维护宪法和基本法确定的特别行政区宪制秩序。宪法是国家根本法,是全国各族人民意志的体现,是特别行政区制度的法律渊源。基本法是根据宪法制定的基本法律,规定了特别行政区的制度和政策,是"一国两制"方针的法律化、制度化,为"一国两制"在特别行政区的实践提供了法律保障。应当明确,"一国两制","一国"是根,"一国"是本,"一国"是"两制"的前提。尊重和维护"一国",就必须拥护宪法所确定的国家根本制度,认同中华人民共和国主体实行的社会主义制度,认同中国共产党在建设中国特色社会主义各项事业中的领导地位。任何不尊重宪法和基本法、挑战特别行政区宪制秩序的行为,都是对全面准确贯彻"一国两制"方针的背离,都是不能允许的,都要依法惩处和纠正。只有有效维护特别行政区的宪制秩序,才能确保"一国两制"实践沿着正确轨道前进。

(二)坚决落实中央对特别行政区全面管治权。中央对特别行政区拥有全面管治权是国家主权的体现。特别行政区是直辖于中央的地方行政区域,特别行政区依法享有的高度自治权源于中央的授权,这是正确理解中央和特别行政区关系的逻辑起点。香港、澳门回归以来正反两方面的经验教训提示我们,不能把特别行政区的高度自治权与中央的全面管治权相割裂、相对立,高度自治绝不是完全自治。特别行政区政权机关和社会各界应当充分尊重和维护中央依据宪法和基本法所享有的对特别行政区的各项管治权,包括对基本法的解释权、处理政制发展问题的决定权等。对特别行政区行使高度自治权,中央也应当依法行使好监督权。

(三)坚决维护国家主权、安全、发展利益。香港、澳门特别行政区是中华人民共和国不可分离的部分,中央人民政府对特别行政区有关的国家安全事务负有根本责任,特别行政区负有维护国家安全的宪制责任。在特别行政区,任何危害国家主权安全、挑战中央权力和特别行政区基本法权威、利用特别行政区对内地进行渗透破坏的活动,都是对底线的触碰,都是绝不能允许的。澳门特别行政区已于2009年2月完成基本法第23条立法,2018年9月建立了维护国家安全委员会及其办公室。由于反对派及某些外部势力的极力阻挠,香港特别行政区落实基本法第23条的有关立法迟迟未能完成。2019年发生的"修例风波",凸显了香港特别行政区在维护国家安全方面存在的现实风险。为填补有关法律漏洞,2020年5月28日,十三届全国人大三次会议通过了《全国人民代表大会关于建立健全香港特别行政区维护国家安全的法律制度和执行机制的决定》。6月30日,十三届全国人大常委会第二十次会议通过了《中华人民共和国香港特别行政区维护国家安全法》,并决定将该法列入香港基本法附件三,在香港特别行政区公布实施。香港国安法的颁布实施,是香港回归以来中央处理香港事务最重大的举措之一,是香港局势由乱及治的重要标志,是推进"一国两制"实践的重要里程碑,必将对香港的长治久安和长期繁荣稳定产生深远影响。

切实维护国家主权、安全、发展利益,必须坚决防范和遏制外部势力干预港澳事务。事实证明,西方反华势力和"台独"势力一直在通过多种方式干预港澳事务,培植政治代理人,为其反中乱港活动撑

腰打气,并利用香港对内地进行分裂、颠覆、渗透、破坏活动。我们必
须采取有效防范和反制措施,筑牢维护国家安全的屏障。

二 保持香港、澳门长期繁荣稳定,必须支持特别行政区巩固提升竞争优势

香港、澳门回归以来,在中央的大力支持下,先后战胜了亚洲金
融危机和国际金融危机等严重冲击和非典疫情等重大风险,原有制
度特色和发展优势得到保持。当前,香港、澳门发展的内外环境日趋
复杂,竞争日益激烈,需要特别行政区政府和社会各界人士齐心协
力、与时俱进,在发挥原有优势的基础上不断增创新优势。

(一)巩固提升传统竞争优势。香港是国际金融、航运、贸易中
心。尤其在金融业方面,香港地位独特,是国际三大金融中心之一,
也是全球最大的离岸人民币业务中心。香港股票市场过去5年中有
4年位列全球首次公开募股(IPO)集资额第一,成为内地企业境外
上市融资的首选地。中央政府将继续加强内地与香港金融市场互联
互通,充分发挥香港在推进人民币国际化方面的重要作用,全力支持
香港巩固和提升国际金融中心地位。澳门建设"一中心、一平台、一
基地",符合澳门传统优势特点及长远发展要求。"十四五"时期,中
央政府将继续支持澳门围绕这一定位,稳步推进各项建设,不断丰富
世界旅游休闲中心的内涵,提升中国与葡语国家商贸合作服务平台
功能,深化扩大文化交流,构建具有国际先进水平的宜居、宜业、宜
游、宜乐城市。

(二)增创新的竞争优势。香港拥有世界级的科研能力,多所大学
和多个学科名列世界前茅。特区政府应积极发挥这些优势条件,主动
依托粤港澳大湾区建设国际创新科技中心的有利契机,大力扶持创科

企业发展,积聚经济增长新动力。要进一步加强内地与香港在基础研究、平台与基地建设、人才培养、成果转化等方面的合作,支持深港创新及科技园建设,支持香港建成国际创新科技中心。这些年来,澳门在促进经济适度多元发展方面作了许多努力。2018年澳门会展业、金融业、中医药产业、文化产业的增加值总额达353.3亿澳门元,比2015年增长36.5%。要进一步加强横琴粤澳深度合作区建设,创新合作体制机制,打造新的经济增长点,为澳门长远发展开辟更大空间。

(三)打造"一带一路"功能平台。香港、澳门都是共建"一带一路"的重要节点城市,在推进"一带一路"建设中具有独特而重要的作用。要发挥香港在金融、法律等专业服务领域的引领带动作用,支持香港打造服务"一带一路"建设的投融资平台和解决"一带一路"建设项目投资及商业争议的服务中心。要发挥澳门与葡语国家的联系优势,打造中国与葡语国家商贸合作金融服务平台,同"一带一路"相关国家和地区的城市建立友好城市关系,打造文化交流平台。总之,要继续发挥香港、澳门国际联系广泛的优势,支持香港、澳门同各国各地区加强交流合作,提升国际影响力。

三 保持香港、澳门长期繁荣稳定,必须推动港澳更好融入国家发展大局

推动香港、澳门更好融入国家发展大局,实现香港、澳门更好发展,是"一国两制"的应有之义,是改革开放的时代要求,是香港、澳门探索发展新路向、开拓发展新空间、增添发展新动力的必然趋势。随着香港、澳门与内地交流合作不断深化,港澳融入国家发展大局的步伐必将不断加快。

(一)高质量建设粤港澳大湾区。建设粤港澳大湾区,是习近平

总书记亲自擘画、亲自部署、亲自推动的重大国家战略,既是新时代推动形成全面开放新格局的新尝试,也是推动"一国两制"事业发展的新实践。推进粤港澳大湾区建设,必须紧紧抓住科技创新这个龙头,打通要素高效便捷流通这个关键环节,坚持改善民生福祉这个出发点和落脚点,打造粤港澳合作发展平台这个重要载体,树立高水平对外开放和高质量发展的标杆。《粤港澳大湾区发展规划纲要》实施以来,规划政策体系逐步完善,国际科技创新中心建设稳步推进,港澳居民在内地创新创业环境继续改善,重大合作平台建设取得新进展,基础设施互联互通不断加强,横琴口岸、莲塘/香园围口岸等陆续建成启用,大湾区建设步伐日益加快。

(二)完善便利港澳居民到内地发展政策措施。近年来,中央有关部门陆续出台便利港澳居民在内地生活、就业、学习的政策措施,包括规范内地高校招收港澳学生,允许港澳居民参加国家中小学教师资格考试,取消港澳居民在内地就业许可制度,推出港澳居民"居住证"申领办法,允许在内地就业的港澳居民享有住房公积金待遇,等等。2020 年 8 月,全国人大常委会通过决定,授权国务院在粤港澳大湾区内地九市开展试点工作,符合条件的香港法律执业者和澳门执业律师通过粤港澳大湾区律师执业考试,可以从事一定范围的内地法律事务。中央及地方将继续根据实际情况,不断推出便利港澳居民在内地发展的政策措施。

实践证明,"一国两制"是保持香港、澳门长期繁荣稳定的最佳制度。港澳和祖国内地密不可分。只要全面准确贯彻"一国两制"方针,加强港澳与内地交流合作,支持香港、澳门更好融入国家发展大局,香港、澳门就一定能够保持长期繁荣稳定,香港、澳门同胞就一定能够同祖国人民共担民族复兴的历史责任、共享祖国繁荣富强的伟大荣光。

推进两岸关系
和平发展和祖国统一

童 乙

解决台湾问题、实现祖国完全统一,是全体中华儿女共同愿望,是中华民族根本利益所在。党的十九届五中全会通过的《中共中央关于制定国民经济和社会发展第十四个五年规划和二〇三五年远景目标的建议》(以下简称《建议》),把"推进两岸关系和平发展和祖国统一"列为"十四五"规划和2035年远景目标的重要组成部分,明确了在全面建设社会主义现代化国家新征程上推进两岸关系和平发展和祖国统一的目标任务,具有重大理论和实践意义。我们要以习近平新时代中国特色社会主义思想为指导,深入学习贯彻《建议》,全面贯彻落实习近平总书记关于对台工作的重要论述,坚持"和平统一、一国两制"基本方针,扎实推进两岸关系和平发展和祖国统一进程。

一 推进两岸关系和平发展和祖国统一是新时代中华民族伟大复兴的必然要求

《建议》把"推进两岸关系和平发展和祖国统一"列为"十四五"规划和2035年远景目标的重要组成部分,体现了对台工作在民族复兴进程中的战略定位和两者之间的内在联系。我们要着眼党和国家事业全局,胸怀中华民族伟大复兴战略全局和世界百年未有之大变局,为全面开启建设社会主义现代化国家新征程、向第二个百年奋斗目标进军作出应有贡献。

台湾前途在于国家统一,台湾同胞福祉系于民族复兴。两岸关系和平发展是维护两岸和平、促进两岸共同发展、造福两岸同胞的正确道路。祖国统一是新时代中华民族伟大复兴的必然要求。两岸同胞要携手同心,共担民族复兴的责任,共享祖国强盛的荣耀。台湾问题因民族弱乱而产生,必将随着民族复兴而终结。实现中华民族伟大复兴是团结凝聚台湾同胞共同奋斗的事业,祖国大陆持续发展进步是塑造两岸关系和平发展、推进祖国统一进程的决定力量。国家发展进步的巨大成就必将持续转化为广大台湾同胞参与融合发展的机遇和获得感,为推动两岸关系和平发展、实现民族复兴增添不竭动力。

"和平统一、一国两制"是实现国家统一的最佳方式,也是广大台湾同胞的历史机遇。我们坚持两岸关系和平发展正确方向,以最大诚意、尽最大努力争取祖国和平统一的光明前景。"台独"是历史逆流,是绝路,我们绝不为各种形式的"台独"分裂活动留下任何空间。只有坚决遏制"台独"势力分裂挑衅,广大台湾同胞切身利益才能得到根本保障,台湾才能有光明未来。

台湾问题是中国内政,不容任何外来干涉。当今世界正经历百年未有之大变局。某些外部势力勾连"台独"势力,蓄意升高两岸对立,危害台海和平稳定,图谋干扰破坏中国统一和民族复兴进程。我们必须深刻把握国际和台海形势变化,准确识变、积极应变,在变局中育新机、开新局,坚决反对和遏制外部势力勾连"台独"势力干涉阻挠两岸关系和平发展和祖国统一的图谋行径,广泛争取国际社会对我反对"台独"分裂、推进国家统一正义事业的理解和支持。

二 努力推动两岸关系克难前行

2016年以来,在以习近平同志为核心的党中央坚强领导下,我们紧紧围绕"十三五"规划纲要涉台目标任务,团结广大台湾同胞努力维护和推动两岸关系和平发展取得新进展。

(一)两岸关系发展方向坚定明确。习近平总书记就对台工作发表一系列重要论述,特别是在《告台湾同胞书》发表40周年纪念会上的重要讲话,为新时代对台工作提供了根本遵循和行动指南,引领了两岸关系发展的正确方向,强化了反"独"促统的历史大势。

(二)台海形势总体保持稳定。面对2016年5月以来台湾局势变化,牢牢把握两岸关系和平发展正确方向,牢牢把握两岸关系主导权主动权,有力震慑"台独"分裂图谋,坚决遏阻外部势力干涉,推动两岸关系和平发展,强化国际社会一个中国格局,保持台海形势总体稳定可控。

(三)两岸经济合作持续推进。秉持"两岸一家亲"理念,出台系列惠台利民政策举措,为台胞台企提供更多发展机遇,落实同等待遇,两岸经济交流合作持续深化,更多台商台企从大陆广阔市场前景和巨大发展机遇中受益。2016年至2019年,两岸贸易额共计8333.2亿美元,年均超2000亿美元;台商对大陆投资项目共计17144个,实际使用台资共计67.4亿美元。

(四)两岸同胞交流交往保持热络。团结广大台湾同胞排除民进党当局和"台独"势力干扰阻挠,推动两岸人员往来更加密切,两岸文化教育、医疗卫生等领域交流合作走向深入。2016年至2019年,两岸人员往来共计3619.8万人次,年均超900万人次。

三 牢牢把握推进两岸关系和平发展和祖国统一的基本要求，扎实做好《建议》确定的各项对台工作

《建议》关于"推进两岸关系和平发展和祖国统一"的重要部署，贯穿着习近平总书记关于对台工作的重要论述特别是在《告台湾同胞书》发表 40 周年纪念会上的重要讲话精神，对做好"十四五"时期对台工作具有重要指导意义。我们要深入贯彻落实，做好《建议》确定的各项对台工作任务。

（一）坚持一个中国原则和"九二共识"，以两岸同胞福祉为依归，推动两岸关系和平发展、融合发展，加强两岸产业合作，打造两岸共同市场，壮大中华民族经济，共同弘扬中华文化。《建议》提出了推进两岸关系和平发展和祖国统一的原则、路径和目标。一个中国原则是两岸关系的政治基础。体现一个中国原则的"九二共识"明确界定了两岸关系的根本性质，是确保两岸关系和平发展的关键。认同两岸同属一个中国，共同谋求国家统一，两岸关系和平发展才会有光明前景。

两岸关系和平发展是两岸同胞顺应历史潮流的正确选择。两岸关系发展的实践充分证明，这是一条造福两岸同胞特别是增进台湾同胞福祉的康庄大道。要在两岸关系和平发展进程中深化两岸融合发展，密切两岸交流合作，强化两岸共同利益联结，构建两岸命运共同体，让发展成果更多惠及两岸同胞特别是台湾同胞，进而加深两岸同胞相互理解，增进互信认同，实现心灵契合，夯实和平统一基础。推动两岸关系和平发展、融合发展是通向和平统一的必由之路，是推进和平统一进程的内在要求，必须坚决扫除障碍、坚定不移推进。

两岸经济同属中华民族经济。加强两岸产业合作,打造两岸共同市场是新时代深化两岸融合发展、壮大中华民族经济的重要途径。两岸产业发展互补性强,合作基础深厚,两岸同胞要打造两岸共同市场,实现应通尽通,在世界经济格局复杂演变中共同创造新机遇。要继续推进海峡两岸产业合作区、平潭综合实验区、昆山深化两岸产业合作试验区等两岸合作平台建设,形成更加紧密的产业合作。祖国大陆具有显著制度与治理体系优势,正在推动形成经济新发展格局,必将为台商台企融入国内大循环,打造两岸共同市场,提供良好机遇和广阔空间。

中华文化是两岸同胞心灵的根脉和归属。要加强两岸文化交流合作,团结台湾同胞共同传承弘扬中华优秀传统文化,推动其实现创造性转化、创新性发展,在交流合作中增强民族意识、凝聚共同意志、促进心灵契合,形成共谋中华民族伟大复兴的强大精神力量。

(二)完善保障台湾同胞福祉和在大陆享受同等待遇的制度和政策,支持台商台企参与"一带一路"建设和国家区域协调发展战略,支持符合条件的台资企业在大陆上市,支持福建探索海峡两岸融合发展新路。上世纪80年代海峡两岸打破隔绝状态以来,祖国大陆日益成为台湾同胞投资发展、安居乐业的热土。要坚持以人民为中心的发展思想,对台湾同胞一视同仁,让台湾同胞共同分享大陆发展机遇,逐步为台胞台企提供同等待遇,让他们有更多获得感。要落实落细促进两岸经济文化交流合作的"31条措施"、"26条措施"和助力台企"11条措施"等惠台利民政策举措,继续完善促进两岸交流合作、深化两岸融合发展、保障台湾同胞福祉的制度安排和政策措施,为广大台湾同胞作为堂堂正正的中国人参与民族复兴进程提供更有力的支持和保障。

近年来,我们不断优化营商环境,积极采取措施,为台商台企分享祖国大陆发展机遇提供便利条件。我们帮助台商台企通过中欧班列开拓国际市场，与大陆企业合作参与"一带一路"建设；举办"台商聚力长三角、两岸共享新机遇"、"台商一起来、融入大湾区"等主题活动，支持台商台企参与长三角一体化、粤港澳大湾区等建设；30 家台资企业在 A 股上市。要继续采取有效措施，为台商台企参与"一带一路"建设和京津冀协同发展、长江经济带发展、长三角一体化发展、粤港澳大湾区建设等国家区域协调发展战略，积极创造更加便利的条件，支持更多符合条件的台资企业在大陆上市融资，为符合条件的科创型台资企业在科创板上市提供支持，助力广大台湾同胞在大陆投资兴业，投身民族复兴大潮，成为民族复兴的参与者、贡献者、获益者。

要深入贯彻习近平总书记在参加十三届全国人大二次会议福建代表团审议时的重要讲话和对福建工作的重要指示精神，支持福建探索海峡两岸融合发展新路，在推动两岸融合发展上作出示范。加快推进两岸应通尽通，提升经贸合作畅通、基础设施联通、能源资源互通、行业标准共通，在福建沿海地区率先实现同金门、马祖地区通水、通电、通气、通桥，尽快为台胞台企提供同等待遇，打造"两岸融合发展示范区"，努力把福建建成台胞台企登陆的第一家园。

（三）加强两岸基层和青少年交流。深化两岸同胞交流合作是推动两岸关系和平发展、融合发展的重要路径。要大力加强两岸基层交流，重视台湾基层民众的现实需求，扩大台湾基层民众参与两岸交流的受益面和获得感，增进同胞亲情福祉，增强对两岸命运共同体的认知和对祖国和平统一的认同。要充分发挥青少年在两岸交流中的生力军作用，促进两岸青少年学习互鉴、交流互动、增进友谊，成为推动两岸关系和平发展、实现民族复兴的有生力量。要进一步拓展领域，畅通渠道，加强台湾青年创业就业示范点建设，鼓励更多台湾青年来祖国大陆学习、创业、就业、生活，在分享大陆发展机遇中追梦圆梦。

（四）高度警惕和坚决遏制"台独"分裂活动。一段时间来，"台独"分裂势力倒行逆施，推行"去中国化"和"渐进台独"，在两岸同胞之间制造敌意和对立，严重损害两岸同胞共同利益和中华民族根本利益，严重破坏两岸关系和平发展与台海和平稳定，严重挑衅维护国家主权和领土完整的底线，是推进两岸关系和平发展和祖国统一的最大障碍。"台独"分裂势力无论使用什么谋"独"花招，都是非法无效的；无论与外部势力如何勾连操弄，都无法改变台湾是中国一部分的历史和法理事实。"台独"分裂势力以身试法，必遭严惩。岛内所有支持两岸关系和平发展、反对"台独"的党派、团体和各界人士应当团结起来，认清"台独"分裂的严重危害，反对"台独"分裂活动，加入推进两岸关系和平发展和祖国统一的伟大事业中来。新时代是中华民族大发展大作为的时代，也是两岸同胞大发展大作为的时代，我们要和衷共济、携手奋斗，共同完成祖国统一大业，共同创造中华民族伟大复兴美好未来。

确保党中央关于"十四五"规划决策部署落到实处

唐 方 裕

党的十九届五中全会通过的《中共中央关于制定国民经济和社会发展第十四个五年规划和二〇三五年远景目标的建议》（以下简称《建议》），明确了"十四五"时期我国经济社会发展的总体思路和目标任务，擘画了到2035年基本实现社会主义现代化的远景目标。蓝图已经绘就，关键在于以钉钉子精神推动党中央各项决策部署落地见效。

一 自觉增强贯彻落实党中央关于"十四五"规划决策部署的责任感使命感

"十四五"时期在党和国家发展进程中具有特殊重要性。一方面，要巩固和提升全面建成小康社会成果，确保实现第一个百年奋斗目标的各项成就经得起历史检验；另一方面，要开启全面建设社会主义现代化国家新征程，为实现2035年远景目标奠定坚实基础。两方面汇聚交融，凸显"十四五"时期非同寻常。

总的看，当前和今后一个时期，和平与发展仍然是时代主题，我国发展仍然处于重要战略机遇期，经济长期向好的基本面没有变，推动高质量发展具有多方面优势和条件。但必须看到，我国发展的内部条件和外部环境正在发生深刻复杂变化，面临多重风险。"十四五"时期,无论是抓住机遇为发展增动力,还是应对挑战为发展减阻力,都不会是轻松容易的事,必须付出更为艰辛的努力。

面对复杂形势和艰巨任务,抓落实尤为关键。习近平总书记强调:"要抓实、再抓实,不抓实,再好的蓝图只能是一纸空文,再近的目标只能是镜花水月。"一定意义上说,研究制定《建议》是从客观世界到主观世界的过程,而贯彻落实《建议》则是从主观世界再回到客观世界的过程。只有狠抓落实,才能把党中央关于"十四五"时期经济社会发展的理性认识转化为改变客观世界的强大物质力量。因此,对《建议》能不能、是不是抓落实,对党员、干部的事业忠诚度和本领作风都是直接检验。全党同志特别是各级领导干部应当切实增强贯彻落实党中央决策部署的责任感使命感,坚持守土有责、守土负责、守土尽责,结合实际把《建议》确定的各项任务举措细化好、落实好,以抓落实的实际成效诠释初心使命、体现责任担当、造福人民群众。

二 准确理解《建议》提出的一系列重大举措特别是创新举措

认识是行动的先导,落实好首先要理解好。《建议》锚定2035年远景目标,就"十四五"时期我国经济社会发展作出全面部署,提出一系列重大战略、重大举措,既抓住了当前我国发展面临的突出问题和关键问题,又体现了前瞻性思考和全局性谋划,彰显了科学性和实践性、继承性和创新性的统一。准确理解,就是要弄清楚这些重大举措的背景意义、内涵要求、政策指向,弄清楚这些重大举措是在什么基础上的创新、创新点在哪里,从而以认识上的清醒自觉保证落实中的坚决有力,避免片面性理解、盲目性落实。

比如,《建议》提出,加快构建以国内大循环为主体、国内国际双循环相互促进的新发展格局。这是"十四五"发展中具有重大引领性和创新性的决策部署。理解这一重大举措，要求我们深刻认识到，在当前保护主义上升、世界经济低迷、全球市场萎缩的外部环境下，必须把发展立足点放在国内，牢牢把握扩大内需这个战略基点，充分发挥国内超大规模市场优势，加快构建完整的内需体系，着力贯通生产、分配、流通、消费各个环节，通过畅通国内大循环为我国经济发展增添动力，并有力拉动世界经济复苏和增长。当然，新发展格局决不是封闭的国内循环，而是开放的国内国际双循环。我们要通过发挥内需潜力，以国内大循环推动国际大循环，以国际大循环促进国内大循环，使国内市场和国际市场更好联通，更好利用国际国内两个市场两种资源，实现更加强劲可持续的发展。

比如，《建议》提出，坚持创新在我国现代化建设全局中的核心地位，把科技自立自强作为国家发展的战略支撑。科技是国家强盛之基，创新是民族进步之魂。理解这一重大举措，要求我们不仅从经济社会发展与科技进步的关系上，而且从当今国际斗争特别是我们经历的种种复杂斗争中，深化对创新在我国现代化建设全局中核心地位的认识。要清醒看到，建设现代化强国，必须加快建设科技强国；推进产业基础高级化、产业链现代化，提高经济质量效益和核心竞争力，归根结底靠科技创新。如果不能尽快实现科技自立自强，在"卡脖子"关键核心技术上取得突破，就很难牢牢掌握我国发展主动权。只有以只争朝夕、时不我待的紧迫感，强化科技创新在全面创新中的引领作用，发挥新型举国体制优势，集中力量打好关键核心技术攻坚战，同时把各方面创新创造潜能充分激发出来，才能全面塑造我国未来发展新优势。

比如，《建议》提出，构建高水平社会主义市场经济体制，推动有效市场和有为政府更好结合。改革开放以来，我们一直在为建立和完善社会主义市场经济体制而努力，党的十八大以来这方面积累了新的经验、取得了重大突破,同时还存在市场激励不足、要素流动不畅、资源配置效率不高、微观经济活力不强、政府和市场的关系尚未完全理顺等突出问题。理解这一重大举措,要求我们深刻把握"高水平"的内涵,在更高起点、更高层次、更高目标上谋划改革,不断在国企国资、要素市场化配置、宏观经济治理、财税金融、公平竞争等重点领域和关键环节取得突破,把建设高标准市场体系与加快转变政府职能更好统一起来,使"看不见的手"和"看得见的手"相得益彰,为高质量发展提供强大动力和体制保障。

比如,《建议》提出,统筹发展和安全,把安全发展贯穿国家发展各领域和全过程。发展是安全的基础,安全是发展的条件。《建议》对此不仅在"十四五"发展指导思想中加以强调,而且单列一部分进行阐述,凸显了确保安全发展在发展全局中的极端重要性。理解这一重大举措,要求我们树立总体国家安全观,弄清楚国家安全体系和能力建设包括哪些内容,吃透确保国家经济安全、保障人民生命安全、维护社会稳定和安全的各项部署。我们思考一切问题、谋划所有工作,都要着眼于实现发展质量、结构、规模、速度、效益、安全相统一,增强忧患意识和底线思维,把防范化解重大风险挑战想在前、谋在先。

总之,《建议》在经济社会发展各个方面都提出了不少重大举措和创新举措,我们都要准确理解,既知其然又知其所以然,从而为落实这些重大举措和创新举措找准定位、抓住关键、精准发力。

三 按照《建议》精神精心编制好规划纲要和专项规划

《建议》为我国未来五年经济社会发展指明了方向、确立了基

调。以《建议》为遵循，谋划制定好国家和地方"十四五"规划纲要和
专项规划，是把党中央决策部署落到实处的具体体现，是当前的重要
任务。工作中要注意把握以下几点。

一是充分体现全国一盘棋的思想。编制规划的过程是统一思想
认识、统筹利益关系的过程，必须坚持全国一盘棋，始终在大局下思
考、在大局下行动。要以习近平新时代中国特色社会主义思想为指
导，自觉对标对表党中央决策部署，对国之大者心中有数。要找准本
地区本部门工作在全局工作中的位置，正确处理局部利益和全局利
益、当前利益和长远利益的关系。要加强工作统筹，协调推进国家和
地方"十四五"规划纲要和专项规划等编制工作，形成定位准确、边
界清晰、功能互补、统一衔接的国家规划体系。

二是确定符合实际的具体目标任务。按照《建议》各项决策部
署编制各级各类规划，重在坚持目标导向和问题导向相结合，兼顾需
要和可能，既体现引领性和前瞻性，又注重务实性和操作性，不墨守
成规、陈陈相因，也不主观臆想、好高骛远。要科学把握"十四五"时
期我国经济社会发展的总体思路和共性要求，科学把握各地区各部
门各领域的特点和差异，科学把握人民群众对美好生活的新期待，使
确定的各项目标任务更加适应时代要求、符合发展规律、反映人民意
愿。要牢固树立正确政绩观，多谋划打基础、利长远的工作，坚决防
止脱离实际的盲目攀比，坚决防止急功近利的短期行为，更不能搞劳
民伤财的"形象工程"、"政绩工程"。

三是保持连续性和稳定性。经济社会发展是持续渐进的过程，
规划的拓展性和创新性是以连续性和稳定性为基础的。制定各级各
类规划，都要注意保持规划指导思想、发展理念、基本原则、重大举措
的承接和连贯，增强规划的法定效力。特别要注意克服因领导班子
换届调整而使规划朝令夕改、来回"翻烧饼"的现象。只有树立"功
成不必在我"的境界和"功成必定有我"的担当，坚持一张蓝图绘到

底,一任接着一任干,才能在接续奋斗中不断书写发展新篇章。

四是加强调研论证。习近平总书记指出,"规划科学是最大效益,规划失误是最大浪费"。谋划制定"十四五"规划纲要和专项规划是十分严肃的事情,必须尊重科学、发扬民主,把加强顶层设计和坚持问计于民统一起来,深入调研论证,切实提高规划的科学性和权威性。中央有关部门要有针对性地加强对地方的指导,注重发挥智库和专业研究机构作用,把专业思维、专业素养、专业方法体现到规划编制全过程。要鼓励广大人民群众和社会各界以各种方式为规划编制建言献策,使规划广泛汇集群众智慧、充分吸纳基层经验。闭门造车、依样画瓢是不行的。

四 以扎实行动和务实作风推动《建议》 各项任务举措落地见效

奋斗创造历史,实干成就未来。把《建议》各项任务举措落到实处,根本在于在党中央集中统一领导下,动员组织各级各方面力量真抓实干。

一要鼓励党员、干部创造性工作。形势在变,任务在变,党员、干部按思维定势和习惯套路做工作,必然很有局限性。要鼓励党员、干部解放思想、开拓创新,把坚决贯彻落实党中央决策部署同立足实际创造性开展工作统一起来,善于把握新形势、研究新情况、谋划新思路、创造新方法、打开新局面。要加强对敢担当善作为干部的激励保护,按照"三个区分开来"的要求,进一步健全容错纠错机制,切实为勇于负责的干部负责、为勇于担当的干部担当、为敢抓敢管的干部撑腰。

二要充分调动人民群众的积极性主动性创造性。全面建设社会主义现代化国家是亿万人民共同的事业。要坚持以人民为中心的发展思想，加强对广大群众的团结动员，引导广大群众把实现"十四五"时期党和国家发展目标转变成自己的自觉行动，共同创造美好未来。要拜群众为师，向群众请教，对事关全局、涉及群众切身利益的重大事项，认真听取群众意见，切实维护群众的知情权、参与权、表达权、监督权。要尊重人民群众的首创精神，及时发现、总结、提炼来自基层的新鲜经验和先进典型，在广纳民智、汇聚民力中推进各项事业发展。

三要及时发现和解决突出问题。抓落实的过程，也是解决问题的过程。对落实《建议》中遇到的各种问题，无论是老问题还是新问题，无论是思想观念问题还是体制机制问题，无论是资源配置问题还是干部素质问题，都不能掩饰回避，而要及时发现，认真研究解决。尤其要加强对"十四五"时期本地区本部门本领域潜在的重大风险挑战的科学预判，努力找到应对化解的路径和办法，决不能让"黑天鹅"、"灰犀牛"事件阻滞改革发展进程。

四要力戒形式主义、官僚主义。形式主义、官僚主义是抓落实的大敌。落实《建议》各项任务和举措，必须在解决形式主义、官僚主义问题上持续发力，尤其要注意防范其隐形变异和新动向新表现。要按照《建议》确定的各项部署，结合本地区本部门实际，明确时间表、路线图、任务书、优先序，把目标任务分解到部门、具体到项目、落实到岗位，决不能大而化之、笼而统之，更不能敷衍塞责、弄虚作假。要深入基层、深入一线，全面了解各项政策措施落实的实际成效，避免不接地气的"空中政策"和相互打架的"本位政策"。要把对上负责与对下负责统一起来，把群众是否高兴满意作为检验工作成效的根本标准，决不能做自以为领导满意却让群众失望的蠢事。要继续加强对"痕迹管理"和"指尖上的形式主义"的整治，持续精简各类文件会议，统筹规范督查检查考核，让基层干部有更多时间和精力心无旁骛抓落实。

责任编辑：郑　治
封面设计：姚　菲
版式设计：王欢欢
责任校对：徐林香

图书在版编目（CIP）数据

《中共中央关于制定国民经济和社会发展第十四个五年规划和二〇三五年远景目标的
　建议》辅导读本/本书编写组 编著．—北京：人民出版社，2020.11
ISBN 978 - 7 - 01 - 022602 - 6

Ⅰ.①中…　Ⅱ.①本…　Ⅲ.①国民经济计划-五年计划-中国-2021 -2025 -学习
　参考资料②社会发展-五年计划-中国-2021 - 2025-学习参考资料③社会主义建设-
　现代化建设-远景规划-中国-2021 - 2035-学习参考资料　Ⅳ.①F123.399②D61

中国版本图书馆 CIP 数据核字（2020）第 210017 号

《中共中央关于制定国民经济和社会发展第十四个五年规划和
二〇三五年远景目标的建议》辅导读本
ZHONGGONG ZHONGYANG GUANYU ZHIDING GUOMIN JINGJI HE SHEHUI FAZHAN
DI-SHISI GE WUNIAN GUIHUA HE ER LING SAN WU NIAN YUANJING
MUBIAO DE JIANYI FUDAO DUBEN

本书编写组 编著

人民出版社 出版发行
（100706 北京市东城区隆福寺街 99 号）

北京盛通印刷股份有限公司印刷　新华书店经销

2020 年 11 月第 1 版　2020 年 11 月北京第 1 次印刷
开本：787 毫米×1092 毫米 1/16　印张：33.75
字数：447 千字

ISBN 978 - 7 - 01 - 022602 - 6　定价：65.00 元

邮购地址 100706　北京市东城区隆福寺街 99 号
人民东方图书销售中心　电话（010）65250042　65289539